云亭法律
实务书系

信托纠纷案件胜诉实战指南

张昇立　魏广林　编著

中国法制出版社
CHINA LEGAL PUBLISHING HOUSE

图书在版编目（CIP）数据

信托纠纷案件胜诉实战指南 / 张昇立，魏广林编著
.—北京：中国法制出版社，2023.6
ISBN 978-7-5216-3582-9

Ⅰ.①信… Ⅱ.①张… ②魏… Ⅲ.①信托-经济纠纷-案例-中国-指南 Ⅳ.①D922.282.5-62

中国国家版本馆 CIP 数据核字（2023）第 094762 号

策划编辑：赵　宏
责任编辑：陈晓冉

信托纠纷案件胜诉实战指南

XINTUO JIUFEN ANJIAN SHENGSU SHIZHAN ZHINAN

编著/张昇立　魏广林
经销/新华书店
印刷/三河市紫恒印装有限公司
开本/710 毫米×1000 毫米　16 开　　印张/ 27.25　字数/ 383 千
版次/2023 年 6 月第 1 版　　2023 年 6 月第 1 次印刷

中国法制出版社出版
书号 ISBN 978-7-5216-3582-9　　定价：119.00 元

北京市西城区西便门西里甲 16 号西便门办公区
邮政编码：100053　　传真：010-63141600
网址：http：//www.zgfzs.com　　**编辑部电话：010-63141835**
市场营销部电话：010-63141612　　**印务部电话：010-63141606**

（如有印装质量问题，请与本社印务部联系。）

自　序

信托纠纷是非常有意思的法律领域。从理论层面来说，这是大陆法系和普通法系之间法律制度嫁接移植的一朵“奇葩”，信托需要在物权体系化的制度中与“委托关系”“占有制度”“物权处分”等概念握手言和并找到合适的位置。从我国信托发展层面说，我国于1979年就设立了第一家信托公司，1993年才有《公司法》，2001年才有《信托法》，可以说信托的出现是不可忽视的市场需求的产物，是实践总结的制度。从监管层面说，信托是20多年历经6次监管整顿，[②] 从1家发展到1988年的近千家，再从近千家撤并到1992年的330家，然后一路缩减至2003年的59家，到2022年恢复至68家，[③] 可以说40年间信托监管的思路转变之大，在其他金融监管领域是难得一见的。从司法裁判层面说，在《信托法》颁布20余年的情况下，营业信托纠纷裁判中同案不同判现象仍较为明显，各类“穿透式”裁判更值得关注和研究。

为了更好地归纳信托纠纷的裁判逻辑和梳理规律，我们开始编撰本书。本书不仅是一本依照信托逻辑编撰的案例集，案例之外还包含了我们对相关案例的实务建议和观点分享。全书分为三编，上编和中编是利用典型案例来依次阐明信托当事人、信托财产、信托合同和信托运作的基本争议和常见疑惑。下编是应用编，收录了我们对热点问题所涉案例的分析，主要是信托的热点条款以及信托的信义义务分析，也收录了一些民事信托的相关案例。民事信托是近年来发展迅速的领域。

法庭是律师的战场。各方律师在战场上战斗的装备很重要。一手抓证据一手拿法规，这是初级阶段。手上有好武器，如果不观察环境，没有对于行业的领悟力，难通战术，容易被对方占据主动，这样再好的武器也会被牵制住。补齐这点

---

② 有监管声音认为，2019年起是信托业的第七次行业整顿。详见“2019年中国信托业年会”中，中国银保监会党委委员、副主席的发言。载《信托业第七次整顿正有序展开》，《证券时报》，2020年10月27日。

③ 季奎明：《历史、议题与展望：中国信托业、信托法四十年》，载《证券法苑》（2019）第二十六卷，第156—183页。此外，68家包括新华信托，而2022年7月6日中国银保监会同意新华信托进入破产程序。

将到达中级阶段。什么是高级阶段？我们理解就是要精研心法。至少要吃透每一个案件所需的法律概念，融合“立法思维、监管思维、裁判思维”，最后提炼出独门心法。这样才可能在个案中画龙点睛，把“死掉”的案子救活。高级阶段后面还有更高的阶段吗？我们还不知道，但会继续向上攀登求索，并与各位分享我们一路的点滴收获。

鉴于水平有限，书中难免有遗漏错缺之处，恳请各界朋友不吝赐教，就本书中的有关问题与我们进行探讨，本书作者的联系邮箱是 zhangshengli@ yuntinglaw. com 和 weiguanglin@ yuntinglaw. com。

是为序。

张昇立　魏广林

2023 年 4 月 8 日

简称一览表

本书中的文件或机构名称简称如下：

《九民纪要》	指	《全国法院民商事审判工作会议纪要》（法〔2019〕254号）
《资管新规》	指	《关于规范金融机构资产管理业务的指导意见》（银发〔2018〕106号）
《民法典》	指	《中华人民共和国民法典》
《信托法》	指	《中华人民共和国信托法》
《刑法》	指	《中华人民共和国刑法》
《民事诉讼法》	指	《中华人民共和国民事诉讼法》
《保险法》	指	《中华人民共和国保险法》
《证券法》	指	《中华人民共和国证券法》
《证券投资基金法》	指	《中华人民共和国证券投资基金法》
《公司法》	指	《中华人民共和国公司法》
《合伙企业法》	指	《中华人民共和国合伙企业法》
《消费者权益保护法》	指	《中华人民共和国消费者权益保护法》
《民法通则》	指	《中华人民共和国民法通则》（废止）
《民法总则》	指	《中华人民共和国民法总则》（废止）
《合同法》	指	《中华人民共和国合同法》（废止）
《担保法》	指	《中华人民共和国担保法》（废止）
《物权法》	指	《中华人民共和国物权法》（废止）
央行	指	中国人民银行
中国证监会	指	中国证券监督管理委员会

续表

中国银保监会①	指	（原）中国银行保险监督管理委员会
中国银监会	指	（原）中国银行业监督管理委员会
中国保监会	指	（原）中国保险监督管理委员会
元	指	如无特别说明，指人民币元

① 2023年3月16日，国务院发布《国务院关于机构设置的通知（2023）》（国发〔2023〕5号），在中国银行保险监督管理委员会基础上组建国家金融监督管理总局，不再保留由原中国银监会和原中国保监会改组的中国银保监会。

目　录

上编　信托当事人与信托财产

第一章　委托人

第二章　受托人

第三章 其他参与人

第四章 信托财产

中编 运作环节与信托合同

第一章 信托合同及解除

第二章　信托运作

第三章　终止、清算与决议

第四章　信托关系认定

下编　信托热点问题与应用

第一章　刚兑与增信条款

第二章　结构化信托与差额补足

第三章　信义义务范围

第四章　通道业务与责任认定

第五章　民事信托及其他

上编

信托当事人与信托财产

依照《信托法》规定，信托参与人包括委托人、受托人、受益人，统称信托当事人。信托之“信”，顾名思义可以认为是信任。信托是委托人基于对受托人的信任，将其财产权委托给受托人，由受托人按委托人的意愿以自己的名义，为受益人的利益或者特定目的，进行管理或者处分之行为。因此，基础的信托关系，如图 1-1 所示：

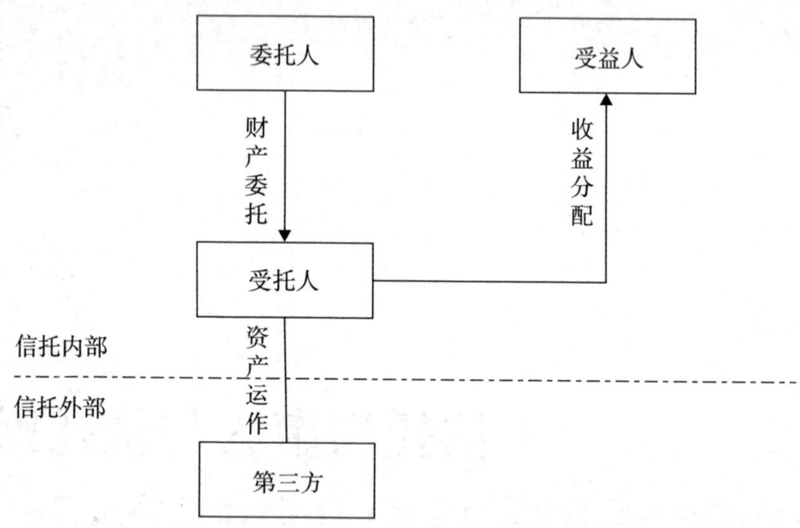

图 1-1 信托基本结构

法律规定的信托当事人之间的关系虽然看似不复杂，而实务中所涉的具体问题却不少。比如，委托人和受益人可以是同一主体，即自益信托，这使得信托当事人间的权益义务模式直观上似乎更为清晰，但实务中会使信托关系和委托关系变得不易区分。信托中委托人和受益人往往本应是被动方、投入方、受益方（直接），而受托人是主动方、接收方。受托人的获益主要通过收取信托费用体现，可以说也是被动受益方。信托结构可以从多个角度来理解，本章以参与方为线索来展开信托案件分析。

本章选取 20 余个代表性案例，围绕信托委托人的权利保护在实务中的情形进行了分析。比如，信托财产的实际出资人和信托合同中的委托人不是同一主体，实际出资人的权利能否也得到保护？委托人的法定知情权的边界在哪里？委托人的法定撤销权何时可以行使？委托人如何以侵权为由向受托人索赔？委托人主动或被动涉及了信托财产管理是否影响责任的认定？

这些问题有的有明确答案，有的存在争议，这是实务和理论间常见的现象，也是律师执业过程中的乐趣点、挑战点、突破点。

第一章　委托人

本章前言

从信托财产角度看，信托委托人是信托法律关系的起点。委托人对其财产进行区分，符合《信托法》要求后，作为信托财产并将其财产权委托给受托人以自己的名义进行管理。

从法律规定层面看，信托的委托人和委托代理语境下的委托人又存在区别。比如，依照现行《民法典》第一百七十三条，被代理人死亡是代理终止的法定理由，而依照《信托法》第十五条规定，委托人死亡或者依法解散等情况下，如果委托人不是唯一受益人，信托存续，且信托财产不作为其遗产或清算财产。所以说，委托人可以不是信托法律关系的重点。当然，实务中这种区别的边界是否清晰并不是绝对的，司法实践中存在信托中的委托人与受托人关系被认定为代理关系的情况。此外，信托原理的适用也不只及于信托，还可及于其他资管产品。

实践中，遇到最多的问题还是委托人与受托人之间产生的纠纷。例如，委托人的知情权如何保障？知情权的范围包括哪些？撤销权如何行使？委托人干预受托人管理财产有何后果？信托基本结构之委托人常见情形如图 1-2 所示：

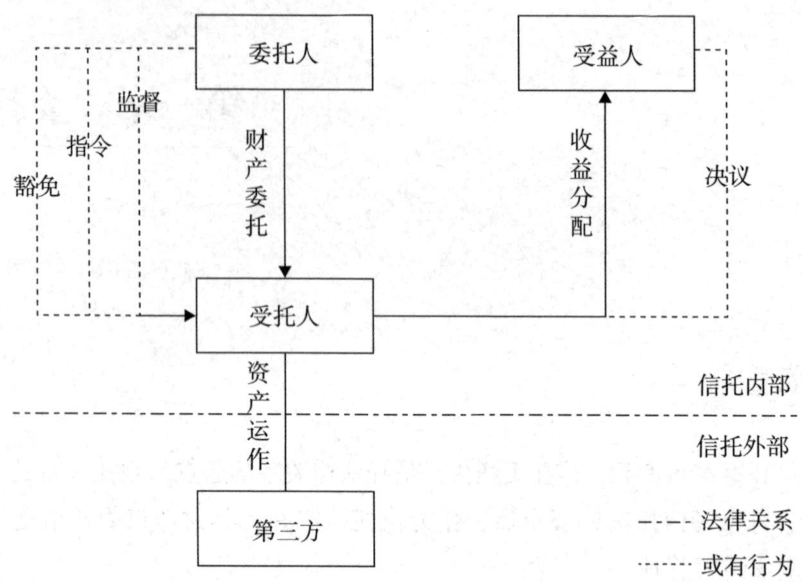

图 1-2　信托基本结构之委托人常见情形

《信托法》规定，委托人有权了解其信托财产的管理运用、处分及收支情况，有权要求受托人作出说明，并且有权在受托人违规时申请撤销受托人的不当处分行为。这就涉及委托人与受托人之间的监督。实务中，委托人与受托人通过《信托合同》约定双方权利义务时，还会约定额外的情况，如受托人依委托人的指令对信托财产进行处分，或是约定豁免情形。此外，虽然截至目前尚未在实务案例中出现，理论上还存在受托人同时面对受益人的受益人大会的决议与委托人指令不一致导致的潜在问题。本章选取了部分代表性案例进行剖析。

001 单一资金信托“委托人”实为多人集资，参与集资的投资人是否也有权请求受托人承担相应责任？

关键词：间接委托人　监管处罚　侵权　尽调与勤勉尽责　法定义务

阅读提示

实践中，为规避《信托公司集合资金信托计划管理办法》的相关要求，集合信托存在通过投资人集资成立企业主体来设立单一信托的情况。此时，单一信托的委托人的股东或有限合伙人等间接投资人，如果面对因信托公司过错导致权益受损，是否可以申请受托人承担赔偿责任？

裁判要旨

信托业务中，受托人为专业的金融机构在信托业务开展时对委托资金来源的审核应尽必要注意义务，不得违反审慎经营规则，即使从审慎管理的角度出发，也有审查委托人资金为自有资金的规范要求。

被动管理型信托业务中，信托公司虽主要依据信托合同约定履行相应义务，但其在以自身名义独立从事信托管理事务时，仍应尽到合理注意义务，不可以在未经调查的情况下出具没有任何事实依据的《项目风险排查报告》等文件，否则应当承担相应赔偿责任。

案情简介①

2013 年 6 月，合伙企业上海寅某（委托人）与华某信托（受托人）签订《单一资金信托合同》。2013 年 6 月至 8 月，委托人员工使用上海寅某等有限合伙企业的名义，以年化利率 9.5%—12.5%的高额利息为诱饵，向社会不特定公众销售“浙江联众杭州保障房投资基金项目”（宣传中该项目为信托标的），非

① 本案入选 2020 年度全国法院十大商事案例、2020 年度上海金融法院十大典型案例。

吴某与华某国际信托有限公司（以下简称华某信托）财产损害赔偿纠纷一审民事判决书［上海市浦东新区人民法院，（2018）沪 0115 民初 80151 号］。

吴某诉华某国际信托有限公司财产损害赔偿纠纷二审民事判决书［上海金融法院，（2020）沪 74 民终 29 号］。

法集资2.8亿余元。吴某作为上海寅某的有限合伙人（LP）投资100万元。

2013年8月3日，上海寅某的管理人（GP）与信托投资标的"杭州保障房项目"共同向吴某（投资人）发布《浙江联众杭州保障房投资基金项目成立公告》。

2013年12月，华某信托出具《项目风险排查报告》，载明："……六、项目风险判断：……该项目为单一被动管理类信托项目，项目风险可控，本次检查未发现重大风险事项。"

2017年11月8日，中国银监会出具《行政复议决定书》，载明："……经检查，（银监会）已查实华某信托在管理上述信托计划时存在对机构委托人未作充分调查，对其委托资金来源的调查流于形式，对该信托计划的委托资金来源未尽到合规审查义务，违反审慎经营规则……"

2018年6月29日，上海市第一中级人民法院作出刑事判决，委托人及投资标的公司主体实际控制人林某某等，因集资诈骗罪等被判罚。

案外犯罪分子陈某某等的犯罪行为造成吴某投入的100万元未追回。

吴某以受托人怠于履行信托责任，造成财产损害为由，请求受托人赔偿100万元本金损失及利息等。上海市浦东新区人民法院认为，华某信托对吴某承担侵权损害赔偿责任，结合过错、违法性、损害后果及因果关系综合判决华某信托在20万元的范围内承担刑事判决追索不成的损失。华某信托不服，提起上诉，上海金融法院认为，华某信托知悉单一资金信托实为募集资金，驳回上诉，维持原判。

裁判要点

吴某在本案中主张华某信托因怠于履行《信托法》所规定的信托责任而应对吴某损失承担侵权损害赔偿责任，故本案的主要争议焦点在于华某信托应否对吴某承担侵权损害赔偿责任。华某信托作为专业信托机构，即使本案的信托履行属于被动事务管理型信托，根据我国《信托法》第二十五条的规定，华某信托也应当审慎尽职地履行受托业务的法定责任，把控业务准入标准，完善项目尽职调查，同时认真做好事中、事后管理，严格资金支付，严格贷（投）后管理，还应特别关注信托项目背景以及委托资金和项目用途合规性审查，不得向委托人转移信托计划合规风险管理责任。

华某信托在签订及履行涉案《单一资金信托合同》的过程中并没有尽到上述责任，故存在一定过错。

华某信托作为专业信托机构，应当遵守《信托法》等法律和行政法规的相关规定。《信托法》第二十五条明确规定了“履行诚实、信用、谨慎、有效管理的义务”。华某信托违反了《信托法》所要求的受托人法定义务，存在行为违法性。

犯罪行为是本案中吴某等投资者损失的根本原因和主要原因，但是华某信托的过错行为无疑也为前述犯罪活动创造了条件和可能。

实务经验总结

本案核心问题是：“事务管理型信托是否应对资金来源穿透核查?”针对这个问题，我们的经验如下。

通过多名投资人集资设立投资主体作为委托人以便设立单一信托，如无真实商业目的，可能被司法监管机关认定为规避监管。同时，信托机构亦不免除其在推介信托计划过程中的责任。针对前述情况，根据我们的经验，对于实际出资的投资人建议关注如下两点。

1. 购买信托产品时，及时与信托公司书面确认情况。本案投资人的诉求获得法院支持的重要原因之一是信托公司应委托人要求出具的《项目风险排查报告》且给出的肯定性结论，与事实不符，影响了投资人的判断。根据本案查明的事实，吴某系“浙江联众杭州保障房投资基金项目”的投资人，由于上海寅某和浙江联某公司均受案外犯罪分子陈某某等人的控制，吴某所投资金被犯罪分子转移而无法收回。

因此，虽然投资人与信托公司之间并无投资、信托等直接的合同关系，但是信托公司未能勤勉尽责且出具虚假调查报告的行为在客观上起到了蒙骗投资者的作用，所以应对投资人负有一定责任。

2. 购买信托产品时，全面与信托公司确认信托合规性。投资人应询问信托产品销售方是否属于金融机构，是否具有相关资质。同时，投资人应认真阅读《认购风险申明书》《信托计划说明书》《信托合同》等文件，明确了解信托产品的内容。

投资人了解信托产品信息时，应当注意销售方是否以任何方式承诺信托资金不受损失，或者以任何方式承诺信托资金的最低收益；推介材料含有与信托文件不符的内容，或者存在虚假记载、误导性陈述或重大遗漏等情况；该产品是否进行公开营销宣传等负面问题，及时评估风险。

即使是事务类信托，也应当尽到法定的披露义务，否则应对投资人承担因此产生的责任。当然，如果受托人依法核查投资人资金等信息，投资人亦应配合。

相关法律规定

《信托法》

第二十五条 受托人应当遵守信托文件的规定，为受益人的最大利益处理信托事务。

受托人管理信托财产，必须恪尽职守，履行诚实、信用、谨慎、有效管理的义务。

法院判决

上海市浦东新区人民法院在一审判决书“本院认为”部分的论述如下。

案外人陈某某、林某某、王某等人的犯罪行为是造成吴某财产损失的直接原因，且吴某自身对其损害发生亦具有过错，故应自行承担相应损失。但华某信托在管理涉案信托业务的过程中亦存在一定过错，故原审法院认定，华某信托应对吴某涉案损失承担20%的补充赔偿责任，即吴某应自行根据前述生效刑事判决通过追赃程序向犯罪分子追索其全部损失，但对其损失中不超过20万元的部分，在吴某追索不成的情况下，应由华某信托向吴某承担补充赔偿责任。对于吴某主张的利息损失，因缺乏相应法律依据，原审法院不予支持。

上海金融法院在二审判决书“本院认为”部分的论述如下。

本案的争议焦点为，上诉人华某信托是否应对上诉人吴某承担侵权损害赔偿责任，二审中，双方的主要争议仍集中在华某信托开展浙江联众杭州保障房投资基金项目单一资金信托业务是否合法合规，是否存在侵害上诉人吴某利益的行为，具体包括如下方面。

1. 华某信托是否有义务核查信托资金来源，进一步而言，对于委托人资金来源于社会募集的情况，华某信托是否有充分注意，并需要对犯罪分子误导吴某等投资者的行为负责。

本院认为，刑事判决认定的事实表明，虽然犯罪分子在募集资金时利用华某信托产品进行宣传招揽，但华某信托本身并未参与资金募集。信托公司内部从审慎管理的角度出发，确有审查委托人资金为自有资金的规范要求。

2. 华某信托是否有义务对信托产品所涉项目开展尽职调查，其出具《项目风险排查报告》的行为是否侵害了上诉人吴某的利益。

根据本案信托合同约定，华某信托依据委托人的指令履行后续管理义务，不对借款人和信托资金运用的项目做实质性尽职调查和审核，只提供事务管理服务。因此，华某信托在系争信托产品运行过程中确实无义务对项目开展尽职调查。但是本案特殊之处在于，信托存续期间，华某信托在不负有尽职调查之合同义务的情况下，应委托人要求向犯罪分子王某等人出具了《项目风险排查报告》且给出肯定性结论。华某信托出具的《项目风险排查报告》虽为内部资料，但被犯罪分子利用。华某信托出具虚假调查报告的行为客观上起到了蒙骗投资者的作用，应对吴某等投资者投资被骗受损负有一定责任。

3. 华某信托是否有义务对信托财产进行监管，是否需要对贷款本息无法收回的后果负责。

本院认为，信托通道业务的委托人和受托人之间的权利义务关系，仍应当依据信托文件的约定加以确定。本案中，《单一资金信托合同》约定委托人指定受托人将信托资金向浙江联某公司发放信托贷款，借款人逾期不能偿还贷款本息，受托人有权提前终止本信托并以信托财产原状形式向受益人进行分配，损失均由委托人自行承担。该约定表明，华某信托作为受托人，仅负有根据指定发放贷款并最终收回贷款的义务，华某信托并不负有主动管理的职责，也不承担贷款风险。事实上，华某信托根据单一信托委托人的指令将款项发放给浙江联某公司后，对后续资金流向和使用情况也无法进行监管。因此，上诉人吴某认为，华某信托对信托财产缺乏监管，导致款项被犯罪分子转移的主张，缺乏事实依据，本院不予支持。

华某信托在管理涉案信托业务过程中的过错行为在一定程度上造成了吴某等投资者的损失，酌情认定其对吴某的涉案损失承担20%的补充赔偿责任。

延伸阅读

裁判规则：委托人通过协议转让、回购受（收）益权的获取保底收益（刚兑）的协议无效。

案例：安某信托股份有限公司、湖南高某集团财务有限公司营业信托纠纷二审民事判决书［（2020）湘民终1598号］。

本院认为，本案双方争议的涉案《信托受益权转让协议》及《补充协议》

应认定无效。理由如下：第一，人民法院认定民事合同的性质，应根据合同条款所反映的当事人的真实意思，并结合其签订合同的真实目的以及合同的实际履行情况等因素进行综合判断。

第二，上海银保监局于2020年8月28日作出《上海银保监局关于回复长沙中级人民法院征询函的函》。上海银保监局认为，安某信托股份有限公司与湖南高某集团财务有限公司签订的《信托受益权转让协议》等一系列操作是保证本金收益不受损失的行为，属于违规刚性兑付行为。

第三，《九民纪要》第九十二条第一款规定，信托公司、商业银行等金融机构作为资产管理产品的受托人与受益人订立的含有保证本息固定回报、保证本金不受损失等保底或者刚兑条款的合同，人民法院应当认定该条款无效。受益人请求受托人对其损失承担与其过错相适应的赔偿责任的，人民法院依法予以支持。

简评：投资者可以侵权或违约为由请求受托人赔偿，但不同请求的效果视案件情况不同其结果也不尽相同。

002 集合信托中，受托人能否应单一委托人要求披露完整资金募集及收益分配信息？

关键词：委托人知情权　集合信托

阅读提示

信托受托人依法依约有处置信托财产的权利，委托人亦有知情权。集合信托中，如果单一委托人要求受托人披露完整的资金募集及收益分配情况，受托人是否应当披露？

裁判要旨

法律法规并未规定受托人在向委托人披露信息时可以披露其他委托人的资金募集及收益分配情况，对于其他委托人的资金募集及收益分配也不属于合同约定因处理信托事务必须披露的事项。委托人只能行使与其信托财产有关的知情权，不能扩大成对全体投资人的所有信托财产的所有信息都要求知情。

案情简介[①]

2016年1月，陆某向国某信托汇款500万元，用于购买国某信托发布的信托产品。双方签订《信托合同》《认购风险申明书》《信托计划说明书》等文件。2016年3月，国某信托向陆某出具了《集合资金信托计划认购确认书》，确认认购金额为500万元，信托单位为500万份。信托计划的资金以受托人名义全部用于受让天某轧三合法享有的对该公司的经营收益权，天某轧三将所获得的信托资金用于补充其流动资金，到期由天某轧三支付回购价款回购该收益权。

因涉案信托计划延期，陆某诉请国某信托公开信托计划项下信托财产管理、运用、收支、处分情况的相关财务账目以及处理信托事务的所有信托文件，文件包括：尽职调查报告及其工作底稿、完整银行账户收支明细、信托财产划拨指令（向保管银行出具的支付信托财产的交易指令）、财务报告（信托计划运行过程中资产负债表和资金的明细）、信托事务管理报告、向有关监管部门备案时提交的材料等。

陆某以信托知情权为由起诉，请求受托人提供相关财务账目及信托文件，法院一审驳回请求，陆某不服上诉，二审维持原判。

裁判要点

委托人知情权的目的在于了解其信托财产的管理运用、处分及收支情况，具体到信托项目上，主要体现为信托资金管理报告或处理信托事务的完整记录。陆某主张，国某信托应披露的财务报告，也被国某信托披露的信托资金管理报告、信托账户资金收支情况、信托计划季度管理报告等资料所涵盖。（工作底稿）因该部分资料系信托计划成立前形成的资料，并不涉及信托公司对信托财产的管理运用及处分。

法律法规并未规定受托人在向委托人披露信息时可以披露其他委托人的资金募集及收益分配情况，对于其他委托人的资金募集及收益分配也不属于合同约定因处理信托事务必须披露的事项。委托人只能行使与其信托财产有关的知情权，不能扩大成对全体投资人的所有信托财产之所有信息都要求知情。

---

① 陆某与国某信托有限公司（以下简称国某信托）营业信托纠纷一审民事判决书［北京市东城区人民法院，（2019）京0101民初16850号］。

陆某与国某信托有限公司营业信托纠纷二审民事判决书［北京市第二中级人民法院，（2020）京02民终3041号］。

实务经验总结

本案值得关注的核心问题是："集合信托单一委托人的知情权边界在哪里?"针对此问题应注意以下三点。

1.《信托法》第二十条规定了委托人的知情权，适用于集合信托的委托人，但未进一步明确集合信托的单一委托人知情权的限制。而《信托公司集合资金信托计划管理办法》第三十五条，从受益人层面为知情权添加"在不损害其他受益人合法权益的前提下"的要求。

2. 参考上述逻辑，本案中二审法院（北京市第二中级人民法院）认为，委托人只能行使与其信托财产有关的知情权，不能扩大成对全体投资人的所有信托财产之所有信息的知情权。这对委托人知情权作了狭义理解。

3. 集合信托情况下，在信托知情权的狭义与广义解释空间并存时，信托合同可以作为明确委托人与受托人双方权利义务的规范。双方可以通过条款约定等方式，进一步明确信托知情权的范围及实现路径，避免不确定性。

相关法律规定

《信托法》

第二十条 委托人有权了解其信托财产的管理运用、处分及收支情况，并有权要求受托人作出说明。

委托人有权查阅、抄录或者复制与其信托财产有关的信托帐目以及处理信托事务的其他文件。

第三十三条第一款和第二款 受托人必须保存处理信托事务的完整记录。

受托人应当每年定期将信托财产的管理运用、处分及收支情况，报告委托人和受益人。

第四十九条第一款 受益人可以行使本法第二十条至第二十三条规定的委托人享有的权利。受益人行使上述权利，与委托人意见不一致时，可以申请人民法院作出裁定。

《信托公司集合资金信托计划管理办法》

第十五条 委托人认购信托单位前，应当仔细阅读信托计划文件的全部内容，并在认购风险申明书中签字，申明愿意承担信托计划的投资风险。

信托公司应当提供便利，保证委托人能够查阅或者复制所有的信托计划文件，并向委托人提供信托合同文本原件。

第三十五条 受益人有权向信托公司查询与其信托财产相关的信息，信托公司应在不损害其他受益人合法权益的前提下，准确、及时、完整地提供相关信息，不得拒绝、推诿。

法院判决

以下为北京市东城区人民法院在一审判决书“本院认为”部分的论述。

委托人知情权的目的在于了解其信托财产的管理运用、处分及收支情况，具体到信托项目上，主要体现为信托资金管理报告或处理信托事务的完整记录。陆某主张，国某信托应披露的财务报告，也被国某信托披露的信托资金管理报告、信托账户资金收支情况、信托计划季度管理报告等资料所涵盖。

关于陆某主张国某信托应当提供尽职调查报告及其工作底稿、向监管部门备案时提交资料的意见，因该部分资料系信托计划成立前形成的资料，并不涉及信托公司对信托财产的管理运用及处分，陆某要求国某信托提供该部分资料依据不足。

法律法规并未规定受托人在向委托人披露信息时可以披露其他委托人的资金募集及收益分配情况，对于其他委托人的资金募集及收益分配也不属于合同约定因处理信托事务必须披露的事项。

而信托财产划拨指令，国某信托已提交至付款银行，天某轧三与国某信托签订了转让价款确认函，且《渤某系企业重整计划》确认了国某信托的债权，可以证明国某信托已履行了向融资方付款的义务。

以下为北京市第二中级人民法院在二审判决书“本院认为”部分的论述。

委托人只能行使与其信托财产有关的知情权，不能扩大成对全体投资人的所有信托财产的所有信息都要求知情。本案中，国某信托向陆某提供了国某信托官方网站关于涉案信托计划的成立公告、临时公告、季度管理报告、国某信托向陆某分配收益的恒某银行电子回单 21 张、收益分配明细 1 份、《经营收益权转让及回购协议》1 份、《保证合同》1 份、转让价款确认函、《渤某系企业重整计划》、(2018) 津 02 破 11-45 号之一民事裁定书、《国某信托 · 天某轧三经营收益权集合资金信托计划保管协议》、资金划拨指令指定银行存款账户、划款指令授权书、投资监督事项表，可以反映国某信托作为受托人对陆某信托财产进行管理、运用及收支的情况，已能满足陆某作为委托人的知情权。

延伸阅读

裁判规则：信托委托人享有知情权，但通常不延伸至受托人的工作底稿。

案例：国某财务有限公司与中某信托有限责任公司营业信托纠纷二审民事判决书［北京市第二中级人民法院，(2020）京02民终10989号］。

参见本书之“集合信托中，受托人能否应单一委托人要求披露完整资金募集及收益分配信息?”

简评：委托人的知情权在《信托法》中并未被细化，集合信托中的单一委托人的知情权不包括其他委托人信息。进一步而言，知情权通常也不包括工作底稿，值得注意。

003 信托关系中，信托委托人的知情权范围边界在哪里?

关键词：委托人知情权披露文件　工作底稿

阅读提示

《信托法》第二十条第一款规定，委托人有权了解其信托财产的管理运用、处分及收支情况。实践中，信托设立涉及包括信托计划设立时的相关文件、投后管理信托财产和处理信托事务的相关文件等一系列文件。那么，信托委托人的知情权范围边界在哪里，哪些文件不在知情权的范围之内?

裁判要旨

信托委托人依法享有知情权，投前文件如系《信托计划说明书》中列明的备案文件，则委托人在投前、投后期间均有权查阅。除相关规范性文件或者合同条款对再次查阅相关文件作出限制性规定或者约定外，信托计划设立前形成的备查文件的查阅权可贯穿于整个合同期间。但是，在没有有力证据证明受托人违反法律规定的诚实、信用、谨慎、有效管理义务的情况下，知情权范围不包括受托人内部管理文件，如信托底稿文件。

案情简介[①]

2017年8月，国某财务（委托人）与中某信托（受托人）签署《信托合同》。《信托合同》签订前，中某信托向国某财务出具《集合资金信托计划说明书》。信托计划成立后，中某信托在其官方网站上发布成立公告、临时公告、信托管理报告、季度管理报告，并向国某财务送达项目风险处置进展周报。

国某财务以查阅文件等为由要求行使知情权，诉至法院，请求查阅、抄录、复制如下文件。

第一类，信托计划设立时的相关文件：(一) 信托计划的设立文件（信托计划的尽职调查报告及支持报告内容的底稿文件、信托计划的推介书、信托计划的法律意见书)；(二) 信托计划项下的基础贸易文件（应收账款涉及的货物仓单、应收账款涉及的货物销售记录及交易清单)；（三）信托计划项下的交易文件（《质押协议》《中国民某银行电子商业汇票业务服务协议》《应收账款债权确认书》)。

第二类，管理信托财产、处理信托事务的相关文件：中某信托与北某黄金就信托计划及债务偿还等事项沟通的全部书面往来记录，包括但不限于往来函件、邮件等；中某信托与中某旅实业就信托计划及担保责任等事项沟通的全部书面往来记录，包括但不限于往来函件、邮件等；信托财产专户资金流水；信托计划当前受益人及所持信托财产份额情况的说明；中某信托向北某黄金、中某旅实业追索债务涉及的诉讼文件，包括但不限于起诉状、上诉状、答辩状、判决书、查封冻结裁定书等；信托计划的投后管理文件，包括但不限于管理制度、进行投后管理的文件等。

原告以知情权为由，请求信托受托人提供信托账目及处理信托事务的文件(含底稿文件)，法院一审驳回，二审改判部分支持（信托设立文件相关部分)。

裁判要点

国某财务要求的《尽职调查报告》等文件属于《信托计划说明书》中所明

---

① 国某财务有限公司（以下简称国某财务）与中某信托有限责任公司（以下简称中某信托）营业信托纠纷一审民事裁定书［北京市东城区人民法院，(2020) 京0101民初5569号］。

国某财务有限公司与中某信托有限责任公司营业信托纠纷二审民事判决书［北京市第二中级人民法院，(2020) 京02民终10989号］。

确的委托人可在受托人处查阅的备案文件，中某信托虽在双方签订《信托合同》前已向国某财务披露了上述《尽职调查报告》等文件，但相关法律或者合同条款并未对于国某财务再次查阅相关文件作出限制性规定或者约定，故中某信托应当依据合同相关约定予以提供。但支持尽职调查报告的底稿文件系信托公司开展项目调研论证过程中所形成的内部文件，且非信托计划说明书列明的备案文件内容，国某财务要求披露缺乏依据。

中某信托已经按照双方约定的方式向国某财务披露了涉及信托财产管理或者处分的相关信息，国某财务通过上述方式可以了解信托财产的管理运用、处分及收支情况，在没有其他有力证据证明中某信托违反法律规定的诚实、信用、谨慎、有效管理义务的情况下，国某财务要求中某信托披露相关公告、报告、周报背后的"底稿信息"依据不足，本院不予支持。

实务经验总结

本案值得关注的核心问题是："信托知情权范围在哪里?"针对这个问题，应注意以下三点。

1.《信托法》第二十条规定了委托人了解信托运作情况和要求受托人说明的权利，包括查阅、抄录或复制相关信托账目等文件的权利。

2. 上述法定权利并未区分信托设立前、信托设立后等时间节点，包括相关尽职调查报告在内等列明备查的信托文件，可以属于信托披露范围，即信托知情权范围。

3. 委托人应当合理使用知情权。如果委托人想进一步扩大知情权的范围至相关信托底稿，建议取得一定证据证明受托人存在违法、违规、违约的情况。

相关法律规定

《信托法》

第二十条 委托人有权了解其信托财产的管理运用、处分及收支情况，并有权要求受托人作出说明。

委托人有权查阅、抄录或者复制与其信托财产有关的信托帐目以及处理信托事务的其他文件。

第三十三条第一款和第二款 受托人必须保存处理信托事务的完整记录。

受托人应当每年定期将信托财产的管理运用、处分及收支情况，报告委托人和受益人。

第四十九条第一款　受益人可以行使本法第二十条至第二十三条规定的委托人享有的权利。受益人行使上述权利，与委托人意见不一致时，可以申请人民法院作出裁定。

《信托公司集合资金信托计划管理办法》

第十五条　委托人认购信托单位前，应当仔细阅读信托计划文件的全部内容，并在认购风险申明书中签字，申明愿意承担信托计划的投资风险。

信托公司应当提供便利，保证委托人能够查阅或者复制所有的信托计划文件，并向委托人提供信托合同文本原件。

第三十五条　受益人有权向信托公司查询与其信托财产相关的信息，信托公司应在不损害其他受益人合法权益的前提下，准确、及时、完整地提供相关信息，不得拒绝、推诿。

法院判决

以下为北京市东城区人民法院在一审裁定书“本院认为”部分的论述。

法院认为，单就信托计划设立前形成的资料而言，系国某财务决定签署《信托合同》前应当查阅并据此作出决策的资料，并不涉及信托计划成立后，信托公司对信托财产的管理运用及处分。国某财务认为，信托计划设立前形成的备查文件的查阅权可贯穿于整个合同期间，于法无据。

（关于中某信托应当提供信托计划的投后管理文件）法院认为，国某财务主张的相关文件系中某信托公司自行制作的文件，亦属于中某信托公司内部管理范畴，对于信托财产的投后管理，中某信托已向国某财务提供资金管理报告，国某财务可通过资金管理报告及信托管理报告、风险处置进展周报了解信托财产的管理运用、处分及收支情况。

以下为北京市第二中级人民法院在二审判决书“本院认为”部分的论述。

法院认为，国某财务要求的《尽职调查报告》等文件属于《信托计划说明书》中所明确的委托人可在受托人处查阅的备案文件，中某信托虽在双方签订《信托合同》前已向国某财务披露了上述《尽职调查报告》等文件，但相关法律或者合同条款并未对于国某财务再次查阅相关文件作出限制性规定或者约定，故中某信托应当依据合同相关约定予以提供。但支持尽职调查报告的底稿文件系信托公司开展项目调研论证过程中所形成的内部文件，且非信托计划说明书列明的备案文件内容，国某财务要求披露缺乏依据。信托计划推介书并非《信托计划说明书》列明应当提供查阅的文件范围，本院对此不予支持。

中某信托在庭审中表示信托计划说明书“备查文件”所列《应收账款转让协议》系天某成保理公司、中某信托、冀中中某公司、北某黄金公司签订的《应收账款转让协议》，否认存在国某财务主张的《应收账款债权确认书》，但国某财务主张上述《应收账款转让协议》与其所主张《应收账款债权确认书》并非同一文件，依据现有的在案证据法院无法确认中某信托持有《应收账款债权确认书》，故对国某财务要求披露此文件本院不予支持。上述两项未予支持的文件，如中某信托持有并自愿披露，本院亦不持异议。

信托法律关系建立在委托人与受托人充分信任基础之上，受托人在接受委托后，对于委托人的财产享有相对独立的管理和处分的权利，受托人已经按照法律规定或者合同约定向委托人、受益人报告信托财产管理、运用或者处分的情况下，委托人、受益人应当充分尊重受托人对于信托财产的管理处分权利，合理行使查阅、知情权及其他相关权利……中某信托已经按照双方约定的方式向国某财务披露了涉及信托财产管理或者处分的相关信息，国某财务通过上述方式可以了解信托财产的管理运用、处分及收支情况，在没有其他有力证据证明中某信托违反法律规定的诚实、信用、谨慎、有效管理义务的情况下，国某财务要求中某信托披露相关公告、报告、周报背后的“底稿信息”依据不足，本院不予支持。

双方所签订《信托合同》约定仅包括查阅、抄录，并不包括复制；因本案所涉信托计划除国某财务外，还有其他投资人，为平衡各投资人之间，以及委托人、受益人和受托人之间相关利益保护，本院仅支持国某财务以查阅、抄录方式行使权利，对其所提复制案涉文件的请求本院不予支持。

延伸阅读

裁判规则：集合信托的委托人知情权限于自身信息，不扩展至全体委托人的信息。

案例：陆某与国某信托有限公司（以下简称国某信托）营业信托纠纷二审民事判决书［北京市第二中级人民法院，(2020) 京 02 民终 3041 号］。

二审法院（北京市第二中级人民法院）认为，委托人只能行使与其信托财产有关的知情权，不能扩大成对全体投资人的所有信托财产的所有信息都要求知情。本案中，国某信托向陆某提供了国某信托官方网站关于涉案信托计划的成立公告、临时公告、季度管理报告、国某信托向陆某分配收益的恒丰银行电子回单21张、收益分配明细1份、《经营收益权转让及回购协议》1份、《保证合同》1份、转让价款确认函、《渤某系企业重整计划》、(2018)津02破11-45号之一民事裁定书、《国某信托·天某轧三经营收益权集合资金信托计划保管协议》、资金划拨指令指定银行存款账户、划款指令授权书、投资监督事项表，可以反映国某信托作为受托人对陆某信托财产进行管理、运用及收支的情况，已能满足陆某作为委托人的知情权。

简评：本案与上一个案件互为印证。委托人知情权在实务中更倾向于监督而非审批，信托结构中委托人不宜过多干预受托人管理信托财产，否则影响信托财产贬损的风险划分和责任认定。这也是通道业务收缩监管的原因之一。

004 委托人撤销受托人的处分行为，行使撤销权的期限从何时起算？

关键词：委托人撤销权　撤销原因　资管产品　监管处罚

阅读提示

《信托法》第二十二条规定了委托人对受托人的特定处分行为有撤销权。委托人撤销权应当“自委托人知道或者应当知道撤销原因之日起一年内”行使，否则撤销权消灭。但是起算日所对应的“知道或者应当知道撤销原因”，具体是以什么来确认？

裁判要旨

《信托法》第二十二条规定的“自委托人知道或者应当知道撤销原因之日起一年内”中所称的“知道或者应当知道”，并不要求达到全面、完整、准确的知悉程度，只要委托人知悉受托人存在违背管理职责、处理信托事务不当致使信托财产受到损失的行为，即应认定为知道或应当知道撤销原因。

案情简介①

2016年10月，桂某农商行作为委托人、财某证券作为管理人、广某农商行作为托管人，三方签订《珠江×号资管合同》及补充协议。协议签订后，桂某农商行先后向资管计划投入6亿元，财某证券多次用于买入华某债，并获分配债券利息250万元。

华某债由华某公司于2015年11月发行，期限3年。债券到期日，华某公司发布公告称不能按期足额偿付，构成实质性违约。2019年11月，华某公司进入破产清算程序，财某证券代资管计划"珠江×号"向破产管理人申报了债权。

2018年12月，桂某农商行向湖南证监局举报财某证券在华某债购买过程中存在违规行为。湖南证监局回复桂某农商行称，财某证券在管理"珠江×号"过程中，存在变相从其投顾客户处购买华某债等违规情况。5月，湖南证监局对财某证券下达行政监管措施的决定。7月，湖南证监局再次回函称，财某证券在管理过程中存在违规情况。

桂某农商行以财某证券未勤勉尽责，存在内幕交易等违反证券法的行为为由，起诉至法院，要求撤销财某证券购买华某债的交易，出售方返还购买债券款项。湖南省郴州市中级人民法院认为，证券法规定按照依法制定的交易规则进行的交易，不得改变其交易结果，公开债券交易市场交易行为牵涉面广，假如宣告有关交易行为无效、互相返还财产，将造成公开市场交易行为的不确定性结果，因此驳回了桂某农商行的诉讼请求。桂某农商行不服，提起上诉，湖南省高级人民法院二审认为，桂某农商行起诉行使信托撤销权已经超过一年的撤销权行使期间，驳回上诉，维持原判。

裁判要点

2018年12月，桂某农商行向湖南证监局提交的举报中明确提出管理人违规购买华某债等，可见桂某农商行最晚于2018年12月就已经知道财某证券存在不当处理信托事务的行为，但直到2020年1月才向一审法院起诉行使撤销权，已

---

① 湖南桂某农村商业银行股份有限公司（以下简称桂某农商行）与财某证券有限责任公司（以下简称财某证券）、广州农某商业银行股份有限公司（以下简称广某农商行）证券纠纷一审民事判决书［湖南省郴州市中级人民法院，（2020）湘10民初6号］。

湖南桂某农村商业银行股份有限公司、财某证券有限责任公司营业信托纠纷二审民事判决书［湖南省高级人民法院，（2020）湘民终1853号］。

经超过一年的撤销权行使期间。

桂某农商行提出，其直到2019年7月2日湖南证监局出具答复函时才全面知悉本案所涉华某债全部由财某证券变相从其自营账户中购买，故撤销权的行使期限应于2019年7月2日开始起算。

对此，《信托法》第二十二条的规定，只要委托人知悉受托人存在违背管理职责、处理信托事务不当致使信托财产受到损失的行为，即应认定为知道或应当知道撤销原因，并不要求达到全面、完整、准确的知悉程度。故桂某农商行的该理由无相应的事实与法律依据。综上，因桂某农商行未在一年的除斥期间内行使撤销权，导致其撤销权消灭。

实务经验总结

本案核心问题是：“如何认定委托人知道或应当知道撤销原因?”对此，应注意以下三点。

1.《信托法》第二十二条规定，受托人存在违反信托目的处分信托财产等情况时，委托人有权撤销信托。起算时间点为“自委托人知道或者应当知道撤销原因之日”。过去实践中，有监管机关对信托等资管产品或相关主体采取措施之日为参照标准的情况。

2. 本案中，虽然监管机关的行政处罚在后，但是委托人对相关风险的掌握在前，因此法院认为，委托人掌握的信息足以构成“知道或者应当知道撤销原因”，将撤销权起算时间前移至委托人实际知道或应当知道相关原因之时。

3. 委托人行使撤销权的起算时点，应当自知悉受托人存在违背管理职责、处理信托事务不当致使信托财产受到损失的行为起算。监管机关行政处罚及复函等外部事件具有一定的滞后性，不宜过度依赖。

总结：撤销原因形成过程中，委托人的认知程度是从“部分、局部、存疑”到“全面、完整、准确”的转变过程。如有委托人发现风险并掌握初步证据，可及时与委托人确认、异议或行使撤销权。

相关法律规定

《信托法》

第二条　本法所称信托，是指委托人基于对受托人的信任，将其财产权委托给受托人，由受托人按委托人的意愿以自己的名义，为受益人的利益或者特定目的，进行管理或者处分的行为。

第二十二条第二款 前款规定的申请权，自委托人知道或者应当知道撤销原因之日起一年内不行使的，归于消灭。

法院判决

以下为湖南省郴州市中级人民法院在一审民事判决书“本院认为”部分就该问题的论述。

本案为证券纠纷，原告桂某农商行诉讼请求的核心是请求撤销涉案债券交易，各方互相返还财产，故本案的焦点问题是首先需要判断通过公开债券交易市场成交的债权交易行为能否宣布为无效行为或被撤销。对此，本院认为，首先，在《证券法》这一特别法体系中，没有公开债券交易市场交易行为无效的法律规定。相反，《证券法》第一百一十七条规定，按照依法制定的交易规则进行的交易，不得改变其交易结果。其次，公开债券交易市场交易行为、交易结果均已经公示，而公开债券交易市场交易行为牵涉面广，假如宣告有关交易行为无效、互相返还财产，将造成公开市场交易行为的不确定性结果，导致混乱。故，人民法院不能宣告已经完成的公开债券市场交易行为无效或予以撤销。原告桂某农商行主张，各被告存在违规行为、违约行为、侵权行为，只能依据违约责任或侵权损害寻求赔偿，而不能要求宣告有关交易行为无效或撤销。但在本案中，原告桂某农商行并没有基于其持有“15 沪华某 MTN001”债券未能兑付导致相应损失而提出诉讼请求，且债券发行人华某公司破产清算程序尚在进行中，桂某农商行所持有的面值5000万元的“15 沪华某 MTN001”债券在破产清算中可以分配多少、其损失为多少，均尚不确定，故桂某农商行要求撤销涉案交易行为、赔偿损失的诉讼请求，本院不予支持。

以下为湖南省高级人民法院在二审民事判决书“本院认为”部分就该问题的论述。

《珠江×号资管合同》的约定条款适用《信托法》，本案为信托法律关系。根据《信托法》第二十二条规定，在信托法律关系中，委托人申请撤销处分行为的前提是受托人违反信托目的处分信托财产或者因违背管理职责、处理信托事务不当致使信托财产受到损失。且委托人享有的撤销权应自其知道或者应当知道撤销原因之日起一年内行使。否则，该权利归于消灭。

本案中，桂某农商行于2018年12月在其向湖南证监局提交的《关于财某证券违规办理债券业务的情况报告》中明确提出财某证券违规从其投顾客户桑某农商行处购买2000万元“15沪华某MTN001”债券，严重损害了其合法权益等。可见，桂某农商行最晚于2018年12月就已经知道财某证券存在不当处理信托事务的行为，但直到2020年1月才向一审法院起诉行使撤销权，已经超过一年的撤销权行使期间。桂某农商行提出，其直到2019年7月2日湖南证监局出具答复函时才全面知悉本案所涉5000万元“15沪华某MTN001”债券全部由财某证券变相从其自营账户中购买，故撤销权的行使期限应于2019年7月2日开始起算。对此，根据《信托法》第二十二条的规定，只要委托人知悉受托人存在违背管理职责、处理信托事务不当致使信托财产受到损失的行为，即应认定为知道或应当知道撤销原因，并不要求达到全面、完整、准确的知悉程度。故桂某农商行的该理由无相应的事实与法律依据。综上，因桂某农商行未在一年的除斥期间内行使撤销权，导致其撤销权消灭。

延伸阅读

裁判规则：上市公司公告等信息足以认定风险，可以构成委托人行使信托撤销权的条件。

案例：刘某某、广东粤某信托有限公司营业信托纠纷二审民事判决书［广州市中级人民法院，(2021) 粤01民终416号］。

二审法院认为，在信托合同未约定不得买入可能被暂停上市的股票的情形下，受托人买入可能被暂停上市的股票是否一律违反受托人的信义义务呢？……欣某电气公告其存在暂停上市风险的原因是涉嫌欺诈发行或重大信息披露违法行为，且已被中国证监会立案调查……但受托人广东粤某信托有限公司对这一投资建议的错误性应当发现而未发现，完全漠视了欣某电气暂停上市和强制退市风险的现实性与紧迫性，贸然接受投资顾问的建议并大量买入欣某电气的股票，严重违反了谨慎原则和注意义务。

简评：合理的原因通常按暴露时间有“临时性风险征兆”“日常披露出现延迟”“信托或资管产品的关联产品风险暴露”“监管部门的处罚”“公检法的立案调查结论和判决”等，实务中早期信号就可以行使撤销权。

005 信托合同存在瑕疵，是否构成对委托人的侵权？

关键词：侵权　违约　选择性竞合

阅读提示

信托委托人投资时，一方面关注信托是否依照相关约定履行，另一方面应当关注受托人、推介人等是否存在侵权行为。如果存在误导性推介、信托合同因瑕疵被监管方认定无效等情形，不仅可以按照相关约定进行违约之诉，也可以尝试进行侵权之诉。但也需注意，营业信托纠纷中选择侵权之诉的侵权证据需要足够充分。

裁判要旨

信托机构违反《信托公司集合资金信托计划管理办法》第七条的规定，影响的仅是该信托公司与投资人之间的利益，是管理性强制性规定，亦未涉及可能导致合同无效的情形。

案情简介[①]

2013 年 2 月，长某信托与光某银行签订“长某信托·煤炭资源产业投资基金×号集合资金信托计划”资金代收代付协议，约定：光某银行代收资金并向甲方提供合格的投资者。3 月，付某标经光某银行工作人员推荐，购买长某信托发行的“长某信托·煤炭资源产业投资基金×号集合资金信托计划”的理财产品并签署一系列信托计划文件，包括《信托合同》《信托计划说明书》《认购风险申明书》。其中《信托合同》中约定，付某标投资 300 万元，认购长某信托公司发行的信托计划 300 万份。《信托计划说明书》《认购风险申明书》均进行风险提示。

---

① 付某标与中国光某银行股份有限公司合肥长江路支行（以下简称光某银行合肥长江路支行）、长某国际信托股份有限公司（以下简称长某信托）侵权责任纠纷一审民事判决书［合肥市庐阳区人民法院，（2017）皖 0103 民初 3391 号］。

长某国际信托股份有限公司诉付某标等侵权责任纠纷二审民事裁定书［合肥市中级人民法院，（2017）皖 01 民辖终 924 号］。

2014年1月，付某标先后收到长某信托的《临时信息披露公告》（2014年第1号）和《受益人大会通知》，告知其购买的信托计划出现兑付风险。2014年3月，付某标收到长某信托第一期信托收益28.5万元。

2017年3月，付某标向安徽银监局请求依法公开长某信托推介上述信托计划前提交的报告及相关材料和信息，以及信托计划推介结束后，长某信托提交的有关推介情况、接受资金委托情况的正式报告等。安徽银监局答复未收到报送材料。

2017年12月，付某标向安徽银监局举报光某银行违法代购信托计划。2018年2月，安徽银监局答复未发现光某银行存在违反银监法等监管法规应予处罚或采取监管措施的情况。

付某标以光某银行和长某信托的违法推介行为侵权为由请求光某银行赔偿300万元及损失297万元及信托行为无效等，长某信托以合肥市庐阳区人民法院非《信托合同》约定的管辖法院为由提起管辖权异议，并请求撤销原审裁定移送约定法院审理，上级法院认定付某标诉讼路径为侵权之诉，原审法院具有管辖权，裁定驳回长某信托管辖权异议的上诉。合肥市庐阳区人民法院经审理，驳回付某标请求。

裁判要点

本案中，长某信托违反《信托公司集合资金信托计划管理办法》第七条的规定，在推介前未向推介地的中国银监会省级派出机构报告，其影响的仅是该信托公司与投资人之间的利益，是管理性强制性规定，未涉及危及金融安全等损害国家利益、社会公共利益和第三人利益等可能导致合同无效的情形，在没有法律法规明确规定本案未向推介地的中国银监会省级派出机构报告为无效合同或无效条款的情况下，不能仅根据《信托公司集合资金信托计划管理办法》的规定确认本案信托合同无效。

实务经验总结

本案的核心问题是："委托人可否对信托合同瑕疵进行侵权之诉？"结合办案经验，我们认为有以下三点。

1. 从请求权基础看，营业信托纠纷案由项下的案件多以合同违约为请求权基础，但是也存在少量以侵权为基础的诉讼。

2. 从构成要件看，侵权责任包括行为人的行为、过错、损害事实和因果关系。在营业信托案件中，侵权要件往往也可能构成违约，而违约之诉的举证责任往往小于侵权之诉的标准。实践中，当事人在侵权与违约的竞合中也如前所述，多以合同违约为请求权基础。值得指出的是，特定案件适合侵权之诉。

3. 适合侵权之诉的信托案件通常具有关键证据，即涉案信托因其推介、合同及文件、投后管理等环节被监管机关采取相应监管措施等证据。本案中，当事人通过向银监局申请行政公开方式引入监管审查，确认了受托人在推介前未向推介地监管机关备案的事实。但是，因推介未备案本身被认定为管理性强制性规定而非效力性规定，因此该瑕疵并未造成涉案《信托合同》无效。

综上，我们认为，委托人可对信托合同瑕疵进行侵权之诉，但是应注意相关证据是否充分。同时，应注意瑕疵是否属于《信托合同》等文件的约定范围，瑕疵本身是否构成违约。如非为规避管辖等目的，建议诉讼路径以合同违约为宜，案由选择营业信托纠纷。

相关法律规定

《民法典》

第一千一百六十五条 行为人因过错侵害他人民事权益造成损害的，应当承担侵权责任。

依照法律规定推定行为人有过错，其不能证明自己没有过错的，应当承担侵权责任。

《信托公司集合资金信托计划管理办法》

第七条 信托公司推介信托计划，应有规范和详尽的信息披露材料，明示信托计划的风险收益特征，充分揭示参与信托计划的风险及风险承担原则，如实披露专业团队的履历、专业培训及从业经历，不得使用任何可能影响投资者进行独立风险判断的误导性陈述。

信托公司异地推介信托计划的，应当在推介前向注册地、推介地的中国银行业监督管理委员会省级派出机构报告。

第四十八条 信托公司推介信托计划违反本办法有关规定的，由中国银行业监督管理委员会责令停止，返还所募资金并加计银行同期存款利息，并处20万元以上50万元以下罚款；构成犯罪的，依法追究刑事责任。

法院判决

合肥市庐阳区人民法院在一审民事判决书“本院认为”部分相关表述如下。

本案付某标坚持的诉讼路径为侵权责任纠纷，故本案的争议焦点问题为，光某银行合肥长江路支行和长某信托是否侵犯了付某标的财产权。侵权责任，是指行为人因过错侵害他人民事权益，应当承担侵权责任，其构成要件包括行为、过错、损害事实和因果关系。

从《资金代收代付协议》及2018年2月8日安徽银监局答复函看，光某银行合肥分行在办理“长某信托·煤炭资源产业投资基金×号集合资金信托计划”业务时，取得了上级银行授权，履行了必要的内部程序，未发现存在违反银监法①等监管法规应予处罚或采取监管措施的情况。光某银行长江路支行向长某信托推荐投资者，代理长某信托向委托人付某标收取委托资金，其行为并未侵犯付某标的权利。

关于长某信托异地推介未进行报告，是否导致《信托合同》无效。付某标及代理人在起诉后至管辖权上诉期间，坚持认为其与光某银行合肥长江路支行之间没有订立书面合同关系，《信托合同》中的签名不是本人签名，并坚称其请求权基础与《信托合同》无涉，认为长某信托与光某银行合肥长江路支行共同推介、共同承担推介责任。而在本案2018年6月30日的庭审中，付某标的代理人当庭变更诉请，要求光某银行合肥长江路支行、长某信托返还投资款300万元及损失，其理由是基于无效的信托合同导致。可见，本案请求权基础仍为《信托合同》。本案中，长某信托违反《信托公司集合资金信托计划管理办法》第七条的规定，在推介前未向推介地的中国银监会省级派出机构报告，其影响的仅是该信托公司与投资人之间的利益，是管理性强制性规定，未涉及危及金融安全等损害国家利益、社会公共利益和第三人利益等可能导致合同无效的情形，在没有法律法规明确规定本案未向推介地的中国银监会省级派出机构报告为无效合同或无效条款的情况下，不能仅根据《信托公司集合资金信托计划管理办法》的规定确认本案信托合同无效。故付某标与长某信托签订的《信托合同》为有效合同。

信托，是指委托人基于对受托人的信任，将其财产权委托给受托人，由受托人按委托人的意愿以自己的名义，为受益人的利益或者特定目的进行管理或者处分的行为。付某标与长某信托作为平等的合同主体，均享有自愿订立合同的权

① 银监法指《中华人民共和国银行业监督管理法》。

利，而合同一旦有效订立，双方均应受合同的约束，履行自己的承诺，不得擅自变更。

信托合同明确约定长某信托作为受托人根据委托人指定管理并运用信托资金，按照信托目的持有、管理信托财产，直到信托终止，双方交易符合信托法律关系的特点。另，付某标已收到长某信托第一期信托收益，亦未能提供证据证明长某信托异地推介行为与付某标信托投资损失之间有因果关系。综上所述，付某标要求光某银行合肥长江路支行、长某信托返还投资款300万元并赔偿损失的诉讼请求，本院不予支持。

合肥市中级人民法院在二审民事裁定书“本院认为”部分相关表述如下。

本案中，被上诉人付某标坚称其诉请理由及依据与书面《信托文件》无关，且亦不认可《信托文件》中签名的真实性，其诉讼路径为以两原审被告为共同被告提起的侵权之诉，与信托合同无关。借此，《信托文件》中的约定管辖，不约束本案。依不告不理原则，基于被上诉人付某标的请求权基础，本案系侵权纠纷，根据《民事诉讼法》（2017年修正）第二十八条“因侵权行为提起的诉讼，由侵权行为地或者被告住所地人民法院管辖”的规定，本案中的共同被告之一光某银行合肥长江路支行的住所地位于合肥市××××号，属于原审法院辖区，故原审法院对本案有管辖权，上诉人请求移送的理由不予采信。

延伸阅读

裁判规则一：信托推介方未能清晰解释止损线误导投资者购买理财产品导致亏损的，推介方承担相应过错责任。

案例1：李某银与中国民某银行股份有限公司南京分行（以下简称民某银行南京分行）侵权责任纠纷二审民事裁定书［南京市中级人民法院，（2018）苏01民终1641号］。

本案的争议焦点为，民某银行南京分行是否存在不当的推介行为，有隐瞒产品高风险的过错、作出违反规定的保底承诺、未能对当事人进行风险评估的过错行为。如果民某银行南京分行有过错，应该承担多少责任。

民某银行南京分行在李某银购买产品前，对其进行了风险评估，在双方签订的合同中亦作了相关提示，并未隐瞒产品的高风险。但民某银行南京分行在介绍该款产品时，未能清晰地解释止损线的问题，致李某银错误地将止损线理解为其所购买的理财产品的止损线，从而选择购买了该款产品，民某银行南京分行作为专业金融机构与李某银在专业知识与信息量上明显地存在不对等，故民某银行南京分行对于李某银的选择负有一定的责任，应承担相应的过错责任，对本金部分的损失承担次要责任。李某银作为具有一定文化水平的人，在购买此次产品前曾购买过类似产品，亦有亏损的经历，对此类产品可能带来的风险应有所预知，却仍然去购买，理应承担相应的风险，因而其对本金部分的损失应承担主要责任。一审法院综合整个案情，酌定由民某银行南京分行赔偿李某银本金损失 91163 元，其余损失由李某银自行负担。

裁判规则二：异地推介信托计划未向当地监管机构报告，与信托公司未履行法律规定及合同约定义务产生的民事责任并无必然因果关系。

案例 2：曹某、吉某省信托有限责任公司合同纠纷二审民事判决书［最高人民法院，（2019）最高法民终 1594 号］。

如异地推介信托计划未向当地监管机构报告，其产生的法律后果系行业监管机构对信托公司的行政监管处理，与信托公司未履行法律规定及合同约定义务产生的民事责任并无必然因果关系，仍应审查信托计划设立时是否存在前述应当承担民事责任的事由。

简评：营业信托纠纷案由下的合同违约和侵权存在竞合，多数委托人选择违约起诉，侵权路径相对次之。

006 如果信托委托人同意延期，是否会影响信托财产损失的认定？

关键词：委托人　意思表示　信义义务　因果关系

阅读提示

信托受托人信义义务是信托运作的核心。证券类信托场景中，二级市场涨跌频繁且需要专业判断信托延期是否合理，因此投后管理环节是其信义义务的特点和重点。证券类信托中，如果委托人同意延期，是否会影响信托财产损失的认定？

裁判要旨

二级市场中，受托人对信托财产处置在制订项目退出方案、资管份额转让、股票减持等环节均应勤勉尽责，委托人同意延期不是贻误信托财产处置时机的合理理由。

案情简介[①]

2016年7月，上市公司利某精制拟非公开发行募集30亿元。该公司《半年度报告》披露的股票质押或冻结情况为空白。10月，民某信托出具《尽调报告》，并拟设立信托计划并作为委托人投资某资管计划，用于认购该公司的非公开发行股票。该《尽调报告》的涉诉情况和股票抵押情况与事实不符。实际上，利某精制披露不实，其股份质押比例达21.96%且存在涉诉。

2016年12月，民某信托向华某银行发送该《尽调报告》等推介材料。之后，二者签订两份《信托合同》认购共计2.5亿元，利某精制大股东出具担保。

2017年4月至8月，利某精制多次披露投资项目进度，投产时间从"2017年12月"顺延至"2018年春节前后"，再顺延至"2018年7月底"。2019年4月，该公司实际控制人去世。

2018年1月至10月，华某银行员工向民某信托员工索要相关投后报告和相关资料，并取得民某信托提供的《项目退出方案》，该方案载明了三种退出的方式。2018年10月，民某信托向华某银行发送2017年四个季度的管理报告与2018年第一季度、第二季度的管理报告。并出具《项目情况的说明函》，提示上市公司和大股东蓄意隐瞒股票质押等关键信息的不利情况。2019年1月及4月，民某信托向华某银行出具《项目情况的说明函》，提示《项目退出方案》并未履行。

2019年11月7日，民某信托发布《信托利益分配的公告》，华某银行分别收到民某信托款项共计约0.7亿元。

2020年2月及4月，北京银保监局、银保监会向华某银行作出《北京银保监局信访答复意见书》《中国银保监会信访答复意见书》，确认了民某信托的部分违规情况。

华某银行以未能勤勉尽责有效管理信托计划为由，诉请民某信托赔偿本金2.5亿元及利息等。一审法院认定，民某信托信托财产变现处置行为存在瑕疵且

---

① 本案是行业热点案件。

广东华某银行股份有限公司（以下简称华某银行）与中国民某信托有限公司（以下简称民某信托）营业信托纠纷一审民事判决书［北京市第二中级人民法院，（2020）京02民初302号］。

因此造成损失，支持赔偿请求0.3亿元。

裁判要点

民某信托在大股东“未给出满意的答复”的情况下仍轻信其“不同意减持”的意见，且将2017年即已实施的《减持新规》错误理解为2018年实施，并以此作为其不及时减持股票的理由，故民某信托解释的未减持股票的理由明显不能成立。此外，华某银行虽同意信托计划延期，但民某信托仍应基于专业判断而选择合理的方式和时机处置信托财产，故信托计划延期亦不能成为民某信托贻误信托财产处置时机的理由。

实务经验总结

本案的核心问题是：“信托受托人在二级市场中处置信托财产的信义义务标准是什么，是‘谨慎’还是‘及时’？”结合办案经验，我们认为有以下三点。

1. 当二级市场股票归入信托财产时，信托受托人应当履行投资管理的持续关注义务。其履行义务的基本原则可以初步归为“市场利益最大化（损失最小化）”或“市场风险最小化（安全最大化）”，无论按照哪一原则履行信义义务，均具有相对的合理性。

2. 作为二级市场投资者，市场利益最大化在实际履行中强调资产处置行为的及时性（“及时”），而市场风险最小化在实际履行中则强调资产处置之前的信息完备性（“谨慎”）。因此，“及时/谨慎”在实践中，如果相关主体公开披露的信息不足，则难以同时满足。本案中的受托人即强调其行为基于谨慎。

3. 我们认为，当信托受托人作为二级市场投资者处置信托财产（股票），总体上应当兼顾及时与谨慎，个案需要根据以下三点具体判断。

第一，从处置预案角度看，虽然股票市场信息获取依赖公开信息，特别是上市公司公告，没有充分信息则无法谨慎判断盈亏。但是信托受托人可以提前做好预案，合理应对以满足谨慎原则。

第二，从处置方式和时机看，股票类资产的内外影响因素较多，更依赖具体证据，如投前是否核实股东质押、投资协议是否合理、投后是否及时获取并分析公告和市场风险、处置是否符合约定或协商等方面的论证等。个案间存在差异较多，依赖受托人专业判断以满足及时原则。

第三，从信托延期角度看，信托延期的目的是增加受托人的处置期限，以便增加收入或减少损失。通常不应当认为委托人的意思表示中包含放弃权利或自愿增加风险等不利的意思表示。如果信托受托人对委托人的指令或沟通存疑，建议书面确认，避免陷入重大误解。

综上所述，信托受托人处置股票类受托财产时，应当及时谨慎地处理。如果“及时”和“谨慎”客观上难以满足，受托人应依约处置或及时与委托人沟通处置。为避免重大误解，应当对处置期间的风险划分明确约定。

相关法律规定

《信托法》

第十四条第一款和第二款 受托人因承诺信托而取得的财产是信托财产。

受托人因信托财产的管理运用、处分或者其他情形而取得的财产，也归入信托财产。

法院判决

北京市第二中级人民法院在一审判决书“本院认为”部分相关论述如下。

关于信托财产处置。双方当事人对于民某信托在限售股份上市流通、持续关注投资标的、制订项目退出方案、资管份额转让、股票减持、差额补足权利的行使、信息披露等环节是否勤勉尽责存在争议，上述争议最终归结为民某信托在信托财产变现处置过程中是否做到诚实、信用、谨慎、有效，是否由此给华某银行造成财产损失。

关于信托财产变现处置方案的制订。信托计划成立后，民某信托作为受托人主动管理运用信托资金，通过资管计划参与利某精制股票定向增发投资，故民某信托应当择机转让资管计划份额或指令资产管理人转让利某精制股票，并在条件具备时要求增信主体王某承担差额补足义务，从而使华某银行最大限度获得现金收益。定增股票预计可于2018年1月24日上市流通，民某信托应于该日期前即形成信托财产处置方案，分别针对股价涨跌情况提出针对性变现方案。在2018年1月以来利某精制股价持续下跌，且股价下跌幅度明显超过深证成指的情况下，民某信托迟至2018年4月11日才向华某银行发送《项目退出方案》草稿，且载明具体实施方案将在项目到期前6个月即2018年10月才能确定，故民某信托明显迟延形成信托财产处置方案，不利于其及时采取合理的信托财产处置措施。

关于信托财产实际变现处置的方式和时机。第一，关于查明和应对王某股票质押问题。如前所述，王某自信托计划设立前至设立后，长期对其持有的利某精制股票进行质押或质押到期后再质押。民某信托对此情况应当查明且能够查明，但其在信托计划设立之前和之后却一直没有查明。王某系利某精制的实际控制人和信托计划的唯一差额补足义务人，民某信托在信托计划设立后未能及时了解到王某的股票质押情况，导致其对王某的偿债能力和利某精制披露信息的真实性、准确性和完整性未能作出更加谨慎的判断，进而不利于其及时、果断地采取信托财产变现处置措施。

第二，关于分析和应对2018年利某精制股价不断下跌问题。按照民某信托制订的《项目退出方案》草稿和初步设想，如果股价有较大程度的浮亏，信托计划可以通过转让其持有的资管计划份额实现信托财产的变现。利某精制股价自2018年1月以来持续下跌，但民某信托未能说明转让资管计划份额的可行性，亦未能举证证明其尝试过转让资管计划份额，且在2019年1月发给华某银行的说明函中主张，其当时拟采取的处置方案是减持股票，故民某信托在股价不断下跌的情况下并未形成明确的信托财产处置思路，不利于信托财产处置。

第三，关于判断和应对项目预算投资大幅增加和项目进度延期问题。利某精制本次非公开发行股票所募资金主要用于轨道车辆制造及铝型材深加工建设项目，项目预算总投资54.99亿元。2017年4月，利某精制公告披露该项目的预算数额增至70亿元，利某精制于2018年4月27日公告披露该项目的预算数额增至105亿元，并公告轨道车辆整车样车的试制完成时间将从预计的2018年年初延期至2018年7月底。项目预算投资的大幅增加和项目进度的延期必然将影响利某精制的股价，进而影响华某银行的信托投资收益。利某精制股价自2018年1月以来亦确实处于持续下跌状态。利某精制公告中解释称项目预算投资增加的主要原因是"轨道车辆制造项目在实施过程中生产线设备配置发生了变化"，项目进度延期的原因是"前期考察的个别零部件供应商因不可抗力无法为公司进行零部件交付"。民某信托亦认为，利某精制上述解释说服力不强，并表示"我司又与大股东及券商进行了深入沟通，沟通的重点是项目总投资额度变化的原因，大股东和券商都没有给出满意的答复"。据此，项目预算投资的大幅增加和项目进度的延期应属"信托财产可能遭受重大损失"的重大事项。

民某信托应依照《信托合同》第18.2条的约定，不仅要及时向华某银行披露该事项，而且应自披露之日起7个工作日内向华某银行书面提出受托人采取的应对措施，包括提出是否变现信托财产的主张与理由。民某信托未认识到项目预算投资的大幅增加和项目进度的延期可能导致信托财产遭受重大损失，未履行信息披露义务，导致华某银行丧失采取转让受益权、协商提前赎回等积极止损措施的可能性。更重要的是，民某信托因判断失误而未能及时采取变现措施，贻误信托财产处置时机，造成华某银行的财产损失。

民某信托在2019年4月向华某银行解释其未在2018年4月得知项目预算投资大幅增加和项目进度延期后减持股票的理由，包括大股东和券商对项目投资额度增加未给出满意的答复，“减持新规从2018年5月底开始实施，直接导致了减持受限制”“由于2018年上半年同期深证成指也下跌了20%，大股东并不同意减持，认为6月份样车就可以下线，股价可以上涨”。民某信托在大股东“未给出满意的答复”的情况下仍轻信其“不同意减持”的意见，且将2017年即已实施的《减持新规》错误理解为2018年实施，并以此作为其不及时减持股票的理由，故民某信托解释的未减持股票的理由明显不能成立。此外，华某银行虽同意信托计划延期，但民某信托仍应基于专业判断而选择合理的方式和时机处置信托财产，故信托计划延期亦不能成为民某信托贻误信托财产处置时机的理由。

第四，关于差额补足权利的行使问题。根据民某信托和王某签订的《增信协议》，王某履行差额补足义务的前提是民某信托通过资管计划分配或转让资管计划份额等方式退出资管计划。民某信托未能在适当的时机处置信托财产以退出资管计划，导致其在王某去世时仍未退出资管计划，未能及时向王某行使差额补足权利，不利于华某银行减少财产损失。

综上，民某信托在信托财产变现处置过程中未能做到诚实、信用、谨慎、有效，该行为与华某银行财产损失之间存在一定的因果关系，本院对华某银行提出的民某信托怠于履行投资管理义务的相应诉讼主张予以采纳。

延伸阅读

裁判规则：信托财产为股票，信托公司可以依约及时平仓，如未约定书面通知补仓义务，不通知不视为平仓处置的前提。

案例：洪某平与万某信托有限公司（以下简称万某公司）合同纠纷二审民事判决书［杭州市中级人民法院，(2017) 浙01民终2895号］。

关于万某公司是否存在违约行为问题。2015年7月7日，案涉信托产品的单位净值已低于止损线。鉴于证券市场具有极大的不确定性，万某公司分别于2015年7月7日、7月8日电话联系洪某平，洪某平于2015年7月7日至9日亦多次登录账户，应当知悉信托单元单位净值低于止损线。洪某平作为理性投资者，在签订合同时对强制平仓的相关约定均应知晓并理解，理应积极沟通并及时止损。

在洪某平未采取措施控制风险的情况下，万某公司于2015年7月8日和7月9日对股票进行强制平仓，该处理行为不违反合同约定。洪某平主张，针对投资者的补仓权，万某公司应具有及时通知补仓和补仓金额予投资者之义务，且此义务的履行是强制平仓权行使的前提，但该节主张未体现于案涉《信托合同》约定中，双方交易习惯中的短信提醒不足以类推为万某公司具有书面通知补仓与补仓金额的合同义务，故对于洪某平基于此主张万某公司承担违约责任，请求其赔偿损失，本院不予支持。

简评：我们认为，委托人参与到信托财产管理可能会产生不利影响，但是实务中总是存在委托人被动参与的情况，需要慎重。

007 如果信托受托人背信弃义，受益人该怎么办？

关键词：受益人　受托人　信义义务

阅读提示

信托业务中最坏的情况就是信托受托人严重违反信义义务，如直接侵占信托财产。在这种最坏的情况下，信托关系中的被侵权人应当做好提起民事诉讼和刑事自（公）诉的两手准备。而境内司法此类裁判中，用于证明背信弃义行为的证据仍是核心。

裁判要旨

缪某主张，重组协议中存在安某公司资产被严重低估，影响全体股东权益的情况。但不能提供相应证据证明其主张，故应承担举证不能的不利后果。

案情简介①

2001年12月，安某公司成立，由缪某等国企集体买断人员共同出资，其中持股会（职工个人股）占93%，职工集体股占7%。

2007年至2008年，安某公司股东会决定持股个人与股东代表签订《信托合同》，安排缪某等与公司中层及中层以上干部签订《信托合同》并通过《信托合同》对安某公司进行投资管理。《信托合同》中明确标明入股本金、资产送股、资产配股的金额，并约定了受托人享有利润分红、其他投资收益、清算剩余财产分配权等权利。

2017年11月，同某公司作出相关《重组实施方案决议》，准备对安某公司进行重组。后，安某公司召开董事会，通过前述“重组实施方案”。董事会当日，安某公司召开股东会，除缪某等4人外，其余36名股东签署《重组协议》。

缪某认为，安某公司时任董事长王某慧通过《信托合同》在没有资产清算报告的情况下主导和同某公司签订所谓《重组协议》，属于侵占行为。

2018年1月，缪某以股东会召开程序瑕疵为由向法院起诉，请求撤销安某公司股东会表决通过的《实施方案》的决议。一审法院认为，决议程序瑕疵未对三分之二表决权通过决议产生实质影响并驳回原告请求。缪某不服，上诉至克拉玛依市中级人民法院二审，二审法院判决驳回上诉。

2020年1月，缪某向法院提起刑事自诉，以侵占罪为由起诉王某慧，克拉玛依市白碱滩区人民法院一审裁定不予受理。缪某不服，上诉至二审法院，被裁定驳回上诉。

裁判要点

缪某主张，重组协议中存在安某公司资产被严重低估，影响全体股东权益的情况。缪某作为负有举证责任的一方当事人，不能提供相应证据证明其主张，应

---

① 缪某、徐某刑事自诉被告人王某慧侵占罪一审刑事裁定书［克拉玛依市白碱滩区人民法院，（2020）新0204刑初3号］。

缪某、徐某刑事自诉被告人王某慧侵占罪二审刑事裁定书［克拉玛依市中级人民法院，（2020）新02刑终49号］。

杨某堂与克拉玛依安某炼化工程有限责任公司（以下简称安某公司）公司决议撤销纠纷一审民事判决书［克拉玛依市白碱滩区人民法院，（2020）新0204民初375号］。

缪某与克拉玛依安某公司公司决议撤销纠纷二审民事判决书［克拉玛依市中级人民法院，（2018）新02民终416号］。

承担举证不能的不利后果。

实务经验总结

我国《信托法》明确规定受托人可以是自然人。本案中存在信托合同，但无论是民事诉讼还是刑事诉讼均未从《信托法》角度对本案进行法律分析。根据公开资料，为便于分析，我们假设缪某刑事诉讼中的王某慧是信托受托人，基于前述假设，我们认为有以下几点。

1. 背信弃义是与信义义务相对的极端恶劣情况。假如本案成立信托关系，则委托人为缪某等实际股东，信托财产为股东所持股权，受托人为王某慧，受益人为委托人。如果受托人将信托财产违背信托目的处置，涉嫌严重违反《信托法》第二十五条的规定。如果信托财产受让方是受托人实际控制的主体或关联方，则涉嫌严重违反《信托法》第二十七条的规定。但是，证明背信弃义可能存在困难，如无直接证据，或是无法证明受托人的行为违背信托目的，如家族信托中设立信托的委托人去世。

2. 如果选择离岸信托模式持有境内公司股权，争议解决及相关判决裁定执行的成本较高。无论是信托的准据法适用，审裁判机关的约定管辖，还是实际维权的成本，离岸信托模式对境内自然人均存在争议解决成本和不确定性较高的问题。建议信托设立时谨慎选择熟悉或对司法裁判结果有较强预判性的准据法和裁判机关。

3. 选择合法且合适的受托人。正如我们在（2017）吉01民终4187号案中关注到的，中国境内委托人与未取得信托资质的受托人签订的相关种类的信托合同无效。因此，基于信托构架全面审查其合法性十分必要。实践中，为了吸引信托投资人，不合规的受托人可能会存在以各种与信托业务无法律关系的因素进行宣传或是建议委托人在域外设立离岸信托，而不充分披露其中的风险。值得注意的是，虽然信托具有法定或约定的保密性，但是其属于对外保密，对内的受益人或委托人具有知情权。如果受托人以保密为托词拒绝披露法定信息，则也属于违反信义义务的情况，而且将使境内委托人/受益人面对名为信托的“权利黑箱”的窘境。轻易相信托词可能会使当事人错失获得法律保护的机会。

4. 民事诉讼。如在境内诉讼，受益人或委托人可以依照与受托人签署的合同收集证据固定基本事实，包括是否签署信托合同，是否存在有效的信托关系，是否有确定合法的信托财产，受托人是否有违约行为，是否存在信托无效情形，是否构成法定的信托撤销权情形，信托财产是否存在管理记录/指令，信托权益是否可确定，信托撤销后是否存在处置风险等。当事人可以自行或聘请可靠的专业人士辅助整理相关证据。

5. 刑事自（公）诉。如果出现受托人背信弃义，存在故意违背信托目的转移信托财产等行为时，除依照《信托法》等法律法规维护民事权利外，境内当事人应当及时向公安机关、检察院等提供犯罪线索；如果认为构成侵占的，还应同时向法院提起自诉。

6. 刑事诉讼应注意区分侵占罪、职务侵占罪、背信运用受托财产罪、合同诈骗罪等相关罪名。信托的受托人主体、受托财产、违法行为等因素的情况不同，可能会影响相关罪名的认定，如职务侵占罪需要利用职务上的便利，背信运用受托财产罪需要主体为金融机构等。

相关法律规定

《信托法》

第二十五条 受托人应当遵守信托文件的规定，为受益人的最大利益处理信托事务。

受托人管理信托财产，必须恪尽职守，履行诚实、信用、谨慎、有效管理的义务。

第二十七条 受托人不得将信托财产转为其固有财产。受托人将信托财产转为其固有财产的，必须恢复该信托财产的原状；造成信托财产损失的，应当承担赔偿责任。

第四十九条 受益人可以行使本法第二十条至第二十三条规定的委托人享有的权利。受益人行使上述权利，与委托人意见不一致时，可以申请人民法院作出裁定。

受托人有本法第二十二条第一款所列行为，共同受益人之一申请人民法院撤销该处分行为的，人民法院所作出的撤销裁定，对全体共同受益人有效。

《刑法》

第一百八十五条之一第一款 **【背信运用受托财产罪】** 商业银行、证券交易所、期货交易所、证券公司、期货经纪公司、保险公司或者其他金融机构，违背受托义务，擅自运用客户资金或者其他委托、信托的财产，情节严重的，对单位判处罚金，并对其直接负责的主管人员和其他直接责任人员，处三年以下有期徒刑或者拘役，并处三万元以上三十万元以下罚金；情节特别严重的，处三年以上十年以下有期徒刑，并处五万元以上五十万元以下罚金。

第二百二十四条 【合同诈骗罪】 有下列情形之一，以非法占有为目的，在签订、履行合同过程中，骗取对方当事人财物，数额较大的，处三年以下有期徒刑或者拘役，并处或者单处罚金；数额巨大或者有其他严重情节的，处三年以上十年以下有期徒刑，并处罚金；数额特别巨大或者有其他特别严重情节的，处十年以上有期徒刑或者无期徒刑，并处罚金或者没收财产：

（一）以虚构的单位或者冒用他人名义签订合同的；

（二）以伪造、变造、作废的票据或者其他虚假的产权证明作担保的；

（三）没有实际履行能力，以先履行小额合同或者部分履行合同的方法，诱骗对方当事人继续签订和履行合同的；

（四）收受对方当事人给付的货物、货款、预付款或者担保财产后逃匿的；

（五）以其他方法骗取对方当事人财物的。

第二百七十条 【侵占罪】 将代为保管的他人财物非法占为己有，数额较大，拒不退还的，处二年以下有期徒刑、拘役或者罚金；数额巨大或者有其他严重情节的，处二年以上五年以下有期徒刑，并处罚金。

将他人的遗忘物或者埋藏物非法占为己有，数额较大，拒不交出的，依照前款的规定处罚。

本条罪，告诉的才处理。

第二百七十一条第一款 【职务侵占罪】 公司、企业或者其他单位的工作人员，利用职务上的便利，将本单位财物非法占为己有，数额较大的，处三年以下有期徒刑或者拘役，并处罚金；数额巨大的，处三年以上十年以下有期徒刑，并处罚金；数额特别巨大的，处十年以上有期徒刑或者无期徒刑，并处罚金。

法院判决

克拉玛依市中级人民法院在二审判决书“本院认为”部分相关论述如下。

上诉人缪某主张重组协议中存在安某公司资产被严重低估，影响全体股东权益的情况。根据《最高人民法院关于适用〈中华人民共和国民事诉讼法〉的解释》第九十条“当事人对自己提出的诉讼请求所依据的事实或者反驳对方诉讼请求所依据的事实，应当提供证据加以证明，但法律另有规定的除外。在作出判决前，当事人未能提供证据或者证据不足以证明其事实主张的，由负有举证证明责任的当事人承担不利的后果”之规定，上诉人缪某作为负有举证责任的一方当事人，不能提供相应证据证明其主张，应承担举证不能的不利后果。

克拉玛依市白碱滩区人民法院在一审刑事裁定书“本院认为”部分相关论述如下。

依照《最高人民法院关于适用〈中华人民共和国刑事诉讼法〉的解释》[①] 第二百六十三条的规定，对自诉案件，人民法院应当在十五日内审查完毕。经审查，符合受理条件的，应当决定立案，并书面通知自诉人或者代为告诉人。具有下列情形之一的，应当说服自诉人撤回起诉；自诉人不撤回起诉的，裁定不予受理：(一) 不属于本解释第一条规定的案件的……本案中，自诉人缪某、徐某强自诉的涉案事实是被告人王某慧在安某公司担任法定代表人时利用职务上的便利将公司财物占为己有，该涉案事实不符合侵占罪的构成要件，应不予受理。经本院说服，自诉人坚持告诉，故本院对自诉人缪某、徐某强的刑事自诉不予受理。

简评：“委托人身故后受益人的信托权利被受托人故意侵害”是典型的破坏信义义务的行为，这在营业信托中尚未见典型案例。但是随着国内民事信托的推广，背信弃义的风险也在增加。

其他参考

案例 1：鲁某有限公司诉凯某实业有限公司股权转让协议纠纷案［山东省高级人民法院，(2002) 鲁民四初字第 1 号］。

案例 2：鲁某有限公司与凯某实业有限公司股权转让协议纠纷上诉案［最高人民法院，(2003) 民四终字第 26 号］。

案例 3：Zhao Long et al v. Endushantum Investments Co. Ltd et al［The Eastern Caribbean Supreme Court，No. BVIHC（COM）151 of 2017］。

---

① 原文指《最高人民法院关于适用〈中华人民共和国刑事诉讼法〉的解释》（法释〔2012〕21 号），现行解释为《最高人民法院关于适用〈中华人民共和国刑事诉讼法〉的解释》（法释〔2021〕1 号）。前述条文对应现行解释第三百二十条。

第二章　受托人

本章前言

信托的受托人是整个信托法律关系中的核心一环。受托人可以是专业的信托机构，也可以是自然人。前者是商事信托，实务中将其纠纷归于营业信托纠纷，是实务纠纷的主体，也是本书的主要讨论范围。随着家族信托业务的需求出现，民事信托问题也开始浮现，值得关注。

涉及受托人的相关案件，争议点通常围绕"信义义务"展开。有趣的是，所谓信义义务目前并不是一个法律内涵和外延都有公论的法律概念，却是一个在裁判和监管中得到广泛应用的理论概念，其内涵主要包括忠实原则、勤勉注意原则和善意原则。信义义务在《信托法》中也有体现。《信托法》第二十五条规定，受托人管理信托财产时"必须恪尽职守""诚实、信用、谨慎、有效"。

需要说明的是，受托人需要直面市场，其对信托财产的不同处置行为直接导致受益人所承受的市场风险不同。信义义务可以监督受托人按照合理、谨慎的态度行事，但信义义务不能替代受托人的商业判断。区分信义义务和商业判断也是实务案件定责时常常需要律师结合证据进行审查判断的事项，因为"坏的"商业判断的结果也应当由受益人承担。

对某些普通人而言，尤其是投资者，对上述表述似乎不能接受。为了迎合市场偏见，信托行业很长一段时间内确实也存在以"刚性兑付"为标准的或明或暗的承诺，将市场风险与受益人隔断。这种人为打破风险与收益公平分配的做法过度刺激了市场需求，也导致金融风险快速积聚，不利于行业的健康发展。因此，"打破刚兑"，恢复市场平衡，已经是监管层面和司法层面达成的共识。

总之，受托人及信义义务是信托纠纷中的重点。从这个角度看，可以说信托之"信"不仅指代信任，也指代信义义务。

008 未对投资者释明资管产品“止损线”等概念导致投资者误判风险，投资者能否要求推介机构承担侵权责任?

关键词：受益人　推介人　信义义务

阅读提示

无论是销售信托产品、基金份额还是资管计划份额，均应按照相应的金融监管规范履行风险告知义务。如果投资者在购买相关金融产品时，推介机构未对投资者释明“止损线”等概念导致投资者因此误判风险的，投资者能否要求推介机构承担侵权责任?

裁判要旨

推介方未能清晰地解释“止损线”的问题，导致投资者错误地将止损线理解为其所购买的理财产品的止损线，从而选择购买了该款产品，具有误导性。推介方作为专业金融机构与个人投资者在专业知识与信息量上明显地存在不对等，应承担相应的过错责任。

案情简介①

2015 年 4 月，李某银购买民某加银资产管理有限公司某理财产品，并向该行南京莫愁湖支行汇入 100 万元。李某银作为资产委托人、民某银行南京分行作为资产托管人、民某加银资产管理有限公司作为资产管理人共同签署《资产管理合同》。

《客户风险评估问卷》中，李某银在“您曾或现阶段持有过哪些金融产品”栏内，勾选栏为“储蓄存款+国债/保险+基金/信托+股票/期货”；在“哪一项描述比较接近您对投资的态度”栏内，勾选栏为“我追求长期投资报酬最大化，可承担因市场价格波动造成的较大投资风险”；在“通货膨胀会使您的投资收益打折扣，时间越长影响越大”栏内，勾选项为“我的目标是让投资收益率明显

---

① 李某银与中国民某银行股份有限公司南京分行（以下简称民某银行南京分行）侵权责任纠纷一审民事判决书［南京市建邺区人民法院，(2017) 苏 0105 民初 2116 号］。

李某银与中国民某银行股份有限公司南京分行侵权责任纠纷二审民事裁定书［南京市中级人民法院，(2018) 苏 01 民终 1641 号］。

超出通货膨胀，并愿为此承担较大投资风险”等并签字。

2016 年 7 月，李某银账户上显示，基金赎回交易金额 772090.64 元。李某银认为，民某银行南京分行在其购买产品前，承诺本款产品“止损线”为 92%，即其即使亏损也只有 8 万元。

李某银以民某银行南京分行存在隐瞒风险等过错行为造成其损失为由，请求民某银行南京分行赔偿其本金及承诺利息等，南京市建邺区人民法院一审判决民某银行南京分行按过错程度向李某银承担赔偿责任，李某银不服上诉，南京市中级人民法院二审裁定驳回上诉。

裁判要点

民某银行南京分行在介绍该款产品时，未能清晰地解释“止损线”的问题，致李某银错误地将“止损线”理解为其所购买的理财产品的“止损线”，从而选择购买了该款产品，民某银行南京分行作为专业金融机构与李某银在专业知识与信息量上明显地存在不对等，故民某银行南京分行对于李某银的选择负有一定的责任，应承担相应的过错责任。

实务经验总结

本案值得关注的核心问题是：“推介阶段的信息披露义务瑕疵是否会产生赔偿责任？”针对这个问题，应注意以下三点。

1. 从监管层面，《资管新规》强调投资者适当性管理，资管产品的销售阶段或者说推介阶段，推介人不能欺诈或误导投资者购买合法但风险不匹配的产品。

2. 从实践层面，理财产品的“止损线”概念，是按照产品运作机制来披露，还是按照产品本金保障机制来披露，结合本案来看，司法中可能存在巨大差异。前者可以理解为一种以过程为导向的风控措施，后者可以理解为一种以结果为导向的保本机制。我们认为，如果按照后者来理解，这种表述甚至涉嫌变相的刚兑式推介。因为如果政策禁止的刚兑是指“本息”或“本金”刚性兑付，那“产品止损线”则可能存在被委托人（如本案李某银）误认为是一种保障“部分本金”的刚性兑付。

3. 推介阶段的信息披露义务瑕疵，误导投资者购买不适当的金融产品，我们认为可能构成侵权，推介方或因此承担相应过错责任。尤其在个人投资者与机构推介机构之间，存在天然的信息和专业能力差距，该因素在法院审理此类案件时也会纳入过错责任分配考量。当然，个人投资者如果是具有投资经验的多次投资者，在过错责任分配中也纳入考量。

相关法律规定

《资管新规》

六、金融机构发行和销售资产管理产品，应当坚持“了解产品”和“了解客户”的经营理念，加强投资者适当性管理，向投资者销售与其风险识别能力和风险承担能力相适应的资产管理产品。禁止欺诈或者误导投资者购买与其风险承担能力不匹配的资产管理产品。金融机构不得通过拆分资产管理产品的方式，向风险识别能力和风险承担能力低于产品风险等级的投资者销售资产管理产品。

金融机构应当加强投资者教育，不断提高投资者的金融知识水平和风险意识，向投资者传递“卖者尽责、买者自负”的理念，打破刚性兑付。

九、金融机构代理销售其他金融机构发行的资产管理产品，应当符合金融监督管理部门规定的资质条件。未经金融监督管理部门许可，任何非金融机构和个人不得代理销售资产管理产品。

金融机构应当建立资产管理产品的销售授权管理体系，明确代理销售机构的准入标准和程序，明确界定双方的权利与义务，明确相关风险的承担责任和转移方式。

金融机构代理销售资产管理产品，应当建立相应的内部审批和风险控制程序，对发行或者管理机构的信用状况、经营管理能力、市场投资能力、风险处置能力等开展尽职调查，要求发行或者管理机构提供详细的产品介绍、相关市场分析和风险收益测算报告，进行充分的信息验证和风险审查，确保代理销售的产品符合本意见规定并承担相应责任。

法院判决

南京市建邺区人民法院在一审判决书“本院认为”部分就该问题的表述如下。

本案的争议焦点为，民某银行南京分行是否存在不当的推介行为，有隐瞒产品高风险的过错、作出违反规定的保底承诺、未能对当事人进行风险评估的过错行为。如果民某银行南京分行有过错，应该承担多少责任。

民某银行南京分行在李某银购买产品前，对其进行了风险评估，在双方签订的合同中亦作了相关提示，并未隐瞒产品的高风险。但民某银行南京分行在介绍该款产品时，未能清晰地解释止损线的问题，致李某银错误地将止损线理解为其所购买的理财产品的止损线，从而选择购买了该款产品，民某银行南京分行作为专业金融机构与李某银在专业知识与信息量上明显地存在不对等，故民某银行南京分行对于李某银的选择负有一定的责任，应承担相应的过错责任，对本金部分的损失承担次要责任。李某银作为具有一定文化水平的人，在购买此次产品前曾购买过类似产品，亦有亏损的经历，对此类产品可能带来的风险应有所预知，却仍然去购买，理应承担相应的风险，因而其对本金部分的损失应承担主要责任。南京市建邺区人民法院综合整个案情，酌定由民某银行南京分行赔偿李某银本金损失 91163 元，其余损失由李某银自行负担。

南京市中级人民法院在二审民事裁定书“本院认为”部分就该问题的表述如下。

商业银行销售理财产品，应当遵循公平、公开、公正原则，充分揭示风险，保护客户合法权益，不得对客户进行误导销售。商业银行销售理财产品，应当遵循风险匹配原则，禁止误导客户购买与其风险承受能力不相符合的理财产品。风险匹配原则，是指商业银行只能向客户销售风险评级等于或低于其风险承受能力评级的理财产品。

本案中，1. 李某银购买案涉理财产品时，民某银行南京分行按相关规定对其实施了风险评估。根据李某银在《客户风险评估问卷》上勾选的内容可以看出，李某银确认其投资目标为追求较大的收益率，并可以承受较大的风险，因此民某银行南京分行向李某银销售案涉理财产品并无不当。李某银否认民某银行南京分行提交的《客户风险评估问卷》与案涉理财产品购买之间的关联性，但未能提供足够的证据证明，其关于民某银行南京分行未对其进行风险评估的主张与事实不符，本院不予采信。

2. 李某银与民某银行南京分行签订的《资产管理合同》专章对李某银所购买的理财产品可能存在的各类风险进行了全面的提示，李某银同时签署《认购（参与）风险申明书及认购（参与）申请书》，声明其已了解资管计划可能存在的风险，已认真阅读并理解所有的资管文件和备查文件，愿意受上述法律文件的约束并依法承担相应的投资风险。因此，李某银关于民某银行南京分行向其隐瞒了案涉理财产品的高风险与事实不符。民某银行南京分行虽没有按《商业银行个人理财业务风险管理指引》规定的形式，让李某银抄录“本人已阅读上述风险提示，充分了解并清楚知晓本次产品的风险，愿意承担相关风险”，但不能就此认定民某银行南京分行向李某银隐瞒了案涉理财产品的高风险。李某银作为具有一定投资经验的理性投资者，应知道高收益对应高风险，其对所投资理财产品可能存在的风险应有预知。其将所遭受的损失全部归责于民某银行南京分行无事实和法律依据。综上，一审法院认定民某银行南京分行未能解释清楚止损线问题，导致李某银在选购案涉理财产品时存在一定的错误认定，并据此酌定民某银行南京分行对李某银的投资损失承担部分责任并无不当。

3. 关于李某银损失金额的认定问题。李某银委托民某银行南京分行购买理财产品，100 万元款项并非存款和借款，其主张损失包括 100 万元本金按 20%标准计算的利息无事实和法律依据。

延伸阅读

裁判规则：代替投资者抄录《风险提示确认书》确属违规行为，但如果不违反投资者真实意思表示，则不具有违法性。

案例：康某蔚与中国建某银行股份有限公司北京紫某长安支行（以下简称建某银行紫某长安支行）财产损害赔偿纠纷二审民事判决书［北京市第一中级人民法院，(2018) 京 01 民终 7058 号］。

本案中，建某银行紫某长安支行的工作人员代替康某蔚抄录《投资人风险提示书》的行为，违反《中国银监会关于规范商业银行代理销售业务的通知》的规定，系违规行为。(一审法院认为，建某银行紫某长安支行的行为不具有违法性，对康某蔚亦无须承担侵权责任。)

康某蔚主张，建某银行紫某长安支行在风险评估及《投资人风险提示书》环节存在过错，导致其产生损害结果。对此，本院认为，《评估问卷》的签名系康某蔚本人所签，康某蔚具有一定的文化程度，也从事投资理财多年，其具有回答相关问题及阅读《评估问卷》的能力。康某蔚称未见过《评估问卷》，不知道《评估问卷》的内容，但未提供相应的证据予以证明。故对康某蔚的上述辩解，本院不予采信。

关于《投资人风险提示书》一节，《投资人风险提示书》系在确定购买明确的基金产品后由购买人阅读并签署，此时购买人购买基金或理财产品的意思表示已然明确，因而银行工作人员代为抄录部分内容并不影响康某蔚购买基金产品的真实意思表示，且康某蔚已签字确认。即便是银行工作人员代为抄录的行为不妥，但该行为并未侵犯康某蔚的实体权利，基金产品的盈亏由市场决定。康某蔚未提供证据证明涉案基金产品的买入、卖出不是其本人真实意思表示，因而康某蔚的该项上诉理由，本院不予采信。

康某蔚自2012年以来多次在银行购买理财产品，并不仅仅是本案所涉及的5例基金产品。虽然其年事已高，但康某蔚在本案庭审中仍然逻辑思维清楚、语言表达准确，因而应确认康某蔚具备相应的投资知识和经验，在购买相关基金产品时其应具有辨别和判断能力，不存在银行人员侵犯其知情权等情形。基金等理财产品均具有一定的风险性，购买人在购买时对于亏损应具有一定的心理准备及接受能力，同时应谨慎购买。

据此，康某蔚未提供证据证明建某银行紫某长安支行在其主张的基金产品操作中存在过错并与其亏损具有因果关系，故对康某蔚的上诉理由，本院不予支持。

简评：信托的推介方的推介行为应当满足监管要求匹配对应风险承受能力的投资者，否则承担责任。然而，推介行为瑕疵又不一定承担责任，责任认定不宜“一刀切”。

009 受托人未最大化信托财产收益而未违反合同约定时，委托人能否以滥用合同权利损害委托人利益请求受托人赔偿？

关键词：受托人　权利滥用　信义义务

阅读提示

信托受托人依法依约享有处置信托财产的权利。实践中，存在受托人滥用合同权利，低价处置信托财产，导致委托人的利益未最大化，甚至故意挤占属于委托人商业机会的情况。此时，委托人能否以滥用合同权利损害委托人利益请求受托人赔偿？

裁判要旨

信托受托人有权依照信托合同约定处置信托财产，同时亦应恪尽职守，履行诚实、信用、谨慎、有效管理的义务。但如果有证据证明其处置行为系不符合一般商业逻辑，损害委托人权益的，则可承担赔偿责任。

案情简介[①]

2014年12月，孙某聪（委托人、受益人）与中某信托（受托人）订立《资金信托合同》，约定受托人根据信托文件的规定运用信托资金间接投资于澜某科技公司的股权，信托计划预计存续期为36个月，如信托计划于预计存续期届满时仍未收回全部投资，则受托人有权对信托计划延期并应于信托计划延长期间尽快完成信托计划的投资变现以终止信托计划等。孙某聪认购300万份不可赎回信托单位，认购资金金额为300万元。

涉案信托计划2015年1月至3月的定期管理报告中重大事项报告部分载明信托期限由2018年12月变更为2017年12月；2017年第三季度定期报告载明“由于澜某科技公司上市进程较预期有所滞后，在信托计划预计存续期限届满时，信托财产可能无法全部变现，本信托计划将存在延期风险”。2017年12月，受托人转让信托财产，取得相关收益。2018年3月，本信托计划终止，信托财产全部变现。

孙某聪认为，若中某信托按合同约定上市后退出套利，孙某聪可比当前多享受收益28387100元（澜某科技公司于2019年7月上市）。

孙某聪以中某信托存在明显违约行为为由，请求判令受托人赔偿因其没有尽到恪尽职守、诚实、信用原则导致的损失，以及没有按利益最大化处理该产品导致的损失。北京市西城区人民法院一审认为，中某信托并未违约并驳回诉讼请求，孙某聪不服上诉，北京市第二中级人民法院二审维持原判。

裁判要点

中某信托在信托计划期限届满后，特别是在信托投资具有较大获利的情况下，对本信托计划进行终止，符合一般的商业逻辑。

孙某聪主张，中某信托作为专业机构明知利好却未能根据利好信息作出正确的决策，足以证明中某信托不能恪尽职守，履行诚实、信用、谨慎、有效管理的义

---

① 孙某聪与中某国际信托有限公司（以下简称中某信托）营业信托纠纷一审民事判决书［北京市西城区人民法院，（2020）京0102民初15546号］。

孙某聪与中某国际信托有限公司营业信托纠纷二审民事判决书［北京市第二中级人民法院，（2020）京02民终7486号］。

务。本院认可，即使案涉《资金信托合同》中约定中某信托作为受托人有权根据信托计划运营情况自行决定变现信托财产……但是受托人在行使上述权利时应当遵守《信托法》的相关规定，履行受托人的法定义务，不能滥用合同权利损害委托人利益。《九民纪要》第九十四条亦有规定。为此，本院二审要求中某信托就其在案涉信托计划项下履行忠实、勤勉信义义务的相关行为进行举证说明。

实务经验总结

本案表现的问题是："受托人未最大化委托人收益是否可承担赔偿责任?"这个问题也包括了实务中的受托人滥用约定权利侵害委托人潜在商业利益的情况，针对这类受托人信义义务相关问题，以下三点值得参考。

1. 受托人道德风险是投资人面临的客观风险。例如，在蚂某科技集团股份有限公司（以下简称蚂某金服）上市前夕，某基金管理人通过低价转移持股份额至管理人潜在第三方，导致原基金投资人的预期收益被该第三方挤占事件。投资者起诉该基金管理人曾引起市场关注。

2. 依照《信托法》，受托人承担"诚实、信用、谨慎、有效管理"的信义义务。但是信义义务不可避免地包括了商业判断。信义义务常包括解决"高收益/确定收益的两难困境"中无法同时满足的矛盾，如上述具有潜在高收益的蚂某金服份额转让给第三方后，截至目前其仍未完成上市流程，因此第三方也并未取得预期二级市场收益。从结果上看，即使有背信义义务，也未必产生委托人损害的后果。因此，出于司法谨慎原则考量，受托人的信义义务的最低限度是不能违反法律规定和《信托合同》约定义务。

3. 为保证信托受益人自身权益，受益人可以通过受益人大会等方式依法依约参与信托运营中重大事项的判断。此时，为保障权益，应监督受托人是否依约充足且合理履行了受益人大会告知的义务。同时，对于受托人对原信托合同约定变更等议案重点审查，避免在未经实质决策的情况下同意变更。

相关法律规定

《信托法》

第二十五条　受托人应当遵守信托文件的规定，为受益人的最大利益处理信托事务。

受托人管理信托财产，必须恪尽职守，履行诚实、信用、谨慎、有效管理的义务。

第五十三条 有下列情形之一的，信托终止：

（一）信托文件规定的终止事由发生；

（二）信托的存续违反信托目的；

（三）信托目的已经实现或者不能实现；

（四）信托当事人协商同意；

（五）信托被撤销；

（六）信托被解除。

《信托公司资金信托管理暂行办法（征求意见稿）》

第三条 信托公司管理、运用信托资金，应当遵守法律、行政法规、国务院银行业监督管理机构的监管规定和信托文件约定，恪尽职守，履行诚实、守信、谨慎、有效管理的义务，为投资者的合法利益最大化处理信托事务，根据所提供的受托服务收取信托报酬。资金信托财产依法独立于信托公司的固有财产，独立于信托公司管理的其他信托财产。

机构和个人投资资金信托，应当自担投资风险并获得信托利益或者承担损失。信托公司不得以任何方式向投资者承诺本金不受损失或者承诺最低收益。

信托公司办理资金信托业务，不得为委托人或者第三方从事违法违规活动提供通道服务。信托文件约定的信托目的应当是委托人真实、完整的意思表示。委托人隐瞒信托目的或者信托目的违反法律、行政法规或者损害社会公众利益的，信托公司不得为其设立信托。

法院判决

北京市西城区人民法院在一审判决书“本院认为”部分就该问题的论述如下。

受托人中某信托依法履行了合同约定的义务，在合同约定的信托计划存续期限内，对信托财产进行变现，并对变现的信托财产进行分配，不存在违约行为。虽然从孙某聪提交的证据及澜某科技公司上市后的市值变化，佐证了本信托计划终止后澜某科技公司确实存在发展潜力和估值提升的空间，但中某信托在信托计划期限届满后，特别是在信托投资具有较大获利的情况下，对本信托计划进行终止，符合一般的商业逻辑，孙某聪获得189万元的信托收益也证明了一点，同时终止行为亦具有合同依据。

北京市第二中级人民法院在二审判决书“本院认为”部分就该问题的论述如下。

涉案信托计划于2014年12月30日设立，信托募集资金按照约定路径间接投资于澜某科技公司股权，于2017年12月28日处置变现信托财产，于2018年3月27日终止，信托财产实现全部变现，因此中某信托公司处置变现、终止信托计划符合合同约定，孙某聪关于中某信托公司违约强行将信托财产提前变现的相关上诉主张，不能成立。

孙某聪主张，中某信托公司作为专业机构明知利好却未能根据利好信息作出正确的决策，足以证明中某信托公司不能恪尽职守，履行诚实、信用、谨慎、有效管理的义务。本院认为，即使案涉《资金信托合同》中约定中某信托公司作为受托人有权根据信托计划运营情况自行决定变现信托财产……但是受托人在行使上述权利时应当遵守《信托法》的相关规定，履行受托人的法定义务，不能滥用合同权利损害委托人利益。《九民纪要》第九十四条亦规定：“资产管理产品的委托人以受托人未履行勤勉尽责、公平对待客户等义务损害其合法权益为由，请求受托人承担损害赔偿责任的，应当由受托人举证证明其已经履行了义务。受托人不能举证证明，委托人请求其承担相应赔偿责任的，人民法院依法予以支持。”为此，本院二审要求中某信托公司就其在案涉信托计划项下履行忠实、勤勉信义义务的相关行为进行举证说明。

案涉信托计划退出时的确存在澜某科技公司上市的利好消息，但公司即使业绩良好，也并非必然能够顺利实现上市，政策、经营等各种风险依然存在，不确定因素众多。孙某聪从事后实现上市的结果推论中某信托公司决定信托计划退出不是正确决策，依据不足。孙某聪关于中某信托公司为配合其股东中某集团转让股权有增厚自身利润需求而急于终止信托计划变现信托财产的主张亦不具有合理性。

延伸阅读

裁判规则一：受托人为保障其他受益人权利，为避免市场风险（同时放弃潜在收益）可以依照《信托合同》约定处置相关财产，不承担违约责任。

案例1：洪某平与万某信托有限公司（以下简称万某信托公司）合同纠纷二

审民事判决书［杭州市中级人民法院，（2017）浙01民终2895号］。

本院认为，本案争议的主要有以下几个问题：

1. 案涉《信托合同》的效力问题。洪某平与万某信托公司签订的《万某证券结构化投资集合资金信托计划×号信托合同》，系双方作出真实意思表示而达成。而对于此类新型信托产品交易的合法性问题，宜由金融监管部门根据金融市场的现状、目的和任务、理性投资者的多寡及金融市场的培育程度等综合进行判断。就本案而言，目前金融监管部门未认定本案信托产品属于违法，亦未对该信托产品的发行机构进行查处。结合本案诉讼过程中，洪某平主要以《合同法》第九十四条第四项和第五项之规定主张合同解除，属主张合同权利义务终止，而非以《合同法》第五十二条之规定主张合同无效即合同自始没有法律约束力。故对于洪某平主张案涉《信托合同》无效之主张，本院不予支持。

2. 案涉《信托合同》的解除问题。《信托法》规定，信托是由受托人按委托人的意愿以自己的名义，为受益人的利益或特定目的，进行管理和处分的行为。案涉合同受托人为万某信托公司，委托人与受益人为洪某平。而该信托产品采用母子信托结构，案涉合同在产品设计中设定止损线。当信托财产净值触及止损线且劣后级投资人未按约定时限增加信托资金时，万某信托公司有权进行强制平仓。设立止损线及依据止损线进行风险控制的行为目的在于面对复杂多变的市场环境时保护优先级投资人的本金收益、控制劣后级投资人的投资风险，强制平仓后，洪某平作为受益人的信托利益亦可留待信托计划终止后经清算程序再予以分配。故万某信托公司依据合同约定进行强制平仓的行为非属违约行为致使不能实现合同目的，洪某平不能因此享有解除权。

3. 万某信托公司是否存在违约行为问题。2015年7月7日案涉信托产品的单位净值已低于止损线，鉴于证券市场具有极大的不确定性，万某信托公司分别于2015年7月7日、7月8日电话联系洪某平，洪某平于2015年7月7日至9日亦多次登录账户，应当知悉信托单元单位净值低于止损线。洪某平作为理性投资者，在签订合同时对强制平仓的相关约定均应知晓并理解，理应积极沟通并及时止损。在洪某平未采取措施控制风险的情况下，万某信托公司于2015年7月8日和7月9日对股票进行强制平仓，该处理行为不违反合同约定。洪某平主张，针对投资者的补仓权，万某信托公司应具有及时通知补仓和补仓金额予投资者之义务，且此义务的履行是强制平仓权行使的前提，但该节主张未体现于案涉《信托合同》约定中，双方交易习惯中的短信提醒不足以类推为万某信托公司具有书面通知补仓与补仓金额的合同义务，故对于洪某平基于此主张万某信托公司承担违约责任，请求其赔偿损失，本院不予支持。

裁判规则二：信托受托人没有依照《信托合同》约定及时处置相关财产，导致委托人承担额外市场风险的，承担违约责任。

案例 2：山东省国某信托股份有限公司、王某云信托纠纷再审审查与审判监督民事裁定书［山东省高级人民法院，（2020）鲁民申 8571 号］。

本院经审查认为，依照本案案涉信托合同约定，2015 年 7 月 3 日申请人应对信托计划开始进行平仓变现，大部分股票在 7 月 3 日及时变现，成交金额为 18279582.84 元，除金某生物停牌外，银某股份 30000 股、山某金泰 21600 股、外某发展 20000 股可以在 7 月 3 日当天平仓及时变现，由于委托人代表和受托人的拖延变现行为给劣后受益人造成了损失……另外，案涉信托计划于 2016 年 2 月 4 日终止，该日的基金资产净值为 20625778.19 元，基金总份额为 3000 万份，被申请人持有 600 万份。案涉信托计划存续期间，因委托人代表深圳东某平昇投资追加的资金 1000 万元，申请人于 2015 年 11 月 24 日和 2015 年 12 月 23 日才从银行账户转入证券账户，上述行为变相放大了劣后受益人的杠杆比例，增加了其投资风险。

《信托法》第二十五条规定："受托人应当遵守信托文件的规定，为受益人的最大利益处理信托事务。受托人管理信托财产，必须恪尽职守，履行诚实、信用、谨慎、有效管理的义务。"依据上述规定，受托人应当遵守信托文件的规定，违反信托合同约定的义务构成对信托义务的违反，受托人应当履行信托合同约定义务基础上为受益人的最大利益处理信托事务，违反受托人义务的行为包括但不限于违反信托合同明确约定义务的行为，受托人应就其违反受托人义务给受益人造成的损失承担赔偿责任。具体到本案，申请人违反受托人义务的行为主要分为两大类，一类为不对应具体信托财产操作的违反受托人义务行为，如风险提示义务、信息披露义务；另一类为对应具体信托财产操作的违反合同明确约定的受托人义务行为，如及时变现义务。本案案涉信托合同约定了任何一方违反合同约定义务，应承担违约责任并赔偿因违约造成的全部损失。

裁判规则三：信托受托人在管理信托财产时应当谨慎，合理平衡风险与收益。如管理行为不具有合理性，受托人可能承担责任。

案例 3：刘某奎、广东粤某信托有限公司（以下简称粤某信托）营业信托纠纷二审民事判决书［广州市中级人民法院，（2021）粤 01 民终 416 号］。

很明显，即便不考虑欣某电气在上市后可能存在导致暂停上市或者强制退市的重大信息披露违法行为的风险，该公告透露的信息也足以使一个谨慎的投资者意识到，欣某电气在首次公开发行股票并在创业板上市的过程中，很可能是存在欺诈发行行为的。且在该公司上市后，首次公开发行股票过程中的欺诈发行行为就具有了违法行为不可纠正、造成影响无法消除的特征，这将导致上市公司无法通过改正错误来争取减轻处罚，其受到行政处罚的概率将进一步增大。与此同时，《深圳证券交易所创业板股票上市规则》（2014 年修订）关于暂停上市、恢复上市及强制终止上市的规定，实质上明确了上市公司欺诈发行且被行政处罚或者被人民法院作出有罪判决的将被强制退市的原则，再加上众所周知的被中国证监会立案调查上市公司受到行政处罚的概率相当高的事实，显然，即便是在当时，谨慎的投资者亦不难得出欣某电气将因为欺诈发行而被暂停上市或者强制退市的风险相当高的结论。而作为专业机构的受托人粤某信托，如果遵循了审慎原则，尽到了受托人的注意义务，完全可以发现投资顾问给出的大量购买欣某电气股票的投资建议是风险极大且极不具有合理性的。但受托人粤某信托对这一投资建议的错误性应当发现而未发现，完全漠视了欣某电气暂停上市和强制退市风险的现实性与紧迫性，贸然接受投资顾问的建议并大量买入欣某电气的股票，严重违反了谨慎原则和注意义务。粤某信托作为受托人应当对委托人这部分损失承担赔偿责任，即粤某信托应当因此向刘某奎赔偿 595901.95 元。

简评：委托人对受托人的评价混合了法律判断和商业判断。从案例中可以看出其中一个负面的评价并不当然转化为另一个负面评价。

010 受托人等对信托财产采取“高风险高收益”方式管理，是否有违信义义务？

关键词：受托人　风险控制　信义义务

阅读提示

资产管理过程中收益与风险并存。信托受托人如何在信义义务的框架下，同时兼顾信托财产安全与信托收益最大化是信托管理的核心问题，也是信托机构的核心竞争力。二级市场中，如果信托受托人采取极端激进的方式管理信托，其是否有违信义义务？

裁判要旨

信托受托人对信托财产的管理行为是可以允许合理的风险，不能机械地“一刀切”式地对管理人行为进行合理性分析。但是，信托受托人应当秉持信义义务进行管理行为，对于不合理的风险的管理行为则应当依照《信托法》第二十二条处理。

案情简介[①]

2015 年 4 月，刘某奎与粤某信托签订某信托产品的《认购风险申明书》《信托合同》，其中刘某奎手抄“本人对广州市创某翔投资有限公司已有充分了解，并同意受托人聘其为本信托计划的投资顾问”等内容，认购金额为 350 万元。

2015 年 7 月，欣某公司陆续发布《股票存在暂停上市风险的提示性公告》《关于收到中国证券监督管理委员会立案调查通知书的公告（更正版）》等公告，公开披露“如本公司存在或涉嫌存在欺诈发行或重大信息披露违法行为的，公司股票将被深圳证券交易所实施暂停上市”“因公司涉嫌证券法律法规，根据《证券法》的有关规定，决定对公司立案调查”等信息。

2015 年 7 月至 2016 年 9 月，欣某公司多次发布《股票存在暂停上市风险的提示性公告》。

2016 年 9 月，欣某电气发布《关于股票暂停上市的公告》，载明“（公司）已由深圳证券交易所于 2016 年 9 月 2 日作出了公司股票自 9 月 6 日起暂停上市的决定”。

2016 年 4 月，创某翔公司发布《简式权益变动报告书》，载明自 2016 年 3 月起至 4 月止，创某翔公司增持欣某电气 8564728 股。共持有上市公司欣某电气股份 17155778 股，占其总股本的 10%。

粤某信托于 2017 年 8 月发布中翔×号信托计划《清算报告》并分配信托利益，共将 233 万余元返还给刘某奎。

广东银监局曾出具《信访事项答复意见书》，其中认为，“在实际操作过程

---

① 刘某奎与广东粤某信托有限公司（以下简称粤某信托）营业信托纠纷一审民事判决书［广州市越秀区人民法院，（2019）粤 0104 民初 11692 号］。

刘某奎、广东粤某信托有限公司营业信托纠纷二审民事判决书［广州市中级人民法院，（2021）粤 01 民终 416 号］。

中，粤某信托通过其证券投资管理系统设定风控条件，审核投资顾问提交的投资建议，并向证券交易经纪机构下达交易指令，不属于投资顾问代为实施投资决策的情形”。

刘某奎以解除《信托合同》为由请求粤某信托赔偿投资本息及认购费116万余元等，法院一审支持17万余元，刘某奎不服上诉，二审改判为59万余元。

裁判要点

首次公开发行股票过程中的欺诈发行行为具有违法行为不可纠正、造成影响无法消除的特征，这将导致上市公司无法通过改正错误来争取减轻处罚，其受到行政处罚的概率进一步增大……如果遵循了审慎原则，尽到了受托人的注意义务，完全可以发现投资顾问给出的大量购买欣某电气股票的投资建议是风险极大且极不具有合理性的。

实务经验总结

本案的核心问题是：“信托管理人的管理行为与信义义务的关系。”结合办案经验，我们认为有以下几点需要注意。

1. 信义义务是委托人与受托人之间信任关系的核心纽带。《信托法》第二条规定的“委托人基于对受托人的信任”即需要通过受托人履行信义义务来体现。实践中，信义义务的内涵通常包括忠实义务、勤勉义务和注意义务。

2. 对受托人而言，勤勉义务和注意义务要求受托人应当合理和谨慎地处置信托事务。《信托法》第二十五条第一款和第二款规定的“受托人应当遵守信托文件的规定，为受益人的最大利益处理信托事务”“受托人管理信托财产，必须恪尽职守，履行诚实、信用、谨慎、有效管理的义务”均反映出受托人管理信托财产时应当一方面符合信托文件约定，另一方面应当有效管理，最大化收益。

3. 本案中的受托人购买风险极高的具有退市可能的股票，虽然可能不违反忠实义务，但是可能有违勤勉义务和注意义务。尤其是注意义务，本案广州市中级人民法院二审认为，其购买高风险潜在退市股票的专业决策不具有合理性，其核心在于明知可能存在因IPO造假且无法补正的情况下仍然决定购买（且无其他风控措施），这与购买其他的高风险但可以补正的股票存在明显不同。

我们认为，对委托人和受益人而言，很多案件中受托人片面强调信义义务的忠实义务，即其高风险管理行为的出发点是博取高收益，而市场本身就是风险与机遇并存，这也是专业信托机构作为受托人的市场优势，因此在双方约定明确且风险释明的前提下，委托人/受益人承担风险具有合理性，核心依据即《信托法》第二十五条。本案广州市中级人民法院二审综合考虑了特定市场的特定风险（二级市场的IPO欺诈发行退市风险），积极地对信义义务在具体案件中进行了应用。

相关法律规定

《信托法》

第二十二条第一款　受托人违反信托目的处分信托财产或者因违背管理职责、处理信托事务不当致使信托财产受到损失的，委托人有权申请人民法院撤销该处分行为，并有权要求受托人恢复信托财产的原状或者予以赔偿；该信托财产的受让人明知是违反信托目的而接受该财产的，应当予以返还或者予以赔偿。

法院判决

广州市越秀区人民法院在一审民事判决书“本院认为”部分相关表述如下。

本案是营业信托纠纷。刘某奎基于信托合同提起本案违约之诉。双方的争议焦点是，刘某奎的损失是否因粤某信托未按合同履行而造成的。

“中翔×号信托计划”初始信托规模：204100000元，“中翔×号信托计划”共持有欣某电气的资金为34749600元（1320000股×13.56元/股+1180000股×14.28元/股，均价为13.89984元/股），欣某电气的资金占“中翔×号信托计划”的17.02577%（34749600元/204100000元）。刘某奎认购3500000元，刘某奎在“中翔×号信托计划”欣某电气占的资金为3500000元×17.02577%=595901.95元。

《信托合同》约定，在有效控制投资风险前提下，秉承“创造价值，驭势飞翔”的理念，以稳健的投资风格，帮助客户创造价值，跟客户一起驭势飞翔。受托人因违背管理职责，致使信托财产受到损失的，委托人有权要求受托人予以赔偿。所有参与行为均应在保护委托人利益的前提下进行，并谋求信托财产的保值、增值。粤某信托在中国证监会决定对欣某公司立案调查，欣某公司披露可能暂停上市的风险提示后，仍然大量买入欣某公司股票，违反了“在有效控制投资风险前提下”“所有参与行为均应在保护委托人利益的前提下进行”的约定，造成刘某奎财产损失，粤某信托在履行合同过程中也有过错，应承担赔偿责任。

另《认购风险申明书》申明如下风险：市场风险、投资顾问风险、其他风险为本信托计划选择的保管人、证券经纪人、投资顾问存在由于其未按相关法规政策，以及相关法律文件的约定履行应尽义务而给本信托计划带来的风险，刘某奎在《认购风险申明书》声明，本人对广州市创某翔投资有限公司已有充分了解，并同意受托人聘其为本信托计划的投资顾问，了解本信托计划可能发生的各种风险，愿意依法承担相应的信托投资风险。粤某信托委托创某翔公司为投资顾问，在履行合同过程中产生损失，属于合同约定的范围，刘某奎应承担上述风险造成的损失，刘某奎要求粤某信托承担该信托计划的全部损失没有依据。粤某信托在“中翔×号信托计划”买入欣某电气的股票资金占比 17.02577%，刘某奎主张的损失应当根据比例来计算。

综上，“中翔×号信托计划”中欣某电气全部损失包括市场风险和粤某信托的过错造成，由于粤某信托没有提交因为买入欣某电气刘某奎在该信托计划的具体损失的证据，结合“中翔×号信托计划”买入欣某电气的平均价 13.89984 元/股、退市价 1.48 元/股，损失约 90%，因此，广州市越秀区人民法院一审以刘某奎在“中翔×号信托计划”欣某电气全部资金为 595901.95 元为刘某奎全部损失为基数，根据粤某信托的过错程度、风险造成的损失、损失比率，一审法院酌情认定，刘某奎应承担全部损失的 70%即 417131.37 元，粤某信托应承担全部损失的 30%即 178770.58 元，粤某信托应向刘某奎赔偿款项 178770.58 元。

广州市中级人民法院在二审民事判决书“本院认为”部分相关表述如下。

本案二审的焦点问题为，粤某信托是否应当赔偿刘某奎的损失。

关于损失承担问题。信托的设立，使委托人与受托人之间产生了信义关系，受托人的信义义务亦由此而设立，其具体内容应当由法律规定或者信托合同所约定，但至少应当包括忠实义务与注意义务。

首先，法律并未规定信托计划受托人不得买入可能被暂停上市的股票，案涉信托合同亦未明确约定粤某信托不得买入可能被暂停上市的股票，因此不能仅以粤某信托买入可能被暂停上市的股票的事实来认定其违反了信义义务。

其次，在信托合同未约定不得买入可能被暂停上市的股票的情形下，受托人买入可能被暂停上市的股票是否一律违反受托人的信义义务呢？本院对此认为，证券市场中风险与收益并存，受托人的主要义务是在合理判断风险的前提下为委托人争取尽量大的收益，不能机械地认为只要进行了一笔有风险的投资，受托人就违反了义务。这是因为，一方面从交易所的规则来看，上市公司股票存在暂停上市风险的情形有多种，造成这一风险的具体原因更加多样，仅以连续亏损的原因而言，既可能是企业所处行业的周期性，也可能是企业自身经营的周期性，既可能是偶发因素导致，也可能是公司自身的经营不善。证券市场与之对应的现象是，许多曾经存在暂停上市风险的上市公司，克服了财务困境，或者改正了违法违规行为，最终并未暂停上市或者被强制退市，并在之后为股东创造了价值。因此，不能将受托人买入有暂停上市风险股票的行为，完全等同于受托人违反了审慎原则或者放弃风险控制，即本院认为，受托人可以在合理判断风险的基础上，作出合理的投资于存在暂停上市风险股票的决策。另一方面证券市场中每个投资人均处在历史的迷雾之中，对于所投资的上市公司的未来发展，再专业的投资者亦不可能作出绝对精准的判断。如果不顾及当时投资决策是否存在合理性，仅以最终发生了投资失败的结果而倒推得出受托人违反信义义务的结论，亦是一种过于线性的客观归罪思维的体现。总之，本院认为，在合同当事人均未在投资标的中剔除可能被暂停上市的股票的情况下，裁判者应当尊重商事主体的自主决策权利，不能一概认为受托人投资了有暂停上市风险且最终被强制退市的股票就一定违反了信义义务，而应具体考察受托人的投资行为在当时有无合理性，是否违反了忠实义务和在符合审慎原则的基础上尽到了一个专业投资者应当尽到的注意义务。

最后，具体到本案中受托人粤某信托对欣某电气的投资行为。欣某电气公告其存在暂停上市风险的原因是涉嫌欺诈发行或重大信息披露违法行为，且已被中国证监会立案调查。很明显，即便不考虑欣某电气在上市后可能存在导致暂停上市或者强制退市的重大信息披露违法行为的风险，该公告透露的信息也足以使一个谨慎的投资者意识到，欣某电气在首次公开发行股票并在创业板上市的过程中，很可能是存在欺诈发行行为的。且在该公司上市后，首次公开发行股票过程中的欺诈发行行为具有违法行为不可纠正、造成影响无法消除的特征，这将导致上市公司无法通过改正错误来争取减轻处罚，其受到行政处罚的概率进一步增大。与此同时，《深圳证券交易所创业板股票上市规则》（2014 年修订）关于暂停上市、恢复上市及强制终止上市的规定，实质上明确了上市公司欺诈发行且被行政处罚或者被人民法院作出有罪判决的将被强制退市的原则，再加上众所周知的被中国证监会立案调查上市公司受到行政处罚的概率相当高的事实，显然，即便是在当时，谨慎的投资者亦不难得出欣某电气将因为欺诈发行而被暂停上市或者强制退市的风险相当高的结论。而作为专业机构的受托人粤某信托，如果遵循审慎原则，尽到受托人的注意义务，完全可以发现投资顾问给出的大量购买欣某电气股票的投资建议是风险极大且极不具有合理性的。但受托人粤某信托对这一投资建议的错误性应当发现而未发现，完全漠视了欣某电气暂停上市和强制退市风险的现实性与紧迫性，贸然接受投资顾问的建议并大量买入欣某电气的股票，严重违反了谨慎原则和注意义务。粤某信托作为受托人应当对委托人这部分损失承担赔偿责任，即粤某信托应当因此向刘某奎赔偿595901.95元。

延伸阅读

裁判规则一：受托人在信托计划届满且取得较大收益后清算退出符合一般的商业逻辑，即使持有委托人判断继续持有可以获得更多潜在收益。

案例1：孙某聪与中某国际信托有限公司（以下简称中某信托）营业信托纠纷二审民事判决书［北京市第二中级人民法院，(2020) 京02民终7486号］。

受托人中某信托依法履行了合同约定的义务，在合同约定的信托计划存续期限内，对信托财产进行变现，并对变现的信托财产进行分配，不存在违约行为。虽然从孙某聪提交的证据及澜某科技公司上市后的市值变化，佐证了本信托计划终止后澜某科技公司确实存在发展潜力和估值提升的空间，但中某信托在信托计划期限届满后，特别是在信托投资具有较大获利的情况下，对本信托计划进行终止，符合一般的商业逻辑，孙某聪获得189万元的信托收益也证明了一点，同时终止行为亦具有合同依据。

裁判规则二：未最大化信托财产收益，受托人并不当然承担责任。

案例2：孙某聪与中某国际信托有限公司营业信托纠纷二审民事判决书［北京市第二中级人民法院，(2020) 京02民终7486号］。

参见本书之“受托人未最大化信托财产收益而未违反合同约定时，委托人能否以滥用合同权利损害委托人利益请求受托人赔偿?”

简评：信托财产运作中的风险应当由受托人承担还是由受益人承担？无论在理论上还是实务中，合理范围内的风险由受益人承担。

011 拒绝与信托合同不符的委托人或受益人指令，受托人是否有违信义义务？

关键词：法定义务　指令　约定义务

阅读提示

信托受托人应当依照《信托合同》等文件约定依法履行受托人义务，对信托财产进行管理或者处分。但是，如果委托人/受益人在《信托合同》约定范围外另行向受托人发出具有一定合理性的指令，受托人能否拒绝？这是否有违信义义务？

裁判要旨

信托受托人依照信托约定的范围履行受托人义务时，拒绝委托人/受益人超越约定范围的指令，难以认定存在受托人侵害委托人/受益人合法权利，违反有关信托义务情形。

案情简介①

2015 年 4 月，张某与招某证券股份有限公司签订《融资融券业务合同》并开立了融资融券账户，由其营业部提供证券经纪、融资融券等证券服务。

《融资融券业务合同》第 5.1 条约定，张某自愿将信用账户内保证金、融资买入的全部证券和融券卖出所得全部资金以及上述资金、证券所生孳息等所有资产转移给招某证券营业部，设立以该营业部为受托人，张某与该营业部为共同受益人，以担保招某证券营业部对张某的融资融券债权为目的的信托。

2017 年 2 月 23 日 14 时左右，张某收到短信通知得知其账户中签新股科某利 500 股，应缴纳新股认购款 18850 元。故张某当即卖出其持有的其他股票，卖出股

---

① 本案入选 2017 年度上海法院金融商事审判十大典型案例。

张某与招某证券股份有限公司上海浦东新区浦东南路证券营业部（以下简称招某证券营业部）证券认购纠纷一审民事判决书［上海市浦东新区人民法院，（2017）沪 0115 民初 33817 号］。

张某诉招某证券股份有限公司上海浦东新区浦东南路证券营业部证券认购纠纷二审民事判决书［上海市第一中级人民法院，（2017）沪 01 民终 13735 号］。

票成交金额累计22291元，足以支付新股认购款，但委托指令均为“卖券还款”。

张某联系招某证券营业部投资顾问咨询新股认缴款的缴纳事项，投资顾问告知其“卖券还款”所得的金额不能用于申购新股，只能先用于偿还融资融券账户的负债，即卖出旧股取得的资金无法直接用于购买新股。

经过张某与投资顾问协商，招某证券营业部及其投资顾问拒绝为其垫付2万元用于新股认购。但招某证券营业部投资顾问为张某申请延长半小时的资金缴纳时间，但最终由于张某银行账户活期余额不足，未能按时转入新股认购款项，新股认购失败。

张某以违反信托义务为由，请求招某证券营业部赔偿其新股认购失败的投资损失，上海市浦东新区人民法院一审驳回请求，张某不服上诉，上海市第一中级人民法院二审驳回请求，维持原判。

裁判要点

张某及招某证券营业部通过《融资融券业务合同》不仅就账户内的保证金等财产设立了信托关系，而且就融资融券业务的具体操作进行了约定。

营业部根据上诉人具体情况将上诉人筹集资金时间延长至当日16时30分，难以认定被上诉人有侵害上诉人合法权利，违反有关信托义务的情形。

实务经验总结

本案的核心问题是：“受托人拒绝与信托合同约定不符的委托人/受益人指令是否有违信义义务。”结合办案经验，我们认为以下几点需要注意。

1. 从受益人角度看，本案的信托设立假设有效且受托人为本案证券营业部，则受托人应当依照《信托法》第二十五条的法定义务和其信托约定履行义务。值得注意的是，本案中的委托人为张某，但是受益人是张某和证券营业部，即信托存在共同受益人。依照《信托法》第五十一条第三项的规定，处分信托受益权的指令应当经过受益人的同意，而本案中指令并不满足共同受益人同意的条件，委托人/受益人的指令形式上具有瑕疵。

2. 从信托约定的角度看，假设本案信托的设立符合法定条件且不存在信托无效的情况，本案信托约定对于“卖券还款”有明确约定。虽然该约定限制了受益人张某账户资金的优先用途，但是保障了共同受益人营业部的资金安全，履行该约定不属于《信托法》第二十二条规定的"受托人违反信托目的处分信托财产或者因违背管理职责、处理信托事务不当致使信托财产受到损失"的情况，委托人张某亦不满足要求受托人恢复信托财产的原状或者予以赔偿的实质条件。

3. 从受托人角度看，无论是否有合同约定，也无论受托人接受还是拒绝受益人的指令，其目的终是保障信托财产安全，维护受益人权益，履行约定和法定义务。因此，需要慎重处理，一是要及时与指令方沟通，避免误解指令；二是如有异议应及时协商或告知，并说明异议依据；三是无论接受还是拒绝指令，均应有法定或约定的权限作为行为依据来源。

信托运作中，《信托合同》、委托人/受益人指令、受托人的信义义务等约定的不同将导致不同的受托人处置信托财产的评判标准，值得关注。

相关法律规定

《信托法》

第二十五条　受托人应当遵守信托文件的规定，为受益人的最大利益处理信托事务。

受托人管理信托财产，必须恪尽职守，履行诚实、信用、谨慎、有效管理的义务。

第四十三条第三款　受托人可以是受益人，但不得是同一信托的唯一受益人。

第四十五条　共同受益人按照信托文件的规定享受信托利益。信托文件对信托利益的分配比例或者分配方法未作规定的，各受益人按照均等的比例享受信托利益。

法院判决

上海市浦东新区人民法院在一审民事判决书"本院认为"部分相关表述如下。

本案的争议焦点是，信用账户中签新股后，张某"卖券还款"指令的交易金额应优先用于偿还负债还是优先认购新股。张某与营业部之间签订的《融资融券业务合同》合法有效，双方当事人理应恪守。虽然《融资融券业务合同》约定张某的信用证券账户不得用于新股认购，但实际上，根据交易所的规定，张某的信用账户可用于新股认购。但对于信用账户中签新股后，《融资融券业务合同》中对“卖券还款”指令的交易金额应当优先用于偿还负债还是优先认购新股，双方未作出进一步约定，在合同没有明确约定的情况下，应当根据相关法律规定作出认定。张某及营业部通过《融资融券业务合同》不仅就账户内的保证金等财产设立了信托关系，而且就融资融券业务的具体操作进行了约定。

首先，张某在涉案信用账户中签新股之后，发出了“卖券还款”的委托指令，营业部根据张某的交易指令进行操作，并未违反合同约定。

其次，张某认为“卖券还款”指令的交易金额优先用于新股认购，对此，《融资融券业务合同》并无约定，包括《深交所融资融券交易细则》[①] 在内的监管规则，也未规定证券公司对于投资人“卖券还款”指令的交易金额应优先用于新股认购，故营业部行为未违反相应法律规定，亦未违反相关的监管规定。

再次，张某仅以另外一家证券公司的业务规则不足以证明“卖券还款”指令的交易金额优先用于新股认购属于行业惯例。

最后，张某在就如何缴纳新股中签款与营业部咨询沟通的过程中，营业部明确告知相关交易规则和后果，明确告知张某“卖券还款”指令的交易金额不能优先用于新股认购，并告知及时缴纳款项，还为其延长了款项的缴纳时间，张某也尝试通过银行账号转入款项，但未成功的原因系自身银行账户活期余额不足，张某在知晓交易规则情况下，未能缴纳认购款项，系因自身过错导致相关损失发生，营业部行为未违反合同约定与法律规定，也不存在过错，张某应自行承担相应法律后果。

上海市第一中级人民法院在二审民事判决书“本院认为”部分相关表述如下。

根据上诉人与被上诉人签订的《融资融券业务合同》第7.8条约定了该信用证券账户不得用于从事的范围，即包括不得从事新股申购事项。该合同第7.9条约定了融资融券债务清偿事项，该条第三款规定了投资者通过券商“卖券还款”交易系统菜单委托卖出信用账户内证券所得价款，按融资负债产生的时间顺序偿还券商的融资负债。本案中，上诉人张某系采用“卖券还款”委托指令卖出股票，按照其与被上诉人合同约定，卖出证券所得款项应当归还信用账户负债。上诉人称《深市发行细则》[②] 颁布后，被上诉人应对有关交易规则进行更改，变更

① 《深交所融资融券交易细则》指《深圳证券交易所融资融券交易实施细则》。

② 《深市发行细则》指《深圳证券交易所上市公司证券发行与承销业务实施细则》。

为允许信用账户卖券所得优先购买新股，但该《深市发行细则》并未对信用账户内卖出股票款项用途作出具体规定，且《深市发行细则》颁布后，《上交所融资融券交易细则》[①]《深交所融资融券交易细则》仍为有效，故上述两融资融券交易细则中有关投资者卖出融资买入尚未了结合约的证券所得价款应须先偿还该投资者融资欠款这一规定，仍应予以适用，故上诉人该主张难以成立。

被上诉人在上诉人新股中签后，通过系统短信平台向上诉人发送了中签信息，并根据上诉人具体情况将上诉人筹集资金时间延长至当日16时30分，难以认定被上诉人有侵害上诉人的合法权利，违反有关信托义务情形。

根据本案现有证据，上诉人仅提供与国某君安证券公司有关工作人员网络通信截屏记录，据此称信用账户卖券所得款项应优先用于申购新股为行业操作惯例，依据尚不充分。

延伸阅读

裁判规则：如有证据证明信托受托人处置行为系不符合一般商业逻辑，损害委托人权益的，可能承担赔偿责任。

案例：孙某聪与中某国际信托有限公司营业信托纠纷二审民事判决书［北京市第二中级人民法院，(2020）京02民终7486号］。

参见本书之“受托人未最大化信托财产收益而未违反合同约定时，委托人能否以滥用合同权利损害委托人利益请求受托人赔偿?”

---

① 《上交所融资融券交易规则》指《上海证券交易所融资融券交易实施细则》。

第三章　其他参与人

本章前言

其他参与人不是法律规定的信托方，但是在实务中也起到相应的作用，如通常由银行担任的信托托管人、信托产品的推介人等。相关关系参见图 1-3。

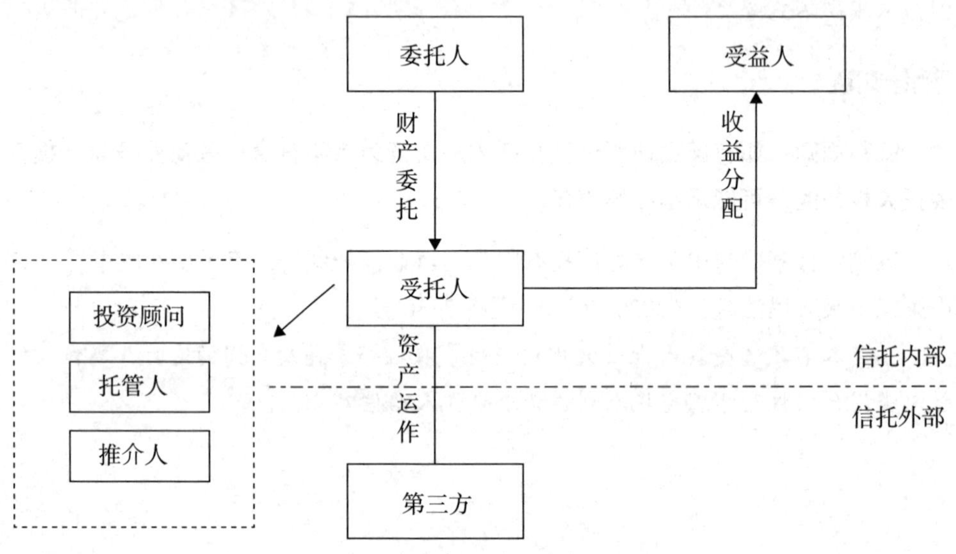

图 1-3　信托受托人与其他参与方

推介人是依约负责推介和销售信托产品等金融产品，以满足投资者适当性等监管要求的主体；托管人是依约对信托财产负责安全保管等义务的主体；投资顾问通常是依约为信托受托人提供建议的主体。需要注意的是，《信托法》第三十条第一款规定，受托人可以依照信托文件规定委托他人代为处理相关受托事务。第二款规定，如果受托人并不因转委托而规避其法定责任，受托人仍对他人处理信托事务的行为承担责任。

信托参与人的角色并不固定，其出现也是为解决实务中的问题。例如，信托机构面对分散投资者的募资能力不如银行，因此可以通过银行代销信托产品。又如，信托机构同时处理大量不同的资金信托项目，对于各个项目的账户设置、账册报表等资料的记录、资金进出的指令与确认、依法设立防火墙制度等后台类需求繁多，因此可以将信托资金交给专业机构托管。总体来说，各个信托的其他参与方主要通过当事人间的合同约定来明确权利义务。

信托结构中增加了参与方，从诉讼层面看，也增加了相关的责任主体。其他参与方如何在信托纠纷中承担责任，是本书关注的重点问题。

012 信托合同被解除后，委托人/受益人是否可以一并解除投资顾问合同？

关键词：投资顾问　解除权

阅读提示

信托合同和信托顾问合同之间是什么关系？由于信托投资顾问不是信托关系的必要参与方，而又可以依照信托合同的约定由委托人或受托人聘请并承担向受托人发送投资指令等责任。如果构成主从合同或合同联立关系则其效力可能互相影响。信托关系解除后，委托人/受益人是否可以依约解除投资顾问合同？或者是否可以直接依法解除投资顾问合同？

裁判要旨

信托关系解除后，委托人/受益人可以根据投资顾问合同的解除权相关条款约定解除合同。①

案情简介②

2016年7月，斯某尔公司将1.3亿元闲置自有资金购买集合资金信托计划，并与信托公司（受托人）签订《信托合同》。斯某尔公司还与天某合伙、国某信托签订《投资顾问协议》，天某合伙作为投资顾问。

2016年7月，天某合伙向信托公司发出《投资顾问投资指令》，载明投资1.287亿元作为向玉某德悦公司的增资款并与其签署《增资协议》。随后《增资协议》依法签署，玉某德悦公司出具《股东出资证明》。

---

① 《信托法》中没有规定委托人/受益人对信托投资顾问的解除权。但是符合条件的投资顾问合同，可以依照《民法典》的委托解除权条款依法解除。

② 本案是行业热点案件。

斯某尔动力股份有限公司（以下简称斯某尔公司）与国某信托有限责任公司（以下简称国某信托）、北京天某同创创业投资中心（以下简称天某合伙）合伙协议纠纷一审民事判决书［湖北省高级人民法院，（2018）鄂民初40号］。

斯某尔动力股份有限公司、国某信托有限责任公司合伙协议纠纷二审民事判决书［最高人民法院，（2019）最高法民终515号］。

2017 年 8 月，斯某尔公司向天某合伙发出《关于提前赎回信托计划暨收益分配的申请》，载明根据信托合同收益提前回购及分配条款，申请回购信托计划全部份额并提请有关收益分配。11 月，天某合伙向信托公司发出《投资顾问投资指令》，载明将信托计划的投资收益 1.04 亿元，按照合同的相关规定分配给投资人。2017 年 11 月，信托公司向斯某尔公司转账支付 1040 万元。

2018 年 3 月，天某合伙向信托公司发出《提示函》，载明请信托公司立即按照《增资协议》约定，前往玉某德悦公司注册登记机关进行股权变更登记手续。2018 年 7 月，玉某德悦公司办理了工商变更登记。

斯某尔公司以信托公司及投资顾问违约为由请求解除信托及投资顾问合同并赔偿约 1.3 亿元本息损失，湖北省高级人民法院一审仅支持解除信托及投资顾问合同。斯某尔公司不服上诉，最高人民法院二审驳回上诉，维持原判。

裁判要点

依据《合同法》第九十三条第二款“当事人可以约定一方解除合同的条件。解除合同的条件成就时，解除权人可以解除合同”之规定，当事人可约定解除合同的条件。《投资顾问协议》第 3.1 条约定，除非经信托计划受益人全体一致同意或出现本协议第 3.2 条规定的情形，甲方（斯某尔公司）不得解任投资顾问。根据该约定，经信托计划受益人一致同意，斯某尔公司可以解任投资顾问。

实务经验总结

本案的核心问题是：“唯一委托人/受益人是否也对投资顾问合同具有解除权？”针对这个问题，我们结合办案经验有以下看法。

1. 从法律层面看，《信托法》第五十条规定了特定委托人的解除权，同时也规定了该权利可以由双方另行约定。《信托法》并未直接规定委托人等对信托中投资顾问的解除权。但是，如果委托人等与投资顾问建立的是委托关系，则委托人可以依照《民法典》第九百三十三条规定，随时解除委托合同。

2. 从实务层面看，如果存在特定委托人等解除信托，信托相关的投资顾问相关约定即无法履行。因此，如果投资顾问关系不能随着信托解除而解除，会为委托人带来额外的履行负担。二者客观上存在类似主合同与从合同的关系，或者合同联立的关系。

3. 基于上述两点，在没有法定解除权的情况下，委托人可以依照《民法典》第九百三十三条的规定，解除委托合同性质的投资顾问合同。或者依照其第五百六十二条第二款的规定，约定一方解除合同的事由，解除合同的事由发生时，解除权人可以解除合同。否则，即使信托关系与信托投资顾问委托关系间存在主从合同的情形，但是司法裁判出于谨慎原则，对于投资顾问合同撤销问题的裁判仍具有不确定性。本案中的裁判逻辑即是约定解除的情况，不是主从合同的情况。遗憾的是，本案裁判逻辑强调合同约定的路径，将信托合同的解除和投资顾问合同的解除分别论述，未能直接对投资顾问合同和信托合同间的联动关系进行进一步区分是否系主从合同关系或联立合同关系。当然，由于《民法典》第九百三十三条已对委托规定了解除权，委托人自行解除投资顾问合同也足以救济其法益。

相关法律规定

《信托法》

第五十条 委托人是唯一受益人的，委托人或者其继承人可以解除信托。信托文件另有规定的，从其规定。

《民法典》

第五百六十二条 当事人协商一致，可以解除合同。

当事人可以约定一方解除合同的事由。解除合同的事由发生时，解除权人可以解除合同。

第九百三十三条 委托人或者受托人可以随时解除委托合同。因解除合同造成对方损失的，除不可归责于该当事人的事由外，无偿委托合同的解除方应当赔偿因解除时间不当造成的直接损失，有偿委托合同的解除方应当赔偿对方的直接损失和合同履行后可以获得的利益。

法院判决

湖北省高级人民法院在一审判决书“本院认为”部分就该问题的论述如下。

关于斯某尔公司是否有权解除《信托合同》及《投资顾问协议》问题。《信托法》第五十条规定：“委托人是唯一受益人的，委托人或者其继承人可以解除信托。信托文件另有规定的，从其规定。”本案中，《信托合同》约定受益人为委托人斯某尔公司，斯某尔公司系信托计划的唯一受益人。故斯某尔公司提出解除《信托合同》的诉讼请求，符合《信托法》第五十条的规定，对该诉讼请求予以支持。信托解除后，各方当事人应依照《信托法》的规定及合同约定确定信托财产的归属、转移信托财产。依据《合同法》第九十三条第二款“当事人可以约定一方解除合同的条件。解除合同的条件成就时，解除权人可以解除合同”之规定，当事人可约定解除合同的条件。《投资顾问协议》第3.1条约定，除非经信托计划受益人全体一致同意或出现本协议第3.2条规定的情形，甲方（斯某尔公司）不得解任投资顾问。根据该约定，经信托计划受益人一致同意，斯某尔公司可以解任投资顾问。斯某尔公司是信托计划的唯一受益人，其提出解除《投资顾问协议》的诉讼请求，符合《投资顾问协议》第3.1条的约定，故一审法院对斯某尔公司提出解除《投资顾问协议》的诉讼请求予以支持。

最高人民法院在二审判决书“本院认为”部分的相关论述并未对投资顾问合同解除作进一步阐述，但是认定了信托合同解除的法律适用并无不当，具体如下。

关于《信托合同》解除后信托公司、天某合伙是否应当向斯某尔公司返还1.3亿元信托本金并赔偿损失的问题。斯某尔公司是“方某东亚、天某组合投资集合资金信托计划”第1期的委托人和唯一受益人，且该期信托资金单独管理运用，没有与其他各期信托资金混同运用，符合《信托法》第五十条规定的委托人单方解除信托合同的条件，一审判决认定委托人斯某尔公司可以解除本案信托合同，适用法律并无不当。

斯某尔公司与国某信托签订的《信托计划说明书》第9.7条约定：“委托人在此不可撤销地确认，各期信托计划终止（包括信托计划预计存续期限届满终止、提前终止或延期终止）时，受托人有权按本合同第12.2款的约定以信托财产原状的非货币形式信托财产向各期受益人分配信托利益。”第12条声明：“受托人、保管人、律师事务所均未对本信托计划的业绩表现或者任何回报之支付做出保证。”上述约定表明，斯某尔公司在签订本案信托合同前，对于国某信托未向其承诺返回投资款和相应收益是明知的。在信托终止时，国某信托可以信托财产原状的非货币形式信托财产向斯某尔公司分配信托利益。根据已查明的事实，本案信托资金用于玉某德悦公司增资后，玉某德悦公司股权即为信托财产。斯某尔公司要求国某信托、天某合伙返还信托资金的诉讼请求不符合信托合同的约定和信托财产现状，现有证据不足以证明国某信托、天某合伙存在违反《信托合同》及《投资顾问协议》的约定并对信托财产造成损失，故对斯某尔公司要求国某信托、天某合伙赔偿损失的诉讼请求，一审法院未予支持并无不当。

延伸阅读

裁判规则一：投资顾问合同可以依其自身约定条款解除。

案例1：邓某芳、广州财某投资管理有限公司（以下简称财某公司）合同纠纷二审民事判决书［广州市中级人民法院，（2020）粤01民终6393号］。

广州市天河区人民法院一审认为，邓某芳与财某公司之间的投资顾问协议未违反法律、行政法规的强制性规定，依法成立并发生法律效力，双方均应依约行使权利、履行义务。

《投资顾问协议》约定邓某芳委托财某公司为其投资顾问，该种委托以邓某芳对财某公司商誉的信任为基础，现邓某芳提出不再信任财某公司的商誉，故邓某芳要求解除双方签订的《投资顾问协议》有理，一审法院依法予以支持。一审法院依照《合同法》第九十四条①等的规定，判决解除邓某芳与财某公司签订的《投资顾问协议》。

二审法院认为，……财某公司已违反《投资顾问协议》约定的"恪守职业规范，善意和勤勉地履行信托计划的义务和责任"。邓某芳上诉主张，财某公司违反《投资顾问协议》约定具有事实依据，本院予以支持。一审法院认定财某公司并未违反《投资顾问协议》约定存在不当，本院予以纠正。

裁判规则二：投资顾问合同符合条件的，可以依法解除。

案例2：海南中某行房地产投资顾问有限公司（以下简称中某行公司）与三亚天某实业有限公司（以下简称天某公司）商品房委托代理销售合同纠纷再审民事裁定书［最高人民法院，（2013）民申字第1413号］。

天某公司无权随意解除《代理销售合同》。如上所述，本案《代理销售合同》不仅有委托合同的要素，还加入了包销合同的要素，故不适用委托合同的任意解除权。

二审判决引用《合同法》总则关于有效合同对双方当事人均有法律约束力，当事人不得擅自变更或者解除的规定，并判定天某公司在没有合同约定或法定事由的情形下，无权单方解除合同，并无不当。天某公司以中某行公司未按其要求

---

① 现为《民法典》第五百六十三条。

调整销售价格，便单方解除合同，该行为与约定亦不符。实际上，中某行公司已经与87户预约购房人签订了预定销售单，并收取了相应的定金。天某公司认为，其中部分预约购房人是其推荐的，且有部分人因国家政策调整而退房。本院认为，天某公司对该主张并未提供充分证据加以证明，况且天某公司是否有权解除合同应当以《合同法》及双方上述约定为依据，与该主张情形并不具有直接联系。

简评：从案例中可以看出，参与方中投资顾问合同的解除以《民法典》约定的委托人解除权为主。在信托撤销或信托合同撤销时，我们认为从主从合同角度来解除信托的投资顾问合同仍有待实践。

013 信托受托人接受投资顾问建议导致投资亏损，委托人或受益人能否申请投资顾问赔偿损失？

关键词：投资顾问　投资建议　责任认定

阅读提示

受托人可以将信托事务委托他人代理，但要依法承担后果。如果信托中设置投资顾问，且按照投资顾问建议投资而“爆雷”的，委托人或受益人能否同时申请投资顾问赔偿损失？

裁判要旨

信托成立和运行期间，受托人应当依法依约履行义务，对投资顾问从事证券业投资顾问资质进行形式审核。如果原告不能举证证明其损失与投资建议有关联性，则法院对投资顾问承担责任的请求不予支持。

案情简介[①]

2017年8月，厦某信托（受托人）与陈某超（委托人）签订《集合资金信托计划信托合同》（以下简称《信托合同》）、《集合资金信托计划说明书》及

---

① 陈某超与厦某信托有限公司（以下简称厦某信托）、北京大某鹏锐投资咨询有限公司（以下简称大某鹏锐公司）营业信托纠纷一审民事判决书［福建省厦门市中级人民法院，（2019）闽02民初186号］。

《认购风险申明书》《认购单》，陈某超作为劣后委托人认购信托金额为2500万元。受托人聘请大某鹏锐公司作为投资顾问并与之签订《信托计划投资顾问合同》。陈某超在《认购风险申明书》上签字确认其已了解信托风险并自愿承担相应的损失。厦某信托与陈某超、案外人郭某某、李某某还签订了《补充协议》，约定郭某某、陈某超为A类劣后受益人，李某某为B类劣后受益人。如按《信托合同》追加信托资金时，由李某某单独负责支付，郭某某、陈某超不支付。李某某代郭某某、陈某超追加信托资金的行为为其三方约定，与厦某信托无关。

厦某信托作为受托人于2017年9月发布关于《证券投资集合资金信托计划》成立的报告，每周在其网站上公布信托计划“净值公告”。《信托合同》中明确了受托人不保证本信托计划一定盈利、不承诺保本和最低收益的约定，也明确了预警止损风控措施。李某某未能及时追加资金，厦某信托依约行使特别交易权，对信托计划中的股票进行清仓交易。

2018年8月，厦某信托依据《信托合同》约定发布信托计划提前终止的公告。自2018年6月起，厦某信托陆续对信托计划中股票进行售出，并于2018年11月向陈某超支付了信托利益8861544.04元。厦某信托于2018年12月发布清算报告于其网站上。

陈某超以大某鹏锐公司及厦某信托等违约为由，请求二者赔偿损失人民币2500万元等，福建省厦门市中级人民法院一审驳回其诉讼请求。

裁判要点

厦某信托与大某鹏锐公司签订的《信托计划投资顾问合同》约定，大某鹏锐公司作为案涉信托计划的投资顾问，陈某超亦在《认购风险申明书》上签字确认大某鹏锐公司作为投资顾问提供投资建议。大某鹏锐公司依照《投资顾问合同》约定发送投资建议，陈某超不能举证证明其损失与大某鹏锐公司的投资建议有关联性。

实务经验总结

本案的核心问题是：“投资顾问应否对投资建议承担责任？”结合办案经验，我们有以下几点看法。

1. 投资顾问不是信托设立中的必要参与方，但是委托人、受托人可以约定投资顾问参与信托运营。投资顾问的建议范围、建议方式、建议时间点均应依照合同自治原则明确，同时规定各方权利义务。

2. 投资顾问不是受托人，否则将与受托人构成共同受托人。我们认为，如投资顾问约定其义务为向信托受托人提供建议，则信托受托人仍然具有独立进行商业判断的义务，接受或拒绝建议并不当然免除其受托人义务。

3. 本案中，大某鹏锐公司依照约定提供投资建议，厦某信托无论是否采纳其建议，应当分开判断，分别确认是否存在过错。我们建议在投资顾问协议中，明确约定投资建议和受托人判断之间的关系，以免发生纠纷。

相关法律规定

《信托法》

第三十条　受托人应当自己处理信托事务，但信托文件另有规定或者有不得已事由的，可以委托他人代为处理。

受托人依法将信托事务委托他人代理的，应当对他人处理信托事务的行为承担责任。

法院判决

福建省厦门市中级人民法院在一审判决书“本院认为”部分对此论述如下。

陈某超主张，厦某信托未对大某鹏锐公司从业资质尽到审慎审查义务。厦某信托与陈某超签订的《鑫某×号证券投资集合资金信托计划信托文件》、厦某信托与大某鹏锐公司签订的《信托计划投资顾问合同》约定大某鹏锐公司作为案涉信托计划的投资顾问，陈某超亦在《认购风险申明书》上签字确认大某鹏锐公司作为投资顾问提供投资建议。厦某信托提交了北京嘉某会计师事务所出具的关于大某鹏锐公司的《验资报告》《证券业从业人员资格考试成绩合格证》等材料用以证明其已对大某鹏锐公司从事证券业投资顾问资质进行了审核，在无相反证据推翻的情况下，本院认定厦某信托选聘大某鹏锐公司为本案信托计划的投资顾问并无不当。

陈某超主张，劣后委托人李某某未能按期追加信托增强资金，厦某信托行使交易权但未能按照约定将信托计划中全部股票平仓处理，存在违约情形，给其造成严重损失。根据厦某信托提供的股票交易情况来看，厦某信托自 2018 年 6 月 15 日起，对信托计划中的股票陆续进行卖出，但因个别股票遇连续跌停等原因无法及时售出，不能认定厦某信托存在违约情形。大某鹏锐公司依照《投资顾问合同》约定发送投资建议，陈某超不能举证证明其损失与大某鹏锐公司的投资建议有关联性，因此陈某超该项主张，本院不予支持。

延伸阅读

裁判规则一：信托关系解除后，委托人/受益人可以根据投资顾问合同的解除约定解除合同。

案例1：斯某尔动力股份有限公司、国某信托有限责任公司合伙协议纠纷二审民事判决书［最高人民法院，(2019) 最高法民终515号］。

参见本书之"信托合同被解除后，委托人/受益人是否可以一并解除投资顾问合同?"

裁判规则二：信托受托人委托第三人代为履行义务，且该行为已取得委托人或受益人同意的，信托受托人并不当然承担第三人故意行为产生的责任，需进一步分析因果关系。

案例2：北京中某信融资产管理中心（以下简称中某信融中心）、光某兴陇信托有限责任公司（以下简称光某信托公司）合同纠纷二审民事判决书［最高人民法院，(2020) 最高法民终488号］。

从光某信托公司是否违反了亲自办理抵押事务方面来说。《信托法》第三十条规定："受托人应当自己处理信托事务，但信托文件另有规定或者有不得已事由的，可以委托他人代为处理。受托人依法将信托事务委托他人代理的，应当对他人处理信托事务的行为承担责任。"根据该规定，受托人一般情况下应当自己处理委托事务，但是在合同约定的情形下可以例外。具体到本案中，《信托资金最高额抵押合同》（甘信计抵字ZG［2013］79-1号）第七条明确约定由赫某利公司负责办理抵押登记。在同一天签订的《单一资金信托合同》（甘信计信字［2013］79号）第二条中亦对甘信计抵字ZG［2013］79-1号《信托资金最高额抵押合同》的合同编号、抵押值、抵押物等信息明确记载，由此可知，中某信融中心在与光某信托公司签订《单一资金信托合同》时，应当对赫某利公司负责办理抵押登记的约定是明知的；在中某信融中心未对此提出异议的情况下，光某信托公司委托赫某利公司办理抵押登记并不违反《信托法》的相关规定，也不违背信托当事人的意思表示。而杨某平时任赫某利公司的法定代表人，光某信托公司将房屋他项权证邮寄给杨某平变更抵押权期限登记并无不妥。

最后，从光某信托公司的邮寄行为是否与赫某利公司抵押房产的撤押存在因果关系来说。赫某利公司抵押房产撤押的直接原因是杨某平持寄回的房屋他项权证和伪造的“甘肃信托”印章办理的撤押手续。但是，光某信托公司是按《信托资金最高额抵押合同》的约定交由赫某利公司变更抵押权期限登记，并不违反法律规定和合同约定，其邮寄行为也不必然导致杨某平利用邮寄行为的漏洞致使抵押房产被撤押。因杨某平的伪造印章及房屋他项权证的行为已超出了光某信托公司的合理预见范围，即使是中某信融中心亲自办理该财产抵押手续亦不能预见到杨某平伪造房屋他项权证的行为，在被动型的信托管理模式中，光某信托公司不能承担比中某信融中心更高的注意义务。因此，赫某利公司抵押房产的撤押系因杨某平的犯罪行为导致，与光某信托公司的邮寄行为并无因果关系。

简评：与投资顾问相关的常见诉求一是解除合同，二是赔偿损失。对前者可以按照约定或法定解除达到，对后者则需要判断。从案例中看，此时判断标准不能套用信义义务。

014　资管产品推介机构的投资者适当性评估失误，是否应当承担责任？（高龄投资人）

关键词：投资者适当性评估　推介方义务　高龄投资人

阅读提示

国内资管业务包括信托公司发行信托、私募基金发行基金产品份额、证券公司发行资产管理计划等，虽然各个资管主体的监管机构和合规依据仍有差异，但是司法层面对于基金份额等泛资管金融产品推介和投资者适当性监管的方向是一致的。如果投资者在购买相关金融产品时风险评估错误，能否以此请求销售机构承担责任？

裁判要旨

金融产品销售机构应当依照产品发行相应监管要求，推介环节应对投资者进行风险测评等匹配。如未履行相关告知说明义务，存在重大过错且造成损失的，应当承担相应责任。同时，投资者应通过“是否有投资经验”等综合判断其风险识别能力，承担风险对应的责任。

案情简介①

2015年5月，梁某玮经青岛平某银行员工韦某辰推介在青岛平某银行填写签署《客户风险承受度评估报告》及《开放式基金代销业务申请表》，并认购“平某汇通理成转子×号”基金产品，金额共计人民币218万元。前述文件“客户须知”载明：“二、客户在买入基金前如未进行客户风险承受能力评估或评估结果已过期（有效期为1年），则须先进行客户风险承受能力评估。银行对客户所选产品的风险属性与客户风险承受能力进行匹配并提示告知，匹配结果仅为客户投资决策提供参考。客户可随时进行风险承受能力评估，银行以客户最新评估结果为准。”

“平某汇通理成转子×号”基金产品的资产管理人系深圳平某大华汇通财富管理有限公司。资产托管人为平某银行股份有限公司，该基金的两家销售机构为资产管理人的母公司平某大华基金管理有限公司及平某银行股份有限公司，青岛平某银行系该基金的代销机构之一。

梁某玮称之前其曾在该行购买理财产品，韦某辰一直是其理财经理，对她很熟悉和信任。梁某玮提交个人账户交易明细清单，载明2016年1月，该基金回款/基金分红，返款1708776.83元；2016年5月，该基金回款/基金强行赎回552.58元。账户交易明细清单可看出梁某玮在购买该涉案基金前后亦购买过其他理财产品。梁某玮提供其工某银行牡丹灵通卡账户历史明细清单，证明其退休金月平均约为2500元，年收入不足3万元，客户风险承受评估报告中关于梁某玮家庭年收入为50万—100万元的内容是虚假的。

梁某玮以青岛平某银行推介阶段存在过错为由请求其赔偿损失。青岛市崂山区人民法院一审支持其赔偿请求金额的80%，青岛市中级人民法院二审改判支持其30%赔偿请求。

---

① 平某银行股份有限公司青岛分行（以下简称青岛平某银行）、梁某玮金融委托理财合同纠纷一审民事判决书［青岛市崂山区人民法院，(2017) 鲁0212民初1014号］。

平某银行股份有限公司青岛分行、梁某玮金融委托理财合同纠纷二审民事判决书［青岛市中级人民法院，(2018) 鲁02民终3417号］。

梁某玮、平某银行股份有限公司青岛分行金融委托理财合同纠纷再审审查与审判监督民事裁定书［山东省高级人民法院，(2019) 鲁民申4456号］。

裁判要点

青岛平某银行未客观对梁某玮进行风险测评，并违背梁某玮意志为其推介了高风险的基金产品，且未履行相关告知说明义务，存在重大过错，且青岛平某银行的过错行为与梁某玮的损失之间构成因果关系，应承担主要的赔偿责任。但本案中，梁某玮自认其曾在该行购买理财产品，且从梁某玮提交的个人账户交易明细清单和录音中，可看出梁某玮在购买该涉案基金前后亦购买过其他理财产品，应具有一定的风险意识。

实务经验总结

本案的核心问题是："推介机构过错导致金融消费者与购买产品的适当性不匹配，是否应赔偿？"结合办案经验，我们有以下几点看法。

1. 本案中，梁某玮是具有民事行为能力的自然人，应当属于《中国人民银行金融消费者权益保护实施办法》第二条第三款规定的金融消费者，即"购买、使用银行、支付机构提供的金融产品或者服务的自然人"。因此，在金融消费者与推介机构的纠纷中，应当优先适用民事法律原则而非商事法律原则。虽然双方签署《客户风险承受度评估报告》，但这并不当然免除推介机构的责任。

2. 本案二审对一审的判决进行了改判，其核心分歧在于虽然两审法院均认可梁某玮是普通投资人，且具有购买其他金融产品的经验，但是二审法院进一步认定梁某玮是具有"高风险理财产品投资经验"的普通投资人。这弱化了侵权受损的因果关系，因为面对与事实不符合的投资者适当性测试结果，金融消费者既可以被动接受，也可以主动选择。而本案梁某玮如果具有高风险产品经验，则完全有可能主动选择风险，故应承担大部分损失。

3. 我国法律把购买金融产品的自然人投资者单列为金融消费者进行保护，有利于投资者把更多的法律法规及规范性文件作为权利维护自身权利的依据。但是，处理金融产品的相关披露信息有门槛，从自然人投资者到合格投资者之间除了金钱之外还有很大的专业空间需要跨越。因此，不建议自然人投资者盲目追求高收益，忽视高风险，尤其不建议如本案当事人的做法，即不要主动风险错配，承担额外风险。

相关法律规定

《九民纪要》

72.**【适当性义务】** 适当性义务是指卖方机构在向金融消费者推介、销售银行理财产品、保险投资产品、信托理财产品、券商集合理财计划、杠杆基金份额、期权及其他场外衍生品等高风险等级金融产品，以及为金融消费者参与融资融券、新三板、创业板、科创板、期货等高风险等级投资活动提供服务的过程中，必须履行的了解客户、了解产品、将适当的产品（或者服务）销售（或者提供）给适合的金融消费者等义务。卖方机构承担适当性义务的目的是为了确保金融消费者能够在充分了解相关金融产品、投资活动的性质及风险的基础上作出自主决定，并承受由此产生的收益和风险。在推介、销售高风险等级金融产品和提供高风险等级金融服务领域，适当性义务的履行是“卖者尽责”的主要内容，也是“买者自负”的前提和基础。

《中国人民银行金融消费者权益保护实施办法》（中国人民银行令〔2020〕第5号）

第二条第三款 本办法所称金融消费者是指购买、使用银行、支付机构提供的金融产品或者服务的自然人。

法院判决

青岛市崂山区人民法院在一审判决书“本院认为”部分对此论述如下。

关于焦点一，梁某玮作为60岁的老者，称其月平均收入为2500元，虽然青岛平某银行质证称该收入不能完全反映梁某玮的全部收入，但根据现有证据，法院不能认定梁某玮系专业投资者，应视为普通投资者。作为基金代销机构的商业银行在对普通投资者销售高风险理财产品时在信息告知、风险警示、适当性匹配方面负有更多的义务和责任，同时商业银行与一般客户相比之下，更有能力配备相应的录音录像设备。《商业银行个人理财业务管理暂行办法》① 第三十七条规定：“商业银行利用理财顾问服务向客户推介投资产品时，应了解客户的风险偏好、风险认知能力和承受能力，评估客户的财务状况，提供合适的投资产品由客户自主选择，并应向客户解释相关投资工具的运作市场及方式，揭示相关风险。

---

① 《商业银行个人理财业务管理暂行办法》现已失效，现行规则为《商业银行理财业务监督管理办法》，新规删除了关于“投资理财顾问服务”的表述。

商业银行应妥善保存有关客户评估和顾问服务的记录，并妥善保存客户资料和其他文件资料。"《商业银行个人理财业务风险管理指引》[①] 第二十三条规定："对于市场风险较大的投资产品，特别是与衍生交易相关的投资产品，商业银行不应主动向无相关交易经验或经评估不适宜购买该产品的客户推介或销售该产品。客户主动要求了解或购买有关产品时，商业银行应向客户当面说明有关产品的投资风险和风险管理的基本知识，并以书面形式确认是客户主动要求了解和购买产品。"青岛平某银行存在如下过错：第一，在客户风险评估过程中，如上所述，未能对梁某玮的真实财务情况、投资经验、投资风格、投资目的及风险承受能力进行客观测评，造成测评结果失实。第二，在评估结果失实的基础上，违背梁某玮意志，向要求避免高风险投资、坚决不做证券生意投资的梁某玮主动推介了涉案基金，而该基金系"高等风险、收益浮动的品种"，其投资方向中亦包含了证券投资基金，此外还包括"固定收益类金融工具、股指期货、期权、融资融券等金融衍生品"。第三，青岛平某银行未能提供充分证据证明其以金融消费者能够充分了解的方式向梁某玮说明涉案基金产品的运作方式和将最大损失风险以显著、必要的方式向梁某玮作出特别说明。从青岛平某银行举证的申请表中虽有"基金有风险，投资须谨慎"字样，结合其举证的其他证据，仅能证明青岛平某银行系泛泛说明风险。而青岛平某银行未提供证据有效证明其在梁某玮购买产品前向梁某玮出示《平某汇通理成转子×号特定客户资产管理计划资产管理合同》供梁某玮查阅、了解，也未尽到明确的提示说明义务，更未按照金融监管的要求由梁某玮书面确认是客户主动要求了解和购买产品，并妥善保存顾问服务的记录。综上，青岛平某银行提供的证据不足以证明其在梁某玮购买涉案基金产品前已履行了适当义务，应认定其具有侵权过错。

关于焦点二，青岛平某银行未客观对梁某玮进行风险测评，并违背梁某玮意志为其推介了高风险的基金产品，且未履行相关告知说明义务，存在重大过错，且青岛平某银行的过错行为与梁某玮的损失间构成因果关系，应承担主要的赔偿责任。但本案中，梁某玮自认其曾在该行购买理财产品，且从梁某玮提交的个人账户交易明细清单和录音中，可看出梁某玮在购买该涉案基金前后亦购买过其他理财产品，应具有一定的风险意识。且梁某玮作为完全民事行为能力人，虽不能

---

① 《商业银行个人理财业务风险管理指引》已失效，现行规则为《商业银行理财业务监督管理办法》（银保监令 2018 年第 6 号）。原第二十三条关于银行向客户推介产品的限制规定，扩展为新规第三章第二节。例如，第二十九条第一款"商业银行只能向投资者销售风险等级等于或低于其风险承受能力等级的理财产品，并在销售文件中明确提示产品适合销售的投资者范围，在销售系统中设置销售限制措施。"

要求其对特定的金融领域具有专业的知识和认知，但对一般民事领域的行为，应存在一定的注意和谨慎义务，梁某玮在购买涉案基金理财过程中，自称签署了空白的风险测评表和资料交给了青岛平某银行的理财经理，且事后未对测评结果和其他相关资料自行进行核实，亦存在相应过错，故亦应自担部分损失。

法院认为青岛平某银行承担80%的责任，梁某玮承担20%的责任，即94134.12元为宜。

青岛市中级人民法院二审判决书“本院认为”部分对此论述如下。

本案的争议焦点是，第一，青岛平某银行向梁某玮推介涉案平某汇通理成转子×号理财产品是否有违适当推介义务。第二，青岛平某银行向梁某玮推介涉案平某汇通理成转子×号理财产品时是否已充分尽到风险揭示义务。

关于争议焦点一，本院认为，首先，因梁某玮曾于2014年3月通过青岛平某银行认购平某财富创赢一期×号集合资金信托理财产品，而该款理财产品的投资范围为股票投资，梁某玮亲笔书写并签字确认其具有相应的风险承受能力，自愿承担参与该投资的各种相关风险和损失，由此可知，虽然梁某玮声称其绝不做证券和房地产投资，但其实际于2014年便已认购证券类高风险理财产品且认购数额高达200万元，其实际投资行为与其声称的投资理念并不契合，故基于梁某玮此前的投资行为应认定其系具有高风险投资产品交易经验的客户。其次，虽然本案双方就梁某玮认购涉案平某汇通理成转子×号理财产品时签署《客户风险承受度评估报告》的时序表述不一且均未就其各自的事实主张予以举证证明，但从常理和人们日常交易习惯分析，梁某玮作为具有购买理财产品，特别是具有高风险投资理财经验的投资者，应知晓对其进行风险承受度评估事关其适合购买何种理财产品的确定，梁某玮应当认真逐项核实其风险承受度评估报告内容后方予签字确认。而依其所述，其竟然先签字确认涉案《客户风险承受度评估报告》，却对报告内容浑然不知，此明显不合常理和人们日常交易习惯。故本院对梁某玮关于其系先签字后由韦某辰填写涉案《客户风险承受度评估报告》而其不知韦某辰填写内容的主张不予采纳。再次，即使梁某玮关于其系先签字而后由韦某辰填写涉案《客户风险承受度评估报告》的陈述与客观事实相符，梁某玮无论是作为具有购买理财产品经验的投资者还是作为具有完全民事行为能力的成年人，其在涉案《客户风险承受度评估报告》确认栏先行签字，也可视为其已以自身行为明确表示其对涉案《客户风险承受度评估报告》填写内容予以认可。纵然涉案《客户风险承受度评估报告》所填写内容与客观事实不符，梁某玮的签字确认行为也足以表示其对涉案《客户风险承受度评估报告》结果予以接受并同意青岛平某银行基于其风险承受度评估结果向其推介与其风险承受能力评估结果相匹配的理财产品。最后，虽然涉案《客户风险承受度评估报告》中的选项并非梁某玮本人亲自填写，但梁某玮已签字确认，此足以表明其对韦某辰填写的内容并无异议，否则梁某玮完全可拒绝签字确认。梁某玮的风险承受度评估结果是否失实取决于梁某玮签字确认的评估选项填写是否属实，青岛平某银行目前并无法定或约定义务须对梁某玮签字确认的家庭年收入和投资经历等客观状况进行全面实质审查，而投资态度、目的等主观事项更是取决于梁某玮本人的认知和意愿，因此，青岛平某银行依据梁某玮签字确认的风险承受度评估选项得出的评估结果即使评测失实也不应归责于青岛平某银行。综上，梁某玮既非缺乏高风险理财产品投资经验，也非经评估不适宜认购涉案平某汇通理成转子×号理财产品。青岛平某银行向梁某玮推介涉案平某汇通理成转子×号理财产品并不有违适当推介义务。

关于争议焦点二，本院认为，首先，《商业银行个人理财业务风险管理指引》和《商业银行理财产品销售管理办法》均规定商业银行对其个人理财客户进行风险提示时应设计客户确认栏和签字栏，且要求客户抄录“本人已经阅读上述风险提示，充分了解并清楚知晓本产品的风险，愿意承担相关风险”并签名确认，而青岛平某银行并未举证证明其在向梁某玮推介涉案平某汇通理成转子×号理财产品时曾要求梁某玮抄写风险确认语句。其次，青岛平某银行也未能提供充分证据证明其曾以普通金融消费者能够充分了解的方式向梁某玮详尽说明涉案平某汇通理成转子×号理财产品的运作方式和将最大损失风险以显著、必要的方式向梁某玮作出特别说明。青岛平某银行提交的涉案《开放式基金代销业务申请表》中虽有“基金有风险，投资须谨慎”的字样，但此仅能证明青岛平某银行系泛泛说明风险。而青岛平某银行未提供有效证据证明其在梁某玮购买涉案平某汇通理成转子×号理财产品前曾向梁某玮出示《平某汇通理成转子×号特定客户资产管理计划资产管理合同》供梁某玮查阅、了解，也未尽到明确的提示说明义务。因此，本院认定，青岛平某银行向梁某玮推介涉案平某汇通理成转子×号理财产品时并未充分尽到风险揭示义务。

基于上述分析认定，虽然梁某玮具有高风险理财产品投资经验，但青岛平某银行作为向金融产品消费者提供专业化理财顾问服务的金融机构，仍应就其未向梁某玮充分揭示风险而使梁某玮信赖其推介作出投资决策遭受的投资损失承担一定的过错赔偿责任。综合考量青岛平某银行作为专业金融机构应负的风险揭示义务、梁某玮作为具有高风险理财产品投资经验的投资者应具有的风险认知水平和意识、本案双方各自的过错程度，本院酌情认为，就梁某玮诉请的投资损失，青岛平某银行当承担30%的责任，梁某玮当承担70%的责任为宜。

延伸阅读

裁判规则一：推介机构未能释明产品“止损线”误导投资者，应承担侵权责任。

案例1：李某银与中国民某银行股份有限公司南京分行（以下简称民某银行南京分行）侵权责任纠纷二审民事裁定书［南京市中级人民法院，（2018）苏01民终1641号］。

参见本书之“未对投资者释明资管产品‘止损线’等概念导致投资者误判风险，投资者能否要求推介机构承担侵权责任?”

裁判规则二：推介机构面对高龄投资者时，宜更为谨慎地推介适当风险的产品。

案例2：徐某元与北京中某信富投资管理咨询有限公司广东分公司、北京中某信富投资管理咨询有限公司委托理财合同纠纷一审民事判决书［广州市天河区人民法院，（2019）粤0106民初12847号］。

本院认为，被告在提供金融服务过程中未尽适当性义务，但原告作为一名完全民事行为能力人，结合其认知水平及行为能力，亦应审慎评估自身投资能力及投资风险，对待两被告提供的投资建议亦应谨慎采纳，理性投资股票市场，因此原告未尽自身风险注意义务，对于其账户损失也应承担一定责任。综合双方过错程度，依据《民法总则》① 第六条、第七条的规定，本院认为原告对其账户损失承担30%的责任，两被告对原告账户损失承担70%的责任……关于原告依据《消费者权益保护法》所主张惩罚性赔偿金为321999元，本案系合同纠纷，原告的前述主张与本案不属于同一法律关系，本院不予处理，原告应另寻法律途径解决。

简评：信托推介人是否履行了投资者适当性评估的考量因素很多。从案例可

① 现已失效。

以看出投资者的投资经验、年龄、风险承受能力是重要因素，推介人的披露不准确、评估明显错误、违规兜底等也是重要因素。

（其他参考因素：财务状况、投资目的、收益预期、风险偏好、流动性要求、风险认识和风险承受程度等。）

015 资管产品推介机构的投资者适当性评估失误，是否应当承担责任？（有经验的普通投资人）

关键词： 投资者适当性评估　投资经验　侵权

阅读提示

上篇案例分析了高龄投资人购买理财产品的情况，理财产品与信托之间的关系不再赘述。本篇案例中，如果经验丰富的投资者在购买相关金融产品时风险评估错误，能否以此请求销售机构承担责任？

裁判要旨

风险承受能力评估是为了确定投资者风险承受能力评级，但因投资者自主填写的测试问卷有误时，应当承担相应后果。如果投资者存在同时购买多家基金公司的不同理财产品等情形时，或属于经验丰富的投资者，应当承担更高的审慎和注意义务。

案情简介①

2015 年 3 月到 5 月，徐某尧通过光某银行新华支行申请购买涉案基金，两次购买金额累计为 202 万元。申请书载明“本人已详细阅读本集合资产管理计划的合同、产品说明书等信息及本申请书背面的投资者须知及风险提示，接受合同、招募说明书法律条款及投资者须知相关内容，了解所享有的权利和应承担的义

---

① 徐某尧与中国光某银行股份有限公司武汉新华支行（以下简称光某银行新华支行）、中国光某银行股份有限公司（以下简称光某银行）财产损害赔偿纠纷一审民事判决书［武汉市江汉区人民法院，（2017）鄂 0103 民初 10348 号］。

徐某尧、中国光某银行股份有限公司武汉新华支行财产损害赔偿纠纷二审民事判决书［武汉市中级人民法院，（2018）鄂 01 民终 6900 号］。

务，了解并承担证券公司资产管理计划投资风险、自愿申请办理光某银行代理的上述证券公司集合资产管理业务，并保证提供的信息资料真实有效”，徐某尧在申请人确认处签字确认。

该业务申请书背面有风险揭示书，载明本案所涉的产品类型为非保本浮动收益，即该理财产品有投资风险，不保证理财资金本金和理财收益。徐某尧在客户风险确认栏确认其风险承受能力评级为5（1. 谨慎型；2. 稳健型；3. 平衡型；4. 进取型；5. 激进型）。徐某尧手写确认本人已经阅读风险提示，愿意承担投资风险并签名。2015年3月，徐某尧作为基金投资者、光某金控公司作为基金管理人，光某银行作为基金托管人签订了2份《光某金控泰石×号股票型证券投资基金基金合同》。

2017年4月，徐某尧委托赎回涉案基金，清算金额为1300531.77元。因产生亏损，故徐某尧起诉请求赔偿。

经查明，徐某尧早于2013年5月通过光某银行新华支行推荐，购买某股权投资集合资金信托基金100万元，赎回该基金后获利263547.58元。此外，徐某尧的银行流水反映，其与北京万某融通投资基金管理公司、北京巴某特投资基金管理有限公司均有资金往来。

徐某尧以侵权为由，请求光某银行及光某金控公司赔偿损失72万元，武汉市江汉区人民法院一审驳回其请求。徐某尧不服上诉，武汉市中级人民法院二审维持原判。

裁判要点

商业银行应当对客户风险承受能力进行评估，确定客户风险承受能力评级，并只能向客户销售等于或者低于其风险承受能力的代销产品。风险承受能力评估依据应当包括但不限于客户年龄、财务状况、投资经验、投资目的、收益预期、风险偏好、流动性要求、风险认识和风险承受程度等。

客户年龄不是徐某尧投资涉案基金所受损失唯一的、决定性因素，况且徐某尧多次购买相关理财产品已经具备一定的投资经验，理应对自己的投资理财行为及投资风险具有合理的预判与防范能力，即较一般民事行为中民事主体应有更高的谨慎注意义务，其以年龄勾选不属实为由要求光某银行新华支行承担过错责任，本院不予采信。

实务经验总结

本案的核心问题是："推介机构过错导致金融消费者与购买产品的适当性不匹配，是否应赔偿?"结合办案经验，我们认为以下几点需要注意。

1. 风险匹配是投资者适当性制度的核心。推介机构有义务对普通投资者进行风险测试，以匹配最合适的风险产品。正如我们在本节前文所述，购买、使用银行、支付机构提供的金融产品或者服务的自然人属于金融消费者，销售机构应依法依规对其销售。

2. 自然人投资者应在购买金融产品时关注推介及销售机构是否披露购买金融产品的充分信息。除了投资者适当性的风险测试之外，自然人在投资前应当有权了解所购产品的充分信息，对信息不清楚的，可以要求推介方或销售方进行口头或书面解释。例如，详细了解《信托合同》《资产管理计划》《私募基金合伙人协议》等。

3. 自然人投资者投资后发现投资标的、运作方式、增信措施等重要环节与推介及销售时提供的信息不一致时，应及时收集相关书面证据，以便后续进一步确认事实和为潜在纠纷做好准备。

相关法律规定

《国务院关于积极稳妥降低企业杠杆率的意见》(国发〔2016〕54号)

28. 健全投资者适当性管理制度。合理确定投资者参与降杠杆的资格与条件。鼓励具有丰富企业管理经验或专业投资分析能力，并有相应风险承受力的机构投资者参与企业市场化降杠杆。完善个人投资者适当性管理制度，依法建立合格个人投资者识别风险和自担风险的信用承诺制度，防止不合格个人投资者投资降杠杆相关金融产品和超出能力承担风险。

《理财公司理财产品销售管理暂行办法》

第十五条　理财产品销售机构应当具备并有效执行理财产品销售业务制度，制定与本机构发展战略相适应的产品准入、风险管理与内部控制、投资者适当性管理、业务操作、资金清算、客户服务、信息披露、合作机构管理、人员及行为管理、投诉和应急处理、保密管理等制度，及时评估和完善相关制度，确保制度有效性。

《保险资产管理产品管理暂行办法》

第二十六条 保险资产管理机构可以自行销售保险资管产品，也可以委托符合条件的金融机构以及银保监会认可的其他机构代理销售保险资管产品。

保险资产管理机构和代理销售机构应当诚实守信、勤勉尽责，防范利益冲突，履行说明义务、反洗钱义务等相关义务，承担投资者适当性审查、产品推介和合格投资者确认等相关责任。

保险资产管理机构和代理销售机构应当对自然人投资者的风险承受能力进行评估，确定投资者风险承受能力等级，向投资者销售与其风险识别能力和风险承担能力相适应的产品。产品销售的具体规则由银保监会依法另行制定。

《证券期货投资者适当性管理办法》(2022年修正)

第三条 向投资者销售证券期货产品或者提供证券期货服务的机构（以下简称经营机构）应当遵守法律、行政法规、本办法及其他有关规定，在销售产品或者提供服务的过程中，勤勉尽责，审慎履职，全面了解投资者情况，深入调查分析产品或者服务信息，科学有效评估，充分揭示风险，基于投资者的不同风险承受能力以及产品或者服务的不同风险等级等因素，提出明确的适当性匹配意见，将适当的产品或者服务销售或者提供给适合的投资者，并对违法违规行为承担法律责任。

法院判决

武汉市江汉区人民法院在一审判决书“本院认为”部分对此论述如下。

本案的争议焦点为，光某银行新华支行在向徐某尧销售本案所涉基金时，是否尽到了相应的风险告知提示义务，是否存在误导徐某尧购买与其风险承受能力不相符合的理财产品的行为。

理财产品具有高度的专业性、技术性与复杂性，作为普通投资者很难依靠自己的生活经验和知识水平完全评估、认识到理财产品的风险。商业银行作为理财产品的销售机构，其推荐对于投资者是否购买、购买何种类型，以及购买的金额都有至关重要的影响。为防止商业银行滥用其优势地位，为追求自身利益，将不适格的投资者不当地引入资本市场，根据民法中的公平原则、诚实信用原则，以及中国银监会等部门的规章，商业银行在销售理财产品时应当履行相应的义务。根据《中国银监会关于规范商业银行代理销售业务的通知》（银监发〔2016〕24号）第二十五条之规定，商业银行应当对客户风险承受能力进行评估，确定客户风险承受能力评级，并只能向客户销售等于或者低于其风险承受能力的代销产品。风险承受能力评估依据应当包括但不限于客户年龄、财务状况、投资经验、投资目的、收益预期、风险偏好、流动性要求、风险认识和风险损失承受程度等。第二十七条规定，商业银行应当向客户提供并提示其阅读相关销售文件，包括风险提示文件，以请客户抄写风险提示等方式充分揭示代销产品的风险，销售文件应当由客户签字逐一确认，国务院金融监督管理机构另有规定的除外。上述两条规定明确了银行的风险评估义务以及告知说明义务。

从徐某尧的银行流水可以看出，虽然徐某尧已经超过了65周岁，但其具有相当丰富的投资理财的经验（同时购买多家基金公司的不同理财产品），有比较充足的资金在持续地进行投资（银行流水中反映的投资金额较大），有投资理财的需要，且已经通过购买理财产品的方式取得了大额的利益（仅2013年5月，购买某股权投资集合资金信托基金100万元，获利263547.58元），故徐某尧属于经验丰富的投资者，应当承担更高的审慎和注意义务，而不是仅凭其年龄就将其等同于毫无经验的一般老年投资者，进一步扩大商业银行的告知及提示义务。投资行为的风险和收益本身就是并存的，在同种情形下，在取得收益时，将收益归己所有，在发生损失时，要求他人赔偿损失，也违背了民法中的公平以及诚实信用原则。此外，无限制地扩大银行的告知和提示义务，任由投资人以未充分告知而转嫁投资风险，对金融交易的稳定性也是一种破坏。

武汉市中级人民法院在二审判决书“本院认为”部分对此论述如下。

本案争议的焦点为，光某银行新华支行、光某银行、光某金控公司是否应向徐某尧承担赔偿责任。

《商业银行个人理财业务管理暂行办法》① 第三十七条规定：“商业银行利用理财顾问服务向客户推介投资产品时，应了解客户的风险偏好、风险认知能力和承受能力，评估客户的财务状况，提供合适的投资产品由客户自主选择，并应向客户解释相关投资工具的运作市场及方式，揭示相关风险。商业银行应妥善保存有关客户评估和顾问服务的记录，并妥善保存客户资料和其他文件资料。”

根据上述规定，光某银行新华支行作为金融服务机构，在向客户推荐投资理财产品时，需对客户的风险能力作出评估，以便客户选择适合自己的产品。本案中，光某银行新华支行于2015年3月6日对徐某尧进行了投资风险承受能力评

① 现已失效。

估，徐某尧自主填写并确认签字，根据徐某尧的得分情况，将其客户分类为激进型，即属于可以承受高风险类型的投资者。光某银行新华支行两次向徐某尧推荐涉案基金理财产品时，均向徐某尧出示了风险揭示书，告知了徐某尧涉案基金的类型、特点并提示风险，徐某尧确认知晓并愿意承担投资风险，其已逐一签字。从徐某尧购买的涉案基金来看，与其签字确认的风险等级基本匹配。虽然光某银行新华支行在向徐某尧推荐涉案基金时，徐某尧已年满69周岁，不适用购买风险较大的理财产品，但徐某尧作为成年人，应当知道填写上述风险评估的后果。本院认为，客户年龄不是徐某尧投资涉案基金所受损失唯一的、决定性因素，况且徐某尧多次购买相关理财产品，已经具备一定的投资经验，理应对自己的投资理财行为及投资风险具有合理的预判与防范能力，即较一般民事行为中民事主体应有更高的谨慎注意义务，其以年龄勾选不属实为由要求光某银行新华支行承担过错责任，本院不予采信。

延伸阅读

裁判规则一：推介机构未因过错造成产品风险与普通投资者适配错误的，应当承担相应责任。

案例1：平某银行股份有限公司青岛分行、梁某玮金融委托理财合同纠纷一审民事判决书［青岛市崂山区人民法院，(2017) 鲁0212民初1014号］。

梁某玮作为60岁的老者，称其月平均收入2500元，虽然青岛平某银行股份有限公司质证称该收入不能完全反映梁某玮的全部收入，但根据现有证据，法院不能认定梁某玮系专业投资者，应视为普通投资者。作为基金代销机构的商业银行在对普通投资者销售高风险理财产品时在信息告知、风险警示、适当性匹配方面负有更多的义务和责任，同时商业银行与一般客户相比之下，更有能力配备相应的录音录像设备。《商业银行个人理财业务管理暂行办法》[①] 第三十七条规定："商业银行利用理财顾问服务向客户推介投资产品时，应了解客户的风险偏好、风险认知能力和承受能力，评估客户的财务状况，提供合适的投资产品由客户自主选择，并应向客户解释相关投资工具的运作市场及方式，揭示相关风险。商业银行应妥善保存有关客户评估和顾问服务的记录，并妥善保存客户资料和其他文件资料。"《商业银行个人理财业务风险管理指引》[②] 第二十三条规

① 现已失效。
② 现已失效。

定："对于市场风险较大的投资产品，特别是与衍生交易相关的投资产品，商业银行不应主动向无相关交易经验或经评估不适宜购买该产品的客户推介或销售该产品。客户主动要求了解或购买有关产品时，商业银行应向客户当面说明有关产品的投资风险和风险管理的基本知识，并以书面形式确认是客户主动要求了解和购买产品。"

裁判规则二：推介机构因未履行相关告知说明义务且存在重大过错并造成损失的，应当承担相应责任。

案例2：平某银行股份有限公司青岛分行、梁某玮金融委托理财合同纠纷二审民事判决书［青岛市中级人民法院，（2018）鲁02民终3417号］。

参见本书之"资管产品推介机构的投资者适当性评估失误，是否应当承担责任？（高龄投资人）"

简评：从本节案例可以看出，投资者适当性评估时并不单独依赖某一因素作判断，需结合投资者的情况综合考虑。

016 资管产品推介机构的投资者适当性评估失误，是否应当承担责任？（评估错误）

关键词：投资者适当性评估　评估错误

阅读提示

上篇案例分析了具有投资经验的普通投资人购买理财产品的情况，理财产品与信托之间的关系亦不再赘述。本篇案例中，如果投资者在购买相关金融产品时风险评估错误，能否以此请求销售机构承担责任？

裁判要旨

推介机构应当为投资者安排风险承受能力评估，评估结果与监管机关处罚决定不一致的以监管机关认定为准。推介机构面对高龄老人投资者时，宜更为谨慎地履行推荐、销售及提供适当服务产品的义务以避免过错。

案情简介[①]

徐某元通过网络向中某公司购买理财服务。2017年7月，徐某元向中某公司转账共计9999元购买《广某证券投资顾问服务协议》“决策天机至尊季度版”。2017年8月，徐某元向中某公司依次转账共计31.2万元，通过“财富×号通VIP”公众号签署投资顾问费两次升级《广某证券投资顾问服务协议》。前述协议名称依次为决策天机至尊季度版、首席实战，投资者类型为稳健型。

2018年7月，徐某元向广东证监局投诉举报中某公司广东分公司。广东监管局出具《关于对中某公司广东分公司采取责令改正措施的决定》载明：“经查，你司存在以下违规行为：1. 未向客户提供具有‘当事人权利义务’‘证券投资顾问的内容和方式’等内容的证券投资顾问服务协议；2. 未保存投资者的风险承受能力评估问卷与签字确认的投资顾问服务风险揭示书；3. 对服务能力进行不实、误导性的营销宣传；4. 未告知客户提供投资顾问服务的投资顾问姓名及其证券投资咨询执业资格编码。以上行为违反了《证券投资顾问业务暂行规定》第十一条、第十二条、第十三条、第十四条、第二十四条的规定。根据《证券投资顾问业务暂行规定》第三十三条的规定，我局决定对你司采取责令改正的监督管理措施等。”

徐某元称其损失共计2828452.21元，其中投资咨询顾问费用损失321999元，账户损失2100157.77元，利息损失82736.44元。[②] 中某公司具有《经营证券期货业务许可证》及《证券投资咨询业务资格证书》，其证券期货业务范围为证券投资咨询。

徐某元以合同无效为由，请求中某公司返还其损失280余万元，广州市天河区人民法院一审全额支持返还顾问费用及账户145余万元及部分利息。

裁判要点

由于被告中某公司提供证券咨询服务的对象系高龄老人，原则上被告中某公

① 徐某元与北京中某信富投资管理咨询有限公司广东分公司（以下简称中某公司广东分公司）、北京中某信富投资管理咨询有限公司（以下简称中某公司）委托理财合同纠纷一审民事判决书［广州市天河区人民法院，（2019）粤0106民初12847号］。

北京中某信富投资管理咨询有限公司、徐某元委托理财合同纠纷二审民事裁定书［广州市中级人民法院，（2019）粤01民辖终1976号］。

② 徐某元称其损失为2828452.21元，其中投资咨询顾问费用损失321999元，账户损失2100157.77元，利息损失82736.44元，以及其他损失。

司应更为谨慎地履行推荐、销售及提供适当服务产品的义务。原告提供的《普通账户交易历史信息表（2017年8月2日至2018年11月1日）》显示，其在被告服务期限内所购买的产品类型为中小板[①]、创业板及A股股票，即被告中某公司主要向原告提供了股票投资这一高风险等级的投资活动的咨询服务，但被告中某公司提供的证据并不足以证明其向原告履行了告知说明其提供的服务的收益、最大损失风险和主要风险因素的义务，应承担举证不能的法律后果。

实务经验总结

本案的核心问题是："推介机构过错导致金融消费者与购买产品的适当性不匹配，是否应赔偿?"结合办案经验，我们认为以下几点需要注意。

1. 具有多次购买金融产品的投资者存在被推定为经验丰富的投资者的可能性。"经验丰富的投资者"即为承担高风险产品的合理原因之一。正如我们在前文所述，[②] 即使是高龄（65周岁以上）自然人投资者，也可以同时被认定为经验丰富的投资者。

2. 自然人投资者的年龄属于风险承受能力的考量因素范围。极端年龄可能涉及民事行为能力认定，因此年龄可能属于重要的风险考量因素。例如，65周岁以上投资者可能被认定为不宜投资长周期、高风险的产品。因此，高龄投资者可适当注意避免选择与其自身风险不匹配的产品。

3. 年龄是认定金融产品推介销售及投资中过错和责任的重要因素，但不是决定性因素，更不是唯一因素。高龄的完全民事行为能力人依照法律及监管规定（如投资者适当性制度）作出的投资决策亦合法有效。

相关法律规定

《证券投资顾问业务暂行规定》（2020年第二次修正）

第十一条　证券公司、证券投资咨询机构向客户提供证券投资顾问服务，应当按照公司制定的程序和要求，了解客户的身份、财产与收入状况、证券投资经验、投资需求与风险偏好，评估客户的风险承受能力，并以书面或者电子文件形式予以记载、保存。

---

① 深圳证券交易所中小板与主板已于2021年合并为主板。

② 参见本书之"资管产品推介机构的投资者适当性评估失误，是否应当承担责任?（高龄投资人）"

第十五条 证券投资顾问应当根据了解的客户情况，在评估客户风险承受能力和服务需求的基础上，向客户提供适当的投资建议服务。

法院判决

广州市天河区人民法院在一审判决书“本院认为”部分对此论述如下。

关于两被告（中某公司及分公司）是否承担责任的问题。原告向被告中某公司支付款项购买理财服务，亦通过微信、电话接受被告提供的理财咨询服务，本院认为，原告与被告中某公司形成事实上的合同关系。

《证券投资顾问业务暂行规定》第十一条规定：“证券公司、证券投资咨询机构向客户提供证券投资顾问服务，应当按照公司制定的程序和要求，了解客户的身份、财产与收入状况、证券投资经验、投资需求与风险偏好，评估客户的风险承受能力，并以书面或者电子文件形式予以记载、保存。”第十五条规定：“证券投资顾问应当根据了解的客户情况，在评估客户风险承受能力和服务需求的基础上，向客户提供适当的投资建议服务。”被告中某公司具备证券投资咨询业务许可证，其作为专业的投资咨询公司，在为金融消费者参与高风险等级投资活动提供服务的过程中，必须履行了解客户、了解产品，将适当的产品、服务销售或提供给适合的金融消费者的适当性义务，以确保金融消费者能够在充分了解相关金融产品、投资活动的性质及风险的基础上作出自主决定，并承受由此产生的收益及风险。

具体到本案中，一、被告中某公司向原告销售理财咨询服务时，原告已是一名68岁的高龄老人，案涉咨询服务应与原告的风险承受能力相匹配。被告中某公司称其已经对原告进行风险承受能力评估，但提供的《中某公司网站注册及签约流程截屏》并不足以证明其已对原告的风险认知、风险偏好和风险承受能力进行了测试。广东证监局出具的《关于对中某公司广东分公司采取责令改正措施的决定》及对原告的复函亦显示案涉服务销售过程中未保存对原告的风险承受能力评估问卷与投资顾问服务风险揭示书及对服务能力进行不实、误导性的营销宣传等，故本院对被告中某公司的此项抗辩不予采纳。

二、由于被告中某公司提供证券咨询服务服务的对象系高龄老人，原则上被告中某公司应更为谨慎地履行推荐、销售及提供适当服务产品的义务。原告提供的《普通账户交易历史信息表（2017年8月2日至2018年11月1日）》显示，其在被告服务期限内所购买的产品类型为中小板、创业板及A股股票，即被告中某公司主要向原告提供了股票投资这一高风险等级的投资活动的咨询服务，但被告中某公司提供的证据并不足以证明其向原告履行了告知说明其提供的服务的收益、最大损失风险和主要风险因素的义务，应承担举证不能的法律后果。

综上，本院认为，被告中某公司在向原告提供金融服务的过程中未尽适当性义务，其应对原告接受理财咨询服务遭受的损失承担赔偿责任。被告中某公司广东分公司系被告中某公司的分公司，广东证监局出具的《关于对中某公司广东分公司采取责令改正措施的决定》亦载明其存在诸多违规行为，其对原告接受理财咨询服务遭受的损失亦应承担赔偿责任。

关于两被告应承担的赔偿责任。承前所述，原告已实际支付投资顾问费321999元，现原告主张两被告返还投资顾问费321999元有理，本院依法予以支持。

关于原告主张的账户损失。原告虽然在接受两被告提供的理财咨询服务过程中遭受损失，但其账户均由自己本人操作，其购买案涉投资顾问服务亦是用于股票投资活动，众所周知，股票投资系高风险的投资活动。

本院认为，被告中某公司在提供金融服务过程中未尽适当性义务，但原告作为一名具有完全民事行为能力人，结合其认知水平及行为能力，亦应审慎评估自身投资能力及投资风险，对待两被告提供的投资建议亦应谨慎采纳，理性投资股票市场，因此原告未尽自身风险注意义务，对于其账户损失也应承担一定责任。综合双方过错程度，依据《民法总则》第六条、第七条的规定，本院认为，原告对其账户损失承担30%的责任，两被告对原告账户损失承担70%的责任。

……关于原告依据《消费者权益保护法》所主张惩罚性赔偿金321999元，本案系合同纠纷，原告的前述主张与本案不属于同一法律关系，本院不予处理，原告应另寻法律途径解决。

延伸阅读

裁判规则一：推介机构未因过错造成产品风险与普通投资者适配错误，应当承担相应责任。

案例1：平某银行股份有限公司青岛分行、梁某玮金融委托理财合同纠纷一审民事判决书［青岛市崂山区人民法院，（2017）鲁0212民初1014号］。

参见本书之“资管产品推介机构的投资者适当性评估失误，是否应当承担责任？（高龄投资人）”

裁判规则二：推介机构未履行相关告知说明义务，存在重大过错且造成损失的，应当对普通投资者承担相应责任。

案例2：平某银行股份有限公司青岛分行、梁某玮金融委托理财合同纠纷二审民事判决书［青岛市中级人民法院，（2018）鲁02民终3417号］。

参见本书之“资管产品推介机构的投资者适当性评估失误，是否应当承担责任？（高龄投资人）”

裁判规则三：普通投资者多次购买高风险产品属于经验丰富的投资者，应当承担更高的审慎和注意义务

案例3：徐某尧、中国光某银行股份有限公司武汉新华支行财产损害赔偿纠纷二审民事判决书［武汉市中级人民法院，（2018）鄂01民终6900号］。

参见本书之“资管产品推介机构的投资者适当性评估失误，是否应当承担责任？（有经验的普通投资人）”

017 推介人经口头许可代签风险告知书，投资者能否申请推介机构承担侵权责任？

关键词：推介人　代签　意思表示真实

阅读提示

无论是推介销售信托产品、基金份额还是推介销售资管计划份额，均应按照相应的金融监管政策履行风险告知义务。如果投资者在购买相关金融产品时，推介方存在代签风险告知书等违规行为的，投资者能否申请相关推介机构承担侵权责任？

裁判要旨

推介机构的过错不等同其与投资者亏损具有因果关系。投资者购买相关金融产品前填写签署《投资人风险提示书》等文件，可以认定为其真实意思表示，不单因投资者年迈、填写错误等因素排除其义务。具备相应金融投资经验，依据个人辨别和判断能力进行投资后，因市场原因产生投资损失，应自主承担投资后果。

案情简介[①]

2012年，康某蔚在建某银行紫某长安支行开通证券交易账户。2012年至2017年康某蔚购买过多款基金产品和理财产品。康某蔚一直认为，建某银行紫某长安支行工作人员帮其购买的是理财，因为信任工作人员，其从未问过购买的具体产品名称及盈利情况。2016年，其子康某才发现其购买的是基金，且其中部分《投资人风险提示确认书》中需客户抄录的“风险确认”文字系单位工作人员询问康某蔚之后，出于便民的目的而代康某蔚抄写，但签字系本人所签。

2012年和2013年，康某蔚的《中国建某银行个人客户风险评估问卷》（以下简称《评估问卷》）评估结果为“稳健型”；2014年至2016年，康某蔚评估结果为“进取型”，康某蔚签字。

发现购买基金并亏损后，康某蔚向中国银监会反映问题。2017年10月，北京银监局办公室回复康某蔚《关于康某蔚反映问题回复的函》，在该函中写明“……建某银行紫某长安支行客户经理常某替你抄录了风险提示书，违反了中国建某银行的相关业务规定，属于违规操作……你的风险评估结果与所购买产品风险等级在匹配度方面符合中国建某银行规定……目前监管部门以及中国建某银行均未对购买高风险基金等产品的年龄上限作出明确的禁止性规定。但建某银行紫某长安支行客户经理常某在销售相关基金产品的过程中，忽视了老年客户的年龄、认知能力、风险承受能力、专业背景等因素，存在销售行为不够审慎的问题。”

康某蔚以侵权为由起诉，请求建某银行紫某长安支行予以赔偿。北京市海淀区人民法院一审及北京市第一中级人民法院二审均驳回其诉讼请求。

裁判要点

康某蔚在上述文件上签字可以看出其对购买基金应该是知情的，购买行为亦是其本人作出的真实意思表示。故建某银行紫某长安支行的行为不具有违法性，对康某蔚亦无须承担侵权责任。

---

① 康某蔚与中国建某银行股份有限公司北京紫某长安支行（以下简称建某银行紫某长安支行）财产损害赔偿纠纷一审民事判决书［北京市海淀区人民法院，（2018）京0108民初25631号］。

康某蔚与中国建某银行股份有限公司北京紫某长安支行财产损害赔偿纠纷二审民事判决书［北京市第一中级人民法院，（2018）京01民终7058号］。

实务经验总结

本案的核心问题是："信托产品推介方代签风险告知书，是否足以导致赔偿责任？"结合办案经验，我们认为以下几点需要注意。

1. 商业银行代签《风险告知书》明确违反监管规定，属于过错行为。如果因此侵害投资人权益的，可能承担相应的损害赔偿责任。

2. 司法实践中，商业银行代签行为并不当然被认定为具有过错。例如，当投资人因个人原因请求银行代签并认可银行代签行为的情况。实际上，自 2017 年 8 月《中国银监会办公厅关于印发〈银行业金融机构销售专区录音录像管理暂行规定〉的通知》（银监办发〔2017〕110 号），银行在推介销售金融产品时应当履行"双录"义务，从而减少代签行为。

3. 投资人无论是"亲笔签名填写"还是"双录"，均是保证其意思表示与其投资购买的金融产品一致，银行作为推介方依照监管规定履行风险评估匹配、风险提示告知等程序后，如不存在其他过错，无论投资人投资亏损与否，银行作为推介方并不对产品本身固有的市场风险负责。

相关法律规定

《中国银监会关于规范商业银行代理销售业务的通知》（银监发〔2016〕24 号）

（二十七） 商业银行应当向客户提供并提示其阅读相关销售文件，包括风险提示文件，以请客户抄写风险提示等方式充分揭示代销产品的风险，销售文件应当由客户签字逐一确认，国务院金融监督管理机构另有规定的除外。通过电子渠道销售的，应由客户通过符合法律、行政法规要求的电子方式逐一确认。

《中国银监会办公厅关于印发银行业金融机构销售专区录音录像管理暂行规定的通知》（银监办发〔2017〕110 号）

第二条 本规定所称销售专区录音录像（简称专区"双录"），是指银行业金融机构在营业场所销售自身依法发行的理财产品（以下简称自有理财产品）及合作机构依法发行的金融产品（以下简称代销产品），应实施专区"双录"管理，即设立销售专区，并在销售专区内装配电子系统，对每笔产品销售过程同步录音录像。

银行业金融机构代销国债及实物贵金属，可根据实际情况自行决定是否纳入专区“双录”管理。

法院判决

北京市海淀区人民法院在一审判决书“本院认为”部分对此论述如下。

本案中，建某银行紫某长安支行的工作人员代替康某蔚抄录《投资人风险提示书》的行为，违反《中国银监会关于规范商业银行代理销售业务的通知》的规定，系违规行为。康某蔚作为完全民事行为能力人，虽然在其购买基金时年龄较大且患有一些疾病，但其作为中国人民解放军某单位的离休干部，应对委托单、业务回单、投资人风险提示确认书等文件中载明的内容有一定的认知判断。

从康某蔚在上述文件上签字可以看出其对购买基金应该是知情的，购买行为亦是其本人作出的真实意思表示。故建某银行紫某长安支行的行为不具有违法性，对康某蔚亦无须承担侵权责任。

北京市第一中级人民法院在二审判决书“本院认为”部分对此论述如下。

本案中，康某蔚主张建某银行紫某长安支行在风险评估及《投资人风险提示书》环节中存在过错，导致其产生损害结果。对此，本院认为，《评估问卷》的签名系康某蔚本人所签，康某蔚具有一定的文化程度，也从事投资理财多年，其具有回答相关问题及阅读《评估问卷》的能力。

关于《投资人风险提示书》一节，《投资人风险提示书》系在确定购买明确的基金产品后由购买人阅读并签署，此时购买人购买基金或理财产品的意思表示已然明确，因而银行工作人员代为抄录部分内容并不影响康某蔚购买基金产品的真实意思表示，且康某蔚已签字确认。即便是银行工作人员代为抄录的行为不妥，但该行为并未侵犯康某蔚的实体权利，基金产品的盈亏由市场决定。

康某蔚自2012年以来多次在银行购买理财产品，并不仅仅是本案所涉及的5例基金产品。虽然其年事已高，但康某蔚在本案庭审中仍然逻辑思维清楚、语言表达准确，因而应确认康某蔚具备相应的投资知识和经验，在购买相关基金产品时其应具有辨别和判断能力，不存在银行人员侵犯其知情权等情形。基金等理财产品均具有一定的风险性，购买人在购买时对于亏损应具有一定的心理准备及接受能力，同时应谨慎购买。

延伸阅读

裁判规则一：推介机构未履行相关告知说明义务，属于重大过错。

案例1：平某银行股份有限公司青岛分行、梁某玮金融委托理财合同纠纷二审民事判决书［青岛市中级人民法院，（2018）鲁02民终3417号］。

参见本书之“资管产品推介机构的投资者适当性评估失误，是否应当承担责任？（高龄投资人）”

裁判规则二：推介机构未对投资人进行风险评估，存在过错。

案例2：北京中某信富投资管理咨询有限公司、徐某元委托理财合同纠纷二审民事裁定书［广州市中级人民法院，（2019）粤01民辖终1976号］。

参见本书之“资管产品推介机构的投资者适当性评估失误，是否应当承担责任？（评估错误）”

018 信托托管人执行不符合约定的指令，是否可以被认定为存在过错？

关键词：托管人　指令　形式审查

阅读提示

信托托管人是根据信托合同约定或信托受托人依职权确认加入并保障信托计划安全运作的常见参与方，通常会在信托合同当中约定信托托管人的权利义务，如接受特定指令进行资金划转。但是，如果信托托管人未审核指令内容即依照指令执行，是否可以被认定为存在过错？

裁判要旨

信托托管人如约定依照指令执行，仍应当审核指令是否存在违反信托合同约定的情况。确认指令违反信托合同的，信托托管人应当拒绝执行，否则存在过错。

案情简介[①]

2014年11月至12月，毛某营（资产委托人）与新某富时公司（资产管理人）、民某银行北京分行（资产托管人）签订《新某富时民鲁×号专项资产管理计划资产管理合同》（以下简称《资产管理合同》），新某富时公司（委托人、受益人）与华某信托公司（受托人）签订《华某·尚某元×号证券投资单一资金信托合同》（以下简称《信托合同》）。合同约定，毛某营书面授权李某芹担任资金信托计划的特定投资指令权人，为单一信托下达投资指令。

合同同时约定不得主动投资于＊ST类上市公司发行的证券及"资产托管人应当安全保管资产管理计划财产，根据法律法规及本合同的规定监督资产管理人的投资运作，资产托管人发现资产管理人的投资指令违反法律、行政法规和其他有关规定，或者违反本合同约定的，应当拒绝执行，立即通知资产管理人并及时报告中国证监会"等内容。

2014年12月，江某与毛某营、李某芹签订《投资协议书》，约定江某出资1000万元，毛某营、李某芹出资1000万元，用于上述项目投资。资金运作一年以后，江某的1000万元投资资金亏损，未能收回。江某认为，对方在资金运作过程中存在过错，应承担相应的连带赔偿责任。

江某以侵权为由请求包括托管人民某银行北京分行在内的五名被告承担侵权损害赔偿责任1000万元等，法院查明托管人确有过错但无因果关系，故北京市西城区人民法院一审驳回其诉讼请求，江某不服上诉，北京市第二中级人民法院二审驳回上诉，维持原判。

裁判要点

民某银行北京分行作为资产托管人在发现新某富时公司的投资指令违反合同时未拒绝执行，因此存在一定过错。

---

① 江某与李某芹等财产损害赔偿纠纷一审民事判决书［北京市西城区人民法院，（2016）京0102民初20348号］。

江某与中国民某银行股份有限公司北京分行（以下简称民某银行北京分行）等财产损害赔偿纠纷二审民事判决书［北京市第二中级人民法院，（2018）京02民终6942号］。

实务经验总结

本案的核心问题是："信托托管人对约定指令是否可通过履行程序审核义务免责?"结合办案经验，我们认为以下几点需要注意。

1. 信托托管人与其他类型托管人义务来源不同。从法律层面看，信托托管人与其他资产管理托管人不同之处在于其权利义务以约定为主，而《证券投资基金法》中规定的基金托管人已经有明确的法定要求和法定义务。

2. 信托托管人与信托受托人的义务也不同。除约定义务外，信托受托人亦需要在履约过程中遵循信义义务，其中涉及对信托财产的处置的实质性判断。而信托托管人通常仅凭指令行事，审查指令是否符合约定，而不涉及对指令合理性和风险的任何实质性判断。

3. 实务中，信托托管人通常控制着信托资金，且由金融机构担任，对于信托等金融产品中的指令是否具有合理的审查能力，也有约定的审查义务。未履行相关审查义务而仅凭指令执行事务，如违反相关约定，可以被认定为过错。我们建议托管人在签署相关合同时，与相关方明确指令的类型和限制、明确指令审查的范围，以便通过履行审核义务免除责任，否则可能存在被认定为侵权或违约的法律风险。

相关法律规定

《中华人民共和国证券投资基金法》(参考)①

第三十二条 基金托管人由依法设立的商业银行或者其他金融机构担任。

商业银行担任基金托管人的，由国务院证券监督管理机构会同国务院银行业监督管理机构核准；其他金融机构担任基金托管人的，由国务院证券监督管理机构核准。

法院判决

北京市西城区人民法院在一审判决书"本院认为"部分对此论述如下。

---

① 如本章前言所述，《信托法》中没有对信托的托管人规定。我们认为，主要原因是立法时间较早，彼时情况也较为简单。但是随着实务的发展，包括银保监会的裁撤以及金融监管总局的设立，相关监管内容和口径趋于统一，因此信托托管人责任划分问题逐渐受到重视。因此，摘录《证券投资基金法》第三十二条关于基金托管人的表述，以供读者参考。

本案中，原告江某以财产损害赔偿纠纷为由要求被告毛某营、被告李某芹、被告新某富时公司、被告华某信托公司、被告民某银行北京分行承担相应的赔偿责任，应举证证明自身财产遭受损失。被告毛某营、被告李某芹、被告新某富时公司、被告华某信托公司、被告民某银行北京分行存在过错，损失与过错之间存在因果关系。

北京市第二中级人民法院在二审判决书“本院认为”部分对此论述如下。

关于李某芹购买＊ST华某股票问题。案涉《信托合同》及《资产管理合同》均约定不得主动投资于＊ST类上市公司发行的证券，而在特定投资指令权人李某芹发出不符合约定的购买＊ST华某股票的投资建议时，新某富时公司作为资产管理人违反合同约定运作资产管理计划，民某银行北京分行作为资产托管人在发现新某富时公司的投资指令违反合同时未拒绝执行，华某信托公司作为受托人在接受上述投资建议时，并未及时通知特定投资指令权人并要求特定投资指令权人另行作出投资建议，而是基于上述投资建议进行了交易，因此上述各方均存在一定过错。毛某营作为《资产管理合同》的资产委托人应知晓相关投资范围和投资限制，而李某芹作为特定投资指令权人和实际的资产委托人之一对投资限制理应知晓，因此其二人对进行的＊ST华某股票的交易行为存在过错。但需要指出的是，上述投资均发生在案涉《投资协议书》《资产管理合同》及《信托合同》正常存续期间，而上述协议及合同所约定的投资系整体性、持续性的，在投资＊ST华某股票的同时，亦投资了其他股票，且不断存有交易，而股票价格存有波动，且在实际买入＊ST华某股票后几个交易日内亦有浮盈。虽然最后卖出＊ST华某股票存在亏损，但其他股票投资亦存在亏损的情形。

基于以上事实，本院认为，仅因购买＊ST华某股票的行为不足以造成信托单位净值低于“止损线”被强制平仓的整体投资后果，即上述各方虽有过错，但与信托单位净值低于“止损线”之间不存在法律上的因果关系，故对于江某主张由毛某营、李某芹、新某富时公司、华某信托公司、民某银行北京分行承担连带赔偿责任，不符合侵权责任构成要件，本院对于江某的上述主张不予支持。

延伸阅读

裁判规则：托管银行仅负有形式审查义务，不承担实质审查义务。

案例：孙某园与中国农某银行股份有限公司绍兴越某支行（以下简称农某银

行浙江省分行）侵权责任纠纷二审民事判决书［绍兴市中级人民法院，（2016）浙06民终4190号］。

上诉人主张被上诉人在托管过程中存在重大过错，主要有两个方面：1. 未按托管协议约定用途划拨托管账户资金；2. 对托管账户资金使用未尽审慎监管义务。

本院认为，因农某银行浙江省分行系与“绍兴百某股权投资合伙企业”签订托管协议，根据合同相对性原则，作为托管银行的被上诉人理应依据托管协议对作为合同相对方的“绍兴百某股权投资合伙企业”负责，但因上诉人的投资款系直接汇入被上诉人托管的“绍兴百某股权投资合伙企业”的托管账户，投资款与托管账户资金具有同一性，若被上诉人违反托管协议约定，未尽审慎托管义务，从而导致托管资金流失，确也会对上诉人的投资造成侵权，故被上诉人是否存在违反托管协议之约定的过错才系本案焦点。

首先，根据《绍兴百某股权投资合伙企业投资运作监督事项表》载明投资范围主要是股权投资，而投资决议、投资协议载明“绍兴百某股权投资合伙企业”将投资900万元、100万元于浙江金某达食品股份有限公司，用于其购买先进设备、兼并收购项目，达到上市目标。被投资方5年内成功上市，则投资方将享有其投资额20%的股权。“股权投资”并不单纯指购买现有股权，还包括以现有投资获得未来一定期限内的股权回报。根据投资决议、投资协议反映，“绍兴百某股权投资合伙企业”系通过对浙江金某达食品股份有限公司进行投资，用以对价获得该公司上市后的部分股权，并不违反投资运作监督事项表关于投资范围的约定，至于被投资方将投资款作何用途并不影响投资方“获取股权”的最终目的。关于从托管账户划付18万元的管理费用，系被上诉人按托管协议第5.2.1条、第9.1.4条约定，划付给“绍兴百某股权投资合伙企业”的管理费用，亦不违反托管协议的约定。

其次，被上诉人在二审中补充提交了投资协议、投资决议、托管运行指令、委托付款通知书原件，上述证据反映被上诉人系按托管协议约定程序，审核托管资产管理运用指令应具备的资料，从而进行托管账户资金的划付，应认定其已尽到审慎托管义务。上诉人主张，被上诉人除了形式审查之外，还需进一步进行实质审查，于约定无据，亦系过分苛责被上诉人的义务。综上，上诉人关于被上诉人在托管过程中存在过错的上诉主张，本院亦不予采纳。

本院认为，“投资有风险，决策需谨慎”。不少金融投资项目常以“银行托管”作为吸引眼球、增加信用之卖点，银行托管确也具有一定的保障资金安全功能，但因托管银行多为单纯履行形式审查之义务，故银行托管并不能完全为投资项目的资金安全“背书”。作为投资者应审核托管协议内容，了解托管银行“托管”内涵，综合考虑投资项目的投资范围、收益回报、风险控制、市场形势等因素，审慎作出投资决策。

简评：信托的托管人义务在实务中远低于受托人的义务，托管人的行为过错也不当然构成对受益人或委托人的侵权。当然，实务中确有加强托管人责任的趋势。

第四章 信托财产

本章前言

信托财产并不是信托当事人，我国法律制度中也没有普通法中的类似“对物诉讼”的拟人化制度。[①] 有趣的是，信托制度却是普通法中一个特征鲜明的制度。我国作为大陆法系国家，对物权和代理制度有完备的规定，因此信托制度移植到我国需要加以改造。如何对信托制度加以改造，其核心问题就是信托财产如何在现行法律体系中保持独立性。

我国《信托法》第十七条可能是保证信托独立性的最重要法条，其规定除特定情形外，信托财产不得强制执行。该条款在保全与执行程序中普遍适用，但也遇到挑战。实务中如何理解信托财产，如何理解信托财产的独立性等问题，都是本章案例所涉的内容。

最后需要提示注意，受益权与收益权不是同一概念。前者是指“信托受益权”，是受益人的法定权利；后者是实务中创设的，基于合同约定的权利，其法律性质尚有争议，但实践中足以成为信托财产的一类财产权。收益权用于信托场景时，多是指信托受益人获得受托人通过信托财产管理获得并支付的信托利益。收益权区别于受益权的一个特点是其不具有人身性，因此可以在不破坏原信托关系的情况下转让给第三方。

实务中曾出现“用信托受益权来设置收益权，收益权上再设第二层收益权，第二层收益权上再设置……”这种多层嵌套式的权利滥用现象，不利于金融监管，也不是稳定、公平的风险收益业务模式，已引起监管的关注。

---

① 我国“船舶扣押”制度带有一些对物诉讼的特征。

019 受托人将自有财产及委托人财产用于同一投资项目，如何确认信托财产的独立性？

关键词：信托财产 受托人 道德风险

阅读提示

市场中管理财产信托与资金信托相对，其特点是信托财产是非资金的实物财产，也称实物财产信托。虽然管理财产信托是市场上占比约五分之一的信托种类，不如资金信托普遍，但是其需求一直增长，尤其是将股权作为信托财产的需求。但应注意其财产在设立时和运作时的独立性问题。本案是一例市场关注的典型复杂案件，我们针对其中的信托部分进行了剖析。

裁判要旨

投资款及对应形成的股权可以作为信托财产设立信托，但如果前述股权无法与受托人的固有财产相区别（如本案中受托人亦持有相同标的公司的股权），则缺乏信托财产独立性，无法设立有效信托。

案情简介[①]

2006年11月至12月，兴某公司和兴某卷烟展销部作为转让方，华某公司、王某虹、禾某禾公司作为受让方签署《股权转让协议》及《补充协议》，约定受让方支付1.2亿元股权对价，取得兴某信公司100%股权。兴某信公司拥有出资8000万元（其中2000万元为受让方垫付资金）的盐某工业公司股东权益、两栋大厦产权等。

2007年2月，华某公司、王某虹、禾某禾公司作为委托人，兴某信公司作为受托人，兴某公司、兴某卷烟展销部作为担保人签署《协议书1》，约定因委托人与担保人签订的上述《股权转让协议》出现履行障碍，双方待该障碍消除后，

---

① 广州市华某丰收资产管理有限公司（以下简称华某公司）与深圳市兴某信投资发展有限公司（以下简称兴某信公司）信托纠纷一审民事判决书［广东省高级人民法院，（2016）粤民初9号］。

深圳市兴某信投资发展有限公司、广州市华某丰收资产管理有限公司信托纠纷二审民事判决书［最高人民法院，（2018）最高法民终359号］。

继续履行。合同三方经协商一致，盐某集团股权由受托人信托持有。

约定的“信托财产”包括：（1）委托人匿名垫付的2006年8月交付给盐某集团的投资款项2000万元；（2）受托人垫资代委托人于2006年9月交付给盐某集团的投资款项2000万元；（3）委托人于2006年11月交付给盐某集团的两笔投资款共计1.2亿元；（4）委托人于2007年1月交付给盐某集团的投资款项约8156万元；（5）委托人于2006年12月交付给青某国投公司的投资款1000万元；（6）委托人于2006年12月交付给青某国投公司的投资款项约5300万元；前述款项合计约3.04亿元（受托人以自有财产投资盐某集团所形成的股权及其收益，不属于信托财产，即受托人于2006年8月、9月交付给盐某集团的投资款项分别为1000万元、3000万元，共计4000万元）。

2008年4月，兴某公司作为委托人，兴某信公司作为受托人，华某公司作为担保人签署《协议书2》，补充约定上述4000万元自有财产实际为兴某公司的信托财产。

2006年下半年至2007年7月，兴某信公司通过与盐某工业公司签署《合作框架协议》《增资扩股协议》《增资扩股补充协议》，与青某国投公司签署《股权转让协议》及补充协议，兴某信公司持有盐某工业公司约7.56%股份，对价约3.68亿元（有约定分红权）。

2017年6月，禾某禾公司、华某公司和王某虹签署《关于股份份额之确认协议》，确认三方共同以信托方式委托兴某信公司，以兴某信公司的名义出资约3.28亿元投资盐某集团股权项目，明确各方出资数额及应持股比例。案情简介示意如图1-4所示：

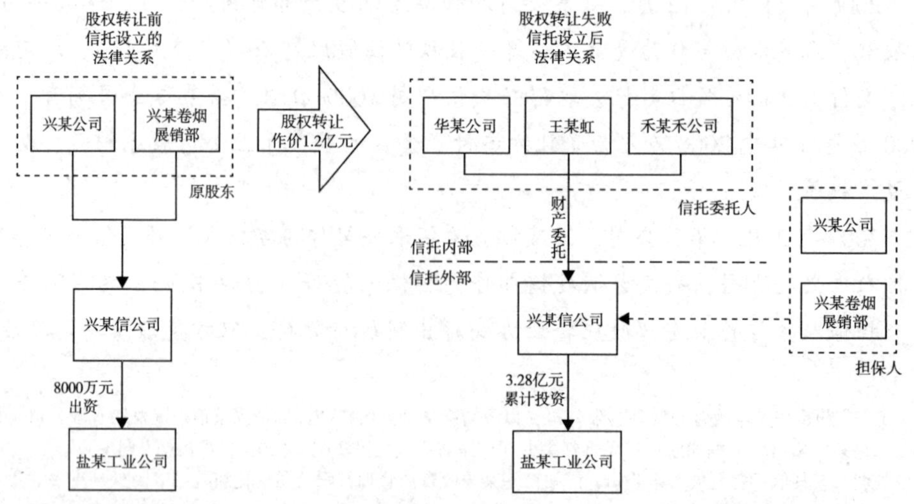

图1-4　案情简介示意

华某公司请求确认兴某信公司《协议书1》终止且确认其可穿透持有其出资对应的份额等。广东省高级人民法院一审判决支持其对应请求，最高人民法院二审维持原判。

裁判要点

尽管《协议书》按照信托合同的思路界定兴某信公司和华某公司、王某虹、禾某禾公司之间的权利义务关系，约定兴某信公司受华某公司、王某虹、禾某禾公司委托投资并取得股份投资款及其形成的股权作为兴某信公司管理和运用的信托财产，但《协议书》所称的财产并没有作为独立的信托财产，并与受托人兴某信公司的固有财产相区别，因而缺乏信托财产独立性这一信托关系的核心要素。

实务经验总结

本案的核心问题是："实物财产信托的信托财产如何确认其独立性?"结合办案经验，我们认为以下几点需要注意。

1.《信托法》第十六条明确规定了信托财产的必要属性，即应当与受托人所有的财产相区别。本案中，"受托人"和不同的委托人同时持有标的公司的股权，其受托管理的财产无法清晰区分，只能依靠支付增资款的时间先后不同来粗略区分，无法明确信托财产范围，属于明显违反《信托法》第十六条的情况。

2.《信托法》第二十九条明确规定了受托人必须将信托财产与其固有财产分别管理、分别记账，并将不同委托人的信托财产分别管理、分别记账。本案中的"受托人"可能也没有尽到法定的受托人义务。

因此，我们认为，信托财产要有独立性，在明确信托财产的财产属性后，形式上也应至少满足《信托法》第二十九条的规定。同时，要注意避免信托受托人和委托人在信托设立前或信托运作中，同时持有相同标的股权、债券、可转债等具有表决权属性的财产，否则在召开股东大会、债权人会议等决策程序时，存在潜在的利益冲突风险，即受托人应避免在信托运作期间用自有资金购买与同一标的的信托财产（同一标的指该标的由同一实际控制人控制）。

此外，值得注意的是，假如《信托合同》约定豁免或者受益人大会决议豁免受托人此种同时处置的行为，是否可以依照《信托法》第二十八条确认其豁免有效？有效的豁免需要满足哪些条件？这类问题值得进一步观察。

相关法律规定

《信托法》

第十六条第一款 信托财产与属于受托人所有的财产（以下简称固有财产）相区别，不得归入受托人的固有财产或者成为固有财产的一部分。

第二十九条 受托人必须将信托财产与其固有财产分别管理、分别记帐，并将不同委托人的信托财产分别管理、分别记帐。

法院判决

最高人民法院在二审民事判决书“本院认为”部分就该问题的论述如下。

本案华某公司请求确认兴某信公司与华某公司、王某虹、禾某禾公司等于2007年2月12日签订的《协议书》终止，以及依据《协议书》确认相应的盐某股份股票及其衍生权益等归华某公司所有，故本案系当事人因《协议书》的履行而产生的合同纠纷。兴某信公司主张，本案案由应为股权确权纠纷，该上诉理由不能成立，应予驳回。

关于《协议书》的性质。尽管《协议书》按照信托合同的思路界定兴某信公司和华某公司、王某虹、禾某禾公司之间的权利义务关系，约定兴某信公司受华某公司、王某虹、禾某禾公司委托投资并取得股份，投资款及其形成的股权作为兴某信公司管理和运用的信托财产，但《协议书》所称的财产并没有作为独立的信托财产，并与受托人兴某信公司的固有财产相区别，因而缺乏信托财产独立性这一信托关系的核心要素。《信托法》第十六条第一款规定：“信托财产与属于受托人所有的财产（以下简称固有财产）相区别，不得归入受托人的固有财产或者成为固有财产的一部分。”信托财产的独立性是信托的本质特征，即信托财产是为信托目的而存在的财产，其独立于委托人、受托人及受益人等信托当事人的固有财产。

由于《协议书》没有设定独立的信托财产，其核心内容是华某公司、王某虹、禾某禾公司委托兴某信公司投资盐某工业公司，投资款形成的股权由兴某信公司代持，故《协议书》性质为委托代持股合同或称隐名持股协议。原审判决将本案案由认定为信托纠纷有误，本院予以纠正，本案案由应为合同纠纷。

延伸阅读

裁判规则一：包括股票收益权在内的金融衍生品，可以具有作为信托财产的确定性（不因仅凭信托财产在特定期间内可能存在财产价值变动而否定其确定性）。

案例1：世某荣和投资管理股份有限公司与长某国际信托股份有限公司（以下简称长某信托）、天津鼎某股权投资一期基金等合伙协议纠纷二审民事判决书［最高人民法院，（2016）最高法民终19号］。

《股票收益权转让协议》中约定，股票收益权内容包括鼎某一期、鼎某元博持有的股票的处置收益及股票在约定收益期间所实际取得的股息及红利、红股、配售、新股认股权证等孳息。该约定明确了长某信托所取得的涉诉股票收益权的数量、权利内容及边界，已经使得长某信托取得的涉诉股票收益权明确和特定，受托人长某信托也完全可以管理运用该股票收益权。信托财产无论是东某高圣按照涉诉两份《信托合同》交付给长某信托的资金，还是长某信托以上述资金从鼎某一期、鼎某元博处取得的股票收益权，均系确定。

裁判规则二：（信托方式）代持特定高风险行业公司股权的将使得真正的投资人游离于国家有关职能部门的监管之外，可能危及金融秩序和社会稳定，属于认定信托合同无效的原因。

案例2：福建伟某投资有限公司（以下简称伟某公司）、福州天某实业有限公司（以下简称天某公司）营业信托纠纷二审民事裁定书［最高人民法院，（2017）最高法民终529号］。

本院认为，天某公司、伟某公司签订的《信托持股协议》内容，明显违反中国保监会制定的《保险公司股权管理办法》第八条的规定，对该《信托持股协议》的效力审查应从《保险公司股权管理办法》禁止代持保险公司股权规定的规范目的、内容实质，以及实践中允许代持保险公司股权可能出现的危害后果进行综合分析认定。

首先，从《保险公司股权管理办法》禁止代持保险公司股权的制定依据和目的来看，尽管《保险公司股权管理办法》在法律规范的效力位阶上属于部门规章，并非法律、行政法规，但中国保监会是依据《保险法》第一百三十四条的明确授权，为保持保险公司经营稳定，保护投资人和被保险人的合法权益，加强保险公司股权监管而制定。据此可以看出，该管理办法关于禁止代持保险公司股权的规定与《保险法》的立法目的一致，都是为了加强对保险业的监督管理，维护社会经济秩序和社会公共利益，促进保险事业的健康发展。

其次，从《保险公司股权管理办法》禁止代持保险公司股权规定的内容来看，该规定系中国保监会在本部门的职责权限范围内，根据加强保险业监督管理的实际需要具体制定，该内容不与更高层级的相关法律、行政法规的规定相抵触，也未与具有同层级效力的其他规范相冲突，同时其制定和发布亦未违反法定程序，因此《保险公司股权管理办法》关于禁止代持保险公司股权的规定具有实质上的正当性与合法性。

最后，从代持保险公司股权的危害后果来看，允许隐名持有保险公司股权将使得真正的保险公司投资人游离于国家有关职能部门的监管之外，如此势必会加大保险公司的经营风险，妨害保险行业的健康有序发展。加之由于保险行业涉及众多不特定被保险人的切身利益，保险公司这种潜在的经营风险在一定情况下还将危及金融秩序和社会稳定，进而直接损害社会公共利益。

简评：信托财产应当独立且可区分，而实务中独立性和可区分性需要综合判断。

020《九民纪要》之后，信托财产可以被采取保全措施吗？

关键词： 九民纪要　独立性　保全措施　法律解释

阅读提示

《九民纪要》第九十五条明确信托财产不宜作为保全对象。但是实务中案件情况不同，证据强弱不一，为防止故意利用信托规避责任的情况，法院需要兼顾债权人利益与信托受益人利益。在权利出现冲突时，信托财产的独立性足以规避法院的保全措施吗？本文以曾广受关注的热点案件“国内家族信托执行第一案”为例进行剖析。

裁判要旨

（基于个案证据情况）法院可能认定保全行为中的冻结措施不涉及实体财产权益的处分，不影响信托期间受托人对信托财产进行管理、运用或处分等信托业务活动。即限制擅自将委托人的本金作返还处理的可能性，不属于对信托财产的强制执行。

案情简介[①]

2016 年 1 月，张某丽（委托人）与中国对外某济贸易信托有限公司（以下简称外某信托，受托人）签订《某财富传承财产信托合同》及变更函，约定 5 名信托受益人于 2020 年 5 月变更为张某 1 名。信托财产初始资金为 3080 万元。

杨某丽与胡某刚、张某丽不当得利纠纷一案，法院于 2019 年 11 月作出（2019）鄂 01 民初 9482 号民事裁定书，裁定查封、扣押、冻结被申请人张某丽银行存款 4200 万元或其他等值财产。

法院于 2020 年 7 月作出（2020）鄂 01 执保 230 号协助冻结存款通知书，要求外某信托协助冻结张某丽在与该公司签订的《外某信托·某财富传承财产信托》中出资的信托资金 2800 万元。

外某信托于 2020 年 8 月向法院出具《关于（2020）鄂 01 执保 230 号协助冻结存款的说明》，载明：截至 2020 年 7 月末，信托财产净值为 11830320.73 元。该项目由张某丽作为委托人，其子张某作为唯一受益人的他益信托，信托受益权由张某 100%享有。依据《信托法》的相关规定，该项目项下的信托财产非委托人张某丽的存款或个人财产。

2020 年 8 月，法院作出（2020）鄂 01 执保 230-1 号协助执行通知书，要求外某信托协助执行以下事项：因被申请人张某丽与你单位签订了《外某信托·某财富传承财产信托》，现请你单位停止向张某丽及其受益人或其他第三人支付合同项下的所有款项及其收益。

裁判要点

法院要求受托人外某信托停止向委托人及其受益人或其他第三方支付合同项下的所有款项，该冻结措施不涉及实体财产权益的处分，不影响信托期间内外某信托对张某丽的信托财产进行管理、运用或处分等信托业务活动，只是不得擅自将张某丽的本金作返还处理，不属于对信托财产的强制执行。

---

① 本案是行业热点案件。
关于张某丽提出执行异议一案的执行裁定书［湖北省武汉市中级人民法院，（2020）鄂 01 执异 661 号］。

实务经验总结

本案的核心问题是："信托受益人与委托人的债权人之间，权益如何保护？"结合办案经验，我们认为有以下三点。

1. 信托受益人利益受《信托法》第十七条保护，即除四种特定情况外，信托财产不得强制执行。本案中，法院依据民事裁定书等程序性文书对信托受托人发出指令，不属于前述四种强制执行的情形。法院的保全行为亦不等同强制执行，受益人权益依法得到保护。值得注意的是，保全行为虽不等同于强制执行，但是对信托财产采取保全措施的行为与《九民纪要》第九十五条规定的精神或不吻合。

2.《信托法》第十七条第一款明确了债权人的权利，即如果信托财产存在权利瑕疵，则可能被强制执行。本案中，张某丽作为委托人交付的信托财产是否有瑕疵尚待确认，存在执行可能性。从债权人角度来讲，法院的保全行为具有合理性和必要性，保护了债权人的权益，但是并未充分考虑信托财产独立性问题。

3. 根据信托的一般理论，信托财产具有独立性，但是一方面独立性从《信托法》层面已规定了例外，另一方面实践中囿于信托登记制度尚不成熟，信托的独立性外观并不明显。

综上，信托财产独立性问题需要平衡保护信托受益人和债权人之间的利益，尤其应当关注用于设立信托的财产是否存在瑕疵，即满足《信托法》第十七条第一项的情形。如有，则信托的独立性存在被否定的可能。

相关法律规定

《信托法》

第十七条 除因下列情形之一外，对信托财产不得强制执行：

（一）设立信托前债权人已对该信托财产享有优先受偿的权利，并依法行使该权利的；

（二）受托人处理信托事务所产生债务，债权人要求清偿该债务的；

（三）信托财产本身应担负的税款；

（四）法律规定的其他情形。

对于违反前款规定而强制执行信托财产，委托人、受托人或者受益人有权向人民法院提出异议。

第四十七条　受益人不能清偿到期债务的，其信托受益权可以用于清偿债务，但法律、行政法规以及信托文件有限制性规定的除外。

《最高人民法院关于适用〈中华人民共和国民事诉讼法〉的解释》

第四百六十三条　案外人对执行标的提出的异议，经审查，按照下列情形分别处理：

（一）案外人对执行标的不享有足以排除强制执行的权益的，裁定驳回其异议；

（二）案外人对执行标的享有足以排除强制执行的权益的，裁定中止执行。

驳回案外人执行异议裁定送达案外人之日起十五日内，人民法院不得对执行标的进行处分。

《九民纪要》

95. **【信托财产的诉讼保全】**　信托财产在信托存续期间独立于委托人、受托人、受益人各自的固有财产。委托人将其财产委托给受托人进行管理，在信托依法设立后，该信托财产即独立于委托人未设立信托的其他固有财产。受托人因承诺信托而取得的信托财产，以及通过对信托财产的管理、运用、处分等方式取得的财产，均独立于受托人的固有财产。受益人对信托财产享有的权利表现为信托受益权，信托财产并非受益人的责任财产。因此，当事人因其与委托人、受托人或者受益人之间的纠纷申请对存管银行或者信托公司专门账户中的信托资金采取保全措施的，除符合《信托法》第 17 条规定的情形外，人民法院不应当准许。已经采取保全措施的，存管银行或者信托公司能够提供证据证明该账户为信托账户的，应当立即解除保全措施。对信托公司管理的其他信托财产的保全，也应当根据前述规则办理。

当事人申请对受益人的受益权采取保全措施的，人民法院应当根据《信托法》第 47 条的规定进行审查，决定是否采取保全措施。决定采取保全措施的，应当将保全裁定送达受托人和受益人。

法院判决

湖北省武汉市中级人民法院在执行裁定书“本院认为”部分相关论述如下。

本案的争议焦点为，案外人对案涉信托基金及收益权是否享有排除执行的权益。

《最高人民法院关于人民法院办理执行异议和复议案件若干问题的规定》①第二十四条规定："对案外人提出的排除执行异议，人民法院应当审查下列内容：（一）案外人是否系权利人；（二）该权利的合法性与真实性；（三）该权利能否排除执行。"第二十五条规定："对案外人的异议，人民法院应当按照下列标准判断其是否系权利人：（一）已登记的不动产，按照不动产登记簿判断；未登记的建筑物、构筑物及其附属设施，按照土地使用权登记簿、建设工程规划许可、施工许可等相关证据判断；（二）已登记的机动车、船舶、航空器等特定动产，按照相关管理部门的登记判断；未登记的特定动产和其他动产，按照实际占有情况判断；（三）银行存款和存管在金融机构的有价证券，按照金融机构和登记结算机构登记的账户名称判断；有价证券由具备合法经营资质的托管机构名义持有的，按照该机构登记的实际投资人账户名称判断；（四）股权按照工商行政管理机关的登记和企业信用信息公示系统公示的信息判断；（五）其他财产和权利，有登记的，按照登记机构的登记判断；无登记的，按照合同等证明财产权属或者权利人的证据判断……"

本案中，根据案涉《某财富传承财产信托合同》及外某信托出具《关于（2020）鄂01执保230号协助冻结存款的说明》《信托受益人变更函》等证据，可以证实本院保全的信托基金受益人为案外人张某。本院基于杨某丽与张某丽之间不当得利纠纷，依杨某丽保全申请，对案涉信托合同项下的所有款项及其收益予以保全，本案不属于《信托法》第十七条第一款规定的四种情形。故案外人张某对案涉信托合同项下的信托基金收益享有排除执行的权益，依法应中止对案涉信托合同项下的信托基金收益的执行。

至于案外人张某提出解除对案涉信托合同项下的信托资金的冻结。本院在财产保全程序中，为避免委托人转移信托受益权或信托理财回赎资金行为，本院依杨某丽的申请于信托期间内对案涉《某财富传承财产信托》合同项下的所有款项进行了冻结，要求受托人外某信托停止向委托人及其受益人或其他第三方支付合同项下的所有款项，该冻结措施不涉及实体财产权益的处分，不影响信托期间内外某信托对张某丽的信托财产进行管理、运用或处分等信托业务活动，只是不得擅自将张某丽的本金作返还处理，不属于对信托财产的强制执行。因此，本院

① 原文指《最高人民法院关于人民法院办理执行异议和复议案件若干问题的规定》（法释〔2015〕10号），现行解释为《最高人民法院关于人民法院办理执行异议和复议案件若干问题的规定》（2020年修正，法释〔2020〕21号）。前述条文对应现行解释第二十四条，内容无修订。

上述保全信托合同项下资金不违反《信托法》的相关规定，合法有效。案外人张某此项异议请求不能成立，本院不予支持。

综上，依照《民事诉讼法》[①] 第二百二十七条及《最高人民法院关于适用〈中华人民共和国民事诉讼法〉的解释》[②] 第四百六十五条第一款第二项的规定，裁定如下：中止对张某丽在外某信托设立的《某财富传承财产信托》项下信托收益的执行。

延伸阅读

裁判规则：信托财产如被采取保全措施的，如申请保全方不能证明存在《信托法》第十七条情形，则保全应当解除。

案例：上海华某建设投资控股（集团）有限公司（以下简称华某建设）、安某信托股份有限公司（以下简称安某信托）合同纠纷监督执行裁定书［上海市高级人民法院，（2020）沪执复105号］。

金融法院认为，安某信托已提交信托文件、付款回单等材料，证明涉案财产是涉案信托计划下的信托财产。信托财产独立于安某信托固有财产，在华某建设未能证明存在《信托法》第十七条规定情形的情况下，对于涉案财产的冻结，应当解除保全措施。据此，依照《民事诉讼法》第二百二十五条，《最高人民法院关于人民法院办理财产保全案件若干问题的规定》第二十六条，《最高人民法院关于人民法院办理执行异议和复议案件若干问题的规定》第十七条之规定，裁定撤销对涉案财产的冻结措施。

本案安某信托对冻结措施的异议，显然属于《最高人民法院关于人民法院办理财产保全案件若干问题的规定》第二十六条规定之情形，其在执行程序终结之前提出异议并无不当。对于安某信托提交的材料，金融法院通过书面审查的方式进行审查，于法不悖。金融法院保全结果反馈表显示冻结安某信托在里某投资公司3亿元债权，未明确为借款对应的债权，而安某信托对于里某投资公司确存有信托计划项下信托资金投资收益权对应的债权，金融法院裁定撤销冻结措施的理由并无不当。

---

① 《民事诉讼法》第二百二十七条系《民事诉讼法》（2017年修正），在现行《民事诉讼法》（2021年修正）中为二百三十四条之规定。

② 《最高人民法院关于适用〈中华人民共和国民事诉讼法〉的解释》第四百六十五条第一款第二项系2015年版本，现行《最高人民法院关于适用〈中华人民共和国民事诉讼法〉的解释》（2022年修正）中为第四百六十三条第一款第二项之规定。

简评：保全与执行程序中对于信托财产的错误保全可以通过异议来保障其独立性，但冻结信托账户是否属于强制执行则存在争议。

021 信托收益权是债权、物权，还是与创设该收益权的资产视为等同？

关键词： 信托收益权　财产权　独立性

阅读提示

信托收益权在我国并无明确法律定义，但收益权与创设收益权的基础资产间如果混同，则可能会影响信托合规性。因此，信托受益权的法律属性和外观区分在实践中值得重视。信托收益权是依照物权、债权，还是其他财产权来认定？其是否与创设该收益权的资产视为等同？

裁判要旨

根据我国物权法定原则，信托收益权不是物权。经过市场和监管实践，信托收益权具有财产权属性，可以独立作为标的物转让，而不视为创设信托收益权的基础资产的转让。

案情简介①

案外人华某鞋业公司在深圳证券交易所（以下简称深交所）发行华某私募债，私募债券面值总额为人民币 8000 万元，期限三年，年息 10%。民某投资公司与信某证券公司签订《华某私募债券认购协议》，民某投资公司认购了华某私募债全部份额 8000 万元。

2013 年 8 月，委托人内某古银行、管理人民某股份公司、托管人中国邮政某蓄银行三方签订《民某×号定向资管合同》，委托民某股份公司认购华某私募债收益权。故民某投资公司与民某股份公司签订《华某私募债券收益权转让协议》约

① 南某农村商业银行股份有限公司（以下简称南某农商行）与内某古银行股份有限公司（以下简称内某古银行）合同纠纷一审民事判决书［江西省高级人民法院，（2015）赣民二初字第 31 号］。

南某农村商业银行股份有限公司、内某古银行股份有限公司合同纠纷二审民事判决书［最高人民法院，（2016）最高法民终 215 号］。

定，私募债收益权转让价款为人民币 8000 万元，民某股份公司取得前述收益权。

2013 年 8 月，南某农商行与内某古银行签订《定向资管计划收益权转让协议》，主要约定内某古银行拟将所持有的资管计划收益权转让给南某农商行。(后，南某农商行转款 8012 万元至内某古银行，同日内某古银行将 8012 万元转至中国邮政某蓄银行)。案情简介示意如图 1-5 所示：

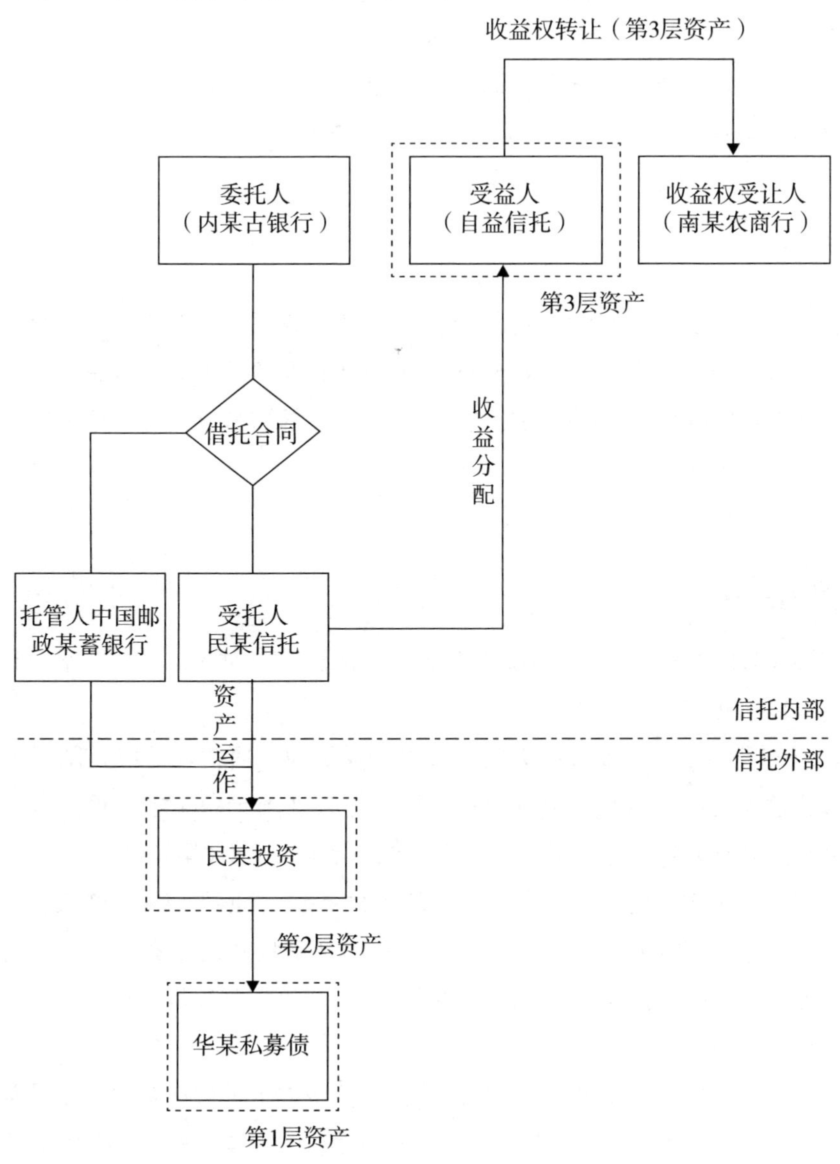

图 1-5　案情简介示意

2014年8月，信某证券公司向民某投资公司发出《告知函》，民某投资公司向民某证券公司（代表“民某证券理财×号定向资产管理计划”）发出《告知函》，民某股份公司向内某古银行发出《沟通函》，主要内容均为提示华某鞋业公司因流动资金短缺将不能按时支付本年度利息800万元，申请延期支付。通知该情况并提示违约风险。之后，信某证券公司采取一系列其他处置措施。

南某农商行以违反《证券法》及证券市场监管秩序为由，请求认定《收益权转让协议》无效并返还转让款8000万元等，江西省高级人民法院一审驳回其诉讼请求，南某农商行不服，提起上诉，最高人民法院二审驳回上诉，维持原判。

裁判要点

收益权在我国法律体系中并无明确定位，法律性质亦无明确界定。收益权虽然依附于基础资产，甚至收益权与基础资产在内涵与价值上高度重叠，但在各方商事主体选择以收益权作为交易标的的情形下，意味着各方并无转让和受让基础财产的意思表示。

实务经验总结

本案核心问题在于：“收益权的法律属性是什么？”对此，结合办案经验，我们认为有以下几点。

1. 从市场角度看，收益权无疑具有财产权属性。通常收益权是基于可量化的现金收益来设计，因此符合《信托法》第七条及第十一条第二项的规定，其可带来预期利益的特性也属于会计上的资产。但是限于物权法定原则，即《民法典》第一百一十六条的规定，收益权虽有财产权属性，但不应属于物权。

2. 从创设基础角度看，本案中的收益权的基础权利是债券，因此本案法官认为债券本身含有包括收益权在内的多项权能，所以收益权是一种具有债权属性的财产权。

但若深究，如果是债权属性，则需要进一步考虑这种属性是源自创设基础资产（债券），还是源自交易主体间的协议？本案中，《华某私募债券收益权转让协议》创设的是“私募债收益权”（收益权1），而《定向资管计划收益权转让协议》创设购买的是基于前者的“定向资管计划收益权”（收益权2）。如果收益权1与收益权2均相同，则这种属性是源自创设基础资产，否则这种属性是源自不同的合同约定。

本案法官认为，“收益权虽然依附于基础资产，甚至收益权与基础资产在内涵与价值上高度重叠，但在各方商事主体选择以收益权作为交易标的的情形下，意味着各方并无转让和受让基础财产的意思表示”。因此，我们理解，本案法院更倾向于认为“基础资产≠收益权1≠收益权2”。

3. 从合同性质上看，财产权利人可以基于同一个基础资产而不断创设相应的衍生权利。例如，“基于基础资产的收益权1”“基于收益权1的收益权2”“基于收益权2的收益权3”……这种无限循环在逻辑上是可能的，但是实践中无疑会使金融经济秩序混乱。因此，《资管新规》第二十二条对这种嵌套式结构进行了限制。

综合以上分析，我们认为，收益权不是物权，而是债权中的财产性权利；该权利基于基础资产创设但不等同于基础资产；该权利通过合同创设，但这种创设本身又受外部监管规范限制。

相关法律规定

《资管新规》

二十二、金融机构不得为其他金融机构的资产管理产品提供规避投资范围、杠杆约束等监管要求的通道服务。

资产管理产品可以再投资一层资产管理产品，但所投资的资产管理产品不得再投资公募证券投资基金以外的资产管理产品。

金融机构将资产管理产品投资于其他机构发行的资产管理产品，从而将本机构的资产管理产品资金委托给其他机构进行投资的，该受托机构应当为具有专业投资能力和资质的受金融监督管理部门监管的机构。公募资产管理产品的受托机构应当为金融机构，私募资产管理产品的受托机构可以为私募基金管理人。受托机构应当切实履行主动管理职责，不得进行转委托，不得再投资公募证券投资基金以外的资产管理产品。委托机构应当对受托机构开展尽职调查，实行名单制管理，明确规定受托机构的准入标准和程序、责任和义务、存续期管理、利益冲突防范机制、信息披露义务以及退出机制。委托机构不得因委托其他机构投资而免除自身应当承担的责任。

金融机构可以聘请具有专业资质的受金融监督管理部门监管的机构作为投资

顾问。投资顾问提供投资建议指导委托机构操作。

金融监督管理部门和国家有关部门应当对各类金融机构开展资产管理业务实行平等准入、给予公平待遇。资产管理产品应当在账户开立、产权登记、法律诉讼等方面享有平等的地位。金融监督管理部门基于风险防控考虑，确实需要对其他行业金融机构发行的资产管理产品采取限制措施的，应当充分征求相关部门意见并达成一致。

法院判决

江西省高级人民法院在一审判决书“本院认为”部分对此论述如下。

南某农商行、内某古银行交易的是私募债收益权，而不是私募债券。南某农商行认为，《定向资管计划收益权转让协议》所交易的真实标的是企业债券；内某古银行认为，《定向资管计划收益权转让协议》转让的标的为债券的收益权，而不是债券本身。

法院认为，《定向资管计划收益权转让协议》所交易的是企业债券还是债券收益权，应从本案私募债券的法律性质以及南某农商行对本案私募债券享有的权利进行分析认定。根据双方合同约定，南某农商行、内某古银行交易的“资管计划收益权”是指“资管合同项下的委托人所享有的资管计划收益权，包括委托人根据资管合同约定应当收取的所有投资净收益及要求返还资产清算后的委托财产的权利，及为实现资管计划利益的其他权利”。近几年，互联网金融迅猛发展，特定资产收益权交易日益增多，现行法律未明确禁止该类交易。

从内容上看，本案的“资管计划收益权”应属于“特定资产收益权”的一种，是指“交易主体以基础权利或资产为基础，通过合同约定创设的一项财产性权利”。从法律性质上看，《物权法》① 第五条规定，物权的种类和内容由法律规定，明确采纳了物权法定原则（物权法定原则包括物权客体法定）。因此，作为约定权利的特定资产收益权不宜作为物权的权利客体。特定资产收益权的核心在于“收益”，通常不具有人身色彩，而具有比较明显的财产权利属性，依法可以作为交易客体。债券本身含有包括收益权在内的多项权能，权利人可以将其中的一项或多项权能转让给他人行使，而收益权作为一种债权属性，转让行为之性质与资产转让存在根本差异。故特定资产收益权应定性为债权性质，其处置应当参考债权转让的相关原理，不宜直接按照物权方式进行处置。本案私募债的所有权

① 现已失效。

人是民某投资公司，定向资管计划所投资购买的是该私募债的收益权。南某农商行从内某古银行购买的是债券相关的收益权，虽然从表面看更具有实际债券所有人的表象。在本案私募债出现违约后，有关方面通知民某投资公司及南某农商行参加相关协调会，是基于民某投资公司是债券所有权人，而南某农商行是债券收益权享有人。南某农商行据此主张其为实际债券所有人没有事实及法律依据。故南某农商行取得的是债券相关的收益权，并不是债券本身。

最高人民法院在二审判决书“本院认为”部分对此论述如下。

关于本案交易标的是私募债券还是私募债券收益权的问题。南某农商行上诉主张本案交易标的实际上是华某私募债券，而非一审判决认定的私募债券（资管计划）收益权。对此问题，首先应从当事人所签协议中关于交易标的以及各方权利义务的约定进行分析。

第一，民某投资公司通过与信某证券公司签订《2013 年华某鞋业中小企业私募债券认购协议》认购了华某私募债券，对于该合同的交易标的，各方当事人均无异议。

第二，民某投资公司与民某股份公司签订《华某（泉州）鞋业有限公司 2013 年中小企业私募债券收益权转让协议》约定的交易标的为私募债收益权，协议第一条对私募债收益权作了如下界定：协议项下的标的私募债收益权指民某投资公司签署《2013 年华某鞋业中小企业私募债券认购协议》购买的华某私募债投资本金 8000 万元对应的收益权及自标的私募债收益权转让价款支付之日起的全部利息以及为实现收益权债权及担保权利而支付的一切费用等；同时第五条约定，民某股份公司系根据资产管理计划相关文件的规定，以委托资金购买协议项下民某投资公司持有的标的私募债收益权。

第三，内某古银行与南某农商行签订《定向资管计划收益权转让协议》“鉴于”部分约定，协议项下的“资管计划收益权”是指资管合同项下内某古银行所享有的资管计划收益权，包括内某古银行根据资管合同约定应当收取的所有投资净收益及要求返还资产清算后的委托财产的权利，及为实现资管计划利益的其他权利。第一条约定，转让标的是基于内某古银行与民某股份公司签署资管合同而持有的全部资管计划收益权，对应的委托资金为人民币 8000 万元。自转让之日起，内某古银行不再享有资管合同项下任何利益、不再承担任何风险，该风险包括但不限于因合同文本、产品瑕疵等问题造成的本管理计划本金、收益等损失。本收益权属于完全买断式。从上述协议的约定来看，除了民某投资公司与信某证券公司所签《2013年华某鞋业中小企业私募债券认购协议》约定交易标的为华某私募债券之外，其他协议均表述为“私募债券收益权”和“资管计划收益权”。那么，“私募债收益权”或者“资管计划收益权”是何种性质的权利，是本案需要解决的下一问题。

收益权在我国法律体系中并无明确定位，法律性质亦无明确界定，尤其是我国全国人大及其常委会制定的法律中并没有收益权的表述。在司法层面，仅有的是《最高人民法院关于适用〈中华人民共和国担保法〉若干问题的解释》[①] 第九十七条规定：“以公路桥梁、公路隧道或者公路渡口等不动产收益权出质的，按照担保法第七十五条第（四）项的规定处理。”该规定将部分不动产收益权纳入《担保法》“权利质押”范围。但是，随着近年来收益权交易在金融市场中的活跃，相关金融监管文件已经广泛承认和使用收益权这一概念，如2013年中国银监会《关于规范商业银行理财业务投资运作有关问题的通知》[②]（银监发〔2013〕8号）、2014年中国证监会《证券公司及基金管理公司子公司资产证券化业务管理规定》（证监会公告〔2014〕49号）、2016年4月中国银监会《关于规范银行业金融机构信贷资产收益权转让业务的通知》（银监办发〔2016〕82号）等，都对金融机构收益权交易作出了规定。这表明，在不断加强收益权交易监管的同时，已普遍认可收益权作为金融交易标的的行业实践。但是收益权的法律性质在无明确界定的情况下，应当根据我国法律的相关规定及其权利属性进行分析。对于物权，权能与权利相分离极为常见，所有权人可以将所有权中的部分权能与所有权本身相分离而单独转让给其他人，在其物上设立用益物权或者担保物权，以达到物尽其用的目的。而债权虽为相对权，但其内部亦存在多项权能可以明确分辨，这就为其权能与权利的分离提供了基础。除了物权法定原则之外，我国法律对其他财产性权利并未禁止。具体到本案，各方当事人的交易标的“私募债券收益权”“资管计划收益权”是交易主体以基础财产权利即华某私募债为基础，通过合同关系创设的一种新的债权债务关系，其本质在于“收益”，即获取基于华某私募债而产生的经济利益的可能性，包括本金、利息等资金利益。从其法律性质看，显然不属于法定的物权种类，而应为可分的债权权能之一。收益权虽然依

① 原《担保法》已失效，其第七十五条第四项之规定被《民法典》第四百四十条第七项吸收。

② 原《关于规范商业银行理财业务投资运作有关问题的通知》已失效，现行规定详见原银保监会2018年9月公布的《商业银行理财业务监督管理办法》。

附于基础资产，甚至收益权与基础资产在内涵与价值上高度重叠，但在各方商事主体选择以收益权作为交易标的的情形下，意味着各方并无转让和受让基础财产的意思表示。此种情况下，应当尊重各方在协议中达成的合意，认定各方交易标的为收益权，而非基础财产。

综上，一审判决认定本案交易标的为私募债券（资管计划）收益权而非私募债券本身，并无不当。南某农商行上诉主张各方交易标的为私募债券而非私募债券收益权，与合同约定不符，亦无法律依据，本院不予支持。

延伸阅读

裁判规则：信托财产（创设信托的基础资产）如能从委托人自有财产中隔离和指定出来且在数量和边界上确定，则属于具有确定性的信托财产。

案例：世某荣和投资管理股份有限公司（以下简称世某荣和公司）与长某国际信托股份有限公司（以下简称长某信托）等信托合同纠纷案二审民事判决书［最高人民法院，（2016）最高法民终19号］。

本院认为，东方高某按照涉诉两份《信托合同》认购信托单位而交付给长某信托的112031000元资金，因世某荣和公司和长某信托、东方高某均认可其属于上述《信托合同》项下的信托财产，故本院对该112031000元资金属于受托人长某信托获得的信托财产予以确认。因受托人管理运用、处分信托财产而取得的财产也应归入信托财产，而长某信托以上述资金从鼎某一期、鼎某元博处受让涉诉股票收益权系运用信托财产，故世某荣和公司主张长某信托因此取得的涉诉股票收益权亦属于信托财产，本院予以支持。原审判决认定长某信托从鼎某一期、鼎某元博处取得的涉诉股票收益权不属于信托财产，有失妥当，本院予以纠正。

信托法律关系中信托财产的确定是要求信托财产从委托人自有财产中隔离和指定出来，而且在数量和边界上应当明确，即信托财产应当具有明确性和特定性，以便受托人为实现信托目的对其进行管理运用、处分。本案中，长某信托与鼎某一期、鼎某元博分别在相应《股票收益权转让协议》中约定，股票收益权内容包括鼎某一期持有的9003983股、鼎某元博持有的2539585股合计11543568股股票的处置收益及股票在约定收益期间所实际取得的股息及红利、红股、配售、新股认股权证等孳息。该约定明确了长某信托所取得的涉诉股票收益权的数量、权利内容及边界，已经使长某信托取得的涉诉股票收益权明确和特定[①]，受托人长某信托也完全可以管理运用该股票收益权。所以，信托财产无论是东方高某按照涉诉两份《信托合同》交付给长某信托的112031000元资金，还是长某信托以上述资金从鼎某一期、鼎某元博处取得的股票收益权，均系确定。世某荣和公司主张涉诉两份《信托合同》中信托财产不确定，缺乏事实基础，对其主张本院不予支持。

长某信托从鼎某一期、鼎某元博处取得涉诉股票收益权前，鼎某一期、鼎某元博等在与世某光华签订的《关于业绩补偿的协议书》中承诺该协议中的浙江恒某石化股份有限公司相关会计年度实际盈利未达标时，世某光华可以回购鼎某一期、鼎某元博持有的上述相应股票。在上述股票的收益权转让给长某信托后，上述承诺涉及的问题就是如果上述浙江恒某石化股份有限公司相关会计年度实际盈利未达标，涉诉股票上世某光华的回购权益就需与长某信托的收益权进行协调。涉诉股票需进行权益协调的问题与股票收益权确定与否的问题，属不同法律问题，二者没有法律上的关联。涉诉股票权益协调可以按照法律的规定予以解决，权益协调并不当然导致长某信托丧失其所取得的股票收益权。本案中，因长某信托为保障股票收益权实现已取得了该股票的质押权，故在涉诉股票上长某信托的权利优先于世某光华。而且，本案中世某光华也并未回购涉诉股票。所以，涉诉股票并未因世某光华的回购而使长某信托无法拥有股票收益权。世某荣和公司提出的涉诉股票“所有权”不确定进而股票收益权也不确定之主张，实质是认为世某光华对涉诉股票的回购权益将使鼎某一期、鼎某元博无法拥有股票“所有权”，进而长某信托无法享有股票收益权，如前所述，该主张缺乏法律依据，故难以成立。世某光华就涉诉股票享有的回购权益未对作为信托财产的股票收益权产生法律上的影响，世某荣和公司以涉诉股票上存在世某光华回购权益为由否定《信托合同》效力，事实和法律依据均不充分，本院不予支持。

简评：信托收益权有确定性，以“信托收益权”为信托财产的信托实务中广泛应用。但应注意滥用信托收益权可能导致信托产品过度复杂，底层资产风险与最终的风险承担方之间法律关系的认定也可能受到影响。

---

① 本案法官认为，长某信托已经通过《信托合同》取得了涉诉股票的收益权，且因为《信托合同》对股票收益权的权利内容及边界作了明确约定，因此收益权本身是明确和特定的。

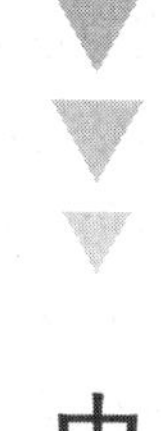

中编

运作环节与信托合同

信托要素通说包括主体、客体和信托行为。信托主体即信托当事人，上一章我们通过案例分析了委托人、受托人、受益人及其他参与人之间的关系。信托客体即信托财产，我们也通过案例分析了其独立性在实务中的体现。本章我们主要分析信托行为的核心——信托合同。

从法律层面看，我们观察到信托当事人对信托合同的合意常常出现矛盾，这是最常见的信托纠纷模式。比如，资金信托中的融资方希望认定信托合同无效，从而避免高额的“名股实债”利息费用。又如，信托委托人希望其他资管产品的管理人按照信义义务承担责任，从而获得更明确的责任认定标准和更高额度的赔偿。无论如何，针对信托合同本身的纠纷是营业信托纠纷中最常见的种类，通常涉及多种“信托/非信托”认定模式的竞合，也是理论上的热点问题。

信托设立后，信托运作环节包括信托投资、信托利益分配、信托清算等主要环节，很多在信托合同中还约定了受益人大会制度被动参与信托运作。受益人大会制度在《信托法》中并未详细规定，而是实务中作为需“受益人同意”“受益人认可”的法定事项延伸出的实施办法。

有一点值得注意，《信托法》下的受益人大会制度不等同于《公司法》下的股东大会制度。如果信托运作中不分环节、不分事项地过度依赖受益人大会制度，可能导致信托当事人间的权利义务不公平，也违背了信托应有之义。

本章当中有一些较为复杂的案例，我们以上一章的信托关系构架为基础，为部分案例整理示意图，以帮助读者梳理信托当事人间的关系。

第一章　信托合同及解除

本章前言

我们都知道这样一个结论：当事人之间存在信托合同未必是信托关系，当事人之间未签署信托合同也未必不是信托关系（即使无书面涉及“信托”二字的文件）。虽然这句话看似有些混乱，但是判断原则却是明确的，即《信托法》第二条之规定：“本法所称信托，是指委托人基于对受托人的信任，将其财产权委托给受托人，由受托人按委托人的意愿以自己的名义，为受益人的利益或者特定目的，进行管理或者处分的行为。”

所以上述结论的后半句也可以理解为，当事人之间未签署信托合同时，只要符合《信托法》的规定就可以被认定为信托关系。这也反映了我国信托在行政监管中的趋势——大资管的规则统一。这对于防止实质相同的业务在不同监管主体和监管规则下利用规则不统一进行政策套利的现象有遏制作用。“大资管”时代的标志性事件就是2018年4月，中国人民银行、中国银保监会、中国证监会、国家外汇管理局联合发布的《资管新规》给予行业一段时间的新旧产品过渡，2022年1月正式全面生效，可以说2022年是“大资管”时代真正意义上的“元年”。最高人民法院2019年印发的《九民纪要》对营业信托审判中部分难题也尝试给出了统一的口径，这对于理解本章案件也很重要。

上述结论的前半句，涉及法律关系的竞合。这种竞合最有代表性的是通过信托股权投资完成的“名股实债”，其从文件层面看符合信托的特征，但是也符合民间借贷等其他法律关系的特征。司法裁判中哪种才是主流？从过去的案件中，我们注意到很多法院对此采取“实质重于形式”的判断。同时我们也注意到，越来越多的法院开始在营业信托纠纷案件中认同“商事外观主义”的判断并加以论述。这也暗合了上述监管规则统一的趋势，因为信托等资管行业在各监管机构的协同努力下逐渐降低了行业中被动管理型信托的存量占比，而增量中又多是主动管理型信托的项目，从而在司法裁判中也逐渐反映出这一客观事实。从中可以看出监管政策和司法裁判之间的关系。我国司法裁判一方面保守稳健，另一方面也对行政监管政策充分尊重和批判吸收。

022 以信托持股规避监管规定，信托协议是否有效?

关键词：金融秩序 信托持股 合同效力 法律授权

阅读提示

信托关系通过信托合同设立，信托合同除需满足合同相关法律规定外。信托合同的效力也会受到包括信托财产、信托目的、委托人或受托人主体资格及信托合同相关条款等方面的影响。

在委托人与受托人均为机构签订信托协议并按照协议履行的情况下，如果信托协议与层级较低的监管规定冲突，其协议效力如何认定?

裁判要旨

违反合法金融监管政策的行为，在一定程度上具有与直接违反法律、行政法规一样的法律后果。假如同时还存在破坏国家金融管理秩序、损害社会公共利益的危害后果的，相关协议无效。

案情简介①

2011 年 9 月，中国保监会作出《关于正某人寿保险股份有限公司（以下简称正某人寿或君某人寿）股权转让的批复》，批复同意泰某公司将所持有的正某人寿 2 亿股股份转让给伟某公司，伟某公司持股比例为 20%。11 月，天某公司与伟某公司签订《信托持股协议》，协议约定委托人天某公司通过信托的方式委托伟某公司持股。

2012 年，正某人寿的股东为五家公司，其中天某公司、伟某公司各为 4 亿股、股份比例各为 20%。2012 年 12 月，伟某公司电汇 2 亿元增资款给正某人寿，资金来源于两家公司的汇款各 1 亿元。

2012 年 12 月，中国保监会作出《关于正某人寿变更注册资本的批复》（保监发改〔2012〕1529 号），批准同比例增资，注册资本变更为 20 亿元。天某公

① 福建伟某投资有限公司（以下简称伟某公司）、福州天某实业有限公司（以下简称天某公司）营业信托纠纷二审民事裁定书［最高人民法院，（2017）最高法民终 529 号］。

司和伟某公司各自股份额为4亿股、股份比例为20%。

2014年10月，天某公司向伟某公司发出《关于终止信托的通知》，要求依据《信托持股协议》终止信托，将信托股份过户到委托人名下，并结清信托报酬。同月，伟某公司亦向天某公司发出《催告函》，要求确认合同效力及履行情况，并要求解决受托人因借款增资2亿元的清理债权债务方案等。

2018年2月，中国保监会向君某人寿作出《保监许可〔2018〕153号撤销行政许可决定书》，载明根据《行政许可法》第六十九条第二款，撤销《关于正某人寿变更注册资本的批复》（保监发改〔2012〕1529号）中伟某公司增资2亿股的许可。

福建省高级人民法院一审支持原告天某公司受让伟某公司持有股权的诉求，包括认可《信托持股协议》为有效合同。最高人民法院二审撤销原审判决并发回重审。

裁判要点

《信托持股协议》内容明显违反中国保监会制定的《保险公司股权管理办法》第八条的规定。中国保监会依据《保险法》第一百三十四条的明确授权，为保持保险公司经营稳定等制定《保险公司股权管理办法》。该规定系中国保监会在本部门的职责权限范围内，且该内容不与更高层级的相关法律、行政法规的规定相抵触，也未与具有同层级效力的其他规范相冲突，同时其制定和发布未违反法定程序，其关于禁止代持保险公司股权的规定具有实质上的正当性与合法性。

而从代持保险公司股权的危害后果来看，允许隐名持有保险公司股权，将使得真正的保险公司投资人游离于国家有关职能部门的监管之外。由于保险行业涉及众多不特定被保险人的切身利益，保险公司这种潜在的经营风险在一定情况下还将危及金融秩序和社会稳定，进而直接损害社会公共利益。

实务经验总结

国内经营信托，依照《信托法》规定受托人按委托人的意愿以自己的名义进行管理或者处分，客观上具有代持作用。代持行为，尤其是股权代持行为在国内监管中通常需要穿透监管。例如，央行同中国银保监会、中国证监会在2018

年4月出具的《关于加强非金融企业投资金融机构监管的指导意见》，其中强调了穿透识别金融机构股东的监管必要性。本案是实践中出现信托持股争议纠纷的典型案例。为避免前述争议，在信托协议中建议注意以下两点。

1. 明确委托人和受托人的主体所处行业是否存在行业特定监管，如保险业、银行业、期货行业等。如果委托人所处行业存在相应监管，其信托持股是否需要取得监管机构同意应补充确认，否则信托持股相关协议效力可能存在不确定性。

2. 信托持股时，委托人客观上处于隐名股东状态。因此，结合实际情况，委托人和受托人之间的相关信托关系可以及时通过受托人确认后向其余股东披露，以便在信托关系解除时确认财产权属，避免额外争议。

相关法律规定

《民法典》

第一百四十六条　行为人与相对人以虚假的意思表示实施的民事法律行为无效。

以虚假的意思表示隐藏的民事法律行为的效力，依照有关法律规定处理。

第一百五十三条　违反法律、行政法规的强制性规定的民事法律行为无效。但是，该强制性规定不导致该民事法律行为无效的除外。

违背公序良俗的民事法律行为无效。

第一百五十四条　行为人与相对人恶意串通，损害他人合法权益的民事法律行为无效。

《九民纪要》

30. **【强制性规定的识别】**……人民法院在审理合同纠纷案件时，要依据《民法总则》第153条第1款和《合同法司法解释（二）》第14条的规定慎重判断“强制性规定”的性质，特别是要在考量强制性规定所保护的法益类型、违法行为的法律后果以及交易安全保护等因素的基础上认定其性质，并在裁判文书中充分说明理由。下列强制性规定，应当认定为“效力性强制性规定”：强制性规定涉及金融安全、市场秩序、国家宏观政策等公序良俗的；交易标的禁止买卖的，如禁止人体器官、毒品、枪支等买卖；违反特许经营规定的，如场外配资合同；交易方式严重违法的，如违反招投标等竞争性缔约方式订立的合同；交易场所违法的，如在批准的交易场所之外进行期货交易。关于经营范围、交易时间、交易数量等行政管理性质的强制性规定，一般应当认定为“管理性强制性规定”。

31. **【违反规章的合同效力】**违反规章一般情况下不影响合同效力，但该规章的内容涉及金融安全、市场秩序、国家宏观政策等公序良俗的，应当认定合同无效。人民法院在认定规章是否涉及公序良俗时，要在考察规范对象基础上，兼顾监管强度、交易安全保护以及社会影响等方面进行慎重考量，并在裁判文书中进行充分说理。

《关于加强非金融企业投资金融机构监管的指导意见》（银发〔2018〕107号）

（十五）加强对企业和金融机构的穿透监管

金融管理部门根据穿透原则和实质重于形式原则，将金融机构股东资质、入股资金来源、治理结构、关联交易等作为监管重点，特别是强化治理结构和关联交易监管，要求金融机构说明并定期更新股权结构相关信息，包括持股比例、关联方及关联关系等，穿透至实际控制人、最终受益人，以及其他关联人和一致行动人；未按规定如实报告的，依法从重给予处罚。金融管理部门对投资控股金融机构的企业，因履行监管职责，需要穿透了解控股股东相关资质的，可要求相关企业提交财务报告和相关资料，并就相关情况进行调查问询。

金融监督管理部门创新监管方式，运用大数据监管、信用监管等手段，加强事中事后监管。

企业投资金融机构的相关信息纳入金融业综合统计体系。企业应当严格执行企业会计准则，加强信息披露。

法院判决

最高人民法院在二审判决书“本院认为”部分的论述如下。

天某公司、伟某公司签订的《信托持股协议》内容，明显违反中国保监会制定的《保险公司股权管理办法》第八条的规定，对该《信托持股协议》的效力审查，应从《保险公司股权管理办法》禁止代持保险公司股权规定的规范目的、内容实质，以及实践中允许代持保险公司股权可能出现的危害后果进行综合分析认定。

首先，从《保险公司股权管理办法》禁止代持保险公司股权的制定依据和目的来看，尽管《保险公司股权管理办法》在法律规范的效力位阶上属于部门规章，并非法律、行政法规，但中国保监会是依据《保险法》第一百三十四条的明确授权，为保持保险公司经营稳定，保护投资人和被保险人的合法权益，加强保险公司股权监管而制定。据此可以看出，该管理办法关于禁止代持保险公司股权的规定与《保险法》的立法目的一致，都是为了加强对保险业的监督管理，维护社会经济秩序和社会公共利益，促进保险事业的健康发展。

其次，从《保险公司股权管理办法》禁止代持保险公司股权规定的内容来看，该规定系中国保监会在本部门的职责权限范围内，根据加强保险业监督管理的实际需要具体制定，该内容不与更高层级的相关法律、行政法规的规定相抵触，也未与具有同层级效力的其他规范相冲突，同时其制定和发布未违反法定程序，因此《保险公司股权管理办法》关于禁止代持保险公司股权的规定具有实质上的正当性与合法性。

最后，从代持保险公司股权的危害后果来看，允许隐名持有保险公司股权，将使得真正的保险公司投资人游离于国家有关职能部门的监管之外，如此势必加大保险公司的经营风险，妨害保险行业的健康有序发展。加之由于保险行业涉及众多不特定被保险人的切身利益，保险公司这种潜在的经营风险在一定情况下还将危及金融秩序和社会稳定，进而直接损害社会公共利益。

综上可见，违反中国保监会《保险公司股权管理办法》有关禁止代持保险公司股权规定的行为，在一定程度上具有与直接违反《保险法》等法律、行政法规一样的法律后果，同时还将出现破坏国家金融管理秩序、损害包括众多保险法律关系主体在内的社会公共利益的危害后果。

本院认为，天某公司、伟某公司之间虽签订有《信托持股协议》，但双方是否存在讼争4亿股君某人寿股份的委托持有关系，需依法追加泰某公司等第三人参加诉讼，进一步查明相关事实后方可作出判定。但无论天某公司、伟某公司之间是否存在讼争保险公司股份的委托持有关系，由于双方签订的《信托持股协议》违反了中国保监会《保险公司股权管理办法》的禁止性规定，损害了社会公共利益，依法应认定为无效。

延伸阅读

裁判规则：金融监管政策实施前的存量银信通道业务，如果不存在其他无效事由（如损害社会公共利益），一方以信托目的违法违规为由请求确认无效的，人民法院不予支持。

案例：河北临某农村商业银行股份有限公司（以下简称临某农商行）与恒某银行股份有限公司（以下简称恒某银行）营业信托纠纷二审民事判决书［山东省高级人民法院，（2020）鲁民终3001号］。

本院认为，该委托定向投资的所有风险完全由临某农商行承担，恒某银行和中某证券不承担任何损失或损失赔偿，不承担任何保证或其他担保责任。恒某银行和中某证券仅根据约定提供必要的事务协助或者服务，不承担主动管理职责，并收取相关通道费用或管理费用。因此，案涉信托资产管理应认定为通道业务。

《资管新规》第二十二条在规定“金融机构不得为其他金融机构的资产管理产品提供规避投资范围、杠杆约束等监管要求的通道服务”的同时，也在第二十九条明确按照“新老划断”原则，将过渡期设置为截至2020年年底。而本案所涉通道业务发生于2016年10月至2019年10月，三方之间签订的相关协议不存在其他违反法律法规强制性规定而无效的情形，故对临某农商行与恒某银行、中某证券之间的权利义务关系，仍应当依据案涉信托文件的约定加以确定。

简评：损害公共利益及影响金融秩序是认定信托合同无效的重要原因。

023 利用信托场外配资，委托人是否可诉请认定信托合同无效?

关键词： 九民纪要　场外配资　信托合同

阅读提示

《信托法》第六条规定，设立信托必须有合法的信托目的。实践中，委托人通过信托进行场外配资，涉及违反金融监管秩序。在前述情况下，委托人是否足以要求认定相关信托合同无效?

裁判要旨

金融监管秩序的维护是法治市场的应有内涵，其中包括控制金融杠杆，限制违法场外配资手段。但在判断具体合同是否具有法律效力时，亦应该严守法律的相关合同无效的规定。投资人与有资质信托机构签署的结构化信托合同虽有融资配资功能，如果不存在其他无效事由，一方以信托目的违法违规为由请求确认无效的，人民法院通常不予支持。

案情简介[①]

华某信托作为受托人管理某单一资金信托，信托持有相应证券账户与证券交易资金账户，可以投资于证券交易所上市交易品种等。信托的投资运作以信托与B类权益人之间进行B类权益转让交易的形式进行。华某信托持有具有固定收益特征的特定资产A类权益。被告孙某红作为B类权益人与原告签署《单一资金信托之B类权益转让合同》(以下简称《转让合同》)。

根据《转让合同》约定，正常A类权益额=固定收益公式计算；正常B类权益额=特定资产准净值-正常A类权益额。

《转让合同》还约定，特定资产由原告投资于标的股票，特定资产单位准净值设置了预警线、第一处置线、第二处置线，若被告未在特定资产单位准净值低于第一处置线或第二处置线时按约定足额追加A类权益保障金的，则原告华某信托有权提前终止特定资产投资运作，并有权主动对特定资产项下的部分或全部非现金资产进行连续变现，并且被告孙某红有义务对特定资产准净值低于正常A类权益的差额部分向原告进行补足。

2018年7月，《转让合同》项下特定资产单位准净值触及第二处置线后，B类权益人仍未按约定履行追加A类权益保障金的义务。截至2018年7月，原告变现全部特定资产项下全部非现金资产，全部特定资产项下全部非现金资产变现后的特定资产准净值低于正常A类权益额，孙某红应按约定履行差额补足义务。

原告华某信托请求孙某红支付差额补足款及违约金等。上海金融法院一审支持前述请求，上海市高级人民法院二审维持原判。

裁判要点

关于孙某红主张本案系通道业务，涉嫌场外股票配资，违反金融监管秩序，故《转让合同》无效。法院认为，对《转让合同》之效力进行判断，该合同并未存在《合同法》第五十二条之规定的情形，虽金融监管秩序的维护亦是法治市场的应有内涵，但在判断具体合同是否具有法律效力时，亦应该严守法律的相关合同无效的规定。

---

① 华某信托有限责任公司（以下简称华某信托）与孙某红营业信托纠纷一审民事判决书［上海金融法院，(2018) 沪74民初239号］。

孙某红与华某信托有限责任公司营业信托纠纷二审民事判决书［上海市高级人民法院，(2020) 沪民终162号］。

实务经验总结

本案核心问题在于“具有配资功能的信托，是否因其目的不合法而无效？”对此，结合办案经验，我们认为有以下几点。

1. 非法配资是影响金融秩序的行为。中国证监会 2020 年 7 月公布《非法从事场外配资平台名单》，明确场外配资属于非法证券业务活动，配资经营者将被依法追究法律责任并列明 258 家非法配资机构。这与《九民纪要》中“一些 P2P 公司或者私募类配资公司利用互联网信息技术，搭建起游离于监管体系之外的融资业务平台，将资金融出方、资金融入方即用资人和券商营业部三方连接起来，配资公司利用计算机软件系统的二级分仓功能将其自有资金或者以较低成本融入的资金出借给用资人，赚取利息收入的行为”的配资描述相符合。

2. 目前国内 68 家[①]信托公司均是持牌机构。与非法配资机构不同，信托公司对其业务有内部规范和外部规则的双重监管，也不属于《九民纪要》中表述的“场外配资业务”。本案中法院或基于此，倾向于对持牌机构经营业务所涉合同“严守法律的相关合同无效的规定”。

3. 从历史上看，非法场外配资被监管机构认定为 2015 年股灾的重要因素之一，继而非法场外配资被认为属于“非法证券业务活动”，扰乱金融秩序。但无论是监管机关，还是司法机关，均将场外配资限定于“P2P 公司或者私募类配资公司”，这类主体的特点是“利用互联网信息技术”规避监管的非法机构。而信托公司作为监管体系内的机构，虽然历史上也存在通过 HOMS[②] 或类似软件进行单元化运作的伞形信托，但是随着监管机构陆续发布《关于清理整顿违法从事证券业务活动的意见》《关于继续做好清理整顿违法从事证券业务活动的通知》，监管体系内的伞形信托已经得到治理。因此，司法机关在对持牌机构发布的产品有效性从严谨慎认定，符合尊重市场契约自由的商事裁判原则，并无不妥。

4. 从法律上看，《信托法》第十一条第一项规定的信托无效情形，依赖于其信托目的违法违规或至少“损害社会公共利益”。而合法的结构化信托产品其目

---

① 信托公司的数量较为稳定，但 2022 年 7 月 6 日，中国银保监会批复同意新华信托进入破产程序。

② HOMS，指恒生订单管理系统（HUNDSUNOMS），系一款由恒生电子开发的金融交易平台，主要的功能是将一个证券账户的资金分成若干个小账户，每个小账户都有独立的账户和密码。

的是满足投资者“不同的风险偏好”，使具有不同风险承担能力和意愿的投资者通过投资不同层级的受益权来获取不同的收益并承担相应风险。实践中，这两个目的虽有重叠，但是在个案层面，需要综合原、被告双方证据加以认定。因此，《信托法》第十一条第一项规定的无效情形是否存在，需要充分论证才宜适用。

相关法律规定

《信托法》

第十一条　有下列情形之一的，信托无效：

（一）信托目的违反法律、行政法规或者损害社会公共利益；

（二）信托财产不能确定；

（三）委托人以非法财产或者本法规定不得设立信托的财产设立信托；

（四）专以诉讼或者讨债为目的设立信托；

（五）受益人或者受益人范围不能确定；

（六）法律、行政法规规定的其他情形。

《九民纪要》

86.**【场外配资合同的效力】**　从审判实践看，场外配资业务主要是指一些P2P公司或者私募类配资公司利用互联网信息技术，搭建起游离于监管体系之外的融资业务平台，将资金融出方、资金融入方即用资人和券商营业部三方连接起来，配资公司利用计算机软件系统的二级分仓功能将其自有资金或者以较低成本融入的资金出借给用资人，赚取利息收入的行为。这些场外配资公司所开展的经营活动，本质上属于只有证券公司才能依法开展的融资活动，不仅规避了监管部门对融资融券业务中资金来源、投资标的、杠杆比例等诸多方面的限制，也加剧了市场的非理性波动。在案件审理过程中，除依法取得融资融券资格的证券公司与客户开展的融资融券业务外，对其他任何单位或者个人与用资人的场外配资合同，人民法院应当根据《证券法》第142条、合同法司法解释（一）第10条的规定，认定为无效。

法院判决

上海金融法院在一审判决书“本院认为”部分对此论述如下。

华某信托与孙某红签订的《转让合同》均系双方当事人的真实意思表示，依法成立，双方当事人理应恪守。显然孙某红未按照《转让合同》的约定履行合同义务，构成违约。根据《转让合同》的约定，华某信托向孙某红主张其承担该差额补足款义务，并承担违约责任，系华某信托作为合同一方所享有的权利。

关于孙某红主张本案系通道业务，涉嫌场外股票配资，违反金融监管秩序，故《转让合同》无效。对此法院认为，对《转让合同》之效力进行判断，该合同并未存在《合同法》第五十二条之规定的情形，虽金融监管秩序的维护亦是法治市场的应有内涵，但在判断具体合同是否具有法律效力时，亦应该严守法律的相关合同无效的规定。

信托作为一种金融产品，其特征之一在于，由委托人自行承担信托运作风险，受托人不得承诺信托财产不受损失或者保证收益。本案中，系争差额补足条款系《转让合同》的B类权益人对A类权益人的承诺保本保收益，并非受托人承诺信托财产不受损失或者保证收益，于法不悖。

上海市高级人民法院在二审判决书“本院认为”部分对此论述如下。

孙某红主张一审判决违反社会公共利益，要求二审法院全面审理此案，但并无充足的证据予以佐证，本院不予支持。《转让合同》明确约定乙方（孙某红）未能足额支付A类权益补足资金或未能按前款规定时间履行的，甲方（华某信托）有权追索。

延伸阅读

裁判规则一：受托人无资质牌照而从事信托业务，委托人可诉请认定信托合同无效。

案例1：张某荣与深圳某格尔互联网金融服务有限公司（以下简称某格尔公司）、张某燕合同纠纷一审民事判决书［江苏省东台市人民法院，（2018）苏0981民初2021号］。

本院认为，关于案涉《特定客户对冲基金委托管理合同》性质及效力的问题。本案中，张某荣作为委托人将资金委托给受托人某格尔公司投资增值收益，某格尔公司作为受托方系以自己的名义对外实施基金投资行为，而非以张某荣的名义代为理财，且某格尔公司未对张某荣的投资款项进行保证本息的约定，双方之间的关系为信托法律关系。《信托法》第十一条第一项规定，信托目的违反法律、行政法规或者损害社会公共利益的，信托无效；第二十四条规定，受托人应当是具有完全民事行为能力的自然人、法人。法律、行政法规对受托人的条件另有规定的，从其规定。中国银监会颁布的《信托公司管理办法》第七条规定，设立信托公司，应当经中国银监会批准，并领取金融许可证。未经中国银监会批准，任何单位和个人不得经营信托业务。案涉《特定客户对冲基金委托管理合同》中，双方约定的外汇保证金交易，未经批准，属非法金融业务。综上，双方当事人签订的《特定客户对冲基金委托管理合同》属于《合同法》第五十二条第四项规定的合同无效的法定情形，应当认定为无效。

裁判规则二：结构化信托产品具有融资（杠杆/配资）的附随效果，但不因其融资功能而直接推定为非法。

案例2：唐某、四某信托有限公司营业信托纠纷二审民事判决书［四川省成都市中级人民法院，（2018）川01民终7025号］。

另外，关于本案信托合同是否属于违法“场外配资”的问题，本院认为，通常所称的“场外配资”，根据中国证监会发布的《关于继续做好清理整顿违法从事证券业务活动的通知》的规定，系指信托公司擅自经营股票市场融资业务的违规行为，而根据《中国银行业监督管理委员会关于加强信托公司结构化信托业务监管有关问题的通知》的规定，本案的信托计划符合“信托公司根据投资者不同的风险偏好对信托受益权进行分层配置，按照分层配置中的优先与劣后安排进行收益分配，使具有不同风险承担能力和意愿的投资者通过投资不同层级的受益权来获取不同的收益并承担相应风险的集合资金信托业务”，即结构化信托业务的特征。

在结构化信托中，优先级委托人提供资金并享受固定收益，劣后级委托人可以用较少的资金配资，从而利用杠杆在二级市场博取高收益。结构化信托的融资功能，是其结构化形式所产生的附随效果，但这种融资功能并不属于《证券法》所规制的融资融券行为。

根据《证券法》[①] 第一百四十二条规定：“证券公司为客户买卖证券提供融资融券服务，应当按照国务院的规定并经国务院证券监督管理机构批准。”该规定规范的主体为证券公司，而非信托公司。而其他法律法规中，亦未明文禁止此种融资形式。因此，不能因其存在融资功能而推定其非法。

---

① 此处《证券法》系2014年修正版。现行规定将融资融券业务明确列为证券业务。《证券法》（2019年修订）第一百二十条第一款第五项规定，经国务院证券监督管理机构核准，取得经营证券业务许可证，证券公司可以经营下列部分或者全部证券业务：（五）证券融资融券。

裁判规则三：涉案资管产品金额的多少不影响对其是否影响市场秩序的判断。

案例3：上海佳某苌清股权投资基金管理有限公司（以下简称佳某苌清公司）与魏某骥委托理财合同纠纷二审民事判决书［上海金融法院，（2018）沪74民终120号］。

本院认为，本案二审的主要争议焦点为，涉案《委托投资管理协议》是否有效。

首先，从生效判决来看，根据上海市第一中级人民法院（2018）沪01民终1643号民事判决书，佳某苌清公司与邸某茹签订的《委托投资管理协议》依据《合同法》第五十二条第一项规定应属无效。该案与本案虽并非同一案件，但结合相关证据来看，两案涉及的系同一起委托投资项目，即包括邸某茹以及本案魏某骥在内的三十三名投资者合计出资1000万元，委托佳某苌清公司根据协议约定方式对外投资。而且两案的《委托投资管理协议》除投资者不同外，其他内容均相同，故本院认定该（2018）沪01民终1643号生效判决关于《委托投资管理协议》效力的认定对本案具有既判力。

其次，从合同内容来看，涉案《委托投资管理协议》明确约定“投资方向为二级市场股票投资（以委托资金作为劣后资金投资伞形信托，杠杆率为1∶2，信托资金成本为年化率8.6%，如不够12个月，罚息单月利息）”。结合该合同签订时，即2015年上半年特定股票市场行情背景来看，该条款应为《委托投资管理协议》的核心条款，即合同双方当事人签订该合同的目的就是采用伞形信托加杠杆形式对外投资，通过高风险博取高收益。

最后，2015年4月22日，中国证监会发布《中国证监会通报证券公司融资融券业务开展情况》，该文明确证券公司“不得以任何形式参与场外股票配资、伞形信托等活动，不得为场外股票配资、伞形信托提供数据端口等服务或便利”。该规定虽然并非行政法规，并不符合《合同法》第五十二条第五项规定的无效情形，但其目的在于在2015年特定股市背景下，通过规制场外股票配资、伞形信托的融资融券业务控制金融市场风险，维护正常的经济秩序。此种强监管背景下，双方当事人仍签订以伞形信托加杠杆形式的对外投资为目的的《委托投资管理协议》，属于违反社会公共经济秩序的行为，根据《民法总则》[①] 第一百五十

① 现已失效。现行《民法典》第一百五十三条第二款，违背公序良俗的民事法律行为无效。

三条第二款规定，应属无效。

此外，基于金融风险的高传导性，虽然本案涉及的投资项目金额并不高，但在当时特定股市条件下如果允许市场主体在明令禁止的情况下通过通道业务等模式规避国家对证券市场的监管，不仅破坏了稳健有序的证券市场秩序，而且会导致金融风险的急剧增加，可能损害证券市场不特定投资人的利益，属于损害社会公共利益的行为，根据《合同法》第五十二条第四项规定，亦应无效。

裁判规则四：现行监管政策否定伞形信托的效力，不等于认定信托计划违法。

案例4：郝某莎诉万某信托有限公司（以下简称万某公司）信托纠纷再审审查与审判监督民事裁定书［最高人民法院，(2017) 最高法民申3856号］。

关于诉争信托计划效力如何认定的问题。根据中国银监会《信托公司证券投资信托业务操作指引》《信托公司集合资金信托计划管理办法》等关于设立信托计划的相关要求，万某公司为依法设立的信托公司，符合设立资管计划的主体条件，诉争71号合同由律师事务所出具法律意见书，依法向浙江省银监局事前报告审核，符合《信托公司集合资金信托计划管理办法》中对于信托计划书的相关规定，也不存在《合同法》第五十二条与《信托法》第十一条无效信托的条件。

并且在《中国银行业监督管理委员会关于加强信托公司结构化信托业务监管有关问题的通知》中明确规定了结构化信托业务是指信托公司根据投资者不同的风险偏好对信托受益权进行分层配置，按照分层配置中的优先与劣后安排进行收益分配，使具有不同风险承担能力和意愿的投资者通过投资不同层级的受益权来获取不同的收益并承担相应风险的集合资金信托业务。本案中，万某公司设立的71号合同对信托计划投资限制与信托单元投资限制作了具体的规定，通过IT技术完成不同子信托单元的组合配置合法合规。

中国证监会发布的《关于清理整顿违法从事证券业务活动的意见》和《关于继续做好清理整顿违法从事证券业务活动的通知》是要求清理、整顿相关的信托产品账户，并不是对信托计划本身效力是否违法作出认定。因此，诉争信托计划符合法律法规，原审法院认定71号合同合法有效并无不当，本院予以确认。

简评：违规的信托合同有一定违反金融秩序的属性，但不会影响金融秩序。场外配资合同亦如此。

024 如果非标准化的债权以信托模式标准化，这类信托是否属于《信托法》规定的无效信托？

关键词：“讨债信托” 信托投资 判断时点

阅读提示

《信托法》规定了六类信托无效的情形，其中包括“专以诉讼或者讨债为目的设立信托”无效。但信托目的除在《信托合同》中明确约定外，仍需要综合其他信托条款、其他相关文件、其他相关方之间乃至社会公众利益的风险和利益安排等综合考量。如果非标准化的债权以信托模式标准化，这类信托是否属于《信托法》规定的无效信托？

裁判要旨

信托机构、商业银行、不良资产管理机构等专业机构，以及融资方及其股东等商事主体，按照其营业范围依法依规从事商事活动，不损害第三人利益、社会公共利益、国家利益的，不宜对其行为效力进行否定。即法院对信托无效的认定较为慎重，本案中从事非标债权标准化且效力存在不确定性的信托，不属于信托无效情形。

案情简介①

上某银行、利某公司、东某资产等签署借款合同、收购服务合同等文书，约定申某万国委托上某银行向利某公司发放贷款14亿元，东某资产为申某万国和上某银行提供远期不良资产收购服务，如出现利某公司等未能按期支付借款本金、利息等情形时，东某资产将履行相应的收购义务。

2014年3月，利某公司的三位股东与金某信托签署《股权信托合同》和《股权转让合同》，约定三位股东共同作为委托人，金某信托作为受托人，以利

---

① 冯某陆与中国金某国际信托有限责任公司（以下简称金某信托）信托纠纷一审民事判决书［北京市西城区人民法院，(2018) 京0102民初675号］。

冯某陆与中国金某国际信托有限责任公司信托纠纷二审民事判决书［北京市第二中级人民法院，(2019) 京02民终989号］。

某公司的100%的股权设立财产权信托；初始受益人为三位股东；金某信托作为股权受让方无须向转让方支付转让价款。

同月，三位股东与中国东某资产管理公司南宁办事处（以下简称东某资产）签署《股权信托受益权转让合同》和《信托受益权有条件转让协议》，约定前述信托受益人的权利及义务转移至东某资产享有（唯一的信托受益人）；信托受益权转让为无偿转让，东某资产无须支付任何对价款物；鉴于上某银行与利某公司已签署《人民币单位委托贷款借款合同》，东某资产与上某银行、利某公司等已签署《远期金融不良资产收购服务合同》，触发风险时，由东某资产收购借款合同项下全部债权。前述合同签订后，2014年3月，三位股东与金某信托办理变更登记。

上某银行依约向利某公司发放贷款14亿元，利某公司未依约按时足额偿还贷款本金、利息；中国东某资产管理公司与申某万国、上某银行、利某公司等签署《债权转让协议》，中国东某资产管理公司受让了申某万国、上某银行对利某公司在借款合同项下的债权。

原告冯某陆（三位股东之一）诉请信托受托人返还其名下的信托资产，并撤销金某信托担任利某公司的股东决定。北京市西城区人民法院一审驳回请求，北京市第二中级人民法院二审维持原判。案情简介示意如图2-1所示：

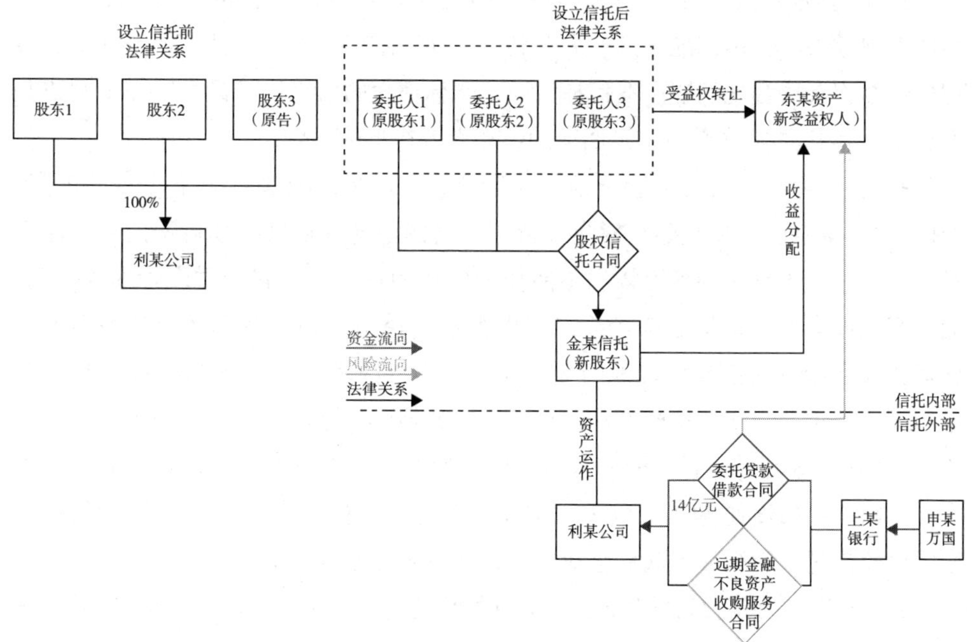

图2-1　案情简介示意

裁判要点

专以诉讼或者讨债为目的而订立的信托合同无效，究其原因，亦是由于该种类型的信托有损于社会经济秩序，损害了国家利益或者社会公共利益。法律禁止上述类型信托的设立，主要是因为国家认为该种业务不应存在于信托公司的经营业务范围之内。

三位股东与金某信托签订《股权信托合同》设立信托，是为促成申某万国、上某银行对利某公司 14 亿元贷款的发放。只有设立本案信托并将信托受益权转让于东某资产，中国东某资产管理公司才会为申某万国和上某银行提供远期不良资产收购服务，利某公司才能收到来自申某万国和上某银行的 14 亿元的贷款。故本案信托的设立并非专以诉讼或者讨债为目的。

实务经验总结

本案核心问题是："设立用于承担贷款债权风险的信托，是否属于设立以讨债为目的之信托?" 对此，结合办案经验，我们认为有以下几点。

1. 非标债权标准化既是市场需求，也是信托等资产管理机构发行相关产品后的客观效果。虽然标准化的产品有利于增加底层资产的流动性，但是标准化过程中也面临合法合规问题。在信托层面，非标债权的信托产品设立时需要解决是否属于《信托法》第十一条第四项的信托无效情形的问题。

2. 参照《中华人民共和国信托法释义》[①] 对《信托法》第十一条的解释，"作出这一规定，主要是防止发生以营利为目的而替代律师承揽诉讼的社会滥诉现象。同时，当事人的诉讼权利不能作为信托的标的，不属于财产管理的活动，而且当一些有特殊背景的个人或组织担当了'讨债公司'的角色，还会引发侵害债务人和债权人权益的其他问题。为此，不少国家的《信托法》都作出了基本相同的禁止性规定，这样有利于维护国家的司法秩序，维护诉讼当事人的合法权益"。从立法目的上看，债权具有合同相对性，虽是财产权，但也具有一定人身性。财产权属性使得其可以设立信托，但是人身权（诉讼权利）属性使得其不宜设立信托，否则或引起社会成本和司法成本的不合理上升。

3. 本案二审法院部分沿袭了立法目的作为裁判考量依据，认为"法律禁止

① 参见卞耀武主编：《中华人民共和国信托法释义》，法律出版社 2002 年版，第 69—70 页。"

上述类型信托的设立，主要是因为国家认为该种业务不应存在于信托公司的经营业务范围之内”，即不希望信托公司成为“讨债公司”，继而引发滥诉问题。或许基于本案相关证据，二审法院基于“设立时”的情形立论，认为本案金某信托设立的信托不属于前述情况，故谨慎裁判并未否定信托的合法性。这当然也符合“尊重契约自由”的基本商事裁判原则。

4. 基于对案件的研究，我们认为本案具有代表性，但是其结论是否具有普适性存在不确定性。首先，若从司法层面明确认可这类以信托方式将对无法发行标准化债券或金融工具的企业的信贷债权转化为类似标准化债券的产品的交易结构，则无疑可能会刺激这类无法定性定级（或定为高风险）的债权的发行，同时理论上会干扰现有债券资本市场的正常秩序，继而影响我国的金融秩序。其次，这也和《资管新规》“有效防控金融风险”的监管理念背道而驰。

5. 考虑到该类案件的复杂性，基于现有的法律法规和监管政策，我们认为个案个判也许是该类案件的裁判规律。如需通过信托目的来否定信托及信托合同的效力，仍需要组合不同证据综合论证。

此外，我们注意到涉案的《股权信托合同》约定股权转让不支付对价，这在实务中可能面临市场监督管理部门和税务部门的阻碍。

相关法律规定

《信托法》

第十一条　有下列情形之一的，信托无效：

（一）信托目的违反法律、行政法规或者损害社会公共利益；

（二）信托财产不能确定；

（三）委托人以非法财产或者本法规定不得设立信托的财产设立信托；

（四）专以诉讼或者讨债为目的设立信托；

（五）受益人或者受益人范围不能确定；

（六）法律、行政法规规定的其他情形。

法院判决

北京市西城区人民法院在一审判决书“本院认为”部分对此论述如下。

本案属信托纠纷。本案的争议焦点在于，《股权信托合同》是否因违反《信托法》第十一条第四项之规定而属无效合同，以及冯某陆是否可以以金某信托为被告起诉要求确认《广西利某房地产开发有限公司股东决定》无效。

1. 关于信托法第十一条第四项的理解。在本案庭审过程中，冯某陆陈述，其起诉要求金某信托返还利某公司1%的股权的依据是其认为《股权信托合同》因违反《信托法》第十一条第四项之规定而应归于无效。《信托法》第十一条第四项规定，专以诉讼或者讨债为目的设立的信托无效。据此，冯某陆主张，本案《股权信托合同》项下的股权信托，系为保障东某资产成为利某公司债权人之后的权益而设立，事实上，东某资产通过金某信托对利某公司进行了控制与管理，股权信托已沦为了东某资产的讨债工具和讨债手段。

该院认为，是否支持冯某陆的主张，需要对《信托法》第十一条第四项进行解释。专以诉讼或者讨债为目的设立的信托无效，系一种因信托目的违法而导致信托无效的情形。在上述类型的信托中，债权本身即为信托财产，委托人让渡作为信托财产的债权后，金某信托可代替委托人作为原告向不特定的多数债务人提起诉讼实现债权。法律禁止上述类型信托的设立，主要是因为国家认为该种业务不应存在于信托公司的经营业务范围之内。如允许该种业务存在，不利于规范信托公司的经营行为，也可能会出现信托公司以营利为目的而代替律师承揽诉讼事务的社会滥诉现象，引发一系列不良的社会影响。因此，国家以立法的方式，认定该种类型的信托无效。信托无效，必然导致对应的信托合同无效。该种信托合同无效的法律依据，系《合同法》第五十二条第五项规定的因“违反法律、行政法规的强制性规定”而合同无效。依照《最高人民法院印发〈关于当前形势下审理民商事合同纠纷案件若干问题的指导意见〉的通知》第十五条之规定，以违反法律、行政法规的强制性规定而认定合同无效，这一裁判规则的适用标准为，若合同行为的发生绝对地损害国家利益或者社会公共利益，合同应当无效。专以诉讼或者讨债为目的而订立的信托合同无效，究其原因，亦是由于该种类型的信托有损于社会经济秩序，损害了国家利益或者社会公共利益。

就本案《股权信托合同》项下的股权信托，并不属于《信托法》第十一条第四项规定的专以诉讼或者讨债为目的设立的信托。同时，该信托的设立，并未损害国家利益或者社会公共利益。综上所述，该院认定《股权信托合同》并非无效合同。冯某陆要求金某信托向其返还利某公司1%的股权的诉讼请求，于法无据。

2. 冯某陆签订《股权信托合同》之行为的评价。结合中国东某资产管理公司与申某万国、上某银行、利某公司签订有关借款及收购服务的各项合同及相应合同履行的事实，以及三位股东与东某资产签订《股权信托受益权转让合同》和《信托受益权有条件转让协议》的事实，该院认为，三位股东与金某信托签订《股权信托合同》设立本案信托，是为促成申某万国、上某银行对利某公司14亿元贷款的发放。只有设立本案信托并将信托受益权转让于东某资产，中国东某资产管理公司才会为申某万国和上某银行提供远期不良资产收购服务，利某公司才能收到来自申某万国和上某银行的14亿元的贷款。

在本案庭审过程中，冯某陆对其本人签订《股权信托合同》、《股权信托受益权转让合同》和《信托受益权有条件转让协议》的事实没有异议。另根据《股权信托受益权转让合同》之约定，冯某陆应明知信托受益权转让为无偿转让，协议一经签署，即将丧失股权信托对应初始信托股权以及在股权信托中受益人享有的全部权利等法律后果。考虑到利某公司的注册资本为1.8亿元，冯某陆持有的利某公司1%的股权价值应约为180万元，在无偿转让价值如此高昂的财产时，冯某陆应已经过审慎考虑。冯某陆签订上述合同，其行为性质应理解为系对利某公司向申某万国和上某银行申请办理14亿元的贷款提供一种特殊的担保。综上所述，冯某陆签订《股权信托合同》、《股权信托受益权转让合同》和《信托受益权有条件转让协议》，应属其作为利某公司当时的股东经过审慎考虑后的真实意思表示。

《合同法》第五条规定："当事人应当遵循公平原则确定各方的权利和义务。"第六条规定："当事人行使权利、履行义务应当遵循诚实信用原则。"第六十条第二款规定："当事人应当遵循诚实信用原则，根据合同的性质、目的和交易习惯履行通知、协助、保密等义务。"冯某陆以帮助利某公司获得贷款为目的自愿签订《股权信托合同》、《股权信托受益权转让合同》和《信托受益权有条件转让协议》，即应承担上述合同在履行过程中造成的法律后果。冯某陆要求金某信托向其返还利某公司1%的股权的诉讼请求，于理无据。

3. 冯某陆是否可以以金某信托为被告起诉要求确认《广西利某房地产开发有限公司股东决定》无效。就《广西利某房地产开发有限公司股东决定》的性质，该份文件虽然由金某信托出具，但其实质为利某公司的股东会决议。股东会决议应属公司决议的范畴。因此，依照《民事案件案由规定》第八部分之规定，关于冯某陆要求确认《广西利某房地产开发有限公司股东决定》无效的诉讼请求，应属公司决议纠纷，而非信托纠纷。此外，《最高人民法院关于适用〈中华人民共和国公司法〉若干问题的规定（四）》第三条第一款规定："原告请求确认股东会或者股东大会、董事会决议不成立、无效或者撤销决议的案件，应当列公司为被告。对决议涉及的其他利害关系人，可以依法列为第三人。”因此，冯某陆起诉要求确认股东会决议无效，应当列利某公司为被告，并可以列决议涉及的其他利害关系人为第三人。

在本案审理过程中，该院已依法向冯某陆释明，上述诉讼请求应属于公司决议纠纷的范畴，与信托纠纷分属两个不同的法律关系，冯某陆应当考虑该项诉讼请求所指向的被告是否应为金某信托，并考虑是否就此项诉讼请求另行起诉解决纠纷。冯某陆向该院书面回复称，其诉讼请求系依照《股权信托合同》的法律关系而提出的主张，并不涉及其他法律关系，要求在本案中一并处理其全部诉讼请求。

由于冯某陆坚持以金某信托为被告、以信托纠纷为案由起诉要求确认《广西利某房地产开发有限公司股东决定》无效，因此关于冯某陆的该项诉讼请求，该院不予支持。冯某陆可以以利某公司为被告，另行起诉解决纠纷。综上所述，依照《合同法》第六条、第六十条第二款，《最高人民法院关于适用〈中华人民共和国公司法〉若干问题的规定（四）》第三条第一款之规定，判决驳回冯某陆的全部诉讼请求。

北京市第二中级人民法院在二审判决书“本院认为”部分对此论述如下。

本院认为，《最高人民法院关于民事诉讼证据的若干规定》[①] 第二条规定："当事人对自己提出的诉讼请求所依据的事实或者反驳对方诉讼请求所依据的事实有责任提供证据加以证明。没有证据或者证据不足以证明当事人的事实主张的，由负有举证责任的当事人承担不利后果。”《信托法》第十一条第四项规定，专以诉讼或者讨债为目的的设立的信托无效。本案中，根据在案证据显示，三位股东与金某信托签订《股权信托合同》设立信托，是为促成申某万国、上某银行对利某公司 14 亿元贷款的发放。只有设立本案信托并将信托受益权转让于东某资产，中国东某资产管理公司才会为申某万国和上某银行提供远期不良资产收购服务，利某公司才能收到来自申某万国和上某银行的 14 亿元的贷款。故本案信托的设立并非专以诉讼或者讨债为目的。同时，《股权信托合同》亦不违反《合同法》第五十二条的情形。故冯某陆以该《股权信托合同》无效要求返还其 1% 的股权的上诉请求和理由缺乏事实和法律依据，本院不予采信。关于冯某陆上诉

① 此处《最高人民法院关于民事诉讼证据的若干规定》系 2008 年调整版。

请求确认《广西利某房地产开发有限公司股东决定》无效，因该请求属于公司决议纠纷，而非本案审理范围，故一审法院对此不予审理于法有据，本院予以确认。冯某陆的此上诉请求和理由亦缺乏事实和法律依据，本院不予采信。

延伸阅读

裁判规则：受托资产管理人可以依约定参加债权人会议。

案例：太某汇投资管理（昆山）有限公司（以下简称太某汇公司）、绍兴众某控股有限公司（以下简称众某公司）买卖合同纠纷二审民事裁定书［最高人民法院，（2019）最高法民终1502号］。

上海市高级人民法院一审经审查认为……太某汇公司不是这些“融资工具”实际或名义上的持有人，也就无法以自己的名义由信托制度直接提起诉讼。而且，根据《信托法》第十一条的规定，专以诉讼或者讨债为目的设立信托是无效的。在不转移信托财产的前提下，仅将事务以信托方式授予受托人，在我国是不能设立一项有效信托的。

本院认为，案涉《受托管理协议》第12.3条规定，在知晓甲方（众某公司）发生未偿还本定向债务融资工具到期本金和收益的，乙方（太某汇公司）应当召集定向债务融资工具持有人会议，按照会议决议规定的方式追究甲方的违约责任，包括但不限于向甲方提起民事诉讼、参与重组或者破产等法律程序。《产品说明书》第六部分第六条“定向债务融资工具持有人会议”规定，在发行人（众某公司）不能偿还本定向债务融资工具本金和收益，决定委托定向债务融资工具受托管理人（太某汇公司）通过诉讼等程序强制发行人和保证人（精某公司）偿还定向债务融资工具本金和收益。《认购协议》第十条第三款第一项规定，投资人和发行人在此不可撤销地特别授权受托管理人作为债权人（投资人、认购人）的全权代表，对与本定向债务融资工具的发行和管理有关的事项进行债权处理，包括但不限于代为办理与本案定向债务融资工具发行及管理有关的各项事宜等。根据当事人之间上述协议条款约定，在众某公司未能按期足额偿付到期应付本金和收益的，太某汇公司可以自己名义代表定向债务融资工具持有人提起诉讼。本案在二审审理过程中，太某汇公司提交了《关于众某控股定向债务融资工具系列产品持有人会议之见证法律意见书》及《确认函》，证明其通过召开持有人会议以及持有人出具《确认函》的方式取得了持有人的授权。众某公司和精某公司对该法律意见书及确认函均不持异议，认可太某汇公司的原告主体资格。因此，太某汇公司已按照各方当事人协议约定及证券管理部门相关规范履行了债券受托管理人的职能，其接受全部或部分债券持有人委托，以自己的名义代表债券持有人提起民事诉讼，符合现行债券发行和交易市场的规则体系以及《公司债券发行与交易管理办法》的相关规定，亦符合《证券法》的立法趋势。太某汇公司作为本案原告诉讼主体适格，一审法院以其不是诉讼标的的法律关系主体为由驳回太某汇公司起诉不当，本院予以纠正。鉴于本案众某公司、精某公司已进入破产重整程序，一审法院在审理本案过程中应注意与破产案件受理法院沟通协调，依法保障本案各方当事人的诉讼权利及实体权利。

简评：信托受托人所具有的对信托财产的法定管理权和处分权在实务中具有重要意义，管理权可以在一定程度上突破合同相对性（参与债权人会议），处分权则可以阻隔信托风险（设立时不具有讨债目的，设立后出现讨债情形亦未超出受托人处分信托财产的权限）。

025 非因受托人违约导致投资收益不能按时收回，委托人能否要求解除信托合同？

关键词： 解除权　受托人过错　信托投资损失

阅读提示

《信托法》第五十条和第五十一条规定了委托人的信托解除权。如果是委托人即唯一受益人的自益信托，则可依法意定解除；如果是其他类型的信托，则要以信托约定或受益人的意思表示等为因素综合判断。如果在集合信托中，委托人无过错的情况下，因受托人选定的信托投资标的市场风险导致信托投资收益无法按时收回，委托人是否可以要求解除信托合同？

裁判要旨

如委托人与受托人均无过错而导致信托投资收益不能按时收回，委托人不可仅因此解除信托合同。信托投资存在固有风险，信托关系中受托人依法履行风险告知、风险匹配、尽职调查、止损措施等受托人法定和约定义务后，除委托人/受益人与受托人另有约定外，信托投资产生的风险以信托财产负担。

案情简介①

2015年8月，天津钢某集团有限公司（融资方）与国某信托签订《股权收益权转让及回购协议》，就国某信托拟设立涉案信托计划，将信托资金购买天津钢某集团有限公司依法持有的标的收益权进行确认。同日，天津天某集团有限公司、国某信托签订《保证合同》，约定天津天某集团有限公司为前述回购协议中的履行义务提供连带责任保证，并办理具有强制执行效力的公证。

2015年9月，司某东（委托人）与国某信托（受托人）签订了信托合同并支付了信托款300万元，此外亦签署确认《信托计划说明书》《风险申明书》等文件。

2016年7月，天津钢某集团有限公司及天津天某集团有限公司因未履行回购义务，国某信托向天津市高级人民法院申请强制执行。之后，相关法院查封了天津天某集团有限公司名下土地及房屋并拍卖。

司某东以怠于履行受托人义务等为由，请求解除信托合同，一审、二审均驳回了其诉讼请求。

裁判要点

根据信托合同的约定，受托人有权宣布本信托计划期限提前终止或者延长；在信托计划存续期间，未经受托人书面同意，委托人不得要求撤回认购资金、变更、撤销或者解除信托合同。国某信托根据信托计划的履行情况决定延期，并已向法院提出强制执行申请，均系履行合同义务的行为。目前司某东的投资收益不能按时收回，非国某信托违约行为导致，司某东要求解除信托合同既不符合合同约定，亦不符合相关法律规定，对其该主张，本院不予支持。

实务经验总结

本案的本质问题可以理解为：“信托合同可否因市场风险解除?”针对这个问题，应注意以下三点。

---

① 司某东与国某信托有限公司（以下简称国某信托）民事信托纠纷一审民事判决书［北京市东城区人民法院，（2017）京0101民初11434号］。

司某东与国某信托有限公司信托纠纷二审民事判决书［北京市第二中级人民法院，（2018）京02民终3480号］。

1.《信托法》规定了委托人在作为唯一受益人、受益人对委托人有重大侵权行为、受益人同意及其他情形等情况下可以解除信托。

2. 受托人在依法履行受托责任后，市场风险仍然存在，即信托投资仍然存在亏损的可能。

3. 在受托人无违约的情况下，委托人仅因投资亏损请求法院解除信托合同的诉求未见先例获得支持。

相关法律规定

《信托法》

第五十条 委托人是唯一受益人的，委托人或者其继承人可以解除信托。信托文件另有规定的，从其规定。

第五十一条 设立信托后，有下列情形之一的，委托人可以变更受益人或者处分受益人的信托受益权：

（一）受益人对委托人有重大侵权行为；

（二）受益人对其他共同受益人有重大侵权行为；

（三）经受益人同意；

（四）信托文件规定的其他情形。

有前款第（一）项、第（三）项、第（四）项所列情形之一的，委托人可以解除信托。

法院判决

以下为一审法院北京市东城区人民法院在判决书“本院认为”部分的论述。

司某东与国某信托签订的合同名为信托合同，合同内容亦符合我国《信托法》中关于信托的规定，故司某东与国某信托存在信托关系。双方签订的信托合同是双方当事人的真实意思表示，不违反法律行政法规强制性规定，应为合法有效。现国某信托根据司某东的委托，将司某东投入的资金用于合同约定的投资项目。因案外人违约导致未能履行与国某信托的合同义务。国某信托根据信托计划的履行情况决定延期，符合合同约定以及相关法律规定。同时，国某信托已向法院提出强制执行申请，查封了案外人的相应财产。在司某东提起诉讼后，国某信托仍督促案外人继续向司某东返还投资款项。国某信托的上述行为，均系继续履行合同义务的行为。司某东主张，国某信托怠于履行相关义务，未积极采取措施挽回损失，没有尽到审慎以及风险控制等义务，均缺乏相应的事实依据，一审法院不予采信。国某信托在与司某东签订信托合同时，已经在合同条款中对投资风险进行了充分的提醒，且司某东在签署合同时，亦对风险内容进行了确认。故司某东主张合同中免责条款无效，缺乏依据，对于其观点，一审法院亦不予采纳。现国某信托仍继续履行合同义务，司某东要求解除合同并要求国某信托返还本金以及收益的诉讼请求，一审法院难以支持。

以下为二审法院北京市第二中级人民法院在判决书“本院认为”部分的论述。

司某东与国某信托签订的信托合同合法有效，双方均应按约履行合同义务。国某信托按照合同约定将司某东投入的资金用于投资项目，因天津钢某集团有限公司及天津天某集团有限公司违约未能履行其与国某信托的合同义务，导致国某信托不能按期兑付司某东的投资收益。根据信托合同的约定，受托人有权宣布本信托计划期限提前终止或者延长；如果信托计划某期信托单位预计存续期限届满，信托财产专户中的现金类信托财产在扣除应付信托费用后不足向该期受益人分配信托利益，受托人可以对信托财产进行处置和变现，或采取交易文件约定的其他措施，本信托计划的某信托单位的存续期限或信托期限相应延长，直至已经足额向受益人分配信托利益或者信托财产全部变现之日终止；在信托计划存续期间，未经受托人书面同意，委托人不得要求撤回认购资金、变更、撤销或者解除信托合同。国某信托根据信托计划的履行情况决定延期，并已向法院提出强制执行申请，均系履行合同义务的行为。任何投资均有风险，国某信托在与司某东签约时，已经在合同条款中对投资风险进行了充分的提醒，司某东在签约时亦明确表示“本人已阅读并完全接受认购风险申明及信托计划说明书条款，愿意承担本产品投资风险和损失”。目前司某东的投资收益不能按时收回，非国某信托违约行为导致，司某东要求解除信托合同既不符合合同约定，亦不符合相关法律规定，对其该主张本院不予支持。其要求国某信托返还本金以及收益、罚息的诉讼请求，亦无合理依据，本院不予支持。

延伸阅读

裁判规则：信托委托人系唯一受益人，可以解除信托合同。

案例：斯某尔动力股份有限公司（以下简称斯某尔公司）、国某信托有限责任公司合伙协议纠纷二审民事判决书［最高人民法院，（2019）最高法民终 515 号］。

参见本书之“信托合同被解除后，委托人/受益人是否可以一并解除投资顾问合同”。

简评：信托委托人及受益人的解除权不能仅凭投资结果为条件来行使。

026 信托计划已向优先级受益人分配，此时受托人是否仍能解除信托合同？

关键词：结构化信托　清算分配　合同解除　信托目的

阅读提示

在市场上抵押融资的实践中，以股权为劣后级信托财产进行杠杆融资的结构化信托是一种常见的融资模式。但是如果因信托财产瑕疵出现信托僵局，受托人是必须选择依约清算，还是可以另行选择解除信托合同？

裁判要旨

信托是由一系列合同组成，信托各方的权利义务依合同约定。在保证信托的委托人（结构化信托中的优先级委托人）利益的条件下，受托人为减少管理信托财产的无谓损耗和保护优先受益人利益，可以依照《民法典》第五百六十三条（原《合同法》第九十四条）的规定解除合同。

案情简介①

项目公司青岛舒某贝尔建设发展有限公司（以下简称项目公司）系由股东英属开曼群岛舒某贝尔集团有限公司（以下简称离岸母公司）、山东舒某贝尔置业有限公司（以下简称境内母公司）共同认缴设立的合资公司。2010年4月，境内母公司持有10%的股份，离岸母公司持有90%的股份，均未实缴完毕。后，两股东签订《股权转让协议》，约定原由离岸母公司将持有的40%的股权转让给境内母公司。约定因该股份离岸母公司没有实际出资到位，故境内母公司应将上

---

① 中某信托有限责任公司（以下简称中某信托）与青岛舒某贝尔房地产开发有限公司等营业信托纠纷一审民事判决书［北京市第三中级人民法院，(2018) 京03民初481号］。

中某信托有限责任公司与青岛舒某贝尔房地产开发有限公司等营业信托纠纷二审民事判决书［北京市高级人民法院，(2020) 京民终33号］。

述股权份额对应等值人民币在办理了新的营业执照后半年内出资给了项目公司。后，项目公司换发新的证照及变更手续，两股东各持有公司50%的股份。

2010年年初，中某信托作为受托人制定《中某—舒某贝尔特定资产收益权投资集合信托计划说明书》（以下简称《说明书》），设立信托计划，规模预计为人民币7.1亿元，其中优先级信托受益权预计为人民币5亿元（资金认购），次级委托人以其所持有的标的股权、标的债权委托给受托人认购次级受益权（资产认购）。标的股权及标的债权的财产价值总计人民币2.1亿元。次级委托人应按照《信托合同》及《股权转让合同》《债权转让合同》的规定将标的股权、标的债权信托给受托人并过户至受托人名下。

《说明书》中约定，在信托计划成立后，中某信托将成为项目公司股东，应负有缴足注册资本金的义务，对此《股权转让协议》中约定，中某信托不承担注册资本金补足义务，补足义务由其原股东承担，如其原股东未按照规定缴纳注册资本，受托人有权宣布投资计划提前到期，信托计划进入处置程序。

2010年7月，中某信托与境内母公司等签订《投资协议》《信托合同》及《股权转让合同》，约定1. 境内母公司是次级投资者之一，拟以项目公司50%股权认购信托计划次级受益权份额人民币1.1亿元；2. 境内母公司在信托项目公司股权后，仍然负有资本补足义务；3. 如果信托计划终止时，中某信托仍负有缴纳注册资本义务的，则中某信托有权转让所持股权，转让价款用于支付目标公司注册资本。

上述协议签订后，信托计划成立且执行，但境内母公司一直未履行其对原持有的项目公司50%股权对应的认缴出资义务。且信托计划在执行过程中，因项目公司的违约导致中某信托终止投资计划的实施，信托计划进入处置程序。

原告中某信托请求确认《信托合同》《股权转让合同》解除及境内母公司受领向其返还的青岛舒某贝尔房地产开发有限公司股权。北京市第三中级人民法院一审驳回，北京市高级人民法院二审改判解除合同。案情简介示意如图2-2所示：

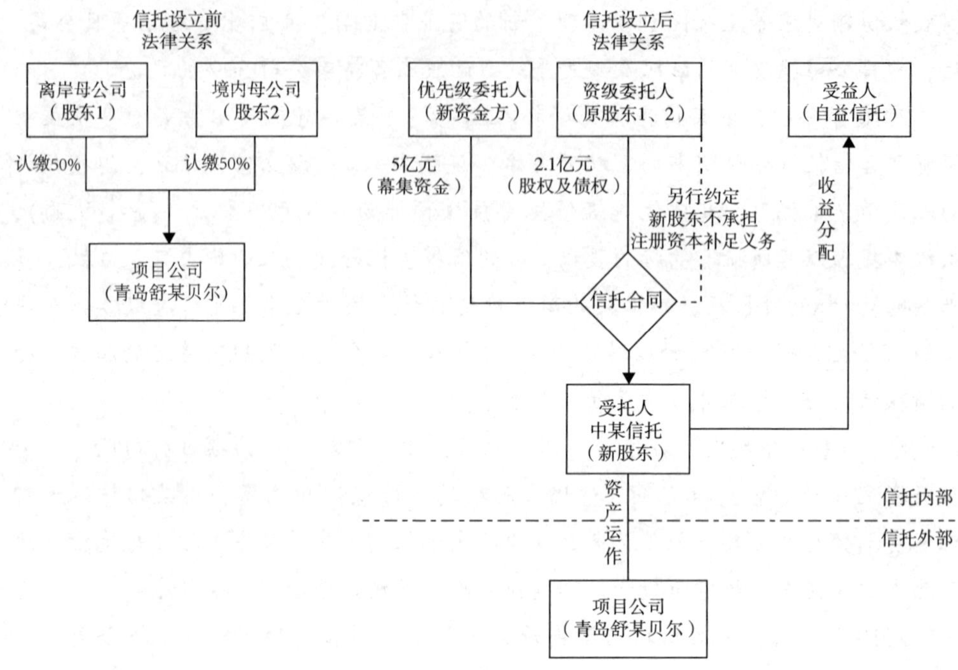

图 2-2　案情简介示意

裁判要点

次级委托人（劣后受益人）的股权委托其目的在于通过信托计划募集社会投资者（优先受益人）的资金，实现融资功能；受托人中某信托受让股权的目的是……提供类似担保的增信措施。案涉信托计划成立且执行，境内母公司在《信托合同》的目的已全部实现；① 但境内母公司在其项目公司已成功募集资金后，并未按照合同条款履行义务。欠缴注册资本，是案涉合同反复约定的明确内容，是境内母公司在案涉合同项下的主要义务，亦是其项目公司获得信托计划募集资金应支付的对价。

案涉合同解除后能够避免中某信托因受托持有严重瑕疵股权而面临的诉讼风险，减少管理信托财产的无谓损耗，有利于保护优先受益人公众投资者的利益。

（如不解除合同）信托计划的处置完成取决于境内母公司的履约行为，信托计划陷入有始无终的僵局状态，存在巨大的风险隐患，有损全体优先受益人的合法权益。

① 不以信托合同履行完毕为实现标志。

实务经验总结

本案是一个二审改判案件，其中值得关注的核心问题在于“信托已经设立、投资、管理并向优先级投资者分配收益后，是否还解除信托关系？”对此，结合办案经验，我们认为有以下几点。

1. 信托关系应当保护，但是也存在保护限度。本案中，一审法院立足于信托已经向优先级投资者分配的情况，认为受托人已将抵押资产拍卖，所得收入也进行了部分分配，故投资计划已经终止。但是没有充分考量这种对信托关系的保护，反而让信托关系处于僵局之中。

2. 结构化信托既要从信托角度分析，也要从商业实质角度分析。本案中，北京市高级人民法院二审对优先级和劣后级的结构化区分，关键性地认定次级委托人（劣后受益人）的股权委托其目的在于通过信托计划募集社会投资者（优先受益人）的资金，实现融资功能。基于此，如果过度保护信托关系，陷入信托僵局状态，反而损害了全体优先受益人的合法权益。

3. 实践中，如果因信托财产瑕疵陷入了信托僵局，信托受托人面临两种选择：一是基于信托设立时对前述风险的处置约定，依约处置信托财产，此时如果信息披露无误，则投资者承担已披露的风险亦不违反信托原则；二是基于《信托法》第二十五条和第五十三条第二项，认定解除信托关系是此时维护投资者利益的更优选项，行使受托人权利解除信托。

4. 虽然本案一审法官基于第一种逻辑和本案其他不利于解除的事实（如标的公司营业执照已吊销），倾向于保护信托关系，但是实际上两级法官的出发点都在于保护优先级投资者权益。

5. 在此类情况中，我们认为，解决问题的核心是信托设立前信托风险的“发现、固定和安置”。存在重大不确定性的高风险的信托项目，首先，受托人应特别注意信息披露。其次，还要积极妥善地采取风险控制措施，保障信托计划的实施。最后，在信托计划实施陷入僵局前，充分取得包括信托解除权在内的处理权限，掌握不同风险处置方案的主动性。

相关法律规定

《信托法》

第二十五条 受托人应当遵守信托文件的规定，为受益人的最大利益处理信托事务。

受托人管理信托财产，必须恪尽职守，履行诚实、信用、谨慎、有效管理的义务。

第五十三条 有下列情形之一的，信托终止：

（一）信托文件规定的终止事由发生；

（二）信托的存续违反信托目的；

（三）信托目的已经实现或者不能实现；

（四）信托当事人协商同意；

（五）信托被撤销；

（六）信托被解除。

法院判决

北京市第三中级人民法院在一审判决书“本院认为”部分对此论述如下。

本案所涉信托计划是集合信托计划。整个信托计划是一个整体，以信托计划《信托合同》《说明书》《抵押合同》等文件形式设定了整个信托计划实施中的权利、义务……上述合同的订立系双方真实意思表示，且未违反法律、行政法规的强制性规定，应系合法有效，双方应当遵照履行……基于信托计划完整性的考虑不宜解除合同。而且，依据约定，上述股权如果在优先级受益人的利益不能实现时，应当向优先级受益人进行分配。

项目公司注册资金不到位及境内母公司未补足出资的情况，不足以导致合同目的不能实现。中某信托确实对于股权情况有清楚的了解并作出了相关安排……中某信托已充分认识到项目公司的注册资金不到位的后果……针对出资未缴齐的风险，对内应由原股东境内母公司补足注册资金，对外将信托计划推向处置程序。信托计划终止，即使认为信托目的无法实现，受托人应面临着按照信托计划的约定进行清算及分配的工作，而不是要求解除合同。

而且，其要求退还股权的行为有可能会侵害到受益人的权利……解除《信托合同》与《股权转让合同》并将股权向境内母公司返还，必然会造成信托财产的减少，进而可能会影响受益人权利的实现。

北京市高级人民法院在二审判决书“本院认为”部分对此论述如下。

案涉《信托合同》只是集合信托计划下的信托合同之一，其解除不影响信托计划中的优先委托人（优先受益人），即公众投资者利益……在案涉《信托合同》中，次级委托人（劣后受益人）的股权委托其目的在于通过信托计划募集社会投资者（优先受益人）的资金，实现融资功能；受托人中某信托受让股权的目的是……提供类似担保的增信措施。

在《信托法》第十条对信托财产的登记及其法律效力作了规定，但配套的信托财产登记制度并未建立的情况下，中某信托采用股权权属过户的方式实现信托财产的控制与隔离，其目的在于控制并管理信托财产，派驻董事的目的也是保证信托财产的价值安全。案涉信托计划成立且执行，境内母公司在《信托合同》的目的已全部实现；但境内母公司在其项目公司已成功募集资金后，并未按照合同条款履行义务。欠缴注册资本，是案涉合同反复约定的明确内容，是境内母公司在案涉合同项下的主要义务，亦是其项目公司获得信托计划募集资金应支付的对价；其长期不补足出资的行为构成“延迟履行主要债务”……由于中某信托登记为尚未出资到位的项目公司股东，在项目公司已无财产可执行的情况下，面临被债权人诉至法院追究股东瑕疵出资责任的诉讼风险。

案涉《信托合同》只是信托计划项下的一个合同，案涉合同解除不影响亦无须信托计划其他受益人同意；案涉合同解除后能够避免中某信托因受托持有严重瑕疵股权而面临的诉讼风险，减少管理信托财产的无谓损耗，有利于保护优先受益人公众投资者的利益。

中某信托作为专业人士已知股权认缴情况并对风险防范和解决路径作出安排，但不应影响中某信托依据法律规定行使法定解除权……一审法院关于“针对出资未缴齐的风险，对内应由原股东境内母公司承担补足注册资金，对外将信托计划推向处置程序，由中某信托按约定直接处置信托财产”的结论不妥，若此，信托计划的处置完成取决于境内母公司的履约行为，信托计划陷入有始无终的僵局状态，存在巨大的风险隐患，有损全体优先受益人的合法权益……项目公司已被吊销营业执照，不具备当事人自行约定办理工商变更登记的条件，但不影响法院判决股权回复。

延伸阅读

裁判规则：信托财产如为股权且通过股权转让实现信托运作，则存在潜在的《公司法》与《信托法》对转让行为的竞合，信托合同不能排除法定股东义务。

案例：中某信托有限责任公司（以下简称中某信托）、青岛海某兴达商业管理有限公司（以下简称青岛海某公司）追偿权纠纷二审民事判决书［最高人民法院，（2016）最高法民终475号］。

最高人民法院认为，该案二审争议焦点为，中某信托应否对境内母公司在未出资范围内就青岛海某公司的债权承担的补充赔偿责任负连带责任。

《信托法》第十条对信托财产的登记及其法律效力作出了规定，但配套的信托财产登记制度并未建立。实践中，为了实现信托财产的控制与隔离，有的采用权属过户的方式，有的采用对目标财产抵押或质押的方式。上述两种方式能够部分实现信托财产的控制与隔离效果，但又各有不足。

反映在本案中，案涉股权过户固然能够实现受托人控制股权的目的，但是由于过户登记在外观上并不具备信托财产的标识，隔离效果无法得到保障。且由于此类因信托目的引起的股权变动兼具股权交易与股权信托的双重特征，还引发了应当适用《信托法》还是《公司法》的争议。

《信托法》与《公司法》在该问题上如何协调，不仅关系到个案中当事人权利的平衡与保护，也关系到信托行业的健康发展，是一个难以取舍的现实难题。该案中，中某信托受让股权的目的在于控制并管理信托财产，派驻董事的目的也是保证信托财产的价值安全。但从表现形式上看，中某信托按照《公司法》的规定登记成了目标公司的股东，且案涉合同内容显示中某信托明知登记为股东后可能需要承担补足出资的风险。

综合考虑上述两方面因素，中某信托与青岛海某公司关于法律适用的主张都具有一定的法律依据与现实合理性。不过本案特殊之处在于，案涉债权产生于司法拍卖程序，系中某信托实现抵押权过程中拍卖抵押的土地使用权所产生的税费。该税费本应由抵押人项目公司在抵押物变现过程中缴纳，否则无法实现抵押财产的变现。由于项目公司没有缴纳该税费的能力，所以执行法院责令买受人青岛海某公司先予垫付，然后再向项目公司追偿。从性质上看，此笔款项属于抵押财产的变现费用，理应在变价款中优先予以扣除，然后再将剩余变现款交抵押权人。或者说，该部分款项原本就不应被中某信托领取。基于上述涉案债权来源特殊性的考虑，一审法院根据《最高人民法院关于适用〈中华人民共和国公司法〉若干问题的规定（三）》第十三条第二款、第十八条①的规定，判令中某信托对境内母公司在未出资范围内就青岛海某公司对项目公司的债权应承担的补充赔偿责任负连带责任并无不当。

应当指出，《信托法》第三十七条第一款是关于处理信托事务所产生费用与债务如何负担的规定。根据该条文，无法得出一审判决关于“第三人不受信托财产和固有财产责任划分的约束，信托人应当以其名下的所有财产对第三人承担责任”的结论。该案一审判决对该条法律规定适用不当，最高人民法院予以纠正。

简评：《信托法》尚未建立完备的信托登记制度以保证信托财产的独立性，实务中通常以股权转让登记等方式替代，继而导致同一法律行为同时有两种法律评价。

---

① 此处为《最高人民法院关于适用〈中华人民共和国公司法〉若干问题的规定（三）》（2014 年修正）第十三条第二款、第十八条，现行规则为《最高人民法院关于适用〈中华人民共和国公司法〉若干问题的规定（三）》（2020 年修正）第十三条第二款、第十八条，内容一致。

第二章 信托运作

本章前言

信托运作粗略可以包括信托的设立、变更与终止。具体而言，信托运作需要明确信托基本情况（目的、规模、期限），发行认购（推介、认购、成立日），信托投资（投资范围与限制、管理方式、保管），信托监督（信托当事人权利及保障、受益人大会制度），信托调整（信托单位登记、转让、存续期赎回、估值），信托成本（成本费用范围、预留费用、垫付约定），信托收益（收益计算、风险承担、归属原则、延期情形、特别约定）等事项。信托运作的各个环节和事项应当具有一致性，否则会产生潜在纠纷。

信托运作依赖《信托合同》及信托当事人间的补充约定，因为约定不清而造成的信托纠纷也不鲜见。比如，在信托投资的约定中，如果原状返还条款约定不明确，可能导致信托资产无法依约变现。又如，在信托监督的约定中，如果集合信托的委托人要求披露其他委托人的信息，受托人可能无法依约及时办理或明确拒绝。

本节选取了一个信托运作中出现政策风险后责任如何在信托当事人间分担的案例，这也是信托运作环节的典型案例。借此说明，信托合同虽然将信托运作的框架建立起来，但并不是完美的工具，也不可能是运作的百科全书。信托运作需要信托当事人间及时沟通和协调，才能更好地发现问题、解决问题和避免不必要的问题。关于信托运作环节的终止清算环节，我们将在下一章进行分析。

027 信托受托人未严格满足信托设立约定，如何判断信托是否设立？

关键词：信托设立　瑕疵　异议

阅读提示

营业信托纠纷中，《信托合同》是否生效、信托计划是否设立、信托是否履行、受托人是否履行、是否符合信义义务标准等，都是常见的争议焦点。与自然人主体不同，在双方都是商事主体的情况下，如依照外观原则对信托设立条件审查存在瑕疵，是否可严格依约否定信托效力？虽然营业信托的信托文件通常较为详尽，是判断信托是否成立的重要标准，但绝不是唯一标准。若信托受托人未严格满足信托设立约定，如何判断信托是否设立？

裁判要旨

委托人对《信托合同》履行过程中遇瑕疵应当及时向受托人提出异议，否则事后仅以瑕疵为由否定信托设立不具有合理性。

案情简介[①]

2012年9月，长某信托公司与楼某集团多名股东分别签署《股权收益权转让及回购协议》，约定长某信托公司受让股东持有的累计65%的股权收益权，对价约12亿元。若信托计划不成立，则合同自动解除，合同各方互不承担赔偿责任。楼某集团旗下3家关联公司分别向长某信托公司出具《承诺函》，承诺在其名下采矿权达到抵押条件时立即抵押给长某信托公司。前述《承诺函》均办理了印鉴属实的公证。

2012年11月，中国华某公司与长某信托公司签署包括《信托合同》在内的

---

① 本案为第二届全国法院百场优秀庭审入选案件。

中国华某集团资本控股有限公司（以下简称中国华某公司）与长某国际信托股份有限公司（以下简称长某信托公司）信托合同纠纷一审民事判决书［陕西省高级人民法院，（2016）陕民初33号］。

中国华某集团资本控股有限公司与长某国际信托股份有限公司信托合同纠纷二审民事判决书［最高人民法院，（2018）最高法民终780号］。

一系列信托文件，约定信托目的是将信托资金用于受让楼某集团合计65%股权对应的股权收益权，信托计划期限为24个月，并约定“信托计划在如下条件均获得满足之日，由受托人宣布成立：……（5）楼某集团及其下属三家煤矿已经就采矿权抵押出具了受托人认可的承诺函并办理完毕赋予强制执行效力的债权文书公证手续”。

2012年11月，中国华某公司缴付信托资金，长某信托公司公告称第一期信托计划已具备信托文件规定的成立条件，于当日宣告成立。

信托运作期间，长某信托公司依约支付信托收益款，并公告披露信托执行情况。2014年9月，长某信托公司公告，由于债务人未按期履行支付股权收益权回购溢价款的义务，回购期限提前到期。由于中国华某公司于2014年5月以后再无收取股权收益款，遂引发本案诉讼。

中国华某公司以信托未成立为由，诉请长某信托公司返还其本金及利息等，陕西省高级人民法院一审驳回请求，中国华某公司不服提出上诉，最高人民法院二审驳回上诉，维持原判。

裁判要点

中国华某公司作为专业投资机构，具有审查并知晓案涉《承诺函》无法办理赋予强制执行效力的债权文书公证的能力。长某信托公司已经披露了信托计划相关股权和采矿权的情况，并在《信托合同》履行过程中向中国华某公司告知承诺函办理的系印鉴真实性公证，中国华某公司对上述情况未提出异议，其缴付信托资金且实际接收了信托收益款，并至本案一审变更诉讼请求前未对信托计划的成立提出异议。综合考虑上述情况，结合商事信托系高风险、高收益商事行为之特征、本案投资人为专业投资机构之具体情况，以及维护交易安全之商事法律的基本原则。

实务经验总结

本案的核心问题是：“信托合同有效，但未严格按约定设立信托是否成立？”结合办案经验，我们有以下几点看法。

1. 在信托合同有效的基础上，信托设立既要形式审查合同文本，也要实质审查合同双方的实际履行情况。实质与形式均符合约定情况及法定要求的，信托应当成立。但是，在形式上仅满足了法定要求，未满足约定要求的，需要进一步综合判断。

2. 综合判断需要探求信托合同双方在缔约时的真实意思表示。意思表示可以从三个方面审查。

（1）缔约程序中双方是否存在异议。

（2）信托合同风险披露与分配是否合理。

（3）缔约后是否有依约履行行为。

此外，缔约双方是不是平等的商事主体也可纳入考量。本案中，原告作为投资人在缔约过程中未合理审查继而未发现可以通过文本审查发现的疑问，在信托受托人已经充分披露风险的情况下仍然签署相关协议，同时在信托受托人宣布信托成立后无异议并接受信托运作期间的收益分配，均反映出（在风险爆发前）双方的真实意思表示是基于有效信托合同的信托已经设立，并正常运作。

综上，信托合同有效，应严格按合同约定设立信托。如果信托委托人与受托人双方的真实意思表示与合同有合理差异，并已按双方真实意思表示履行的，信托仍然可以成立。

另外，对于自然人委托人，在进行信托投资前应事先认真查阅信托文件，以充分了解投资风险履行过程中存在的问题，及时行使委托人权利并提出异议，避免信托设立瑕疵被错误追认。而本案明确，即使是商事主体作为委托人，其也不能完全依赖商事合同的“自由平等”原则来否定信托成立。

相关法律规定

《信托法》

第九条　设立信托，其书面文件应当载明下列事项：

（一）信托目的；

（二）委托人、受托人的姓名或者名称、住所；

（三）受益人或者受益人范围；

（四）信托财产的范围、种类及状况；

（五）受益人取得信托利益的形式、方法。

除前款所列事项外，可以载明信托期限、信托财产的管理方法、受托人的报酬、新受托人的选任方式、信托终止事由等事项。

第十一条　有下列情形之一的，信托无效：

（一）信托目的违反法律、行政法规或者损害社会公共利益；

（二）信托财产不能确定；

（三）委托人以非法财产或者本法规定不得设立信托的财产设立信托；

（四）专以诉讼或者讨债为目的设立信托；

（五）受益人或者受益人范围不能确定；

（六）法律、行政法规规定的其他情形。

法院判决

陕西省高级人民法院在一审民事判决书“本院认为”部分相关表述如下。

依据《信托合同》约定的信托计划的成立条件已经满足，信托计划已经成立，理由如下。

第一，双方在签订合同时，对《承诺函》不能办理具有强制执行效力公证债权文书是知道的。尽管有办理完毕赋予强制执行效力的债权文书公证手续的文字表述，但在缔约时明知不能办理，特别是在长某信托公司设立该信托计划时，“支付条件明月约定仅为‘出具承诺函’”，而没有办理强制执行公证的要求，而对其他具备办理强制执行公证条件的均约定的是并办理完毕强制执行公证手续。综观整个信托文件的内容，签订《信托合同》当下办理完毕的强制执行公证手续的表述，在缔约时双方应该知道是无法办理强制执行公证的。中国华某公司关于长某信托公司未办理强制执行公证文书，信托计划不成立的理由，一审法院不予采纳。

第二，《承诺函》不具备办理强制执行公证的条件。本案《承诺函》是一种诺成行为，本身没有相应对价，不符合办理强制执行公证的条件，它的对价在于承诺的内容，只有承诺的内容在具备条件时才能办理强制执行公证。

第三，长某信托公司给《承诺函》办理印鉴真实性公证，符合合同双方本意，并且中国华某公司从未提出异议。在长某信托公司明确书面形式告知中国华某公司对《承诺函》办理的是印鉴真实性公证后，中国华某公司只是要求收益分配，并没有对办理的公证不是强制执行公证提出异议。因此，办理印鉴真实性公证应该是双方当时签订信托合同的真实意思。

第四，信托计划已经成立且已履行，执行中各方无异议。本案信托计划成立后，长某信托公司按期于 2013 年 2 月 19 日在第一个信托季度，即三个月之后，向中国华某公司分配了第一笔信托收益款 5622222.22 元。此后，又按季度分配了四笔投资收益款，并按合同约定定期披露信托计划执行情况。中国华某公司对收到款项没有异议，也从未提出信托计划不成立的意见，双方以实际行为履行了《信托合同》，因此本案《信托合同》设立的信托计划已经成立。

最高人民法院在二审民事判决书“本院认为”部分相关表述如下。

综合考虑本案双方当事人作为商事主体的特点，结合《信托合同》签订及履行的实际情况，探求当事人的本意，应当认定本案《信托合同》设立的信托计划已经成立，具体理由如下。

第一，判断案涉信托计划是否成立，应当结合商事信托特点和双方当事人作为商事主体的特点。中国华某公司作为专业投资机构，相较于其他自然人投资者而言，具有投资资金量大、收集分析信息能力强、投资管理较为专业的特点。在判断本案长某信托公司是否适当履行了信息披露、告知说明等义务及其对信托计划是否成立的影响时，应当将机构投资者与自然人投资者相区分，充分考虑本案中国华某公司系专业投资机构的具体情况，对双方当事人予以平等保护。

第二，判断案涉信托计划是否成立，应当结合双方当事人在签订《信托合同》时是否尽到必要审查义务。根据本案二审查明的事实，长某信托公司在签订《信托合同》前已办理《承诺函》印鉴真实性公证，且公证机关已告知其《承诺函》不符合办理赋予强制执行效力的债权文书公证条件，但该公司仍将《承诺函》办理赋予强制执行效力的债权文书公证作为信托计划成立条件明确列入《信托合同》，该行为是引发本案争议的重要因素，长某信托公司应对此承担相应责任。若中国华某公司事先认真审阅包括备查文件在内的全部信托文件，应有条件发现《信托合同》约定的信托计划成立条件与《股权收益权转让及回购协议》转款条件中关于《承诺函》是否需要办理赋予强制执行效力的债权文书公证存在不同约定，亦可就《承诺函》公证问题向长某信托公司进行询问核实。

第三，判断案涉信托计划是否成立，应当考虑未满足之成立条件是否影响投资者对于投资风险的判断。依据《信托合同》关于风险揭示的内容，中国华某公司在签订合同时，已知晓楼某集团及其下属三家煤矿出具的《承诺函》所承诺的采矿权抵押暂不能实现或者存在不能及时办理、办理不成的操作风险。《承诺函》是否办理赋予强制执行效力的债权文书公证，并非影响中国华某公司判断案涉信托投资风险的主要因素。

第四，判断案涉信托计划是否成立，应当充分考虑当事人通过履行行为表现出的真实意思表示。本案中，虽《信托合同》将《承诺函》办理赋予强制执行效力的债权文书公证作为信托计划成立条件之组成部分，但在实际履行过程中，中国华某公司在知悉《承诺函》办理的是印鉴真实性公证的情况下，并未就《承诺函》未办理赋予强制执行效力的债权文书公证是否影响信托计划成立问题向长某信托公司提出异议，而是继续收取信托收益款并行使委托人权利，可以视为以实际履行行为认可案涉信托计划成立。

综上，中国华某公司作为专业投资机构，具有审查并知晓案涉《承诺函》无法办理赋予强制执行效力的债权文书公证的能力。长某信托公司已经披露了信托计划相关股权和采矿权的情况，并在《信托合同》履行过程中向中国华某公司告知承诺函办理的系印鉴真实性公证，中国华某公司对上述情况未提出异议，其缴付信托资金且实际接收了信托收益款，并至本案一审变更诉讼请求前未对信托计划的成立提出异议。综合考虑上述情况，结合商事信托系高风险、高收益商事行为之特征、本案投资人为专业投资机构之具体情况，以及维护交易安全之商事法律基本原则，本院认定，本案《信托合同》设立的信托计划已经成立，对于中国华某公司该项上诉请求不予支持。

延伸阅读

裁判规则：以不符合办理强制执行公证条件的《承诺函》作为信托成立的条件不影响信托成立。

案例：梁某聪、长某国际信托股份有限公司营业信托纠纷再审审查与审判监督民事裁定书［最高人民法院，(2020) 最高法民申 3871 号］。

《信托合同》第十七条约定的关于信托计划成立的第（5）（6）（7）三个条件为楼某集团及下属三家煤矿出具采矿权抵押的《承诺函》、山西泰某投资有限公司出具35%股权质押的《承诺函》以及联某能源投资出具股权回购的《承诺函》，并就上述《承诺函》办理完毕赋予强制执行效力的债权文书公证手续。

但上述《承诺函》因其所承诺的行为无明确具体的可供执行的给付内容，不符合《公证程序规则》第三十九条规定的办理赋予强制执行效力的债权文书公证的条件，而且根据《信托合同》第十五条关于采矿权抵押的风险揭示的内容、第十七条第（6）关于股权质押《承诺函》的内容，丁某芝在签署《信托合同》、梁某聪从丁某芝处受让信托权益时，均应已知晓《信托合同》约定的采矿权抵押及股权质押两项条件在合同订立时尚不具备办理条件，而且也存在后期不能办理的风险，但其仍与长某信托公司签订《信托合同》等一系列信托文件、受让信托权益，说明《承诺函》能否办理赋予强制执行效力的债权文书公证并非影响其判断案涉信托投资风险的主要因素。

同时从《信托合同》履行的情况来看，丁某芝已将信托资金缴付长某信托公司，梁某聪从丁某芝处受让信托权益，长某信托公司亦向梁某聪分配了信托收益款。长某信托公司对信托计划成立进行了公告，并按照合同约定的方式在其公司网站对信托计划的执行情况进行了详细的信息披露。丁某芝、梁某聪亦从未就信托计划成立的问题向长某信托公司提出异议，直至案涉信托计划到期，信托收益款无法兑付后，梁某聪才提起诉讼。通过上述《信托合同》的实际履行情况可以看出，双方当事人已以实际履行行为认可信托计划成立。因此，原审判决认定信托计划成立，依据充分，并无不当。

简评：判断信托是否设立除了要严格审查信托合同等文件中约定的设立条件，还要考虑信托当事人各方是否通过明示或默示行为变更了设立条件。为避免误会，设立条件履行异常时应及时提出异议。

028 《信托合同》约定不清，受托人能否依照自己的判断选择适用信托条款提前终止信托？

关键词：受托人权限　信托合同解释　提前终止信托

阅读提示

信托运作中，受托人为受益人的利益或者特定目的，可以进行管理或者处分的行为。但是如果《信托合同》约定不清，尤其对相关事项是否“必须”经过受益人大会决议通过约定不清，受托人能否依照自己的判断选择适用信托条款提前终止信托？

裁判要旨

受托人应当按照信托合同的精神以及更好地保护受益人的合法权益原则，在信托合同没有明确约定提前终止信托合同可以不召开受益人大会的情况下，谨慎履行受托人义务，否则应承担责任。

案情简介[①]

2011年7月，姜某与中某信托签订《信托合同》，将信托资金运用于购买海某达房产90%的股权和对海某达房产33070万元的债权等。

《信托合同》对“提前终止信托合同或者延长信托期限”事宜约定：“17.2 有下列情形之一的，信托计划终止：……（5）受益人大会决定终止；……（7）本信托计划目的已经实现或不能实现。”

合同签订后，姜某将信托资金500万元汇到合同约定的中某信托账号，信托计划于2011年7月成立。按信托合同约定，此信托计划期限为24个月，2013年7月终止。

2012年8月，中某信托刘某经理打电话给姜某，口头通知姜某提前终止此信托计划。姜某不同意，并书面通知中某信托要求继续履行信托合同。中某信托不同意继续履行信托合同。

姜某以违约为由诉讼至法院，请求中某信托给付姜某2012年7月至2013年7月信托收益70万元。哈尔滨市南岗区人民法院一审予以支持。

裁判要点

《信托合同》中并未明确约定哪种情况下提前终止信托合同无须召开受益人大会，不能将《信托合同》第8.7条、第17.2条第（7）项视为可以不召开受益人大会的特殊情形。即使因国家房地产调控对房地产市场产生了影响，需要提前终止信托合同，也并不排斥受益人大会的召开。中某信托完全有时间、有必要向全体受益人通报，并由受益人共同决定是否提前终止信托合同，中某信托不应自行决定提前终止信托合同的履行。

实务经验总结

本案的核心问题是：“受益人与受托人对《信托合同》条款解释不一致，应当如何处理？”结合办案经验，我们认为有以下几点。

1.《信托合同》应当符合《信托法》要求，合同约定与法律不一致的以法

① 姜某与中某国际信托有限公司（以下简称中某信托）合同、无因管理、不当得利纠纷一审民事判决书［哈尔滨市南岗区人民法院，（2013）南民三初字第125号］。

律为准。本案争议焦点在于，终止信托是否必须经过受益人大会同意，而《信托法》并未对受益人大会制度进行规定。

2.《信托合同》应当符合监管规则的要求，同时合同各方应当依照合同约定履行合同。本案中的信托终止事项属于《信托公司集合资金信托计划管理办法》规定的应当召开受益人大会决定的事项。受托人不召开受益人大会即决定终止虽不违反《信托法》的强制性规定，但是难以说明其行为符合受益人利益最大化原则，也有悖于善意履行的商事习惯。

3. 受益人与受托人对于合同条款解释不一致的，应当结合具体事实，通过合理程序进行决定。例如，召开受益人大会表决，或是由受托人向受益人充分披露并阐明理由。为避免此种情况的发生，我们建议在对《信托合同》合同条款解释不一致的情况下明确约定以何种原则、何种程序进行。

相关法律规定

《信托法》

第二十二条　受托人违反信托目的处分信托财产或者因违背管理职责、处理信托事务不当致使信托财产受到损失的，委托人有权申请人民法院撤销该处分行为，并有权要求受托人恢复信托财产的原状或者予以赔偿；该信托财产的受让人明知是违反信托目的而接受该财产的，应当予以返还或者予以赔偿。

前款规定的申请权，自委托人知道或者应当知道撤销原因之日起一年内不行使的，归于消灭。

《信托公司集合资金信托计划管理办法》

第四十二条　出现以下事项而信托计划文件未有事先约定的，应当召开受益人大会审议决定：

（一）提前终止信托合同或者延长信托期限；

（二）改变信托财产运用方式；

（三）更换受托人；

（四）提高受托人的报酬标准；

（五）信托计划文件约定需要召开受益人大会的其他事项。

法院判决

哈尔滨市南岗区人民法院在一审判决书“本院认为”部分对此论述如下。

本院认为，中某信托第一项抗辩主张称，中某信托一直按合同约定和《信托法》规定履行诚实、信用、谨慎、有效管理的义务，不存在违背信托合同、处理信托事务不当而造成信托财产损失的情形，不同意以信托公司固有财产赔偿。中某信托第二项抗辩主张称，如信托计划继续存续将违反信托目的，损害委托人的利益，且信托目的不能实现，为保障全体优先级收益权的资金安全，因此提前终止信托合同。

中某信托抗辩的主要事实理由是，受国内房地产市场调控等因素影响，苗场项目及3531项目的实际进展已滞后于相关交易合同的约定，如继续履行信托合同，信托目的将无法实现。因此，根据以下法律和合同的规定，中某信托决定提前终止信托合同的履行。

第一，《信托法》第五十三条规定："有下列情形之一的，信托终止……（三）信托目的已经实现或者不能实现……"

第二，《信托合同》第17.2条约定："有下列情形之一的，信托计划终止：……(7) 本信托计划目的已经实现或不能实现。"

第三，《信托合同》第8.7条约定："在信托财产具体运用过程中，如交易对手、运用方式、期限及相关条件发生重大变化时，受托人在不违背信托目的且风险可控的前提下，可对信托财产的管理作适当的调整和变更（包括但不限于提前终止信托计划、增加发行中间级资金等），同时进行信息披露。"

对于上述两项抗辩理由，中某信托主张，信托合同履行过程中出现重大事项导致信托目的不能实现的理由并不充分。

首先，中某信托在2011年第三季度、2011年第四季度、2012年第一季度以及2012年7月10日出具的《中某—廊坊海某达股权投资集合资金信托计划定期管理报告》均明确说明"本信托计划运行稳定，"3531"项目和"苗场"项目运转正常，工程进展顺利"，并没有提出信托合同履行过程中出现重大事项和风险，以及可能提前解除合同的通知。而仅仅在管理报告发布十余天后的7月26日以发生重大事项、信托目的不能实现为由通知姜某提前中止信托合同，明显违背事实。

其次，中某信托提供的《2012年廊坊房地产市场调研报告》虽然体现了国家宏观调控政策对房地产市场在成交量方面产生的影响，但这种影响并不意味着导致房地产市场崩盘等中某信托所说的导致信托目的不能实现的重大事项发生，这也违背国家对房地产进行宏观调控的初衷。而且从图表可以看出2012年房地产市场价格基本平稳，并且在2012年末价格呈上升之势；第23页的总结中也明确说明，2012 年上半年住宅成交价格同比 2011 年略有下降，下半年成交价格略有回升，并且预计 2013 年上半年将呈持续回暖态势，2013 年下半年整体市场价格将有所上升，销售量将趋于平稳。从这份调研报告中不能看出廊坊市房地产市场在 2012 年 7 月 26 日前后出现了导致信托目的不能实现的重大事项；相反可以预见的是，2012 年下半年到 2013 年的信托合同第二个信托年度中，房地产市场销售量和销售价格都将稳步回升。因此，中某信托主张在信托合同履行过程中发生了《信托合同》第 8.7 条约定事由，即在信托财产具体运用过程中交易对手、运用方式、期限及相关条件发生重大变化的事实并不存在，其提前终止信托合同理由并不充分。

最后，《信托合同》第三条信托目的中约定，本合同信托目的是受让海某达房产 90%股权、33070 万元的债权、增加注册资本 45000 万元，投资完成后持有海某达公司房产约 98.18%的股权和 33070 万元的债权。海某达房产从事廊坊市"苗场"和"3531"房地产项目的开发和经营。信托期间，受托人以实现受益人最大利益为宗旨通过包括但不限于向海某达房产收取债权本金、利息，以及转让所持有的海某达房产股权等方式管理、运用、处分信托财产，并按本合同约定向受益人支付信托利益。分析此条可以看出，即使信托合同中的"苗场"和"3531"项目出现风险，中某信托仍然可以采用向海某达房产收取债权本金、利息，以及转让所持有的海某达房产股权等方式获取利益，并向受益人支付信托利益。

因此，中某信托主张，信托目的无法实现证据不足、理由不充分。而且《信托合同》第 8.7 条约定的受托人在信托财产具体运用的过程中，如交易对手、运用方式、期限及相关条件发生重大变化时，对信托财产的管理作适当调整和变更是在不违背信托目的且风险可控的前提下。本案中，中某信托在没有充分理由的条件下提前解除信托合同的行为不但违背了信托目的，而且解除的行为本身带来了信托风险。可见其并未履行谨慎、有效的信托财产管理义务，属处理信托事务不当。

根据《信托法》第二十二条第一款的规定，受托人违反信托目的处分信托财产或者因违背管理职责、处理信托事务不当致使信托财产受到损失的，委托人有权申请人民法院撤销该处分行为，并有权要求受托人恢复信托财产的原状或者予以赔偿。中某信托应该赔偿因处理信托财产不当而给姜某造成的财产损失。综上，中某信托提前解除信托合同不当，该两项抗辩主张本院不予支持。

中某信托第三项抗辩主张称，经受益人大会审议决定只是信托计划发生提前终止的情形之一，而不是必经程序。其抗辩理由的依据是《信托合同》第 17.2 条约定，有下列情形之一的，信托计划终止：……（5）受益人大会决定终止；……（7）本信托计划目的已经实现或不能实现；以及《信托合同》第18.2条的约定，出现以下事项应当召开受益人大会审议决定，但本合同另有约定除外：提前终止信托合同或者延长信托期限。中某信托认为，在信托合同另有约定的情形下，依照其他合同条款的约定。因此，应适用《信托合同》第17.2条的约定，无须召开受益人大会。

对此，本院认为，第一，《信托合同》第17.2条的约定是强调信托计划终止的具体情形，即可提出信托计划终止的前提条件，并不意味着出现所列情形信托合同立刻终止。第二，《信托合同》第18.2条的约定是强调提前终止信托合同应当履行召开受益人大会的程序，这里重点强调了"提前"终止信托合同应履行的程序，即提前终止信托合同必须召开受益人大会，除非合同中明确约定某种情况下提前终止信托合同不需要召开受益人大会。然而，本合同中并未明确约定哪种情况下提前终止信托合同无须召开受益人大会，不能将《信托合同》第8.7条、第17.2条第（7）项视为可以不召开受益人大会的特殊情形。第三，《信托合同》第18.5.2条约定，更换受托人、改变信托财产运用方式、提前终止信托合同，应当经参加大会的受益人全体通过。可见表决提前终止信托合同是受益人大会的一项重要职责，即提前终止信托合同应该经过受益人大会的全体通过；更可见提前终止信托合同是关乎全体受益人切身利益的重要事项，不能任由受托人任意处置。第四，即使如中某信托所述，因国家房地产调控对房地产市场产生了影响，需要提前终止信托合同，也并不排斥受益人大会的召开。因为国家宏观调控对市场的影响是渐进的、逐渐发挥作用的，并非突发事件，也不能立刻导致房地产市场遭受巨大损失。因此，中某信托完全有时间、有必要向全体受益人通报，并由受益人共同决定是否提前终止信托合同，中某信托不应自行决定提前终止信托合同的履行。

综上，虽然经受益人大会审议决定并非信托计划提前终止的唯一条件，但按照信托合同的精神以及更好地保护受益人的合法权益，在信托合同没有明确约定提前终止信托合同可以不召开受益人大会的情况下，中某信托未召开受益人大会便提前终止信托合同实属不当，该项抗辩主张本院不予支持。

中某信托第四项抗辩主张称，关于信托资金管理报告和重大事项通报的问题，其每季度都向姜某发布了定期管理报告；信托计划的项目也并没有发生《信托合同》第12.2条规定的应当披露的重大事项，因此无须进行重大事项信息披露。对此本院认为有以下几点。

首先，关于定期管理报告，姜某已经提供了相关证据，本院予以认可。

其次，关于重大事项披露，《信托合同》第12.2条规定，本计划存续期内，如发生下列重大事项，受托人在知道该重大事项发生之日起3个工作日内，将该重大事项以信托合同约定的方式通知受益人，并将披露资料存放于受托人营业场所备查；发生资金使用方的财务状况严重恶化以及其他严重影响本信托计划目的实现或严重影响信托事务执行的重大变故。

本案中，首先，中某信托并未证明有足以引起信托合同提前终止的重大事项发生。其次，即使中某信托以国家对房地产市场的宏观调控政策对信托项目造成严重影响导致信托目的不能实现为由提前终止信托合同，也应该按上述合同约定履行重大信息披露义务，在知道该重大事项发生之日起3个工作日内，将该重大事项以信托合同约定的方式通知受益人，并将披露资料存放于受托人营业场所备查。中某信托没有证据证明其进行了重大事项信息披露，并且抗辩称没有发生《信托合同》第12.2条规定的应当披露的重大事项，无须进行重大事项信息披露，与其提前终止信托合同的理由相矛盾。所以，中某信托关于重大事项信息披露的抗辩主张不成立。

延伸阅读

裁判规则一：受益人大会尚未作出决议，受托人的管理行为符合受益人利益最大化原则的，不违背信义义务。

案例1：曹某、吉某省信托有限责任公司（以下简称吉某信托公司）合同纠纷二审民事判决书［最高人民法院，（2019）最高法民终1594号］。

案涉信托计划的融资人进入破产重整程序后，吉某信托公司通过通信方式召开受益人大会征求受益人意见，并不违反《信托公司集合资金信托计划管理办法》及案涉《信托合同》关于受益人大会召开方式的规定。同时，在受益人未形成合同约定的有效决议情况下，吉某信托公司为受益人利益最大化选择了债转股的偿还模式，与大部分债权人选择相一致，并不违背信托法律及信托合同关于受益人利益最大化的管理原则。

裁判规则二：受益人大会决议后，部分受益人未及时提出异议，受托人依照决议履行管理义务，不承担违约责任。

案例2：厉某英、渤某国际信托股份有限公司（以下简称渤某信托）营业信托纠纷二审民事判决书［最高人民法院，（2019）最高法民终 1025 号］。

厉某英明知大会讨论内容，其收到相关通知后，并未及时向渤某信托提出异议。渤某信托已经履行了通知厉某英参加会议的义务。按照《信托合同》约定，受益人大会应当有代表 50% 以上信托单位的受益人参加，方可召开。更换受托人、改变信托财产运用方式，除本合同约定外提前终止信托合同或者延长信托期限应当经参加大会的受益人全体通过。大会决议经参会的全体受益人一致表决同意并通过。故，第一次受益人大会的决议符合合同约定和法律规定，合法有效。第一次受益人大会召开后，渤某信托在其网站上公告了相关内容，厉某英亦未及时提出异议。渤某信托依据信托合同的约定和受益人大会的决议履行管理义务，不应承担违约责任。

简评：信托受托人对信托财产的处置是基于委托人的信任，终止信托则直接影响到委托人的利益。双方如未达成明确合意，未履行合理程序，也无重大紧急情形，受托人不能单方面决定。

029 信托清算尚未完成，受托人向优先受益人提前支付信托收益是否损害劣后受益人利益？

关键词：信托清算　优先受益人　提前受偿　信义义务

阅读提示

信托结构中，信托受托人依法管理信托财产并以其名义进行处置，实际上市场风险是由受益人承担。而结构化信托中，优先受益人和劣后受益人承担的风险进一步集中于劣后受益人。信托清算未完成时，受托人向优先受益人提前支付部分信托财产的行为是否损害劣后受益人利益？

裁判要旨

带有强制平仓类条款的结构化信托中，优先受益人与劣后受益人在强制平仓后，信托全部清算完成前，向优先受益人提前支付部分信托本金和收益的行为不损害劣后受益人的利益。

案情简介[①]

2017年8月，新疆广某公司与中某信托公司签订《信托合同》，约定有“信托项下包括优先信托单位和一般信托单位”“一般受益权指只能在全部优先受益权项下最高信托利益足额分配后，方有权取得信托利益的受益权”等受益人结构化条款，新疆广某公司认购一般信托单位6500万份；稳健×号信托计划认购优先信托单位3.25亿份。

2017年9月，中某信托公司与汇某通公司签订《投资顾问合同》，约定聘请汇某通公司作为投资顾问。之后，投资顾问指令买入“17锡洲01”“17刚泰01”“17刚泰02”等债券。

《信托合同》约定“预警线及止损线”，将信托计划信托单位净值=0.93元设置为止损线。同时约定“信托单位净值触及或低于止损线时……信托财产全部变现”“在通过本项约定的止损操作后导致信托财产全部变现的，在信托财产全部变现后，信托计划提前终止”等内容。

2018年8月，中某信托公司通过电子邮件通知信托单位净值触及预警线并接近止损线。9月，上述债权陆续公告违约，证据显示，其信托计划单位净值为0.8111元。

2018年10月至2019年7月，汇某通公司向被告中某信托公司发出指令，要求将系争信托计划证券账户中资金转入银行账户。中某信托公司代表稳健×号信托计划先后出具《信托计划利益分配的函》，同意系争信托计划向其提前分配信托本金及对应收益。

新疆广某公司诉请撤销向优先受益人不当分配信托资金的行为等，上海金融法院一审驳回其请求。

裁判要点

信托财产跌破止损线之后，信托财产依约进入变现、分配环节，不再属于资本维持原则所需调整的范畴，因此虽然分配的客观结果为优先受益人的部分信托份额被提前注销，但并未侵犯《信托合同》第十六条旨在保护的法益，不影响信托目的实现以及一般受益人的利益。因此，被告向优先受益人提前支付部分信

① 新疆广某液化天然气发展有限责任公司（以下简称新疆广某公司）与中某信托股份有限公司（以下简称中某信托公司）营业信托纠纷一审民事判决书［上海金融法院，（2019）沪74民初2871号］。

托本金和收益的行为未违反《信托合同》的约定，亦未损害原告作为一般受益人的利益。

实务经验总结

本案的核心问题是："优先受益人提前取得部分信托本金和收益的行为是否损害劣后受益人的利益。"结合办案经验，我们认为有以下三点。

1. 信托计划的清算和分配应当依法依约进行。通常信托应当先确定信托收益，再向受益人分配。结构化信托中，优先受益人和劣后受益人应当依照《信托法》第四十五条的规定进行利益分配。

2. 本案中，清算尚未完成，即信托计划尚未满足"在信托财产全部变现后，信托计划提前终止"的约定，但信托受托人已经向优先受益人支付相应的信托收益。此时存在违约的可能，如提前清算和分配导致的信托收益损失如何在受益人间分摊，需要结合具体事实认定。

3. 本案的核心特定事实是，本案信托计划已进入依约清算环节，因此不属于违约行为。此外，结构化条款中优先受益人的权益先于劣后受益人保护符合本案《信托合同》约定且不违反法律规定，因此本案法院认为，受托人的清算和分配行为未损害劣后受益人的权益。

相关法律规定

《信托法》

第三十条 受托人应当自己处理信托事务，但信托文件另有规定或者有不得已事由的，可以委托他人代为处理。

受托人依法将信托事务委托他人代理的，应当对他人处理信托事务的行为承担责任。

第四十五条 共同受益人按照信托文件的规定享受信托利益。信托文件对信托利益的分配比例或者分配方法未作规定的，各受益人按照均等的比例享受信托利益。

法院判决

上海金融法院在一审民事判决书"本院认为"部分相关表述如下。

被告向信托计划的优先受益人提前支付部分信托本金和收益的行为是否违反《信托合同》约定，损害了原告的合同利益？本院认为，根据现有证据，可以认定被告首次提前向优先受益人分配本金时，系争信托计划的单位净值已跌破止损线。一方面，根据《信托合同》关于信托财产触及止损线后如何处置的约定，当标的债券违约导致信托财产触及止损线后，标的债券应当全部变现，并在全部变现后进行分配……另一方面，根据《信托合同》关于信托财产分配和差额补足的约定，优先受益人有权获得以投资本金为基数，按照最高年化收益率计算的本息，一般受益人只能在优先受益人获得全部最高信托利益分配后方能获得分配，且一般受益人应当对信托财产不足以向优先受益人分配本息的部分承担差额补足义务。

原告认为，被告向优先受益人提前分配本金和利息的行为违反了《信托合同》第十六条关于不得提前赎回信托份额的约定，对此，本院认为，该条款系资本维持原则的体现，旨在防止由于委托人提前抽回信托资金而影响信托投资目的的实现。但在信托财产跌破止损线之后，信托财产依约进入变现、分配环节，不再属于资本维持原则所需调整的范畴，因此虽然分配的客观结果为优先受益人的部分信托份额被提前注销，但并未侵犯《信托合同》第十六条旨在保护的法益，不影响信托目的实现以及一般受益人的利益。因此，被告向优先受益人提前支付部分信托本金和收益的行为未违反《信托合同》的约定，未损害原告作为一般受益人的利益。

需要注意的是，被告向优先受益人提前支付的部分利息系按年化收益率6.2%计算，但被告并未提供关于该项年化收益率从5.6%调整为6.2%的有效证明，故可能存在超额分配利息的情形，但考虑到优先受益人的投资总额为3.25亿元，尚有1亿元左右的投资本金及到期利息尚未获得分配，截至本判决作出之日，优先受益人获得分配之本息未超过其应得收益，根据《信托合同》约定，差额部分应从信托财产中继续分配，不足部分应由原告承担差额补足义务，因此并未损害原告作为一般受益人的权利。现被告另案起诉要求原告承担差额补足义务，提前超额分配的利息可在另案计算差额补足金额时予以考虑。

延伸阅读

裁判规则：在优先级受益人的信托利益未得到足额清偿时，劣后级受益人不能要求受托人分配信托利益。

案例：深圳市邦某小额贷款有限公司（以下简称邦某小额贷）与四某信托

有限公司（以下简称四某信托）等营业信托纠纷二审民事判决书［广东省高级人民法院，（2019）粤民终21号］。

《信托合同1》第二十一条第三款约定：“对于非货币形式的信托财产，受托人有权延长信托期限至信托财产全部变现之日止，或按照该部分非货币形式财产届时的现状按受益人持有信托单位的比例移交给受益人。受托人向受益人发出分配信托财产的书面通知，该通知到达受益人即视为受托人已经分配完毕信托财产。受托人将继续配合受益人办理相关权益转让手续。”邦某小额贷上诉主张，依据该条“特别约定”，如果信托财产在信托终止日存在非货币形式财产的，受托人有权按照该部分非货币形式财产届时的现状按受益人持有信托单位的比例移交给受益人，且此时信托财产的分配是去结构化的，不受《信托合同1》中对信托受益权分层配置等条款的约束。

本院认为，邦某小额贷对上述条款的理解缺乏依据，上述特别约定针对的是信托终止日时受托人对非货币形式信托财产以何种形式予以处分的选择权，不构成对涉案信托结构化特点的放弃与变更。不论是涉案信托计划存续期间还是信托计划终止后，四某信托都应当按照江某银行优先于邦某小额贷获得信托利益的顺序进行信托利益的分配。根据本案查明的事实，在信托计划终止后，江某银行尚未按照优先级受益人年化预期收益率收取足额的信托利益，因此四某信托向邦某小额贷分配信托利益的条件尚未成就。故一审判决认为，在江某银行收取足额信托利益之前，邦某小额贷不能请求四某信托分配信托利益，具有事实与法律依据，本院予以维持。

简评：优先受益人与劣后受益人之间的权益除顺位有差异外，不能互相损害。反之，受托人如在实体上可以保证双方实体权益未受损害，则信托财产清算分配的瑕疵不足以认定构成侵权。当然，受托人的瑕疵履行行为可能为其自身带来风险。

030《信托合同》约定子账户模式（伞形模式）履行被整顿，风险应由谁承担？

关键词：政策风险　信托合同

阅读提示

信托监管的变化产生监管风险，合规性薄弱的信托结构可能因政策风险无法继续履行。2015 年后，伞形信托的政策调整，影响到当时部分履行中的伞形信托计划并产生损失。对于政策变更导致信托合同无法继续履行，风险应由谁承担？

裁判要旨

信托合同约定设立“伞形信托”以投资境内证券，不符合《证券法》规定，因此可被认定为无效合同。委托人和受托人依照无效合同各自承担相应责任。

案情简介①

2015 年 4 月及 6 月，索某与中某信托先后订立两份《信托合同》及补充合同，约定以第 37 期、第 38 期全部信托财产为基础资产（合计 800 万元），投资境内股票等证券。信托计划下设各期信托财产分别设立子账户，各期信托财产的运用均采取委托人投资建议和受托人指令相结合的方式。索某认购的信托单位资金的一般信托资金与优先信托资金比例为 1∶2，设置信托单位预警线、止损线。

中某信托开立信托专用证券账户，并利用中某恒生交易系统为涉案第 37 期、第 38 期信托单位在信托专用证券账户项下开设子账户，信托合同项下每期信托资金通过该子账户进行投资运作管理。索某实际控制该子账户，自行控制该期信托资金进行证券买卖，交易系统自动执行索某的交易指令。

2015 年 7 月，中国证监会于官网上发布《关于清理整顿违法从事证券业务

---

① 索某与中某国际信托有限公司（以下简称中某信托）等一审民事判决书［北京市西城区人民法院，（2018）京 0102 民初 25488 号］。

中某国际信托有限公司等与华某证券股份有限公司（以下简称华某证券）营业信托纠纷二审民事判决书［北京市第二中级人民法院，（2019）京 02 民终 13011 号］。

活动的意见》，载明证券公司应当严格审查交易账户及交易操作的合规性，严禁账户持有人通过证券账户下设子账户等方式违规进行证券交易。

华某证券向中某信托发出《关于清理中某—华某金稳盈×号证券投资集合资金信托计划的提示函》，其载明华某证券根据近期监管要求决定于某日闭市后终止数据端口对接服务。后，中某信托以邮件的形式告知索某前述内容并邮件提供《提前终止申请》模板并将信托报酬计提至某日。后，索某签字确认《提前终止申请》。清退后余额为 402.461928 万元。

索某以侵权为由请求受托人赔偿差额损失及利息等。北京市西城区人民法院一审驳回其诉讼请求，北京市第二中级人民法院二审驳回上诉，维持原判。

裁判要点

索某与中某信托分别于 2015 年 4 月 16 日及 2015 年 6 月 1 日订立涉案信托合同，不仅交易形式的设计违反了《证券法》关于证券账户实名制的规定，而且伞形信托有增加金融风险、破坏证券市场正常秩序、损害证券市场不特定投资者利益的情况，一审法院认定涉案信托合同无效，具有事实和法律依据。

实务经验总结

本案核心问题在于“政策因素的风险如何在信托主体间分担?”结合办案经验，针对这类问题以下三点值得思考。

1. 从法律角度看，政策因素不一定是不可抗力，不应按照不可抗力规则对合同履行双方进行归责。这样说的主要原因是，我国的政策监管随着市场情况调整，政策调整不是一种不可预见的情形。当然，如信托当事人各方如将政策因素列为免责条款，则属于合同自治的范围。本案中，政策变更前（以下简称老政策）并未明确禁止伞形信托，变更后（以下简称新政策）明确禁止了伞形信托，限制其交易活动，并要求相关信托产品整改。这种新、老政策变化不足以构成合同方的解除权。

2. 本案中，老政策期间索某在签订《信托合同》前对“HOMES 系统”是否属于违规客户端及场外配资进行了咨询但未得到回复，属于已经预见到相关风险。为保证合法性，避免直接违反《证券法》第五十八条的规定，签署的《信托合同》中也明确将委托人操作信托账户的权利列明为“建议权”其账户为

“子账户”，即相关账户仍由受托人控制。如按合法性审查，“建议权+子账户”模式的确保证了账户实名制符合《证券法》规定。可以说，委托人和受托机构均在一定程度上预见并采取措施避免相关风险。本案中，信托不是单一信托，也无法按照《信托法》进行解除继而终止信托。（实际上，委托人也不愿终止信托。）

3. 本案法院最终按照原《合同法》第五十二条第五项规定认定信托合同无效。关于前述“建议权+子账户”的合规模式，两级法院均认定其违反了《证券法》关于账户实名制的规定，否定了其合法性。新政策虽未提及建议权设置，但明确列明“子账户”是违规账户，不利于严格落实证券账户实名制。如无对“子账户”的监管政策，单看《证券法》第五十八条难以得出该模式违反《证券法》的结论。

实践中，司法机关对法律的理解和解释，常常吸收最新的监管政策。这也是在资管纠纷中，我们对政策和商业合理性不断剖析的原因，同一法条的不同解释往往对于个案会有影响。

相关法律规定

《中国证券监督管理委员会公告〔2015〕19号——关于清理整顿违法从事证券业务活动的意见》

二、中国证券登记结算公司应当按照《证券法》第一百六十六条的规定，严格落实证券账户实名制，进一步加强证券账户管理，强化对特殊机构账户开立和使用情况的检查，严禁账户持有人通过证券账户下设子账户、分账户、虚拟账户等方式违规进行证券交易。

《中华人民共和国证券法》

第五十八条　任何单位和个人不得违反规定，出借自己的证券账户或者借用他人的证券账户从事证券交易。

法院判决

北京市西城区人民法院在一审判决书“本院认为”部分就该问题的论述如下。

从合同约定及实际履行情形上看，各个子账户证券买卖交易均依照索某所作出的交易指令，虽然中某信托在交易系统设置了对索某作出的指令的负面审查清单，但是该设置是基于信托计划投资范围。涉案信托计划项下每期信托单元的一般委托人均利用子账户进行证券交易，实质上构成不同的一般委托人以信托专用账户名义进行证券交易，由此导致相关监管部门无法了解实际进行证券交易的子账户主体的具体情形，无法进行有效监管，违反了《证券法》关于账户实名制的规定。虽然信托合同订立及履行时，信托公司的监管部门为原中国银监会，但是既然信托公司安排该信托资金投资于证券市场，该信托计划在证券市场的交易结构及投资行为应当符合《证券法》的规定，该证券交易行为亦应当受到证券市场相关监管主体的监管。

北京市第二中级人民法院在二审判决书“本院认为”部分就该问题的论述如下。

(伞形信托) 交易模式中，一般受益人实际控制子账户、自主决定子账户项下信托资金的运作。而中某信托仅按照负面清单对一般受益人作出的交易指令进行违规和违约审查，并非自主作出交易决策。同时，涉案信托计划的母子账户设置模式将导致其信托专用证券账户只以母账户的形式在中国证券登记结算有限公司的结算系统进行结算。这一账户设置模式最终导致涉案信托计划项下不同的一般受益人将以同一账户进行证券交易，违反了《证券法》关于账户实名制的规定。结合涉案信托《第×期信托单位认购风险申明书》的约定，一审法院据此认定涉案信托为伞形信托，并无不当。

2015 年 4 月 16 日，在中国证券业协会召开的证券公司融资融券业务情况通报会上，对证券公司开展融资融券业务提出了七项要求，其中第四项明确要求证券公司不得为场外配资、伞形信托提供数据端口等服务或便利。中国证监会亦于 2015 年 4 月 22 日发布《通报证券公司融资融券业务开展情况》，该文明确证券公司“不得以任何形式参与场外股票配资、伞形信托等活动，不得为场外股票配资、伞形信托提供数据端口等服务或便利”。在此强监管背景下，索某与中某信托分别于 2015 年 4 月 16 日及 6 月 1 日订立涉案信托合同，不仅交易形式的设计违反了《证券法》关于证券账户实名制的规定，而且伞形信托有增加金融风险、破坏证券市场正常秩序、损害证券市场不特定投资者的利益的情况，一审法院认定涉案信托合同无效，具有事实和法律依据。

延伸阅读

裁判规则：信托资金的运用采取委托人代表投资建议和受托人指令相结合的

方式进行，受托人始终享有控制权，不属于出借账户。

案例：王某惠、四某信托有限公司（以下简称四某信托）营业信托纠纷再审审查与审判监督民事裁定书［四川省高级人民法院，(2019) 川民申3849号］。

关于案涉信托合同是否存在违约以及违规从事融资融券的问题。

第一，案涉信托合同条款中明确载明，受托人不保证B类优先受益人未来能获得的实际收益与预计的年化收益一致，同时，受托人不承诺最低收益，不保证初始投资的B类优先信托资金不受损失。故本案信托合同并不存在保本、保收益约定的问题。

第二，首先王某惠主张，四某信托违反合同约定，将投资管理的权限全部直接交给李某红，即由李某红实际进行投资操作，实际上是为李某红配资炒股。李某红在四某信托于2016年4月6日起诉李某红信托纠纷一案中的主要抗辩理由亦为："四某信托提供的信托合同违反了行业管理规定，实质是以信托的合法形式掩盖违规借贷资金的非法目的。"但二审法院就该案在本案二审之前作出的 (2017) 川01民终4451号民事判决对此并未予认定。换言之，对于王某惠的此项主张，人民法院的生效判决已经作出了相反的认定。其次，中国银监会发布的《关于印发〈信托公司证券投资信托业务操作指引〉的通知》第二十一条第一款规定："证券投资信托设立后，信托公司应当亲自处理信托事务，自主决策，并亲自履行向证券交易经纪机构下达交易指令的义务，不得将投资管理职责委托他人行使。"结合本案双方当事人在盈丰×号信托合同中明确约定"信托资金的运用采取委托人代表投资建议和受托人指令相结合的方式进行投资管理。由委托人代表作出投资建议，委托人代表的资质必须符合相关法律法规的规定。受托人根据委托人代表的投资建议进行信托资金的交易和运作，并具有投资决策权"的投资交易模式。四某信托对李某红的指令建议进行审查后再发出交易指令，始终对信托财产以及信托股票账户享有控制权，能够自主决定交易指令的发出以及执行风控措施。最后，中国证监会于2015年9月17日发布并实施的《关于继续做好清理整顿违法从事证券业务活动的通知》，是要求清理、整顿相关的信托产品账户，并不是对信托计划本身是否违法作出认定。王某惠亦无证据证明，四某信托因违规受到了中国证监会的处罚。同时，中国银监会四某监管局于2016年6月27日向案涉六位B类委托人之一唐某出具的《信访事项处理意见书》亦未认定该信托计划本身存在违法的情形。结合该意见书中载明"四某信托能够按照合同约定对产品进行风险控制"的调查结论，四某信托并未将投资管理的权限全部直接交给李某红。因此，本院对王某惠关于四某信托将投资管理的权限全部直接交给李某红实际进行投资操作的主张不予支持。

第三，根据《证券公司融资融券业务管理办法》第二条规定，融资融券是指“向客户出借资金供其买入证券或者出借证券供其卖出，并收取担保物的经营活动”。本案中，信托合同载明的信托目的是，委托人基于对受托人的信任，自愿将其合法所有的资金委托给受托人并加入信托计划，指定受托人将本信托计划项下的信托计划资金投资于沪、深证券交易所上市交易的A股股票等。根据本案实际情况，四某信托与全体B类委托人、四某信托与李某红签订的信托合同的文本基本相同，四某信托亦未向李某红出借资金或者证券，并且诉争的信托计划属于结构化信托。《中国银行业监督管理委员会关于加强信托公司结构化信托业务监管有关问题的通知》中明确规定了结构化信托业务是指信托公司根据投资者不同的风险偏好对信托受益权进行分层配置，按照分层配置中的优先与劣后安排进行收益分配，使具有不同风险承担能力和意愿的投资者通过投资不同层级的受益权来获取不同的收益并承担相应风险的集合资金信托业务。因此，结构化信托所产生的融资功能是其本身具有的附随效果，并不能因为其具有融资功能，就将其认定为融资法律关系，即认定为四某信托违法开展融资业务。原审法院认定，诉争信托不属于非法融资融券，认定事实及适用法律均无不当。

第四，本案盈丰×号信托合同关于信托计划的预警、追加和止损明确约定：“如增强信托资金追加义务人未在T+1日10：30前足额追加信托资金使信托单位净值高于平仓线，则T+1日10：30起，受托人将拒绝任何投资建议，并对信托计划持有的全部证券资产按市价委托方式进行变现、对信托计划持有的开放式基金全部赎回，该平仓是不可逆的，直至信托财产全部变现为止。”王某惠认为，“四某信托未按应于8月26日10：30起采取平仓措施的约定进行平仓，直至2016年2月4日才实施平仓操作，致损失扩大”，该再审理由实际上就是，四某信托应当于第一时间，即在2015年8月26日委托卖出所有非停牌股票进行平仓，因四某信托在实施平仓时存在拖延，导致损失扩大。但该主张并不符合上述约定，亦即没有合同上的依据，同时也不具有操作的可行性与合理性。因为证券市场存在极大的不确定性，面对当时持续性下挫的证券市场，任何投资者均无法准确判断其市场行情走向。在李某红未按约定追加资金的情况下，结合盈丰×号信托计划存在分层配置信托收益权及收益分配存在先后顺序的特征，四某信托作为受托人有权基于公允的角度进行综合判断，根据市场及投资股票变化情况自主选择平仓的时机、价格、数量，灵活进行平仓操作，以最大限度地维护全体委托人的利益。另，王某惠依据四某信托诉李某红信托纠纷一案法院的相关认定，认为四某信托“直至2016年2月4日才实施平仓操作”。经查，二审法院（2017）川01民终4451号民事判决中法院认定的事实为：“……现中国工商银行股份有限公司同意于2016年2月4日终止本信托计划并退出优先A信托本金9000万元，请四某信托根据信托合同关于‘信托计划的终止和清算’的约定要求办理信托终止事宜。”可见，原审法院在该案中并没有作出四某信托直至2016年2月4日才实施平仓操作的事实认定。因此，王某惠认为四某信托未依约及时平仓的主张亦不成立。

简评：我们认为，司法裁判中对于金融创新的态度是既尊重商事外观，又重视真实法律关系。至于如何区分，还要看哪种更接近法律基本的公平原则。

第三章 终止、清算与决议

本章前言

我们可以把信托终止与清算算作信托运营的最后环节，其重要程度也可以单独被认为是一个环节。无论如何，受托人在设立环节处分信托财产的行为与终止清算环节的处分行为有所差异，后者可能需要受托人更加慎重对待。这不仅是因为终止清算环节是很多信托项目风险暴露的阶段，也是因为信托清算需要保证受益人之间的公平。

信托终止环节应当由受托人出具清算报告。如果这个环节出现纠纷，往往会使受益人陷入被动，因为受益人无法明确信托投资的损失。实际上，损失的表现有很多表现形式，如资产的流动性损失，债权评级的下调损失等，这些损失如何在案件中向法院组织有力证据来说服法官也是实务难题。

信托的受益人大会制度通过同意和许可方式可以有效确认受托人责任。但是受益人大会制度的表决范围应当严格限定，不能替代受托人的自主市场判断。否则，受益人大会可能面临“吃力不讨好”的情况，类似于事务管理型信托中委托人等如果给出错误的指令，其也应承担相应责任。而信托制度设立的初衷就是让专业的信托机构来面对市场，让受益人可以直接获得收益。

总之，信托的终止与清算离不开合理的程序和实质分配的及时公平，受托人的信义义务的上限和下限也同样重要。

031 信托财产尚未清算确认，能否证明信托投资的经济损失?

关键词：定损清算　受托人　流动性损失

阅读提示

信托财产尚未清算，无法确定信托投资的收益或损失。在信托投资“爆雷”的情况下，信托投资损失可以定性但无法定量，仍然无法确定信托受益人的权益亏损情况，难以及时获得法律保护。信托财产尚未清算确认，能否证明信托投资的经济损失?

裁判要旨

依据《信托合同》信托期限自动顺延的约定，信托财产现尚未变现，信托计划仍在存续期间，难以证明已经发生实际经济损失。

案情简介①

2018年3月，中某公司拟设立信托计划，募集资金用于购买中某建公司、中某惠瑞公司与上海际某公司采购电解铜及聚乙烯形成的应收账款，资金规模3亿元，发行期1年，中某建公司提供担保。之后，中某公司与上海际某公司签订《应收账款转让与回购协议》，约定了债权转让及回购事宜。随后各方签署《债权债务确认协议》，中某公司另与中某建公司签订《保证合同》。

2018年4月，融某公司与中某公司签署《信托合同》并支付了3000万元。之后，中某公司向上海际某公司支付购买价款共计9300万元。

《信托合同》第6.2条约定“如在信托计划预计存续期限届满日，信托财产尚未全部变现……则信托期限自动顺延至信托财产全部变现之日或虽信托财产未全部变现……无须召开受益人大会”。

2018年9月，中某公司对上海际某公司违约提起诉讼，达成调解协议。2019

① 北京融某财通投资有限公司（以下简称融某公司）与中某信托有限责任公司（以下简称中某公司）营业信托纠纷一审民事判决书［北京市东城区人民法院，(2020) 京0101民初10258号］。

北京融某财通投资有限公司与中某信托有限责任公司营业信托纠纷二审民事判决书［北京市第二中级人民法院，(2021) 京02民终4794号］。

年4月，中某公司公告告知委托人根据信托合同约定，信托计划自动延期。2019年11月，法院受理债权人申请，启动对中某建公司预重整后中某公司按照民事调解书确定的债权金额进行债权申报。之后应债权人申请，法院裁定受理中某建设的重整申请。

融某公司请求中某公司赔偿投资本金3000万元及利息等，北京市东城区人民法院一审判决驳回，融某公司上诉，北京市第二中级人民法院二审维持原判。

裁判要点

现上海市第三中级人民法院已出具裁定书，受理中某建公司的重整申请，故中某建公司目前处于重整状态，本案的信托财产是否能够变现或变现比例为多少，均要等待中某建公司重整的结果。因此，依据《信托合同》第6.2条的约定，信托财产现尚未变现，信托计划仍在存续期间。故，一审法院认定融某公司缺乏事实依据证明其已经发生实际经济损失，并无不当。

实务经验总结

本案的核心问题是："信托财产尚未清算确认，如何证明经济损失?"结合办案经验，我们认为有以下三点。

1. 受托人客观无法清算确认信托财产的案例较多。由于资金信托投资的损失通常不会全部灭失，很多案例中信托投资转变为特定类型的债权。前述债权的价值虽然实际上已经贬损，但是其贬损程度无法准确判断。例如，信托投资被转化为破产债权，因证明经济损失依赖于履行破产程序，信托受托人因客观原因无法及时清算确认。经济损失难以证明，亦难以证明受托人不履行清算义务的责任。

2. 信托的投资损失不完全依赖于受托人的清算确认。例如，在二级市场证券投资信托情形下，即使信托尚未清算确认，但是仍然可以主动计算出足以定量的信托财产及亏损。此外，如果受托人怠于履行清算义务，还可以额外追究其违约或侵权责任。

我们注意到经济损失难以定量确认是委托人实践中面临的困境。但是，如果在信托合同中对损失作出提前约定，则又会面临需要受托人垫付未经清算的信托财产的困境，涉嫌刚性兑付。因此，实践中如何解决这个问题，值得进一步思考和观察。

相关法律规定

《信托法》

第五十八条 信托终止的，受托人应当作出处理信托事务的清算报告。受益人或者信托财产的权利归属人对清算报告无异议的，受托人就清算报告所列事项解除责任。但受托人有不正当行为的除外。

《信托公司集合资金信托计划管理办法》

第三十一条 信托计划终止，信托公司应当于终止后10个工作日内做出处理信托事务的清算报告，经审计后向受益人披露。信托文件约定清算报告不需要审计的，信托公司可以提交未经审计的清算报告。

法院判决

北京市东城区人民法院在一审民事判决书“本院认为”部分相关表述如下。

现有证据不能证明融某公司已经实际遭受损失。根据《信托合同》第6.2条的约定，如在信托计划预计存续期限届满日，信托财产尚未全部变现，并发生约定的情形后，则信托期限自动顺延至信托财产全部变现之日。现中某公司就法院已生效的民事调解书向法院申请强制执行，并根据调解书确定的债权金额向上海市第三中级人民法院进行债权申报。故符合《信托合同》约定的信托财产尚未全部变现的情形。且中某公司已于2019年4月22日发布第六次临时信息披露公告，对信托计划延期进行披露。中某公司的行为不违反法律规定以及双方约定，涉案信托计划仍在存续期间。故融某公司以其已经发生经济损失主张权利，缺乏事实依据。

北京市第二中级人民法院在二审民事判决书“本院认为”部分相关表述如下。

融某公司的损失金额是否确定？根据《信托合同》第6.2条的约定，如在信托计划预计存续期限届满日，信托财产尚未全部变现，并发生约定的情形后，则信托期限自动顺延至信托财产全部变现之日。现上海市第三中级人民法院已出具裁定书，受理中某建公司的重整申请，故中某建公司目前处于重整状态，本案的信托财产是否能够变现或变现比例为多少，均要等待中某建公司重整的结果。因此，依据《信托合同》第6.2条的约定，信托财产现尚未变现，信托计划仍在存续期间。故，一审法院认定融某公司缺乏事实依据证明其已经发生实际经济损失，并无不当，本院予以维持。

延伸阅读

裁判规则：信托计划存续期间，委托人不能要求受托人赔偿信托财产损失。

案例：曹某、吉某省信托有限责任公司合同纠纷二审民事判决书［最高人民法院，(2019）最高法民终1594号］。

参见本书之“受益人大会对重大事项表决尚未完成，受托人主动选择表决事项处置方式是否有效?”

简评：流动性损失是否足以申请清算？是否构成损失？信托合同如无约定，则受益人权益难以保障。

032 信托财产投后被转为破产债权，委托人能否因此请求受托人承担违约责任?

关键词：定损清算　违约责任

阅读提示

委托人通过信托投资的资产因相关主体破产被转为破产债权，在破产债权仍然处于尚未确认，且相关担保人/抵押/质押尚未依信托约定处置前，委托人是否可以请求受托人承担违约责任？

裁判要旨

信托投资的资产因主体破产转换为破产债权的，破产债权与原资产差额部分仍可依法向保证人等追偿。如受托人在投资期间及破产期间依法依约履行受托人责任的，则不因此承担违约责任。

案情简介①

2013年，山某信托发行某集合资金信托计划，该《信托计划说明书》及《信托合同》约定，信托资金用途为受让联某投资对联某能源的应收款债权。信托收益来源为联某投资支付的回购价款、处置标的债权的收入、处置质押物的收入、担保人履行担保义务取得的收入。信托计划的增信措施为联某能源持有的某煤业有限公司35%股权的第二顺位质押担保，联某能源持有的联某投资10%股权的第二顺位质押担保，联某能源、邢某斌等连带保证。后，相关方签署完毕前述涉及文件。

卢某通过光某银行将卢某账户上的1000万元划款至山某信托在某银行的信托计划专用账户。信托计划成立后，联某投资共支付5个月的回购保证金。信托计划期限届满后，山某信托向卢某分配信托收益375万元。因联某投资等32家公司进入重整程序，信托计划尚未兑付完毕。山某信托在信托计划管理过程中采取了向债务人联某投资、保证人、质押人催收、向政府部门反映要求保护信托债权、申报破产债权、申请强制执行保证人财产、向投资人披露信托计划进展及征求投资人意见等管理措施。

2017年3月，山西省吕梁市中级人民法院出具《民事裁定书》，裁定信托计划债权金额，性质为担保债权。4月，吕梁市中级人民法院出具《民事裁定书》，裁定批准重整计划，终止重整程序。《重整计划》显示的重整计划执行期为3年，于2020年4月到期。

卢某以未履行合同义务为由请求判决山某信托赔偿损失本金及收益。山西省太原市中级人民法院一审判决驳回，卢某不服上诉，山西省高级人民法院二审维持原判。

裁判要点

现信托计划项下债权已经全部在重整程序中确认，信托计划未实际形成损失。山某信托已申请对信托计划连带保证人强制执行，对于在重整程序中未受清偿的部分，仍可依法向保证人追偿。

---

① 卢某与山某信托股份有限公司（以下简称山某信托）营业信托纠纷一审民事判决书［山西省太原市中级人民法院，（2018）晋01民初596号］。

卢某与山某信托股份有限公司营业信托纠纷二审民事判决书［山西省高级人民法院，（2019）晋民终182号］。

众所周知，信托产品为金融资产高风险类投资，其是否能达到投资人预期的收益存在不确定性，卢某主张的损失是投资本案信托产品的预期利益，实质上是要求受托人保本付息予以兑付。

实务经验总结

本案核心问题在于“信托投资的资产转为破产财产是否已构成‘财产损失’?”对此，结合办案经验，我们认为有以下四点。

1. 以公司破产为例，实践中，公司债权人常见的破产清偿率在3%至10%，公司股东在偿还债权后还能取回股权清算价值的更是罕见。从会计角度看，破产本身也是计提坏账的充分理由。因此，我们认为，财产转为破产财产价值是一种价值贬损较为符合商业逻辑。

2. 从法律角度看，无论是股权还是债权，会计层面的价值变动不会影响财产权的权属和权能。如果信托受托人将信托资金认购股权，即信托资金已经转化为股权，只要受托人依法依约管理股权资产，无论股权是正向的保值增值，还是合理范围内的价值波动，均不应视为受托人违反勤勉义务。

3. 本案中，信托资金认购的债权因标的公司破产，其价值大为贬损，是否已足以作为认定赔偿的基础？这可以拆解成两个问题：（1）价值下跌是否等于有损失？（2）如有损失，损失是否已经确定？

针对第一个问题，一审法官认为，该信托计划认购的债权已经在重整程序中确认，故不存在损失。即价值下跌，但是仍然有价值恢复的合理可期待性，且权利已经法定程序保护，故权利不存在损失。

针对第二个问题，二审法官认为，信托公司仍有追偿权且该权利也已经法律程序保护，从损失金额上看，因执行回款金额不确定，故即使有损失，损失也无法确定。

4. 两审法院均指出，信托合同已经如实披露了投资风险，故投后风险理应由委托人/受益人承担。

综上，我们认为，目前法院对于信托投资“失败”导致投资财产权转换为相关破产债权、追偿权等其他权利的，如信托公司未违反法定和约定的义务且如实披露风险，则其“失败”风险由信托委托人/受益人承担。

相关法律规定

《信托法》

第十四条　受托人因承诺信托而取得的财产是信托财产。

受托人因信托财产的管理运用、处分或者其他情形而取得的财产，也归入信托财产。

法律、行政法规禁止流通的财产，不得作为信托财产。

法律、行政法规限制流通的财产，依法经有关主管部门批准后，可以作为信托财产。

法院判决

山西省太原市中级人民法院在一审判决书“本院认为”部分对此论述如下。

根据《信托合同》约定，山某信托在联某投资等32家公司重整程序中确认的全部债权均为信托财产，山某信托根据重整计划收回的债权将继续分配给包括卢某在内的各委托人。现信托计划项下债权已经全部在重整程序中确认，信托计划未实际形成损失。山某信托已申请对信托计划连带保证人强制执行，对于在重整程序中未受清偿的部分，仍可依法向保证人追偿。故本案信托计划仍有信托财产可供分配，卢某主张其本金和收益的损失已成定局与事实不符，不予认可。

《信托合同》已对信托计划可能出现的投资风险进行了揭示，卢某签字确认的《认购风险申明书》中亦载明“本信托计划不承诺保本和最低收益”等，本案信托计划因联某投资未履行回购义务导致信托计划尚未兑付，系卢某在购买信托产品时可预知并确认自行承担的风险。

山某信托提供证据显示其履行了依据信托计划指定用途运用信托资金、分配信托收益、督促联某投资及担保人履行回购义务、向重整受理法院申报债权、申请强制执行保证人财产、督促管理人分配重整债权等管理职责，山某信托的以上行为均属于对本信托计划的履职行为。

卢某购买信托产品时签署《合格投资人资格确认》，其购买信托产品金额达到合格投资人条件，且其具有购买信托产品的经验，卢某主张山某信托未进行委托人资格审查，与事实不符。

山西省高级人民法院在二审判决书“本院认为”部分对此论述如下。

本案信托计划项下的债权在涉案破产重整程序中获得清偿后，仍享有就债权剩余未获清偿部分对其他连带债务人或其他保证人的追偿权，且山某信托已对涉案保证人申请强制执行，执行回款金额还不确定。故，卢某作为本案信托产品的投资人，其最终损失目前不能确定。

众所周知，信托产品为金融资产高风险类投资，其是否能达到投资人预期的收益存在不确定性，卢某主张的损失是投资本案信托产品的预期利益，实质上是要求受托人保本付息予以兑付。该主张忽略了信托产品的投资风险，与信托产品的特性相悖，没有法律依据，本院不予支持。

本案信托计划出现兑付风险由联某投资无法支付回购价款引发，与信托计划前期募集、成立及信托资金的划转没有因果关系。

本案信托计划在联某投资按期支付5个月回购价款后因联某集团实际控制人邢某斌突发事件而导致后续回购价款未再按时支付。2013年8月，联某投资出现违约事项后，山某信托向联某投资及担保人进行了催收，并于2013年10月与联某投资签订了《股权质押担保协议》，将原信托计划设置的10%及35%的2个股权第二顺位质押担保追加为第一顺位质押，并办理了质押登记。该股权质押在破产重整程序中被管理人依法确认，信托项下债权被确认为担保债权，可以抵押物的评估价值优先受偿。在吕梁市中级人民法院裁定受理联某投资的破产重整申请后，山某信托申报债权并获得确认，向委托人及时披露破产重整进展情况、征求委托人对重整计划的表决意见、督促管理人执行重整计划。

本案信托计划因联某投资未履行回购义务导致信托计划尚未兑付，系该信托产品出现的市场风险，而非山某信托管理行为所致。

延伸阅读

裁判规则：信托计划终止后，信托投资浮亏但信托财产尚未完成清算和分配的，属于损失尚未确定。

案例：曹某、吉某省信托有限责任公司合同纠纷二审民事判决书［最高人民法院，(2019) 最高法民终1594号］。

参见本书之“受益人大会对重大事项表决尚未完成，受托人主动选择表决事项处置方式是否有效?”

简评：信托受托人违约承担违约责任，信托受益人承担市场风险。非因受托人原因的信托投资底层资产破产属于后者，由受益人承担。

033 受益人大会对重大事项表决尚未完成，受托人主动选择表决事项处置方式是否有效？

关键词：受托人　信义义务　受益人大会

阅读提示

《信托法》第二条规定，信托受托人应以自己的名义依法履行受托义务。《信托公司集合资金信托计划管理办法》则进一步规定了“受益人大会”制度。故实践中，如果出现重大事件时，受托人应当及时履行受托义务，还是应当等待受益人大会决议后履行其决议？如果未经决议，受托人的管理行为是否有效？

裁判要旨

信托受托人应当勤勉尽责管理信托财产，管理行为以受益人利益最大化为原则。信托投资融资方破产后，在受益人大会未形成有效决议的情况下，受托人作为债权人可以选择不损害受益人利益的破产重整方案。

案情简介[①]

2011年10月，经建某银行山某分行工作人员推介，李某兰（曹某母亲）代曹某与吉某信托签署一系列信托文件，并转入认购资金人民币5000万元。《信托合同》对受益人大会约定有“（1）受益人大会应当由代表50%以上信托单位的受益人参加，方可召开；（2）受益人大会就审议事项作出决定，应当经参加大会的受益人所持表决权的三分之二以上通过，但更换受托人、改变信托财产运用方式、提前终止信托合同，应当经参加大会的受益人全体通过”等内容。11月，吉某信托作为投资方与被投资方及保证人签署合同，设立并运作涉案信托计划。

---

① 本案是行业热点案件。

曹某、吉某省信托有限责任公司（以下简称吉某信托）合同纠纷一审民事判决书［吉林省高级人民法院，（2018）吉民初2号］。

曹某、吉某省信托有限责任公司合同纠纷二审民事判决书［最高人民法院，（2019）最高法民终1594号］。

2013年12月，吉某信托起诉被投资方，胜诉后其诉求9.727亿元获得法院支持。2015年3月，被投资方进入破产重整程序。吉某信托向破产管理人申报了信托计划所涉债权，参加了债权人会议。经确认信托计划所涉债权为普通债权，债权数额为人民币约12.64亿元。

2017年4月，法院裁定批准被投资人的《重整计划》，计划分为两种方案：A方案为现金清偿（清偿率8.82%），B方案为债转份额清偿。5月，吉某信托召开受益人大会，就重整计划中的A、B清偿方案选择事宜征求受益人意见。因实际参会的受益人所持信托单位份额未达到会议召开条件，未能有效召开，没有形成有效决议。吉某信托选择了B方案，即将信托计划约12.64亿元中的91.18%转为出资，剩余8.82%留作债权分期偿还。

曹某以恶意串通销售信托产品为由，请求吉某信托及建某银行山某分行赔偿本金5000万元及利息，吉林省高级人民法院一审驳回请求，曹某不服上诉，最高人民法院二审驳回上诉维持原判。案情简介示意如图2-3所示：

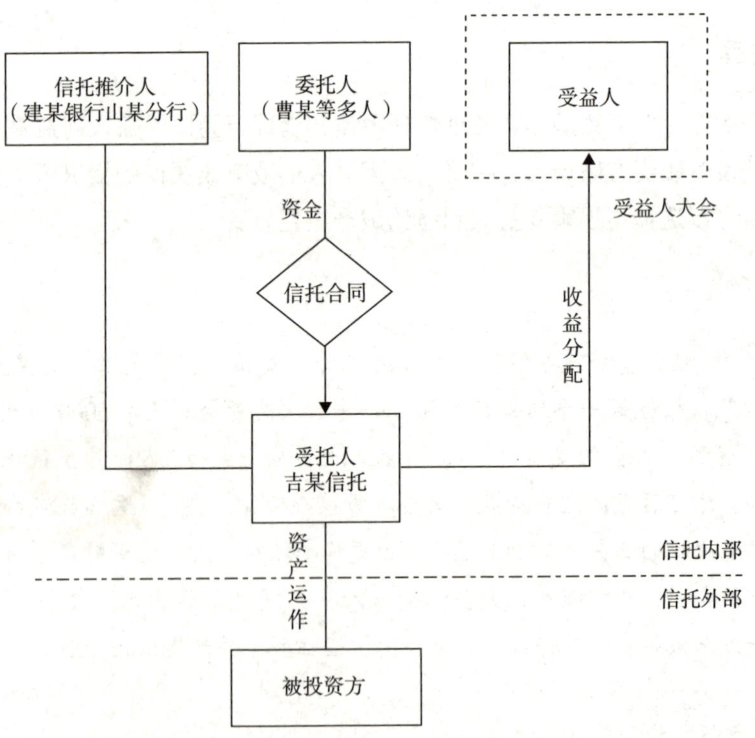

图2-3 案情简介示意

裁判要点

在受益人未形成合同约定的有效决议情况下，吉某信托为受益人利益最大化选择了债转股的偿还模式，与大部分债权人选择相一致，并不违背信托法律及信托合同关于受益人利益最大化的管理原则。

实务经验总结

本案的核心问题是："信托受托人能否在未经受益人大会确认的情况下，自主进行重大事项管理决定?"结合办案经验，我们认为有以下几点。

1. 受托人依法履行信托财产管理义务。如《信托合同》等另行约定受托人的权利义务的，受托人还应当依约履行义务。其中，如约定需要受益人大会决议的重大事项，应注意与受托人法定权利衔接，避免陷入履约僵局。

2. 重大事项因未经受益人大会决议陷入履约僵局时，受托人在没有违反法律规定和"为受益人的最大利益原则"处理信托事务所作的决定，对外发生效力。例如，本案中，吉某信托选择了信托财产涉及的债权破产重整方案。

3. 为避免潜在纠纷，我们建议《信托合同》中应当将受托人的权利义务和受益人大会决议制度有机结合，根据信托类型（如主动管理信托、事务管理信托）约定不同的重大事项处理方式。

相关法律规定

《信托法》

第二十五条　受托人应当遵守信托文件的规定，为受益人的最大利益处理信托事务。

受托人管理信托财产，必须恪尽职守，履行诚实、信用、谨慎、有效管理的义务。

《信托公司集合资金信托计划管理办法》

第四十二条　出现以下事项而信托计划文件未有事先约定的，应当召开受益人大会审议决定：

（一）提前终止信托合同或者延长信托期限；

（二）改变信托财产运用方式；

（三）更换受托人；

（四）提高受托人的报酬标准；

（五）信托计划文件约定需要召开受益人大会的其他事项。

法院判决

吉林省高级人民法院在一审判决书“本院认为”部分对此论述如下。

关于案涉《信托合同》履行中，吉某信托是否履行了信息披露及审慎管理义务问题。根据《信托公司集合资金信托计划管理办法》第三十四条、第三十五条、第三十八条的规定，信托计划实施期间，信托公司应当及时、客观、完整地披露信息并保证受益人的知情权，并在出现可能对受益人权益产生重大影响事由时应当及时采取应对措施。同时，案涉《信托合同》约定“受托人应当遵守信托文件的规定，恪尽职守，履行诚实、信用、谨慎、有效管理的义务，为受益人的最大利益处理信托事务”。因此，信托公司在实施信托计划期间，应当恪尽职守，审慎、有效地处理信托事务。

首先，根据本案查明情况，吉某信托在案涉信托计划实施期间，将信托资金管理报告等信托事项处理报告通过受托人网站、外部网站等予以披露，不违反案涉《信托合同》关于信托公司信息披露及方式。

其次，案涉信托计划的融资人出现违约后，吉某信托采取起诉、保全等方式使其信托债权得到了司法保护，并在融资人进入破产程序后，通过进行债权申报、参加债权人会议、召开受益人大会、委托中介机构评估和咨询、签署重整文件等积极履行了受托人管理职责。因此，吉某信托在实施信托计划期间信息披露及管理行为并不存在明显违反法律规定及合同约定的行为。

最后，案涉信托计划的融资人进入破产重整程序后，吉某信托通过通信方式召开受益人大会征求受益人意见，并不违反《信托公司集合资金信托计划管理办法》及案涉《信托合同》关于受益人大会召开方式的规定。同时，在受益人未形成合同约定的有效决议情况下，吉某信托为受益人利益最大化选择了债转股的偿还模式，与大部分债权人选择相一致，并不违背信托法律及信托合同关于受益人利益最大化的管理原则。

最高人民法院在二审判决书“本院认为”部分对此论述如下。

此外，案涉信托计划的融资人出现违约后，吉某信托采取起诉、保全等方式使其信托债权得到了司法保护。在融资人进入破产程序后，通过进行债权申报、参加债权人会议、召集受益人大会、委托中介机构评估和咨询、签署重整文件等积极履行了受托人的管理职责。案涉信托计划的融资人进入破产重整程序后，吉某信托召开受益人大会征求意见。在受益人未按照案涉信托文件形成有效决议的情况下，吉某信托为受益人利益最大化选择了债转股的偿还模式，与大部分债权人选择相一致。曹某提出的吉某信托过度信赖建某银行山某分行，导致错过最佳风险处置期应当承担赔偿责任，没有事实依据，本院不予支持。

延伸阅读

裁判规则一：受益人大会作出决议后，部分受益人未及时提出异议，受托人依照决议履行管理义务，不承担违约责任。

案例1：厉某英、渤某国际信托股份有限公司营业信托纠纷二审民事判决书［最高人民法院，(2019）最高法民终1025号］。

参见本书之“《信托合同》约定不清，受托人能否依照自己的判断选择适用信托条款提前终止信托?”

裁判规则二：在没有明确约定或者法律规定的情形下，不能将受益人对受益人大会的沉默推定为同意。

案例2：李某伟、新某信托股份有限公司（以下简称新某信托公司）营业信托纠纷二审民事判决书［最高人民法院，(2018）最高法民终173号］。

一审法院认为，在没有明确约定或者法律规定的情形下，不能将沉默推定为同意。本案中，在次级受益人对是否延期未作表态的情况下，新某信托公司应当再次征求次级受益人的意见，要求其明确态度并说明后果，而不能径自推定为次级受益人同意延期。因此，新某信托公司的延期行为违反合同约定。

本院认为，关于未及时进行项目清算是否违约的问题。新某信托公司在次级受益人均未明确表示同意信托计划延期的情况下，主动决定延期，其行为违反了《资金信托合同》约定，构成违约。一审判决已经有详细阐述，在此不再赘述。

简评：受益人大会实际上和受托人一样对信托财产的处置有决策的权利，但是二者间的决策可能存在矛盾，这是受托人的难题。解决问题的核心是找准信义义务的边界。

034 信托延期等重大事项依约表决变更，未参与表决的受益人有异议是否对信托有影响?

关键词：受益人大会　未参与表决　表决效力

阅读提示

信托计划设立时应对变更信托受托人、信托财产运用方式、提前终止信托合同、延长信托期等重大事项约定。但如果受托人依约召开受益人大会等并通过决议变更信托重大事项后，未参与表决的委托人有异议的，是否对信托有影响?

裁判要旨

信托合同等如约定了受益人大会等表决机关和程序，并经程序作出决议，决议效力及于全体受益人。如部分受益人有异议，亦应及时主张权利。信托受托人依据信托合同的约定和受益人大会的决议履行管理义务，不承担违约责任。

案情简介[①]

2014 年 1 月，渤某信托发起设立《信托计划》，该计划规模为 3.5 亿元人民币，其中 2 亿元为优先信托单位，1 亿元为夹层[②]信托单位，5000 万元为劣后信托单位。渤某信托与厉某英签订《认购风险申明书》《信托合同》《资金信托合同之补充协议》，信托资金为 1 亿元。

渤某信托与湖南湘某签订《有限合伙份额受让协议》，约定信托计划成立后 18 个月内，上市公司万某生科未能完成重组，则信托计划提前终止。湖南湘某承诺在此情况下，在 30 日内无条件以人民币 4.3 亿元的受让价款受让渤某信托持有的宁波伟某的全部有限合伙份额。卢某之向渤某信托出具《承诺函》，如湖南湘某未能按《有限合伙份额受让协议》约定履行义务时，卢某之将无条件承

① 厉某英、渤某国际信托股份有限公司（以下简称渤某信托）营业信托纠纷一审民事判决书［河北省高级人民法院，(2018) 冀民初 92 号］。

厉某英、渤某国际信托股份有限公司营业信托纠纷二审民事判决书［最高人民法院，(2019) 最高法民终 1025 号］。

② 现行规则下，夹层份额计为优先级。

担连带义务。

2015 年 7 月，渤某信托向厉某英发去电子邮件通知其参加宁波伟某项目第一次受益人大会，函告审议《宁波伟某股权转让协议》等议案。后相关决议经三分之二份额受益人通过（不包括厉某英）。

2017 年 7 月，渤某信托向厉某英送达《关于召开渤某信托 · 宁波伟某投资项目集合资金信托计划第二次受益人大会的通知》，该通知申请延长信托计划期限至 2018 年 7 月，审议延长信托计划期限或原状分配。后，厉某英函告渤某信托其通知违反规定应重新通知，不同意渤某信托要求表决的所谓“延期信托计划期限或以原状分配”事项等。

厉某英以渤某信托未履行信义义务为由请求渤某信托赔偿本金及收益等，河北省高级人民法院一审驳回请求，厉某英不服上诉，最高人民法院二审维持原判。案情简介示意如图 2–4 所示：

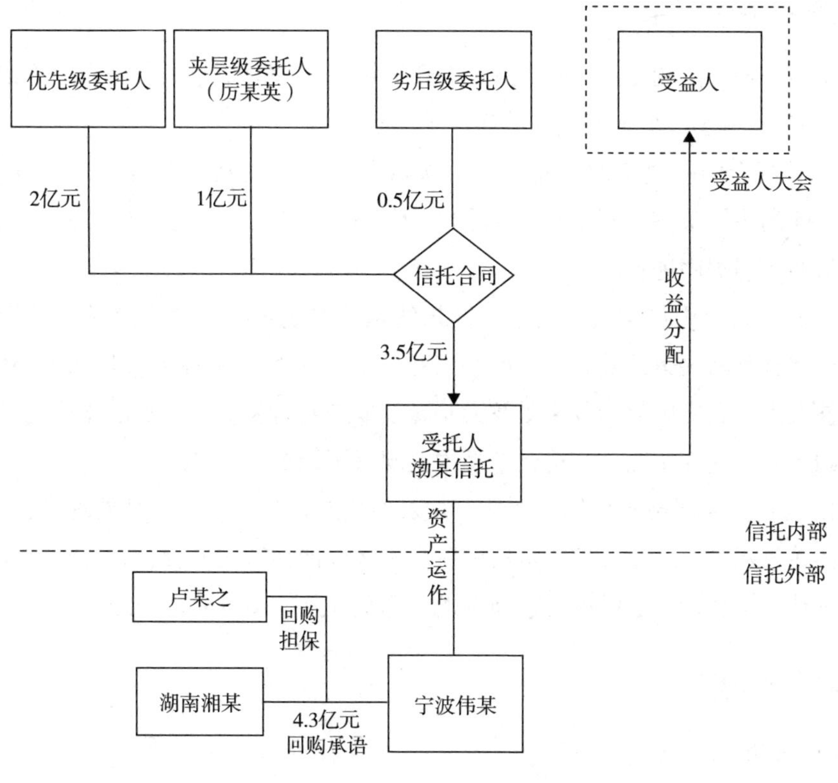

图 2–4　案情简介示意

裁判要点

厉某英并未及时向渤某信托提出对第一次受益人大会决议内容的异议，且在第二次受益人大会的回函中，厉某英亦未提出信托计划应在 18 个月时终止的主张。渤某信托已经履行了通知厉某英参加会议的义务。按照《信托合同》约定，更换受托人、改变信托财产运用方式，除本合同约定外提前终止信托合同或者延长信托期限应当经参加大会的受益人全体通过。大会决议经参会的全体受益人一致表决同意并通过。

渤某信托依据信托合同的约定和受益人大会的决议履行管理义务，不应承担违约责任。

实务经验总结

本案的核心问题是："对受益人大会决议持异议的受益人，是否应承担决议后果?"结合办案经验，我们认为有以下三点。

1. 信托合同中决定的受益人大会决议与受托人判断均是有权的决策方式，二者之间的决策范围通过《信托合同》等文件约定，即信托运作过程中的决策需要依照正当程序进行。

2. 信托决策中如果出现信托合同未约定或约定不明的重大事项，应当从实质层面综合判断决策的效力。例如，信托"爆雷"后，受托人处理权限不清晰，且受益人大会表决中存在较多受益人持异议或未明确表示同意易激化信托受益人之间的矛盾。这种情况在结构化信托中表现得可能更为明显。

3. 受托人应严格履行信义义务，并以受益人利益最大化原则处理信托事宜。因此，在信托设立时，合理约定何种重大事件以何种形式处置、处置时的异议方或是沉默方的特别沟通措施等事项有助于避免风险，高效处理纠纷。

相关法律规定

《信托法》

第五十三条 有下列情形之一的，信托终止：

（一）信托文件规定的终止事由发生；

（二）信托的存续违反信托目的；

（三）信托目的已经实现或者不能实现；

（四）信托当事人协商同意；

（五）信托被撤销；

（六）信托被解除。

《信托公司集合资金信托计划管理办法》

第四十二条　出现以下事项而信托计划文件未有事先约定的，应当召开受益人大会审议决定：

（一）提前终止信托合同或者延长信托期限；

（二）改变信托财产运用方式；

（三）更换受托人；

（四）提高受托人的报酬标准；

（五）信托计划文件约定需要召开受益人大会的其他事项。

法院判决

河北省高级人民法院在一审判决书“本院认为”部分对此论述如下。

案涉《信托合同》约定，受益人大会应当有代表50%以上信托单位的受益人参加方可召开，改变信托财产运用方式、延长信托期限应当经参加大会的受益人全体通过。虽然厉某英没有参加第一次受益人大会，但持有71.43%信托单位的其他受益人分别对该次受益人大会审议事项进行了表决，大会决议系经参会的全体受益人一致表决同意并通过，应视为渤某信托召开的第一次受益人大会取得了全体参会受益人一致表决同意并形成决议，符合信托合同的约定，第一次受益人大会所作出的决议对厉某英具有约束力。

同时，渤某信托于2015年7月两次向厉某英发去电子邮件，向其通知召开第一次受益人大会，并附上表决材料。厉某英并未及时向渤某信托提出对第一次受益人大会决议内容的异议，且在第二次受益人大会的回函中，厉某英亦未提出信托计划应在18个月时终止的主张。厉某英虽然对渤某信托的第三季度管理报告有异议，但未提供相应的证据证明其及时向渤某信托提出异议。

最高人民法院在二审判决书“本院认为”部分对此论述如下。

厉某英明知大会讨论内容，在其收到相关通知后，并未及时向渤某信托提出异议。渤某信托已经履行了通知厉某英参加会议的义务。按照《信托合同》约定，受益人大会应当有代表50%以上信托单位的受益人参加方可召开。更换受托人、改变信托财产运用方式，除本合同约定外提前终止信托合同或者延长信托期限应当经参加大会的受益人全体通过。大会决议经参会的全体受益人一致表决同意并通过。故，第一次受益人大会的决议符合合同约定和法律规定，合法有效。第一次受益人大会召开后，渤某信托在其网站上公告了相关内容，厉某英亦未及时提出异议。渤某信托依据信托合同的约定和受益人大会的决议履行管理义务，不应承担违约责任。

延伸阅读

裁判规则：在没有明确约定或者法律规定的情形下，不能将受益人对受益人大会的沉默推定为同意。

案例：李某伟、新某信托股份有限公司营业信托纠纷二审民事判决书［最高人民法院，(2018) 最高法民终173号］。

参见本书之“受益人大会对重大事项表决尚未完成，受托人主动选择表决事项处置方式是否有效？”

第四章 信托关系认定

本章前言

信托关系认定的前提是要区分信托关系与其他法律关系，如委托关系和借贷关系，这是因为资金信托是行业最多的信托类型。根据信托业协会的数据，2021年度我国信托规模约20万亿元，其中资金信托与管理财产信托的比例大约为3∶1。从数据上看，管理财产信托近年来快速增长，相信未来能在司法案例层面看到更多带有管理财产信托特点的信托案件。

实务中，金融领域的“穿透式监管”在各种类型的监管核查中都是常见思路，用以挖掘交易的实质并暴露项目或交易的真实风险。例如，企业上市过程中对股东的穿透式核查和三类股东（信托、资管计划、契约型基金）的核查。而信托则是法定的由受托人按委托人的意愿以“自己的名义”进行信托财产管理的法律关系，对委托人的隐私有所保护。这无疑导致信托关系与金融监管逻辑的矛盾和冲突。我们也遇到过不同的客户在不同类型的项目上不约而同地建议“能否用信托模式来作为合法的股权代持的载体？”这反映出市场对于信托的本质还存在误解，没有充分理解受托人的作用和信义义务内涵。这种“穿透式”逻辑在司法裁判中也有体现。

此外，既有把名为信托的当事人之间关系认定为其他法律关系的案例，也有把其他与信托类似案件的当事人认定为信托关系的案例。后者主要依照《信托法》第二条的规定将资管类金融产品的当事人认定为信托关系，《信托法》的适用范围在实务中有所拓展。这种拓展除行业监管趋近统一外，基金、资管等模式基于信托的理论基础也是重要原因，然而这种拓展在案例中呈现偶发、谨慎、克制的倾向。一是因为《证券投资基金法》及相关监管规定已经对各类其他非信托产品作了特别规定；二是因为大量案件中当事人间的约定足以涵盖相关争议事项。针对《信托法》拓展适用的问题，有兴趣的读者可以从“契约型基金”（也称信托制基金[①]）争议中如何适用《信托法》来观察拓展程度，因为契约型基金运作完全基于信托，而又同时受到基金相关规定的管理，是一个非常好的观察窗口。

① 契约型基金的相关论述可参见全国人大财政经济委员会副主任委员在第九届全国人大常务委员会第二十九次会议作的《关于〈中华人民共和国证券投资基金法（草案）〉的说明》。

035 信托受托人承认“名股实债”，而融资方否认，如何认定真实的法律关系？

关键词：名股实债　股权回购　选择权维持费/利息

阅读提示

实务中，部分信托公司曾开展多层嵌套、通道业务、回购承诺等融资活动，虽然签订相关信托协议，但实质仍为“名股实债”，即以股权投资为形式，以债权融资为本质的交易模式。曾经普遍存在的“名股实债”式融资类信托出现纠纷，法院将如何认定双方真实的法律关系？

裁判要旨

“名股实债”并非内涵与外延明确的法律概念，其代指以股权投资为形式，以债权融资为本质的交易模式。本案双方当事人为《合作协议》签订主体，系投资方与目标公司之间的内部纠纷，应结合协议内容与行为目的等探求当事人真实意思表示，从而判定交易性质。

案情简介①

2013 年 10 月，盛某房地产公司（次级委托人 1）、茂某世业公司（次级委托人 2）、盛某海港公司（融资人）与国某信托公司（受托人）四方共同签署《合作协议》，约定国某信托公司成立“某合资金信托计划”，国某信托公司募集 2.5 亿元资金对盛某海港公司进行股权投资。

盛某房地产公司、茂某世业公司共同持有盛某海港公司 100%股权。信托计划开始募集前，盛某房地产公司和茂某世业公司应当与国某信托公司签署《股权转让协议》，国某信托公司共受让项目公司 97.1%的股权。

截至 2014 年 11 月，盛某海港公司向受托人支付款项、为支付国某信托费用款、支付国某信托公司利息，返还已支付的利息，支付金额分别为 1850 万元、

---

① 无锡盛某海港股份有限公司（以下简称盛某海港公司）与国某信托有限公司（以下简称国某信托）营业信托纠纷一审民事判决书［北京市东城区人民法院，（2019）京 0101 民初 4729 号］。

2712.5 万元、300 万元，合计 4862.5 万元。国某信托出具了相应的收款凭证。

2015 年，《合作协议》约定的回购期限届满后，盛某房地产公司因资金原因未能依约回购股权，各方均认可国某信托将其持有的盛某海港公司全部股权转让给案外第三方。

原告盛某海港公司主张，投资实为“名股实债”，请求判令国某信托返还盛某海港公司已支付的利息 300 万元，北京市东城区人民法院判决驳回诉讼请求。案情简介示意如图 2-5 所示：

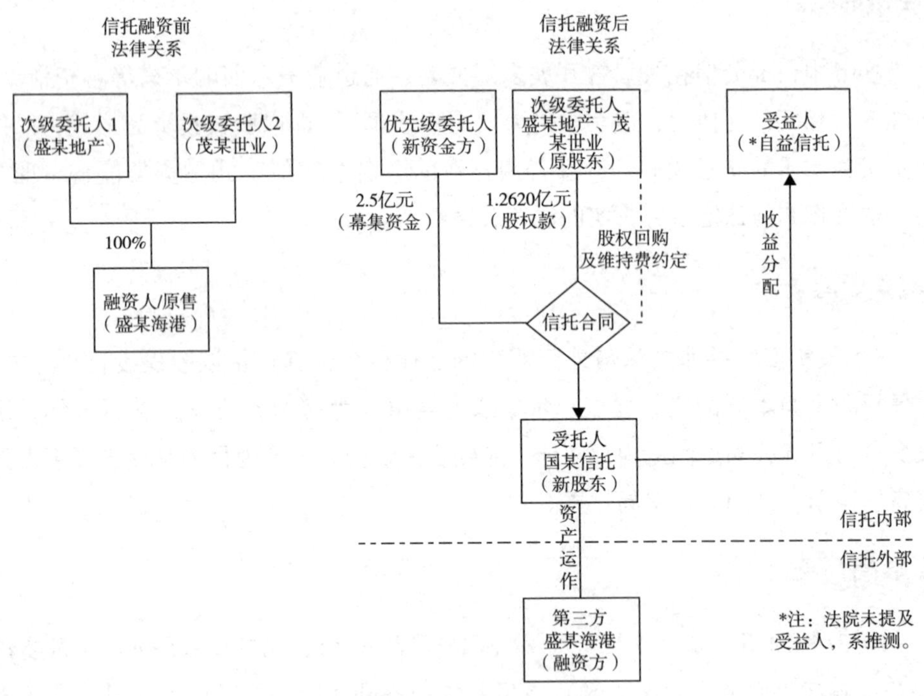

图 2-5 案情简介示意

裁判要点

《合作协议》《股权转让协议》《增资协议》《监管协议》等系各方真实意思表示，内容不违反法律、行政法规强制性规定，合法有效，上述协议内容构成整体交易安排。前述协议中虽然对案涉款项出现了股权购买选择权维持费、利息、费用等不同表述，但不同名称的表象均指向债权融资成本这一共同本质。

各方关于股权回购之约定及股权变更登记的履行，并非旨在通过股权合作共同经营，而是旨在通过股权让与担保的方式保证受托人回收本金加固定债权收益的实现，案涉交易的本质应为债权融资。

实务经验总结

本案核心问题是："'名股实债'的信托投资应当如何认定？"针对此问题应注意以下三点。

1. 信托投资标的不是信托关系的参与主体。如果信托标的为公司股权的，被投资公司与信托受托人之间不构成信托关系。但受托人应当尽到管理义务，如提名董事参与被投资公司的管理。否则，受托人的股东属性不易证明。

2. 如果信托投资构成"名股实债"，可参照《九民纪要》第七部分的规定来进一步区分判断，即首先区分涉案信托是被动的事务管理信托还是主动的事务管理信托，然后再按照不同信托类型来参照《九民纪要》相关规定来确认是否以其实际构成的法律关系确定其效力，并在此基础上依法确定各方的权利义务。

3. 本案中，"名股实债"的信托根据判决书表述或属于被动管理型信托，且属于信托公司参与回购承诺等融资活动的情况，法院依照实际构成的融资借贷关系认定"名股实债"为债权融资符合《九民纪要》的认定原则。

综上所述，名股实债认定问题源于我国很长一段时间内普遍存在融资性信托而长期进行名股实债的融资交易安排。随着裁判经验积累，法院通常在个案中首先对信托类型进行区分，其次才根据信托类型结合事实判断各方真实法律关系。

相关法律规定

《民法典》

第一百四十二条　有相对人的意思表示的解释，应当按照所使用的词句，结合相关条款、行为的性质和目的、习惯以及诚信原则，确定意思表示的含义。

无相对人的意思表示的解释，不能完全拘泥于所使用的词句，而应当结合相关条款、行为的性质和目的、习惯以及诚信原则，确定行为人的真实意思。

《九民纪要》

七、关于营业信托纠纷案件的审理

会议认为，从审判实践看，营业信托纠纷主要表现为事务管理信托纠纷和主动管理信托纠纷两种类型。在事务管理信托纠纷案件中，对信托公司开展和参与的多层嵌套、通道业务、回购承诺等融资活动，要以其实际构成的法律关系确定其效力，并在此基础上依法确定各方的权利义务。在主动管理信托纠纷案件中，应当重点审查受托人在“受人之托，忠人之事”的财产管理过程中，是否恪尽职守，履行了谨慎、有效管理等法定或者约定义务。

法院判决

北京市东城区人民法院对本案的论述概要如下。

本院认为，“名股实债”（又称明股实债）并非内涵与外延明确的法律概念，其代指以股权投资为形式，以债权融资为本质的交易模式。本案双方当事人为《合作协议》签订主体，系投资方与目标公司之间的内部纠纷，应结合协议内容与行为目的等探求当事人真实意思表示从而判定交易性质。

《合作协议》《股权转让协议》《增资协议》《监管协议》等系各方真实意思表示，内容不违反法律、行政法规强制性规定，合法有效，上述协议内容构成整体交易安排。目标公司的股东盛某房地产公司在回购期限内以投资本金加年利率18%收益的固定价格回购股权，且盛某海港公司的日常经营管理实际由盛某房地产公司负责。就内部关系而言，各方关于股权回购之约定及股权变更登记的履行，并非旨在通过股权合作共同经营盛某海港公司，而是旨在通过股权让与担保的方式保证国某信托回收本金加固定债权收益的实现，案涉交易的本质应为债权融资。盛某海港公司从监管资金中支付案涉款项系根据《合作协议》及《监管协议》的相关约定，履行合同项下的债务。本案中，盛某海港公司虽以营业信托纠纷为案由提起诉讼，但盛某海港公司作为目标公司并非信托合同主体，本院对国某信托认为双方之间不成立信托合同关系的意见予以采信。根据《最高人民法院关于印发修改后的〈民事案件案由规定〉的通知》[①] 规定，当事人起诉的法律关系与实际诉争的法律关系不一致的，人民法院结案时应当根据法庭查明的当事人之间实际存在的法律关系的性质，相应变更案件的案由。本院将本案案由变更为合同纠纷。

---

① 此处为《最高人民法院关于印发修改后的〈民事案件案由规定〉的通知》（2011），现行为《最高人民法院关于印发修改后的<民事案件案由规定>的通知》（2020），相关表述的内容一致。

延伸阅读

裁判规则：买入返售模式中的名股实债信托融资判断，要区分名实股东的内外部关系分别判断。

案例：新某信托股份有限公司等诉湖州港某置业有限公司破产债权确认纠纷一审民事判决书［湖州市吴兴区人民法院，（2016）浙0502民初1671号］。

本院认为，首先在名实股东的问题上要区分内部关系和外部关系，对内部关系产生的股权权益争议纠纷，可以当事人之间的约定为依据，或是隐名股东，或是名股实债。而对外部关系上不适用内部约定，按照《公司法》第三十二条第三款的规定，公司应当将股东的姓名或者名称及其出资额向公司登记机关登记，登记事项发生变更的，应当办理变更登记，未经登记或者变更登记的，不得对抗第三人，第三人不受当事人之间的内部约定约束，而是以当事人之间对外的公示为信赖依据。

简评：信托关系与借贷关系存在竞合，而事务管理信托如其外观和当事人合意均为“本金+利息”业务模式，则会影响信托关系的定性。

036 信托公司自认股权投资为“名股实债”，破产程序中是否可以认定为债权人？

关键词： 增信措施　让与担保　名股实债

阅读提示

实务中，信托公司存在为控制风险采取受让股权的方式投资，但没有明确约定回购或让与担保的情况，属于名股实债类问题。我们在前文“（2016）沪民初26号”“（2019）京0101民初4729号”案件中讨论过名股实债协议效力问题和真实法律关系认定的问题。本案将从认定“破产债权人”角度，为信托公司购买股权的行为归属于融资行为还是转让行为之问题，提供另一种思路。

裁判要旨

在名实股东的问题上要区分内部关系和外部关系，对内部关系产生的股权权益争议纠纷，可以当事人之间的约定为依据，或是隐名股东，或是名股实债；而对外部关系上不适用内部约定。

案情简介[①]

2011 年 4 月，港某置业股东纪某生、丁某德决议向新某信托贷款 2 亿元至 2.5 亿元。6 月，新某信托与港某置业、纪某生、丁某德达成了受让股权的协议，并签订了《合作协议》，协议约定：由新某信托募集 2 亿元至 2.5 亿元资金，其中 1.44 亿元分别用于受让纪某生和丁某德的股份，其余全部增入港某置业的资本公积金，股份转让后，新某信托将持有港某置业的 80%股份。

为保证《合作协议》的履行，新某信托与纪某生、丁某德签订了股权质押合同，并办理了质押登记手续。港某置业也以其土地使用权进行了抵押。

2011 年 9 月，新某信托向港某置业汇入股权转让款为 1.44 亿元，资本公积金为 8078 万元。新某信托还指派了两名人员出任港某置业董事，并选举纪某生为董事长、丁某德为经理，形成新的港某置业章程，新章程明确了港某置业的股东为纪某生（股权占 14%）、丁某德（股权占 6%）、新某信托（股权占 80%）。后，新某信托与港某置业、纪某生、丁某德于 2013 年 2 月 21 日签订《补充协议》，对新某信托对港某置业的控制权进行进一步规定。

湖州市中级人民法院于 2015 年 8 月裁定受理港某置业破产清算纠纷一案。新某信托在法定债权申报期限内向管理人申报了债权，管理人经审核不予确认新某信托申报的债权。新某信托提起诉讼，要求确认对港某置业享有包含本金、利息、信托报酬等在内的破产债权 292544339.63 元。湖州市吴兴区人民法院一审驳回了新某信托的诉讼请求。案情简介示意如图 2-6 所示：

① 本案是行业热点案件。

新某信托股份有限公司（以下简称新某信托）等诉湖州港某置业有限公司（以下简称港某置业）破产债权确认纠纷一审民事判决书［湖州市吴兴区人民法院，（2016）浙 0502 民初 1671 号］。

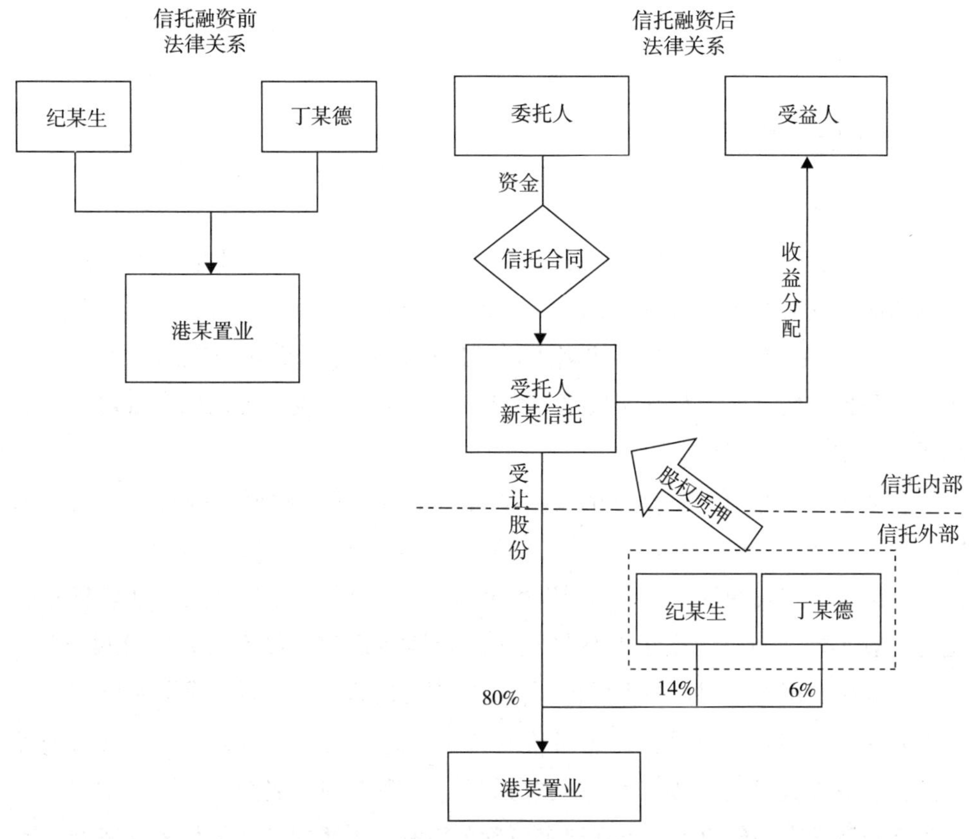

图 2-6　案情简介示意

裁判要点

本案的争议焦点是，新某信托向港某置业汇付的 22478 万元是股权转让款还是借款。如港某置业在凯某国际项目上不能进行信托融资，则应依照规定停止融资行为。新某信托作为一个有资质的信托投资机构，应对此所产生的法律后果有清晰的认识，故新某信托提出的“名股实债”“让与担保”等主张，与本案事实并不相符。

新某信托与纪某生、丁某德分别签订了股权转让协议，而未与港某置业签订借款合同。只能证明港某置业有向新某信托融资的意向，最终新某信托与港某置业股东纪某生、丁某德分别达成的股权转让协议为双方合意，具有法律约束力。本案《抵押合同》明确载明担保的事项，即为切实履行新某信托与港某置业双方签订的《合作协议》，而《合作协议》的内容并非借贷合同，而为股权转让事宜。故原告所要证明的事实与提供的证据《抵押合同》所载明的事实不符。

实务经验总结

本案的问题是“信托机构以名股实债为目的，以支付股权出让金受让股权的方式提供‘借款’，能否在破产清算时认定债权人资格?”这里涉及不同类型案件的司法裁判对名股实债的认定问题。结合业务经验，我们对此的观点如下。

1. 名股实债的本质是资金方名为权益投资，但是通过加入包括回购、刚兑、担保等条款，使资金方获得固定收益的效果，其特点是资金方的固定收益不随市场风险变化而同等调整。

2. 本案中，信托机构设计的交易结构，使其无须承担股权收益权的任何风险，而可以通过回购取得固定收益。如果双方当事人的真实交易目的在于通过类似让与担保的方式融资，则可属于以价金名义通融金钱。实践中，有法院将此认定为名股实债。但是本案中股权转让未约定股权返还，并不符合《九民纪要》第七十一条规定的典型让与担保行为，故本案法院未将其认定为名股实债。

3. 名股实债的认定需要综合考虑双方真实意思表示、回购及关联收购等特殊条款、双方签订的一揽子协议间关系等。客观上如将名股实债的“债权人”列为破产案件中的债权人，存在诸多不确定因素。本案即是一例代表性案例，因为名、实股东应区分内部关系和外部关系。对内部关系产生的股权权益争议纠纷，可以当事人之间的约定为依据，包括名股实债的认定；但是对外部关系上不适用内部约定，应以主管部门登记公示的股东为依据。

相关法律规定

《公司法》

第三十二条 有限责任公司应当置备股东名册，记载下列事项：

（一）股东的姓名或者名称及住所；

（二）股东的出资额；

（三）出资证明书编号。

记载于股东名册的股东，可以依股东名册主张行使股东权利。

公司应当将股东的姓名或者名称向公司登记机关登记；登记事项发生变更的，应当办理变更登记。未经登记或者变更登记的，不得对抗第三人。

《九民纪要》

71.【**让与担保**】　债务人或者第三人与债权人订立合同，约定将财产形式上转让至债权人名下，债务人到期清偿债务，债权人将该财产返还给债务人或第三人，债务人到期没有清偿债务，债权人可以对财产拍卖、变卖、折价偿还债权的，人民法院应当认定合同有效。合同如果约定债务人到期没有清偿债务，财产归债权人所有的，人民法院应当认定该部分约定无效，但不影响合同其他部分的效力。

当事人根据上述合同约定，已经完成财产权利变动的公示方式转让至债权人名下，债务人到期没有清偿债务，债权人请求确认财产归其所有的，人民法院不予支持，但债权人请求参照法律关于担保物权的规定对财产拍卖、变卖、折价优先偿还其债权的，人民法院依法予以支持。债务人因到期没有清偿债务，请求对该财产拍卖、变卖、折价偿还所欠债权人合同项下债务的，人民法院亦应依法予以支持。

89.【**资产或者资产收益权转让及回购**】　信托公司在资金信托成立后，以募集的信托资金受让特定资产或者特定资产收益权，属于信托公司在资金依法募集后的资金运用行为，由此引发的纠纷不应当认定为营业信托纠纷。如果合同中约定由转让方或者其指定的第三方在一定期间后以交易本金加上溢价款等固定价款无条件回购的，无论转让方所转让的标的物是否真实存在、是否实际交付或者过户，只要合同不存在法定无效事由，对信托公司提出的由转让方或者其指定的第三方按约定承担责任的诉讼请求，人民法院依法予以支持。

当事人在相关合同中同时约定采用信托公司受让目标公司股权、向目标公司增资方式并以相应股权担保债权实现的，应当认定在当事人之间成立让与担保法律关系。当事人之间的具体权利义务，根据本纪要第71条的规定加以确定。

法院判决

湖州市吴兴区人民法院在一审判决书“本院认为”部分相关论述如下。

本院认为，首先在名、实股东的问题上要区分内部关系和外部关系，对内部关系产生的股权权益争议纠纷，可以当事人之间的约定为依据，或是隐名股东，或是名股实债；而对外部关系上不适用内部约定，按照《公司法》第三十二条第三款的规定，公司应当将股东的姓名或者名称及其出资额向公司登记机关登记，登记事项发生变更的，应当办理变更登记，未经登记或者变更登记的，不得对抗第三人，第三人不受当事人之间的内部约定约束，而是以当事人之间对外的公示为信赖依据。

如果新某信托的本意是向港某置业出借款项，港某置业从股东会决议来看亦是有向新某信托借款的意向，双方完全可以达成借款合同，并为确保借款的安全性，新某信托可以要求依法办理股权质押、土地使用权抵押、股东提供担保等法律规定的担保手续。如原告在凯某国际项目上不能进行信托融资的，则应依照规定停止融资行为。

新某信托作为一个有资质的信托投资机构，应对此所产生的法律后果有清晰的认识，故新某信托提出的“名股实债”“让与担保”等主张，与本案事实并不相符，其要求在破产程序中获得债权人资格并行使相关优先权利并无现行法上的依据，故本院对其主张依法不予采纳。

延伸阅读

裁判规则一：“买入返售”模式的每个阶段均应符合《合同法》规定的买卖合同的构成要件，而非以价金名义通融资金。否则，可能参照《合同法》分则中最相类似的借款合同的相关规定处理。

案例1：北京天某投资发展有限公司（以下简称天某公司）、安某信托股份有限公司（以下简称安某公司）等合同纠纷二审民事判决书［最高人民法院，(2017) 最高法民终907号］。

关于案涉《股权收益权转让及回购协议》的性质。人民法院认定民事合同的性质，应根据合同条款所反映的当事人的真实意思，并结合其签订合同的真实目的以及合同的实际履行情况等因素，进行综合判断。

安某公司主张案涉《股权收益权转让及回购协议》项下的业务类型属于使用信托财产而从事的“买入返售”业务，符合《信托公司管理办法》第十九条规定的信托财产管理运用或处分方式。根据“买入返售”的应有之义，该信托资金管理业务模式分为买入、返售两个阶段，包含信托公司向合同相对方买入资产、信托公司将该资产返售给该合同相对方的两个转让合同关系。“买入返售”模式的每个阶段，均应符合《合同法》规定的买卖合同的构成要件。

本案中，《股权收益权转让及回购协议》主要包括安某公司以3亿元对价购买天某公司持有的某域公司100%的股权收益权，以及安某公司将该股权收益权以特定对价即3亿元和每年13.5%的溢价款返售给天某公司两部分内容，在形式上符合《信托公司管理办法》规定的“买入返售”模式。但根据《股权收益权转让及回购协议》约定的具体条款以及协议实际履行情况判断，安某公司并无买入案涉标的股权收益权并承担相应风险的真实意思。

第一，《股权收益权转让及回购协议》第一条虽约定标的股权收益权系指收取并获得标的股权的预期全部收益的权利，包括但不限于经营、管理、处置股东分红、转让标的股权产生的所有收益，以及因标的股权产生的其他任何收益，但协议第十条又特别约定安某公司受让标的股权收益权后，天某公司持有的标的股权仍由其负责管理，天某公司如收到标的股权收益，应在三个工作日内将其全部收益转入安某公司指定账户。安某公司仅间接获得天某公司经营、管理、处置、转让标的股权等所产生的收益，并不参与能够产生收益的标的股权的经营管理。

第二，《股权收益权转让及回购协议》虽约定安某公司有权获得天某公司经营管理标的股权产生的收益，但协议第十条又约定协议履行期内天某公司不得以任何形式分配利润。协议第七条还约定天某公司应与安某公司签订《股权质押合同》将标的股权质押给安某公司，该标的股权事实上亦实际出质给安某公司，限制了天某公司通过处置、转让标的股权产生收益的可能。

第三，《股权收益权转让及回购协议》第二条约定的标的股权收益权转让对价并无符合市场价值的证明，协议第六条又约定安某公司向天某公司返售的标的股权收益权对价系直接在其支付的买入对价基础上增加固定比例的溢价款，安某公司并不承担买入标的股权收益权期间的风险。

由上，《股权收益权转让及回购协议》在实质上并非《信托公司管理办法》规定的“买入返售”合同，安某公司关于合同性质的主张不能成立。根据《股权收益权转让及回购协议》的具体约定，并结合某域公司、王某瑛、黄某海为天某公司履行协议提供担保的事实，天某公司的主要合同目的在于向安某公司融通资金，安某公司的主要合同目的在于向天某公司收取相对固定的资金收益，一审法院认定双方当事人的真实交易目的在于通过出卖而后回购的方式以价金名义融通资金，具有事实和法律依据。因案涉《股权收益权转让及回购协议》不属于《合同法》规定的有名合同，一审判决根据协议性质处参照《合同法》分则中最相类似的借款合同的相关规定，适用法律正确。

裁判规则二：在事务管理信托纠纷案件中，可以实际构成的法律关系确定其效力。

案例 2：无锡盛某海港股份有限公司（以下简称盛某海港公司）与国某信托

有限公司营业信托纠纷一审民事判决书［北京市东城区人民法院，（2019）京0101民初4729号］。

本院认为，“名股实债”（又称明股实债）并非内涵与外延明确的法律概念，其代指以股权投资为形式，以债权融资为本质的交易模式。本案双方当事人为《合作协议》签订主体，系投资方与目标公司之间的内部纠纷，应结合协议内容与行为目的等探求当事人真实意思表示从而判定交易性质。

《合作协议》《股权转让协议》《增资协议》《监管协议》等系各方真实意思表示，内容不违反法律、行政法规强制性规定，合法有效，上述协议内容构成整体交易安排。目标公司的股东盛某房地产公司在回购期限内以投资本金加年利率18%收益的固定价格回购股权，且盛某海港公司的日常经营管理实际由盛某房地产公司负责。就内部关系而言，各方关于股权回购之约定及股权变更登记的履行，并非旨在通过股权合作共同经营盛某海港公司，而是旨在通过股权让与担保的方式保证国某信托回收本金加固定债权收益的实现，案涉交易的本质应为债权融资。盛某海港公司从监管资金中支付案涉款项系根据《合作协议》及《监管协议》的相关约定，履行合同项下的债务。本案中，盛某海港公司虽以营业信托纠纷为案由提起诉讼，但盛某海港公司作为目标公司并非信托合同主体，本院对国某信托认为双方之间不成立信托合同关系的意见予以采信。根据《最高人民法院关于印发修改后的〈民事案件案由规定〉的通知》规定，当事人起诉的法律关系与实际诉争的法律关系不一致的，人民法院结案时应当根据法庭查明的当事人之间实际存在的法律关系的性质，相应变更案件的案由。本院将本案案由变更为合同纠纷。

简评：当事各方达成的名股实债合意仅在当事方内部按照其约定认定权利义务关系，外部则依照商业外观认定其权利义务，并不矛盾。

037 信托资金投资协议存在固定收益特征，如何认定合同性质？

关键词： 固收条款　信托投资　借款关系

阅读提示

“信托投资融资化”是指融资人承诺固定收益来取得信托受托人投资的信托

资金，这种情况在司法实践中属于信托纠纷的常见情况。比如，融资人与委托人产生纠纷，该信托投资合同是否可能被认定为借贷合同？

裁判要旨

如果信托投资的交易结构使得投资方不承担风险并获取固定收益，协议性质结合当事人真实意思表示，可参照《合同法》分则中借款合同相关规定处理为宜。

案情简介①

陕某投与何某丰于2017年3月签订了《股票收益权转让合同》，约定陕某投以信托资金受让何某丰持有的某上市公司限售股股票的收益权，何某丰按约定支付该股票收益权实现款项。双方还签订了两份《股票质押合同》，质押财产为何某丰持有的保某里42万股及63万股股票及其派生权益。何某丰已办理其中42万股该上市公司股票质押登记。

庄某作为保证人与陕某投签订《保证合同》《股票质押合同》，其中质押财产为庄某持有的保某里2400万股股票及其派生权益。庄某已办理了2400万股该上市公司股票质押登记，其另向陕某投出具《承诺函》，承诺在本信托计划存续期间留存不低于4000万股保某里股票，该部分股票不得对外提供质押或担保。

陕某投已将信托资金发放至何某丰账户，但何某丰迟延支付，保证人庄某亦违反《承诺函》“留存不低于4000万股股票”的承诺，丧失担保能力，已质押股票因股票价值大幅缩水致价值减少，保证人庄某被中国证监会立案调查。

陕某投已于2017年12月向何某丰、庄某发送《通知函》，宣布股票收益权转让合同项下股票收益权实现款项全部到期，要求何某丰、庄某等于2017年12月向陕某投归还全部股票收益权实现款项及违约金等。

陕某投以违约为由请求何某丰、庄某支付股票收益全款、利息及违约金，西安市中级人民法院一审及陕西省高级人民法院二审均支持陕某投的主要诉讼请求。案情简介示意如图2-7所示：

---

① 陕西省国某信托股份有限公司（以下简称陕某投）与何某丰、周某等营业信托纠纷一审民事判决书［西安市中级人民法院，（2018）陕01民初405号］。

何某丰，周某，陕西省国某信托股份有限公司与余某凤，庄某营业信托纠纷二审民事判决书［陕西省高级人民法院，（2019）陕民终701号］。

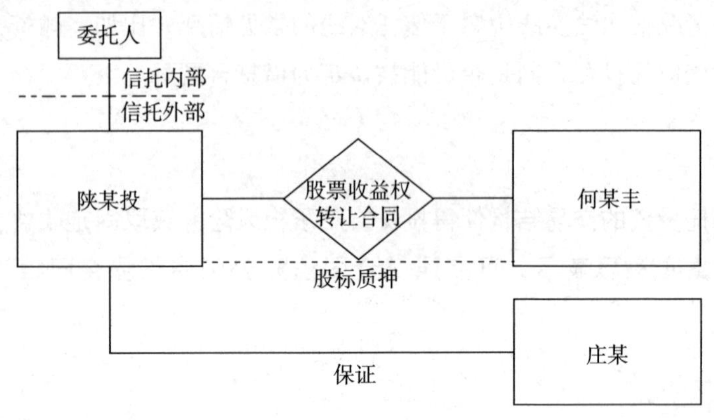

图 2-7 案情简介示意

裁判要点

案涉交易结构使得陕某投无须承担股票收益权的任何风险，即使收益为零其亦可以通过回购取得固定收益。综合上述约定，何某丰的主要合同目的在于向陕某投融通资金，陕某投的主要合同目的在于向何某丰收取相对固定的资金收益，双方当事人的真实交易目的在于通过出卖而后回购的方式，以价金名义融通资金。案涉《股票收益权转让合同》不属于《合同法》规定的有名合同，根据协议性质结合当事人真实意思表示，应当参照《合同法》分则中借款合同相关规定处理为宜。陕某投和何某丰通过签订该合同的形式融通资金，合同目的合法，不属于《合同法》第五十二条第三项规定"以合法形式掩盖非法目的"的合同无效情形。

实务经验总结

本案的核心问题是："固收特征的信托投资关系与借贷关系间如何区分?"结合办案经验，我们认为有以下三点。

1. 信托投资是信托的必要资管方式，受托人有义务谨慎、有效地保证信托财产的安全。因此，从信托受托人视角看，其有充分的理由在资产管理投资环节中增加固定收益条款，以保障信托财产安全。客观上导致托管人作为股权投资方时，也期望通过其他协议达到固定收益的效果。

2. 固定收益特征是借贷关系的显著特征，通常约定一定期限后融资方向资金出借方返还本金及利息（固定收益部分）。但是信托计划通常会约定投资的范围，如股权投资、二级市场投资，因此直接利用信托资金放贷可能违反信托计划约定或违反监管规则。

3. 信托投资“收益权+回购”模式通常是既满足信托投资要求，又符合信托目的的一种方式，但是这种模式的法律关系较为复杂，在司法实践中可能被认定为其他法律关系。

基于以上三点，我们认为，确认信托投资的相关协议性质需要结合实际案例的情况综合考量，审查包括《信托合同》《信托计划说明书》《收益权转让合同》及各类补充协议并结合实际资金流动方式，综合判断。

相关法律规定

《九民纪要》

89. **【资产或者资产收益权转让及回购】** 信托公司在资金信托成立后，以募集的信托资金受让特定资产或者特定资产收益权，属于信托公司在资金依法募集后的资金运用行为，由此引发的纠纷不应当认定为营业信托纠纷。如果合同中约定由转让方或者其指定的第三方在一定期间后以交易本金加上溢价款等固定价款无条件回购的，无论转让方所转让的标的物是否真实存在、是否实际交付或者过户，只要合同不存在法定无效事由，对信托公司提出的由转让方或者其指定的第三方按约定承担责任的诉讼请求，人民法院依法予以支持。

当事人在相关合同中同时约定采用信托公司受让目标公司股权、向目标公司增资方式并以相应股权担保债权实现的，应当认定在当事人之间成立让与担保法律关系。当事人之间的具体权利义务，根据本纪要第 71 条的规定加以确定。

法院判决

西安市中级人民法院在一审民事判决书“本院认为”部分就该问题的论述如下。

陕某投与何某丰所签订的《股票收益权转让合同》是双方当事人的真实意思表示，且该合同不存在违反法律和行政法规的强制性规定等导致合同无效的法定情形，合同合法有效，对双方当事人均具有法律约束力。陕某投与保证人庄某签署的《保证合同》合法有效，但截至陕某投起诉之日，保证人庄某仍未履行保证责任，因此庄某应当依据《保证合同》约定承担保证责任。

陕西省高级人民法院在二审民事判决书“本院认为”部分就该问题的论述如下。

《股票收益权转让合同》主要约定，陕某投以信托资金受让何某丰持有的某上市公司限售股股票的收益权，何某丰按约定时间、金额支付该股票收益权实现款。由此可见，陕某投向何某丰返售的标的股票收益权对价系直接在其支付的买入对价基础上增加固定比例的溢价款，上述交易行为系信托公司在资金信托成立后，以募集的信托资金受让特定资产收益权，属于信托公司在资金依法募集后的资金运用行为，由此引发的纠纷不应当认定为营业信托纠纷。

案涉交易结构使得陕某投无须承担股票收益权的任何风险，即使收益为零其亦可以通过回购取得固定收益。综合上述约定，何某丰的主要合同目的在于向陕某投融通资金，陕某投的主要合同目的在于向何某丰收取相对固定的资金收益，双方当事人的真实交易目的在于通过出卖而后回购的方式，以价金名义融通资金。案涉《股票收益权转让合同》不属于《合同法》规定的有名合同，根据协议性质结合当事人真实意思表示，应当参照《合同法》分则中借款合同相关规定处理为宜。陕某投和何某丰通过签订该合同的形式融通资金，合同目的合法，不属于《合同法》第五十二条第三项规定“以合法形式掩盖非法目的”的合同无效情形。

至于利息及违约金计算的截止日期，陕某投请求计算至实际付清之日，符合本案的事实和相关法律规定，依法应予支持，一审判决利息、违约金计算至给付之日存在不当，依法应予纠正。

延伸阅读

裁判规则一：结构化信托合同中，约定劣后受益人到期向优先受益人返还本金并支付固定收益的，可以认定为借款合同关系。

案例 1：徐某玉与张某借款合同纠纷二审民事判决书［最高人民法院，(2017) 最高法民终 604 号］。

徐某玉是陕某投·智慧×号信托计划名下众某股份股票的实质所有权人。本案中，徐某玉在辞任众某股份的监事职务之后，于 2011 年 11 月与陕某投签订《陕某投·智慧×号定向投资集合资金信托计划信托合同》，并以特定受益人身份认购该信托计划项下特定受益权 3000 万元，陕某投·财富×号资金信托计划认购该信托计划项下一般受益权 6000 万元。按照信托合同的约定，徐某玉作为特定受益人，其义务是在信托到期后向一般受益人返还本金并支付年化率7%的收益，并承担该信托计划所购众某股份股票价格变动的风险；其权利是在支付信托计划费用、信托税费、一般受益权人本金和预期收益之后，享受其余部分的财产利益。根据《合同法》第一百九十六条关于“借款合同是借款人向贷款人借款，到期返还借款并支付利息的合同”的规定，该信托计划中特定受益权人徐某玉与一般受益权人陕某投·财富×号资金信托计划之间的法律关系，依法应当认定为借款合同关系。徐某玉自己出资并借入部分款项买入股票，实际享有该股票的收益并承担价格变动的风险，是该部分股票的实质所有权人。上诉人徐某玉关于系争股票由其借款购买，是系争股票的实际权利人的诉讼理由成立，本院予以采信。本案中，系争2918.51万股众某股份股票以陕某投—锦某证券信托的名义持有，以及众某股份年报中未依法如实披露其真实权益归属等违规事实的存在，并不影响本院对系争股票实质所有权的判断。

裁判规则二：信托股权投资合同中，如果约定投资方收取固定回报，并不实际承担股东的权利义务，应认定为名股实债的债权融资。

案例2：国某信托有限责任公司（以下简称国某公司）与武汉缤某城置业有限公司（以下简称缤某城公司）、武汉上某至高置业集团有限公司借款合同纠纷一审民事判决书［湖北省高级人民法院，（2018）鄂民初51号］。

对于涉案11258.25万元的性质，缤某城公司上诉主张该笔款项应为增资款而非借款。本院认为，缤某城公司的该主张不能成立，具体理由如下。

该笔款项虽系基于涉案《增资协议》《〈增资协议〉之补充协议》的约定支付，但对于款项性质的认定，不能仅依据协议名称进行判断，应根据合同条款所反映的当事人真实意思，并结合其签订合同真实目的以及合同履行情况等因素，进行综合认定。

首先，根据《增资协议》第7.1条、第7.2条、第7.3条等条款的约定，本案中，国某公司签订上述协议的目的是通过向缤某城公司融通资金而收取相对固定的资金收益，这与一般意义上为获取具有或然性的长期股权收益而实施的增资入股行为并不相同。缤某城公司虽称根据涉案《〈增资协议〉之补充协议》第五条的约定，除固定利润外，国某公司还有权按其投资获取利润，但该《〈增资协议〉之补充协议》第五条约定是以“《股权投资协议》约定为准”，而《股权投资协议》仅涉及第4期信托计划项下的150万元款项，而涉案11258.25万元系第1期至第3期信托计划项下款项，两者并非同一笔，故根据《〈增资协议〉之补充协议》第五条的约定，并不足以认定国某公司向缤某城公司汇入涉案11258.25万元的目的系获得股权分红而非固定回报。

其次，国某公司虽经工商变更登记为缤某城公司股东，但缤某城公司并未举证证明国某公司实际参与了缤某城公司的后续经营管理。且根据涉案《增资协议》第10.3.4条、第10.3.5条以及第10.3.10条的约定，国某公司有权在缤某城公司违约的情形下将其所持有的股权对外转让、申请减资、处置涉案项目等，故缤某城公司主张涉案《增资协议》《〈增资协议〉之补充协议》并未约定股权退出机制与事实不符，缤某城公司据此主张涉案款项并非借款亦依据不足，本院不予支持。同时需要指出的是，因本案系涉案协议各方当事人之间的内部纠纷，相关权利义务需要根据协议约定进行确认。但在国某公司未通过法定程序完成股权退出之前，因内部约定并不具有外部效力，如存在善意第三人基于信赖缤某城公司对外公示的股权结构、工商登记信息而导致利益受损情形，其可以通过诉讼另案解决。但缤某城公司以可能涉及外部关系为由主张一审判决有误理据不足，本院不予支持。

最后，对于涉案款项的性质，缤某城公司不仅在涉案《债权确认协议》中认可“国某公司依据《增资协议》对缤某城公司享有的金额至少为11408.25万元的债权”，且在（2016）鄂01民初5905号案件庭审中也认可“增资扩股争议的标的额11258.25万元加上150万元全部汇入了公司。目前我们增资扩股争议的标的额全部通过还款形式还给国某公司”“确认实际上属于名股实债的关系”。本案中，缤某城公司又主张上述款项系增资款而非借款，与前述协议约定以及在另案中所作的陈述均不一致。在缤某城公司未能举证证明涉案《债权确认协议》存在无效情形的情况下，其作为《债权确认协议》一方当事人，应受到该协议的约束。另外，根据一审查明事实，涉案11258.25万元作为第1期至第3期信托计划项下款项，缤某城公司已经偿还完毕，国某公司在（2016）鄂01民初5905号案件中对此也予以认可。同时，国某公司明确表示其提起本案诉讼所主张的债权并不包括该11258.25万元款项，而除了涉案11258.25万元以及150万元之外，本案所涉款项均非基于《增资协议》《〈增资协议〉之补充协议》以及《股权投资协议》而发生，缤某城公司、国某公司对除涉案11258.25万元以及150万元外的其他款项系借款性质也并未表示异议，在该11258.25万元已经清偿完毕的情况下，缤某城公司又提出该笔款项并非借款，并要求对借款本金及利息重新计算，缺乏依据，本院不予支持。

简评：信托外部的带有固定收益特征的投资协议，认定借贷法律实质时相对简单。

038 资管计划的委托人和管理人之间出现纠纷，是否可参照适用信托法？

关键词：资管计划　信托关系

阅读提示

《资管新规》发布后，随着监管推动市场混业经营，证券资管、保险资管，乃至私募基金等资产管理业务，与信托业务互相影响。《信托法》第二条规定的“信托，是指委托人基于对受托人的信任，将其财产权委托给受托人，由受托人按委托人的意愿以自己的名义，为受益人的利益或者特定目的，进行管理或者处分的行为”的法律特征在各类资管计划的资管合同中也多有体现。资管计划的委托人和托管人之间出现纠纷，资管计划是否可以直接适用《信托法》?

裁判要旨

具有《信托法》第二条规定的法律特征的资管计划，可以适用《信托法》规定，即资管计划管理人应依约并参照信托受托人的法定信义义务履行相关合同。

案情简介①

2014年11月，张某、海某资管公司和案外人上某银行股份有限公司（以下简称上某银行）签订《海某海赢×号定向资产管理计划定向资产管理合同》，约定张某委托海某资管公司对初始不低于6亿元的委托资产进行定向投资、运作和管理，资金托管于上某银行的银行账户中。合同载明：张某自行选定投资标的并自行或委托第三方对投资标的及交易对手的风险信息进行尽职调查，海某资管公司完全按照张某的投资指令执行并对任何因投资造成的风险或发生的任何责任不

---

① 张某与上海海某证券资产管理有限公司（以下简称海某资管公司）委托理财合同纠纷二审民事判决书［上海市高级人民法院，(2017) 沪民终285号］。

张某、上海海某证券资产管理有限公司委托理财合同纠纷再审审查与审判监督民事裁定书［最高人民法院，(2018) 最高法民申1423号］。

承担责任。合同签订后，张某依约汇入6亿元。

2015年1月，中某证券向海某资管公司发送华某科技的《非公开发行股票认购邀请书》。张某向海某资管公司发出《华某科技非公开发行股票申购报价单》，同意以5.51元/股等价格认购6亿元。但是，海某资管公司以5.51元/股的价格获配仅85299456股，共计470000002.56元。

2015年1月，海某资管公司取得张某签署的载明“海赢×号定向计划中签金额为99999998.20元”内容的《确认函》。海某资管公司在本次非公开发行获配的其余370000004.36元的股票另归属于《海某海富×号集合资产管理计划》。

张某请求海某资管公司赔偿因未足额获配的投资收益等，上海市第一中级人民法院一审驳回了张某的诉讼请求，张某不服提起上诉，上海市高级人民法院二审驳回上诉，维持原判。案情简介示意如图2-8所示：

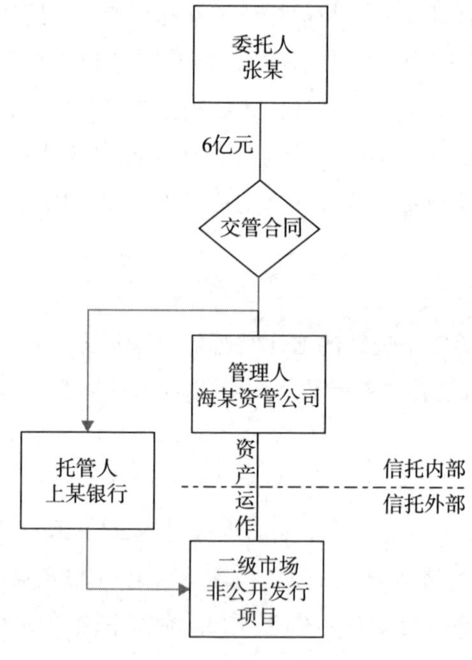

图2-8 案情简介示意

裁判要点

案涉资产管理业务呈现出受托财产独立、受益人自担风险等特点，符合《信托法》第二条规定信托的法律特征，各方权利义务关系应受到《信托法》的调整。

实务经验总结

本案的核心问题是："《信托法》是否适用于符合信托行为特征的资产管理行为?"针对这个问题，我们的经验如下。

首先，从监管角度看，统一监管和混业经营是政策导向。信托、资产管理计划、私募基金等产品的资金投向、法律风险和市场监管虽然还有差异，但是不同产品之间的商业逻辑逐渐同质化，客观上促进了对统一监管和防止多头监管套利等目标的推动落实。

其次，从市场角度看，无论是《信托合同》还是《资管管理合同》，其参与主体通常均包括委托人/投资人、受托人/管理人、受益人/自益人等法律关系主体（以及银行等托管服务机构），其委托/托管的财产多为货币资金，其受托人/管理人的义务通常均为对资产的保值增值。可见，产品结构和风险划分均具有类似的商业实质。

最后，从法律角度看，信托区别于其他资产管理的特点之一是不仅可以资金信托，也可以资产信托。如果仅看资金信托行为，与其他资产管理行为并无显著差异。

综上所述，虽然建立正常信托关系时需要签署《信托合同》、受托人具有信托资质等形式条件，但是司法并不排斥将具有《信托法》第二条所称信托行为的其他种类资产管理行为参照信托关系适用《信托法》。这也是信托法律领域中，市场和监管实践先于法律规定的体现。

相关法律规定

《信托法》

第二条　本法所称信托，是指委托人基于对受托人的信任，将其财产权委托给受托人，由受托人按委托人的意愿以自己的名义，为受益人的利益或者特定目的，进行管理或者处分的行为。

法院判决

最高人民法院在再审审查与审判监督民事裁定书"本院认为"部分就该问题的论述如下。

本院经审查认为，本案中，张某作为委托人、海某资管公司作为管理人、上某银行作为托管人共同签订的《海某海赢×号定向资产管理计划定向资产管理合同》中约定，张某委托海某资管公司对委托资产进行定向投资、运作和管理，由张某享有委托资产的收益和清算后的剩余资产，并自行承担投资风险，资金托管于上某银行为委托资产专门开立的银行账户中，独立于管理人、托管人的固有财产，海某资管公司、上某银行按固定比例收取管理费。根据上述约定，案涉资产管理业务呈现出受托财产独立、受益人自担风险等特点，符合《信托法》第二条规定的“信托，是指委托人基于对受托人的信任，将其财产权委托给受托人，由受托人按委托人的意愿以自己的名义，为受益人的利益或者特定目的，进行管理或者处分的行为”的法律特征，各方权利义务关系应受到《信托法》的调整。海某资管公司作为受托人负有避免利益冲突、公平对待客户、向客户提供影响投资决策的全部信息等信义义务。

延伸阅读

裁判规则：信托关系可以通过《信托合同》约定产生，也可以通过事实上的信托权利义务约定产生。

案例：广东省某工业品进出口集团公司（以下简称轻工业品公司）与 TMT 某易有限公司（以下简称 TMT 公司）商标权属纠纷上诉案［最高人民法院，(1998) 知终字第 8 号］。

本院认为，按照双方定牌加工合同的约定，某工业品公司负责组织生产 TMT 等品牌的吊扇并办理出口手续，东某公司负责提供铭牌、商标并进行产品的广告宣传，负责联系订单，包销全部商品到境外国家和地区。在履行合同过程中，TMT 公司接替东某公司负责提供技术、监督生产、包销商品，进行商品的全部广告宣传并代替东某公司承担了归回所欠轻工业品公司款项的责任。王某明设计并代表东某公司提供 TMT 等商标，目的是要求轻工业品公司定牌生产东某公司指定牌号的商品，且双方已经实际履行了定牌生产合同，故双方形成了事实上的商标权财产信托法律关系。

简评：当事人间的权利义务事实上符合《信托法》第二条规定的，可以被认定为信托关系。

039 投资亏损且合作性质未明确，受托人可否申请按照委托理财关系划分责任？

关键词： 委托理财　委托理财协议　信托账户

阅读提示

《资管新规》发布后，监管推动市场混业经营，证券资管、保险资管，乃至私募基金等泛资产管理业务的政策公平、资管监管界限逐渐模糊。但是，信托关系和委托关系仍需要区分。如果民间委托理财中，被代理人与代理人约定利用“信托账户”等从事投资产生纠纷，委托关系可否直接适用《信托法》？

裁判要旨

涉案委托炒股的行为有别于证券公司、信托公司、基金公司等金融机构从事委托理财，亦无依法经相关主管部门审批的要求。（故委托炒股等民间委托理财合同如不具有受益人安排、财产独立、风险承担等法律特征，不宜适用《信托法》）。

案情简介①

2015 年 5 月，张某举等两人与雨山公司签订《证券代客理财协议书》，该协议书约定：张某举等委托雨山公司进行有偿代理操作，张某举等 2 人起始资金为 300 万元，代客理财期间为 2015 年 5 月到 2016 年 5 月。雨山公司在公司信托账户下面划入以张某举名字命名的独立交易单元，起始金额为张某举的本金。张某举只需要每周一次在非交易时间查看并且监控自己的资金状况即可。如果账户盈利 15%以上，张某举查看的时间由每周一次改为每半个月一次，否则雨山公司有权利终止本协议。

在涉案委托炒股期间，实际上并没有按照《证券代客理财协议书》的约定建

---

① 张某举与深圳某某雨山资本管理有限公司（以下简称雨山公司）、阳某民间委托理财合同纠纷一审民事判决书［深圳前海合作区人民法院，（2017）粤 0391 民初 1371 号］。

张某举、深圳某某雨山资本管理有限公司、阳某民间委托理财合同纠纷二审民事判决书［深圳市中级人民法院，（2018）粤 03 民终 9210 号］。

立信托账户以及在雨山公司信托账户下建立以张某举名字命名的独立交易单元。涉案的委托炒股实际上均是用张某举的妻子梁某在长某证券开设的资产账号炒股。

2015 年 5 月至 2017 年 4 月，涉案股票账户转入资金 2808000 元，转出资金 1965912. 94 元，账户炒股的损失 842087. 06 元。

张某举以《证券代客理财协议书》违反强制性规定为由请求法院认定协议无效并要求雨山公司返还其本金投资损失等。深圳前海合作区人民法院一审判决雨山公司返还 30%损失金额，张某举不服，提起上诉，深圳市中级人民法院二审维持原判。案情简介示意如图 2-9 所示：

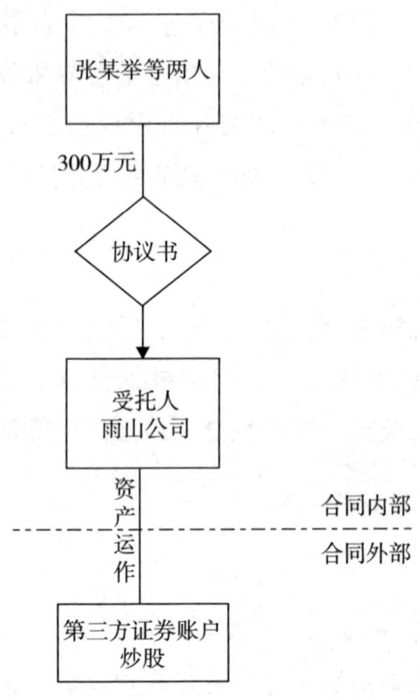

图 2-9　案情简介示意

裁判要点

雨山公司并非证券公司，涉案委托炒股的行为有别于证券公司、信托公司、基金公司等金融机构从事委托理财需依法经相关主管部门审批，并取得从事相关业务资质的金融机构委托理财，现行立法中并未规定非金融机构或者自然人个人接受委托炒股的行为需要经过专门审批并具备相关资质，立法也未对上述非金融机构和个人从事委托炒股的行为作出禁止性规定。

实务经验总结

本案关键争议在于，《证券代客理财协议书》是否有效，其核心问题为“民间委托理财是委托关系还是信托关系?”对此结合办案经验，我们认为有以下三点。

1. 信托关系需要通过有效的《信托合同》建立。正如我们在（2017）吉01民终4187号案中关注到的，委托人与未取得信托资质的受托人违规签订的信托合同，信托合同无效。

2. 信托关系认定需要当事人间基本权利义务符合信托规定。如果是营业信托，则受托人应当具备相应资质。如果是民事信托，其《信托合同》亦应如上所述，依照《信托法》规定约定双方权利义务。如果受托人的行为不是以其自己为名义持有并处置资产，则不符合信托认定的基本条件。此时，委托人与受托人的关系不宜认定为信托关系，而可以认定为委托关系。

3. 委托关系中，受托人仍然存在法定义务。信托关系中受托人应按照信义义务履行信托合同，而依照《民法典》第九百二十九条的规定，委托关系中，有偿的委托合同下受托人也应避免因自身过错造成委托人损失，否则应承担赔偿责任。实践中，如果签订代客理财类相关委托，建议明确约定相关责任，以免产生纠纷。

本案中，虽然《证券代客理财协议书》中有“雨山公司依照合同承担对张某举的信托责任”“建立信托账户以及在被告雨山公司信托账户下建立独立交易单元”等涉及信托的表述，但是合同整体的信托要素并不清晰完备，仅通过片面的信托相关表述难以认定信托关系。

相关法律规定

《民法典》

第九百二十九条　有偿的委托合同，因受托人的过错造成委托人损失的，委托人可以请求赔偿损失。无偿的委托合同，因受托人的故意或者重大过失造成委托人损失的，委托人可以请求赔偿损失。

受托人超越权限造成委托人损失的，应当赔偿损失。

《证券、期货投资咨询管理暂行办法》

第三条第一款　从事证券、期货投资咨询业务，必须依照本办法的规定，取得中国证监会的业务许可。未经中国证监会许可，任何机构和个人均不得从事本办法第二条所列各种形式证券、期货投资咨询业务。

第二十四条 证券、期货投资咨询机构及其投资咨询人员，不得从事下列活动：

（一）代理投资人从事证券、期货买卖；

（二）向投资人承诺证券、期货投资收益；

（三）与投资人约定分享投资收益或者分担投资损失；

（四）为自己买卖股票及具有股票性质、功能的证券以及期货；

（五）利用咨询服务与他人合谋操纵市场或者进行内幕交易；

（六）法律、法规、规章所禁止的其他证券、期货欺诈行为。

法院判决

深圳前海合作区人民法院在一审判决书“本院认为”部分对此论述如下。

关于涉案《证券代客理财协议书》的效力。张某举主张根据《证券法》第一百二十二条、第一百二十五条、第一百九十七条以及《证券公司客户资产管理业务管理办法》[①] 第四条的规定，雨山公司从事涉案的委托炒股业务属于从事证券资产管理业务，其并未取得开展证券资产管理业务的资格，违反了从事国家限制经营、特许经营以及法律、行政法规禁止经营相关业务的规定。根据《证券、期货投资咨询管理暂行办法》第三条第一款“从事证券、期货投资咨询业务，必须依照本办法的规定，取得中国证监会的业务许可。未经中国证监会许可，任何机构和个人均不得从事本办法第二条所列各种形式证券、期货投资咨询业务”和第二十四条“证券、期货投资咨询机构及其投资咨询人员，不得从事下列活动：（一）代理投资人从事证券、期货买卖；（二）向投资人承诺证券、期货投资收益；（三）与投资人约定分享投资收益或者分担投资损失；……”的规定，雨山公司的经营范围中具有投资管理、投资咨询的经营项目，雨山公司属于证券咨询机构，其接受张某举的委托从事买卖证券、约定投资收益和损失分担的行为违反了证券咨询机构不得代理投资人从事证券买卖，不得与投资人约定分享投资收益或者分担投资损失的规定，雨山公司的上述行为违反了法律的强制性规定，涉案《证券代客理财协议书》应为无效合同。雨山公司则主张，涉案

---

① 此处为《证券公司客户资产管理业务管理办法》（2013 年修订），现已失效。《证券期货经营机构私募资产管理业务管理办法》（2023 年修订）第九条规定：“证券期货经营机构从事私募资产管理业务，应当依法经中国证监会批准。法律、行政法规和中国证监会另有规定的除外。”

的委托炒股行为属于民间委托理财，并非《证券法》《证券公司客户资产管理业务管理办法》《证券、期货投资咨询管理暂行办法》中规定的从事证券资产管理业务和证券投资、咨询业务，对于民间委托理财，法律、行政法规对受托人的资质并没有禁止性规定，根据“法无禁止即可为”的法律原则，张某举和雨山公司之间签订的《证券代客理财协议书》属于双方真实的意思表示，应合法有效。

该院认为，《证券法》[①]第一百二十二条规定：“设立证券公司，必须经国务院证券监督管理机构审查批准。未经国务院证券监督管理机构批准，任何单位和个人不得经营证券业务。”第一百二十五条规定：“经国务院证券监督管理机构批准，证券公司可以经营下列部分或者全部业务：（一）证券经纪；（二）证券投资咨询；（三）与证券交易、证券投资活动有关的财务顾问；（四）证券承销与保荐；（五）证券自营；（六）证券资产管理；（七）其他证券业务。”以上二条规定的是证券公司从事有关证券业务应经过国务院证券监督管理机构的批准，未经批准的机构和个人不得经营证券业务。第一百九十七条规定：“未经批准，擅自设立证券公司或者非法经营证券业务的，由证券监督管理机构予以取缔……”该条规定的是未经批准擅自设立证券公司或者非法经营证券业务的法律后果。《证券公司客户资产管理业务管理办法》[②]第四条规定：“证券公司从事客户资产管理业务，应当依照本办法的规定向中国证监会申请客户资产管理业务资格。未取得客户资产管理业务资格的证券公司，不得从事客户资产管理业务。”该条规定的是证券公司从事客户资产管理业务，应先向中国证监会申请相应资质，上述的法律规定均是我国立法对证券公司从事证券资产管理业务需具备相关资质的规定，而涉案《证券代客理财协议书》的签订主体是张某举和雨山公司，约定的主要内容是雨山公司接受张某举的委托代为炒股，雨山公司并非证券公司，涉案委托炒股的行为实际上属于民间委托理财的范畴，与证券公司、信托公司、基金公司等金融机构从事委托理财需要依法经过相关主管部门审批，并取得从事相关业务资质的金融机构委托理财有本质上的区别。我国的现行立法中并没有规定非金融机构或者自然人个人接受委托炒股的行为需要经过专门审批并具备

① 此处系《证券法》（2014 年修正），现已失效，对应现行《证券法》（2019 年修订）第一百一十八条。

② 此处为《证券公司客户资产管理业务管理办法》（2013 年修订），现已失效。现行《证券期货经营机构私募资产管理业务管理办法》（2023 年修订）第九条规定：“证券期货经营机构从事私募资产管理业务，应当依法经中国证监会批准。法律、行政法规和中国证监会另有规定的除外。”

相关资质，立法也没有对上述非金融机构和个人从事委托炒股的行为进行明令禁止，故人民法院在审理涉及此类委托理财炒股协议的效力时，应主要审查该类委托协议的内容有无违反《合同法》第五十二条规定的合同无效的情形以及此类协议有无违反社会公共利益、对社会的正常经济秩序产生不稳定的情形，如果不存在上述情形，就应当尊重民事主体私法行为的自治，不应轻易否定合同的效力，以免造成经济关系的不稳定。

具体到该案中，张某举和雨山公司是在自愿的前提下，签订涉案《证券代客理财协议书》是双方当事人真实的意思表示，张某举签订该协议书的初衷是希望借助雨山公司的专业能力为其买卖股票并能从中获取股票收益，雨山公司亦希望为涉案股票账户赚取股票收益后可以依据涉案《证券代客理财协议书》的有偿委托理财条款获得相应劳务报酬，双方当事人起初的目的均是通过炒股获取股票收益，该协议书约定的内容并没有违反《合同法》第五十二条规定的合同无效，尤其是违反法律、行政法规效力性强制性规定的情形，且涉案协议书中也没有约定任何委托人张某举无论在什么情况下都可以收回委托炒股本金的保底性质的条款，相反，涉案协议书中对炒股盈利的分配和损失的分担作了明确约定，故该《证券代客理财协议书》是张某举和雨山公司作为民事主体签订民事委托合同的私法自治行为，并不存在违反社会公共利益以及会导致社会经济秩序产生不稳定的情形，应当合法有效。因涉案股票账户在委托炒股期间产生了重大损失，在双方当事人对炒股损失的赔偿责任发生争议后，张某举才诉称雨山公司从事涉案的委托行为违反了国家限制经营、特许经营以及法律、行政法规禁止经营相关证券资产管理业务的规定，涉案的《证券代客理财协议书》因违反法律规定而无效于法无据，该院不予支持。另外，如前所述，涉案的委托炒股行为属于民间委托理财的范畴，雨山公司并非专门的证券公司、期货公司，其履行涉案协议书并不属于证券公司、期货公司从事证券投资咨询业务，涉案《证券代客理财协议书》效力的认定并不适用《证券、期货投资咨询管理暂行办法》第三条、第二十四条的规定，张某举以雨山公司的行为违反上述二条规定，涉案《证券代客理财协议书》因违反法律的强制性规定是无效合同亦缺乏法律依据，该院不予支持。

深圳市中级人民法院在二审判决书“本院认为”部分对此论述如下。

本院认为，关于涉案《证券代客理财协议书》效力问题。涉案《证券代客理财协议书》系张某举和雨山公司在自愿的前提下签订的以雨山公司接受张某举的委托代为炒股为主要内容的民间委托理财合同，系双方当事人真实的意思表示。该协议约定的内容不违反法律、行政法规的强制规定，合法有效。雨山公司并非证券公司，涉案委托炒股的行为有别于证券公司、信托公司、基金公司等金融机构从事委托理财需依法经相关主管部门审批，并取得从事相关业务资质的金融机构委托理财，现行立法中并未规定非金融机构或者自然人个人接受委托炒股的行为需要经过专门审批并具备相关资质，立法也未对上述非金融机构和个人从事委托炒股的行为作出禁止性规定。张某举以雨山公司的行为违反《证券法》第一百二十二条、第一百二十五条、第一百九十七条及《证券、期货投资咨询管理暂行办法》第二条、第三条、第三十二条规定，主张涉案《证券代客理财协议书》无效，因上述规定系关于证券公司从事证券资产管理业务需具备相关资质及未经批准擅自设立证券公司或者非法经营证券业务的法律后果的规定，不适用于本案，故本院不予支持。

延伸阅读

裁判规则一：具有《信托法》第二条规定的法律特征的资管计划，可以适用《信托法》规定。

案例 1：张某与上海海某证券资产管理有限公司（以下简称海某资管公司）委托理财合同纠纷二审民事判决书［上海市高级人民法院，（2017）沪民终 285 号］。

参见本书之“资管计划的委托人和管理人之间出现纠纷，是否可参照适用信托法？”

裁判规则二：委托人与未取得信托资质的受托人签订的信托合同，信托合同无效。

案例 2：潘某荣与洪某基金管理有限公司吉林省分公司（以下简称洪某吉林分公司）等营业信托纠纷二审民事判决书［长春市中级人民法院，（2017）吉 01 民终 4187 号］。

关于潘某荣与洪某吉林分公司之间法律关系的性质和效力应如何认定的问题。《信托法》第二条规定：“本法所称信托，是指委托人基于对受托人的信任，将其财产权委托给受托人，由受托人按委托人的意愿以自己的名义，为受益人的利益或者特定目的，进行管理或者处分的行为。”第四条规定：“受托人采取信托机构形式从事信托活动，其组织和管理由国务院制定具体办法。”第二十四条规定：“受托人应当是具有完全民事行为能力的自然人、法人。法律、行政法规对受托人的条件另有规定的，从其规定。”《国务院办公厅关于〈中华人民共和国信托法〉公布执行后有关问题的通知》（国办发〔2001〕101号）中规定：“《中华人民共和国信托法》（以下简称《信托法》）已于2001年10月1日起施行。为切实加强对法人和自然人从事信托活动的管理，经国务院同意，现将有关事项通知如下：一、根据《信托法》第四条的规定，由国务院法制办牵头，组织有关部门拟定《信托机构管理条例》，对信托机构从事信托活动的事项做出具体规定。二、在国务院制定《信托机构管理条例》之前，按人民银行、证监会依据《信托法》制定的有关管理办法执行。人民银行、证监会分别负责对信托投资公司、证券投资基金管理公司等机构从事营业性信托活动的监督管理。未经人民银行、证监会批准，任何法人机构一律不得以各种形式从事营业性信托活动，任何自然人一律不得以任何名义从事各种形式的营业性信托活动……”中国银监会公布的《信托公司管理办法》第七条规定：“设立信托公司，应当经中国银行业监督管理委员会批准，并领取金融许可证。未经中国银行业监督管理委员会批准，任何单位和个人不得经营信托业务，任何经营单位不得在其名称中使用‘信托公司’字样。法律法规另有规定的除外。”因此，设立有效信托的生效法律要件中包含关于信托当事人主体资格的生效要件，同时，营业信托的受托人必须是持有金融许可证的信托机构。本案中，洪某公司、洪某吉林分公司均未能提供证据证明其取得了监管部门的批准可以机构形式从事信托活动，亦未提交其金融许可证。吉林省金融工作办公室核准的洪某吉林分公司的经营范围是：“管理或受托管理股权类投资；相关股权投资咨询业务（法律、法规禁止和限制的，不得经营；法律、法规、国务院规定需经审批的，未获审批前不得经营）。”故洪某吉林分公司虽可以从事证券投资基金业务，但证券投资基金业务是特殊类型的信托业务，洪某吉林分公司仍不具备从事一般信托业务和其他类型信托业务的受托人资格。因此，依据《民法通则》[①] 第五十八条之规定，潘某荣与洪某吉林分公司之间并未形成有效的信托法律关系。

简评：信托关系认定的核心是《信托法》第二条的规定，因此《信托合同》是否依法合理分配当事人间的权利义务、当事人间是否依约履行，均是信托关系判断的重要依据。

---

① 现已失效。

040 信托委托人否认信托关系，信托贷款能被认定为民间借贷吗？

关键词：民间借贷　委托贷款　指令

阅读提示

信托关系与民间借贷关系通常可以从形式和实质两个方面判断。形式上，通道业务通常为被动管理型信托，其特点之一即为依照委托人、受益人或第三方指令从事信托管理。然而，这个特点也符合现行委托贷款的形式，仅通过形式特征的比对足以普遍地区分信托关系与民间借贷关系吗？

裁判要旨

出资人与金融机构间签订委托贷款协议后，由金融机构自行确定用资人的，人民法院应认定出资人与金融机构间成立信托贷款关系。

案情简介①

2015 年 1 月，佛山公司与中某信托公司签订《资金信托合同》，约定佛山公司以其合法拥有的资金委托受托人，受托人按照《信托贷款合同》向长某建设公司发放信托贷款，通过指令函形式发放的贷款金额 4.4 亿元，期限为 1 年。为担保还款，高某公路公司等提供连带责任保证担保并签署相应合同。工某银行五羊支行对贷款资金运用进行监管。《信托指令函》中明确写明：若未能按约定足额偿还贷款本息的，受托人有权直接将本信托项下债权原状返还佛山公司。根据中某信托公司与长某建设公司签署的《信托贷款合同》，贷款总金额为 4.4 亿元，贷款年利率为 10%。当月末，信托资金和信托借款均依约支付。

长某建设公司在 2015 年 1 月至 2018 年 4 月共偿还五笔利息，共计 220 万元，之后贷款期间未再按约定支付相应贷款利息。2019 年 1 月，佛山公司发出《信

① 佛山市某光贸易有限公司（以下简称佛山公司）与左某莹等金融借款合同纠纷一审民事判决书［北京市第四中级人民法院，（2019）京 04 民初 498 号］。

珠海市新长某建设投资有限公司（以下简称长某建设公司）等与佛山市某光贸易有限公司金融借款合同纠纷二审民事判决书［北京市高级人民法院，（2020）京民终 36 号］。

托指令函》，指令终止信托，信托财产进行现状分配，其中违约债权由受托人依约转让给佛山公司等。

2019年1月31日，佛山公司与中某信托公司先后签订《资金信托合同之补充协议》，约定受托人的信托报酬；签订《债权转让协议》约定债权转让。随后，债权人向各方发送《债权转让通知函》。

2021年6月，广东银监局向长某建设公司出具《银行保险违法行为举报调查意见书》，载明：2015年1月，工某银行五羊支行向佛某公路集团发放流动资金贷款4.4亿元，用于购买工程建设所需原材料，贷款受托支付至购销合同约定的交易对方账户后，经过企业账户之间资金划转流入佛山公司账户，资金最终用于投资中某信托公司的信托计划。

佛山公司诉请长某建设公司支付本金4.4亿元及利息1.86亿元等，北京市第四中级人民法院一审支持前述请求，长某建设公司不服上诉，北京市高级人民法院二审撤销原判，改判长某建设公司支付本金4.4亿元及按同期一年期贷款基准利率计算的利息。案情示意如图2-10所示：

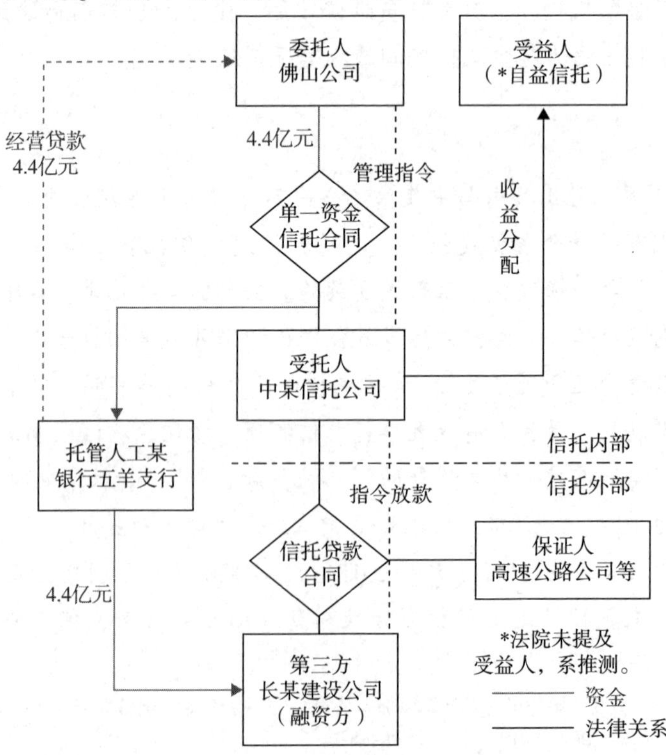

图2-10 案情简介示意

裁判要点

出资人与金融机构间签订委托贷款协议后，由金融机构自行确定用资人的，人民法院应认定出资人与金融机构间成立信托贷款关系。出资人与金融机构、用资人之间按有关委托贷款的要求签订有委托贷款协议的，人民法院应认定出资人与金融机构间成立委托贷款关系。

案涉借款本金 4.4 亿元为工某银行五羊支行向佛某公路集团发放的贷款，经过企业账户之间资金划转，最终流入佛山公司账户，并最终用于投资中某信托公司的信托计划。

实务经验总结

本案的核心问题是："信托通道业务与民间借贷的界限是什么?"结合办案经验，我们认为有以下几点。

首先，信托通道业务的特点之一是委托人/受益人通过指令方式确认信托财产的处置对象和处置方式。虽然信托通道业务占信托业务的比例自 2017 年历史最高点后逐年下降至不足总量的一半，但是存量信托通道业务仍然大量具有该特点。

其次，确认信托通道业务的前提是信托有效设立。《信托法》第七条明确规定，信托财产必须是"委托人合法所有的财产"。换言之，如果信托财产不是委托人合法所有，如套取的金融机构贷款，则信托设立环节存在瑕疵。

最后，否定或肯定信托通道业务所涉法律关系，需要结合个案事实来综合确认。本案中，法院通过比对《信托法》第二条和《贷款通则》第七条的方式，对本案事实构成的法律关系进行梳理，得出本案信托关系实为委托贷款关系，继而进一步适用民间借贷合同无效相关规则，对信托贷款约定的利息进行了否定性评价。

我们认为，本案虽然被认定为民间借贷关系，但不是一例《资管新规》第二十二条所规范的通道业务，因为涉案的资金方工某银行五羊支行与"通道方"中某信托公司之间并未直接建立法律关系。仅从形式上通过确定"用资人"的主体是金融机构自身或是资金方的指令，在无其他证据的情况下，或不足以论证其法律关系。

值得一提的是，本案中，监管机关查明的工某银行五羊支行提供的4.4亿元贷款本金于次年即归还，但是并未影响监管机关对该笔资金“经过企业账户之间资金划转流入佛山公司账户，资金最终用于投资中某信托公司的信托计划”的结论。

相关法律规定

《信托法》

第二条 本法所称信托，是指委托人基于对受托人的信任，将其财产权委托给受托人，由受托人按委托人的意愿以自己的名义，为受益人的利益或者特定目的，进行管理或者处分的行为。

《贷款通则》

第七条第三款 委托贷款，系指由政府部门、企事业单位及个人等委托人提供资金，由贷款人（即受托人）根据委托人确定的贷款对象、用途、金额期限、利率等代为发放、监督使用并协助收回的贷款。贷款人（受托人）只收取手续费，不承担贷款风险。

《最高人民法院关于审理民间借贷案件适用法律若干问题的规定》（2020年第二次修正）

第十三条 具有下列情形之一的，人民法院应当认定民间借贷合同无效：

（一）套取金融机构贷款转贷的；

（二）以向其他营利法人借贷、向本单位职工集资，或者以向公众非法吸收存款等方式取得的资金转贷的；

（三）未依法取得放贷资格的出借人，以营利为目的向社会不特定对象提供借款的；

（四）出借人事先知道或者应当知道借款人借款用于违法犯罪活动仍然提供借款的；

（五）违反法律、行政法规强制性规定的；

（六）违背公序良俗的。

《资管新规》

二十二、第三款 金融机构将资产管理产品投资于其他机构发行的资产管理产品，从而将本机构的资产管理产品资金委托给其他机构进行投资的，该受托机构应当为具有专业投资能力和资质的受金融监督管理部门监管的机构。公募资产管理产品的受托机构应当为金融机构，私募资产管理产品的受托机构可以为私募基金管理人。受托机构应当切实履行主动管理职责，不得进行转委托，不得再投资公募证券投资基金以外的资产管理产品。委托机构应当对受托机构开展尽职调查，实行名单制管理，明确规定受托机构的准入标准和程序、责任和义务、存续期管理、利益冲突防范机制、信息披露义务以及退出机制。委托机构不得因委托其他机构投资而免除自身应当承担的责任。

法院判决

北京市第四中级人民法院在一审民事判决书“本院认为”部分相关表述如下。

本案中，各方当事人签订的《资金信托合同》《信托贷款合同》《保证合同》《资金信托合同之补充协议》《债权转让协议》等均系各方当事人的真实意思表示，内容不违反法律、行政法规的禁止性规定，合同合法有效。合同当事人均应严格履行合同所约定的义务。中某信托公司按照合同约定履行了向长某建设公司发放贷款的义务。现长某建设公司未按照合同约定按时偿还贷款本息已经构成违约，应对此承担违约责任。

关于利息，违约金的计算问题。本案中，中某信托公司与佛山公司签订了《债权转让协议》，中某信托公司将《信托贷款合同》及担保合同项下的债权转让给了佛山公司，并就债权转让事宜对长某建设公司及各保证人进行了通知，根据《合同法》第八十条第一款规定，债权人转让权利的，应当通知债务人。综上，本案债权转让合法有效，佛山公司对《信托贷款合同》及各《保证合同》合法享有债权。《信托贷款合同》约定贷款期限为365天，故贷款期间应为自放款日2015年1月27日至2016年1月27日，该期间产生利息4400万元，长某建设公司已偿还利息220万元，尚欠利息应为4180万元，故佛山公司主张信托贷款利息自2015年1月27日计算至2019年5月15日的诉讼请求缺乏事实及法律依据，一审法院予以调整。

关于长某建设公司、高某公路公司、北京嘉某公司、珠海嘉某公司、左某莹称佛山公司资金来源不合法，本案涉及非法转贷的答辩意见，因未提交相应证据予以证明，法院对此不予采信。

北京市高级人民法院在二审民事判决书“本院认为”部分相关表述如下。

《信托法》第二条规定："本法所称信托，是指委托人基于对受托人的信任，将其财产权委托给受托人，由受托人按委托人的意愿以自己的名义，为受益人的利益或者特定目的，进行管理或者处分的行为。"在信托法律关系中，受托人是信托财产的权利主体，以自己的名义对外从事活动，其行为所产生的法律后果，由受托人自行承担。《贷款通则》第七条第三款规定："委托贷款，系指由政府部门、企事业单位及个人等委托人提供资金，由贷款人（即受托人）根据委托人确定的贷款对象、用途、金额期限、利率等代为发放、监督使用并协助收回的贷款。贷款人（受托人）只收取手续费，不承担贷款风险。"

依据上述规定可以得出以下结论，出资人与金融机构间签订委托贷款协议后，由金融机构自行确定用资人的，人民法院应认定出资人与金融机构间成立信托贷款关系。出资人与金融机构、用资人之间按有关委托贷款的要求签订有委托贷款协议的，人民法院应认定出资人与金融机构间成立委托贷款关系。

本案中，佛山公司与中某信托公司、中某信托公司与长某建设公司分别签订《资金信托合同》、《信托贷款合同》。在《资金信托合同》签订后，佛山公司在向中某信托公司发出的《信托指令函》中承诺以下几点。

1. 佛山公司已经自行对借款人和保证人进行了尽职调查，知悉借款人和保证人及本信托存在的一切风险，并自愿承担由此产生的一切经济风险和法律风险。

2. 佛山公司已明确知悉本信托项下《信托贷款合同》《保证合同》等文件全部内容及其项下各方权利义务，愿意承担本信托项下各交易文件可能引发的风险。工某银行五羊支行对贷款资金进行监管。

3. 若长某建设公司未能按《信托贷款合同》约定足额偿还贷款本息，中某信托公司有权直接将本信托项下债权原状返还佛山公司。

即佛山公司通过《信托指令函》，将信托贷款中应当由作为信托机构的中某信托公司负责并承担的对借款人、保证人的尽职调查、贷款资金监管以及贷款风险承担等责任，承诺由佛山公司自身承担。也就是说，作为受托人的中某信托公司并不承担《资金信托合同》项下信托财产的管理运用职责。案涉《资金信托合同》中对于信托的约定并不是《信托法》意义上的信托形式。

此外，案涉《资金信托合同》中约定了佛山公司将其资金委托给中某信托公司，由中某信托公司以资金的名义按照《信托贷款合同》的约定向长某建设公司发放信托贷款。案涉《资金信托合同》中亦约定，中某信托公司根据《资金信托合同》的约定，以中某信托公司的名义，以《资金信托合同》项下的信托资金为限向长某建设公司发放贷款。也就是说，虽然佛山公司、中某信托公司与长某建设公司没有共同签订一份委托贷款合同，但是长某建设公司、佛山公司对于《资金信托合同》项下信托资金用于《信托贷款合同》都是明知的。佛山公司、中某信托公司与长某建设公司通过签订《资金信托合同》和《信托贷款合同》，在三方之间建立的是委托贷款合同关系，即委托人佛山公司提供资金、受托方中某信托公司根据佛山公司确定的借款人，即长某建设公司以及约定的用途、金额、币种、期限、利率等代为发放、协助监督使用并收回贷款。受托方中某信托公司收取相关费用且不承担风险。

依据上述对于合同性质的认定，本院认为，佛山公司、中某信托公司与长某建设公司通过《资金信托合同》和《信托贷款合同》建立起来的委托贷款合同关系，实质上是作为委托人的佛山公司与作为借款人的长某建设公司之间的民间借贷。案涉《资金信托合同》和《信托贷款合同》的效力、佛山公司与长某建设公司之间的利息、违约金等权利义务均应受有关民间借贷的法律、法规和司法解释的规制。

《最高人民法院关于审理民间借贷案件适用法律若干问题的规定》[①]（法释〔2015〕18号）第十四条规定："具有下列情形之一，人民法院应当认定民间借贷合同无效：（一）套取金融机构信贷资金又高利转贷给借款人，且借款人事先知道或者应当知道的；（二）以向其他企业借贷或者向本单位职工集资取得的资金又转贷给借款人牟利，且借款人事先知道或者应当知道的；（三）出借人事先知道或者应当知道借款人借款用于违法犯罪活动仍然提供借款的；（四）违背社会公序良俗的；（五）其他违反法律、行政法规效力性强制性规定的。"依据本案二审期间查明的事实，案涉借款本金4.4亿元为工某银行五羊支行向佛某公路集团发放的贷款，经过企业账户之间资金划转，最终流入佛山公司账户，并最终

---

① 现行规定为《最高人民法院关于审理民间借贷案件适用法律若干问题的规定》（2020年第二次修正，法释〔2020〕17号）第十三条，具有下列情形之一的，人民法院应当认定民间借贷合同无效：

（一）套取金融机构贷款转贷的；

（二）以向其他营利法人借贷、向本单位职工集资，或者以向公众非法吸收存款等方式取得的资金转贷的；

（三）未依法取得放贷资格的出借人，以营利为目的向社会不特定对象提供借款的；

（四）出借人事先知道或者应当知道借款人借款用于违法犯罪活动仍然提供借款的；

（五）违反法律、行政法规强制性规定的；

（六）违背公序良俗的。

用于投资中某信托公司的信托计划。即佛山公司向长某建设公司发放4.4亿元借款，并非佛山公司的自有资金。佛山公司注册资金仅为100万元，长某建设公司对于佛山公司向其发放的借款4.4亿元并非来源于自有资金亦应属明知。依据《最高人民法院关于审理民间借贷案件适用法律若干问题的规定》（法释〔2015〕18号）第十四条规定："具有下列情形之一，人民法院应当认定民间借贷合同无效：……（二）以向其他企业借贷或者向本单位职工集资取得的资金又转贷给借款人牟利，且借款人事先知道或者应当知道的……"本院认定佛山公司向长某建设公司发放的4.4亿元借款，其资金来源应为向其他企业借贷，且长某建设公司对此应当知晓。故案涉合同应属无效。合同无效后，长某建设公司应将案涉借款本金4.4亿元返还给佛山公司，并赔偿佛山公司的利息损失。对于佛山公司的利息损失，本院确定应按照全国银行间拆借中心公布的同期1年期贷款市场报价利率（LPR）计算。

延伸阅读

裁判规则：信托融资是一种间接融资方式，对当事人之间的法律关系的性质，应综合合同的约定及履行等情况予以认定。

案例：潘某义、四某信托有限公司（以下简称四某信托）合同纠纷二审民事判决书［最高人民法院，（2019）最高法民终688号］。

……

其次，市场主体进行资金融通的方式有多种，借款仅为其中的一种融资形式。法律应当充分尊重当事人之间对交易安排所作出的真实意思表示，对当事人之间的法律关系的性质，应综合合同的约定及履行等情况予以认定。因此，即使本案系潘某义利用信托途径进行融资，也不应简单地即将此等同于借款。从案涉《信托合同》《股权收购及转让合同》约定看，四某信托利用信托资金向新某公司受让东某蓝郡公司股权，在约定期满后又以信托资金加上固定比例的溢价款作为股权转让款将所受让股权转让给《信托合同》指定的远期股权受让人潘某义，具有潘某义利用信托融资的表象。市场主体通过信托方式融通资金为现行法律法规所允许，信托融资作为一种间接融资方式，资金融出方与资金融入方位于融资链条的两端，虽然各自通过信托计划最终达到了与借款相同的目的，即一方通过资金融出获取了收益，另一方则通过支付一定对价获得了资金，但在信托融资中，信托公司参与其中分担控制融资风险，使得此种融资模式有别于借款，其性质不能简单混同于借款关系。《合同法》第一百九十六条规定："借款合同是借款人向贷款人借款，到期返还借款并支付利息的合同。"就本案而言，四某信托作为《信托合同》的受托人，按照委托人鹰某华越公司指示与新某公司、潘某义签订《股权收购及转让合同》，并向新某公司支付1.5亿元股权收购款，是履行《信托合同》所约定的股权收购义务，并非向潘某义直接出借款项；潘某义在合同约定期满需向四某信托支付的股权收购款，是受让东某蓝郡公司股权的对价，也不是向四某信托偿还借款。四某信托与潘某义之间并没有订立借款合同的意思表示，双方因《股权收购及转让合同》所享有权利和需承担义务也不同于借款合同。

再次，案涉《股权收购及转让合同》并非以股权让与方式担保借款合同债权。潘某义主张案涉《股权收购及转让合同》的签订是其以股权让与方式用东某蓝郡公司股权向四某信托对其享有的1.5亿元借款债权提供担保，但如前所述，潘某义未能提供证据证明其与四某信托之间存在借款关系，股权让与担保成立的前提并不存在。同时，股权让与担保是以转让股权的方式达到担保债权的目的，但本案当事人签订《股权收购及转让协议》的目的并不在于担保债权。因为潘某义在协议签订时并不是东某蓝郡公司股权持有人，其不具备以该股权提供让与担保的条件和可能；而新某公司作为东某蓝郡公司股权持有人和出让人，无论其真实的交易对象是四某信托还是潘某义，新某公司的真实意思都是出让所持股权，而不是以股权转让担保债权。

最后，从当事人通过《信托合同》《股权收购及转让合同》等相关协议建构的交易模式看，案涉信托业务符合2008年6月中国银监会颁布的《信托公司私人股权投资信托业务操作指引》第二条、第十五条规定的私人股权投资信托的特征，即属于信托公司将信托计划项下资金投资于未上市企业股权，信托公司在管理信托计划时，可以通过股权上市、协议转让、被投资企业回购、股权分配等方式实现投资退出的信托业务。潘某义与四某信托间法律关系性质的判断应综合案涉信托关系整体加以考察，一审认定本案法律关系不等同于借贷关系，是正确的。

简评：信托和委托贷款的重要区别在于接受贷款资金方（融资方）是由委托人指定还是由受托人（金融机构）自行判定，但这种判定还有其他考量因素，如各方承担的风险与收益。

下编

信托热点问题与应用

信托当事人、信托财产、信托合同以及信托的运作等方面都是信托的基本元素。我们在对前述要素熟悉后，本章将围绕实务中常见的信托问题相关案例进行分析。

我国信托类型的发展与实体行业相关。信托过去依托全国的地产类投资项目、地方政信基建类投资项目快速发展，而在现阶段我国地产去金融化、政信项目严格监管的背景下，信托行业发展需要新的增长点。监管提倡信托机构提供包括资产流转、财产监督、保障、传承、分配等回归本源的受托服务，这类服务信托在信托登记法律不完善的环境下可能出现新型的问题。

信托是一种灵活的法律关系。司法裁判中，营业信托这类平等商事主体间的信托关系尤为重视其相关合同约定的效力，平等和效率兼顾在信托裁判的相关案件中有较多体现。在这种法律环境加上国内市场需求的双重作用下，国内的信托相关约定中逐渐产生“刚兑条款”“通道业务”“结构化信托”等条款或业务结构。客观上，这种模式既满足了市场需求，又符合当时的政策规定，加上2008年后相当长一段时间内的金融体系有创新需求，刚兑条款和通道业务曾经也产生过积极的作用。但是这种实践层面的需求过度发展后，扭曲了“信托”的法律内涵，积聚了大量风险，因此不得不通过市场、监管和司法三个层面合力来梳理和解决各个层面的问题。

本章除了讨论与特定信托条款或信托结构的案件之外，还特别强调了信义义务在信托中的重要性。只有理解了受益人及信义义务的内涵，才能更透彻地理解司法裁判中对通道业务所涉相关案件的判决思路的转变。

此外，民事信托近来也在快速发展，相关问题值得关注。

第一章　刚兑与增信条款

本章前言

信托法律争议在个案中往往归结到条款问题。条款问题具有代表性的是刚兑条款与增信条款。因为各种原因，我国包括信托在内的很多金融产品某段时期确有“保本保息”的情况，即信托等产品发行管理机构（受托人）对本息或本金的刚性兑付。刚兑条款成为很多投资者的定心丸条款。

随着“刚兑条款无效”已经在信托监管和司法裁判中达成共识，信托为满足投资者资金安全的需求，也需探索出一条合规路径下为投资者减少风险的模式。实务中，各个项目探索出的各类增信条款对于信托而言也很重要，很多都有第三人参与的痕迹。比如，约定刚兑义务的主体为第三人的条款、约定受益人远期交易受益权的条款、约定用受益权另设收益权并转让的条款……增信条款设计成为信托结构设计中理解法规政策和发挥想象力之处。

面对各类增信条款，司法中多是“凭尔几路来，我只一路去”。增信条款或增信协议的认定基本是以最高人民法院 2020 年年底发布的《最高人民法院关于适用〈中华人民共和国民法典〉有关担保制度的解释》的第三十六条为框架。简言之，所谓增信关系的法律性质在担保关系、债务加入、独立合同关系三者之间按意思表示来确定。不涉及第三方的差额补足条款往往是结构化信托的核心条款，因此放在下一节专门表述。本节主要分析具有刚兑条款或带有刚兑性质的增信条款。

041 刚兑协议被认定无效，信托受托人等金融机构是否应承担责任？

关键词：刚兑无效　受托人

阅读提示

随着资管市场的扩容，金融消费者与包括信托、证券、保险在内的资管机构之间的矛盾日益凸显。金融消费者追求保本保息而金融机构追求转移风险，最终都涉及刚兑条款的认定问题，《九民纪要》中也明确了刚兑约定无效的监管原则。但是刚兑约定无效后，金融机构（受托人/管理人）是否仍应承担责任？本案例是《九民纪要》第九十二条的经典适用。

裁判要旨

信托合同等资管合同中，主合同如为双方的真实意思表示，且未违反法律法规的强制性规定，合法有效，双方当事人均应依约履行。但假如双方另行违规签署“抽屉协议”、含有违规条款的补充协议等从合同，相关合同被认定无效不影响主合同效力。

案情简介①

2015 年 9 月，赖某静（基金投资者）与财某公司（基金管理人）签订了主合同，约定：赖某静保证有完全及合法的授权委托财某公司和基金托管人进行该财产的投资管理和托管业务；财某公司承诺依照相关原则管理和运用基金财产，不保证基金财产一定盈利，也不保证最低收益等。11 月，赖某静向海某证券股份有限公司的账户支付了 100 万元。

2017 年 6 月，赖某静与财某公司签订《补充协议》，约定：赖某静于 2015 年 12 月 2 日参与认购的投资计划份额为 100 万元，双方同意资产管理计划在

---

① 赖某静、广州财某投资管理有限公司（以下简称财某公司）委托理财合同纠纷一审民事判决书［广州市天河区人民法院，(2018) 粤 0106 民初 27882 号］。

赖某静、广州财某投资管理有限公司委托理财合同纠纷二审民事判决书［广州市中级人民法院，(2019) 粤 01 民终 23878 号］。

2017 年 9 月 30 日终止，财某公司同意赖某静赎回该产品，如果到期产品净值是 1.0 以下，则 1.0 以下造成赖某静的损失（1.0 以下的差额部分）由财某公司负责补足给赖某静，其他条款按原合同执行。2017 年 10 月，赖某静收到购回款 624178.24 元。

赖某静以《补充协议》违约为由，请求财某公司赔偿投资损失，广东省广州市天河区人民法院一审支持部分诉求，广州市中级人民法院二审维持原判。

裁判要点

虽然该《补充协议》是在赖某静购买涉案理财基金后签订的，但仍属于当事人合意对委托理财行为所设定的受托人保证委托人本金不受损失的保底条款，应属无效。

赖某静授权委托财某公司和基金托管人进行涉案财产的投资管理和托管业务，属于委托代理关系。涉案《补充协议》违反了委托代理制度的根本属性，应属无效。该约定中的民事权利义务配置极不对等，双方的权利义务严重失衡，违背了市场经济基本规律和资本市场规则，也违背了民法的公平原则。证券公司不得以任何方式对客户证券买卖的收益或者赔偿证券买卖的损失作出承诺。

《九民纪要》亦明确信托公司、商业银行等金融机构作为资产管理产品的受托人与受益人订立的含有保证本息固定回报、保证本金不受损失等保底或刚兑条款的合同，人民法院应当认定该条款无效。实践中，保底或者刚兑条款通常不在资产管理产品合同中明确约定，而是以“抽屉协议”或者其他方式约定，不管形式如何，均应认定无效。

实务经验总结

本案是《九民纪要》第九十二条适用的典型性案件，其中核心问题是：“保底合同被认定无效，投资人是否还能向信义义务人请求赔偿?”对此，结合办案经验，我们认为有以下三点。

1. 刚兑约定是监管和司法均明确认定的违反社会公共利益（金融秩序）的约定，应属无效。我们认为，刚兑协议的效力自始无效，因此不宜直接以合同违约为由请求拒不履行刚兑义务的违约方承担违约责任。

2. 刚兑约定通常是在信托等资管产品的推介阶段进行，此时如信托受托人或其聘请的推介机构可能构成故意误导投资人的情况（尤其是在《资管新规》出台后），因此其可能存在过错。

3. 本案的特殊之处在于，本案的刚兑协议是事后约定的，晚于信托合同签署。但是这个因素仍然不足以排除受托人、管理人等金融机构的过错。本案的裁判仍然是按照《九民纪要》第九十二条第一款的逻辑，即受益人请求受托人对其损失承担与其过错相适应的赔偿责任的，人民法院依法予以支持。

相关法律规定

《九民纪要》

92.**【保底或者刚兑条款无效】** 信托公司、商业银行等金融机构作为资产管理产品的受托人与受益人订立的含有保证本息固定回报、保证本金不受损失等保底或者刚兑条款的合同，人民法院应当认定该条款无效。受益人请求受托人对其损失承担与其过错相适应的赔偿责任的，人民法院依法予以支持。

实践中，保底或者刚兑条款通常不在资产管理产品合同中明确约定，而是以“抽屉协议”或者其他方式约定，不管形式如何，均应认定无效。

《资管新规》

二、资产管理业务是指银行、信托、证券、基金、期货、保险资产管理机构、金融资产投资公司等金融机构接受投资者委托，对受托的投资者财产进行投资和管理的金融服务。金融机构为委托人利益履行诚实信用、勤勉尽责义务并收取相应的管理费用，委托人自担投资风险并获得收益。金融机构可以与委托人在合同中事先约定收取合理的业绩报酬，业绩报酬计入管理费，须与产品一一对应并逐个结算，不同产品之间不得相互串用。

资产管理业务是金融机构的表外业务，金融机构开展资产管理业务时不得承诺保本保收益。出现兑付困难时，金融机构不得以任何形式垫资兑付。金融机构不得在表内开展资产管理业务。

私募投资基金适用私募投资基金专门法律、行政法规，私募投资基金专门法律、行政法规中没有明确规定的适用本意见，创业投资基金、政府出资产业投资基金的相关规定另行制定。

法院判决

广州市天河区人民法院在一审判决书“本院认为”部分对此论述如下。

赖某静与财某公司签订的主合同是双方当事人的真实意思表示，未违反法律法规的强制性规定，合法有效，双方当事人均应依约履行。但对于《补充协议》，双方约定的“财某公司同意赖某静赎回该产品，如果到期产品净值是1.0以下，则1.0以下造成赖某静的损失（1.0以下的差额部分）由财某公司负责补足给赖某静”属于保证委托人本金不亏损并获得固定收益的保底条款，虽然该保底条款是双方以意思表示的形式对受托行为所设定的一种激励和制约机制，但条款约定投资风险由财某公司承担，赖某静不承担任何投资风险，导致双方民事权利义务严重失衡，既不符合民法上委托代理的法律制度构建，也违背民法公平原则，因此该《补充协议》的保底条款应确认为无效条款。2017年6月21日的《补充协议》系双方为履行基金合同的保底条款而签订的，故该《补充协议》亦无效。依照《合同法》的规定，合同无效后，双方应相互返还，有过错的一方应当赔偿对方因此所受到的损失，双方都有过错的，应当各自承担相应的责任。本案中，赖某静与财某公司双方对保底条款的约定均有过错，应合理分摊理财亏损，由于双方约定按照收益率比例分配业绩报酬，故约定的比例可作为分担亏损额的参考依据。即本案亏损在约定由财某公司收取的业绩报酬比例范围内，由财某公司承担，超出业绩报酬比例范围的，由赖某静承担。现2017年10月23日清算后剩余624178.24元，赖某静虽称财某公司扣除了其他费用，但对此并未提交证据证明，由赖某静承担举证不能的后果，广东省广州市天河区人民法院依法认定双方清算后的剩余款项为624178.24元本金。即赖某静亏损金额为375821.76元（1000000元－624178.24元），则应由财某公司负担其中的75164.352元（375821.76元×20%）。虽赖某静在起诉时对支付的购回款金额存在笔误，但为避免诉累，广东省广州市天河区人民法院在本案中以查明的事实进行处理，财某公司应向赖某静支付75164元，对于赖某静超出部分的诉讼请求，缺乏理据，一审法院不予支持，依法予以驳回。

广州市中级人民法院在二审判决书“本院认为”部分对此论述如下。

本院认为，本案系委托理财合同纠纷。双方当事人对于涉案《补充协议》的效力及财某公司应当承担的赔偿责任均存在争议，且不服一审判决。因此，本案二审的争议焦点在于以下三个方面：一是涉案《补充协议》的效力应如何认定；二是财某公司应当承担的赔偿责任的比例；三是赖某静因本案而支出的律师费是否应由财某公司赔偿。

关于争议焦点一。2017年6月21日，赖某静与财某公司签订《补充协议》，约定对于涉案理财产品财某公司保证赖某静本金不受损失，对于业绩报酬，仍按主合同20%的比例执行。虽然该《补充协议》是在赖某静购买涉案理财基金后签订的，但仍属于当事人合意对委托理财行为所设定的受托人保证委托人本金不受损失的保底条款，应属无效。理由如下：首先，赖某静授权委托财某公司和基金托管人进行涉案财产的投资管理和托管业务，属于委托代理关系。根据委托代理制度的相关规定，有偿代理的代理人只承担因自己的过错造成被代理人损失的责任，而不承担因不可归责于代理人的事由所造成的被代理人损失的责任。涉案《补充协议》违反了委托代理制度的根本属性，应属无效。其次，根据权利义务相对等的原则，高收益的权利对应的是高风险的义务。本案中，赖某静在享受基金产品所带来高额收益的同时，也应承担相应高风险的义务。按照涉案《补充协议》约定，赖某静既享受了高额收益的权利，又无须承担相应高风险的义务，而财某公司则需承担本应由赖某静承担的因投资风险所带来的损失。该约定中的民事权利义务配置极不对等，双方的权利义务严重失衡，违背了市场经济基本规律和资本市场规则，也违背了民法的公平原则。最后，根据《证券法》第一百四十四条规定，证券公司不得以任何方式对客户证券买卖的收益或者赔偿证券买卖的损失作出承诺。《九民纪要》亦明确，信托公司、商业银行等金融机构作为资产管理产品的受托人与受益人订立的含有保证本息固定回报、保证本金不受损失等保底或刚兑条款的合同，人民法院应当认定该条款无效。实践中，保底或者刚兑条款通常不在资产管理产品合同中明确约定，而是以“抽屉协议”或者其他方式约定，不管形式如何，均应认定无效。虽然财某公司并非证券公司，但亦属于具有资质的投资机构。在财某公司作为投资机构管理多个理财产品的情况下，如果认定涉案理财产品保底条款的有效性，势必将影响投资机构的存续性及其管理的其他理财产品的投资本金、利润，进一步将影响该投资机构理财产品其他投资者的本金、利润的回收，亦会造成实质不公。而且，《私募投资基金监督管理暂行办法》第十五条规定，私募基金管理人、私募基金销售机构不得向投资者承诺投资本金不受损失或者承诺最低收益。涉案《补充协议》中的承诺本金不受损失的条款违反了前述规定，属于法律法规所禁止的保底条款。一审法院认定该保底条款无效，进而认定《补充协议》属无效协议理据充分。

关于争议焦点二。首先，财某公司作为专业的投资机构，向投资者承诺本金不受损失，对于《补充协议》的无效存在过错。赖某静作为该基金的合格投资者，理应知晓投资机构不得向投资者承诺投资本金不受损失或者承诺最低收益。况且，涉案主合同明确约定“基金管理者承诺依照恪尽职守、诚实信用、谨慎勤勉的原则管理和运用基金财产，不保证基金财产一定盈利，也不保证最低收益”，赖某静在签署主合同时显然已知晓，因此其对于涉案《补充协议》的无效亦存在过错。双方均属于明知或应知法律所禁止的事项而签订涉案《补充协议》，对此均负有相当的过错。赖某静主张财某公司对涉案《补充协议》存在更大过错，但对此其并未提交证据予以证明，故本院对其主张不予采信。在双方均对此存在过错的情况下，一审法院按照双方约定的业绩报酬比例作为分担亏损额的参考依据，对涉案亏损的分担比例作出认定并无不当。其次，涉案《补充协议》所约定的保底条款系针对基金产品的全部本金亏损，并非仅针对 2017 年 6 月 21 日协议签订后产生的本金亏损。因此，涉案《补充协议》无效所引致的赔偿责任承担应及于全部本金亏损。财某公司认为其仅应对涉案《补充协议》签订后所产生的亏损承担赔偿责任理据不足，一审法院根据主合同约定的业绩报酬比例认定财某公司应就赖某静投资全部本金亏损的 20%承担赔偿责任合理合法，本院予以维持。

延伸阅读

裁判规则：刚兑协议认定包括刚兑条款、刚兑目的、刚兑方式、监管处罚等综合认定。

案例：安某信托股份有限公司、湖某高速集团财务有限公司营业信托纠纷二审民事判决书［湖南省高级人民法院，（2020）湘民终 1598 号］。

参见本书之“信托受托人回购，是否构成刚兑？”

简评：严格来说私募管理人不是《资管新规》规定中禁止刚兑的所谓“金融机构”，但司法实践中其签订的刚兑协议的效力多参照金融机构认定。

042 信托融资方违约，信托受益人与信托融资方直接约定的受益权转让协议是否有效？

关键词：增信措施　受益权转让

阅读提示

依照我国《信托法》规定，信托财产的管理人是受托人，融资性信托中受托人与融资方签署信托贷款类协议进行资产管理是常见的形式。合同相对性原则限制信托委托人/受益人直接向信托融资方追责。但实践中并不排斥信托委托人/受益人直接与融资方签署补充协议，对信托的受益权或收益权进行处置约定，那么其通过约定的路径进行追责是否可行？

裁判要旨

受益人不得直接向信托融资方追偿。但如果信托原受益人与第三方签署认购/回购合同、信托新受益人与第三方签署担保合同等合同均合法有效，当出现约定的风险事项时，新老受益人均可通过向第三方履行义务的方式处置风险。

案情简介①

2011 年 12 月，沙某投公司与厦某信托公司签署了《信托借款合同》，合同约定沙某投公司向厦某信托公司信托贷款 6 亿元人民币，用于重庆市沙坪坝体某中心项目土地整治和项目建设。2011 年 12 月，成某银行西安分行与厦某信托公司签署了《资金信托合同》。成某银行西安分行根据《资金信托合同》指定受托人厦某信托公司向沙某投公司提供 6 亿元信托贷款。

2012 年 2 月，沙某投公司、成某银行西安分行、中某集团公司签订《三方合作协议》，约定：中某集团公司承诺，若到期沙某投公司无法偿还或无法足额偿还

---

① 成某银行股份有限公司西安分行（以下简称成某银行西安分行）诉中某产业集团股份有限公司（以下简称中某集团公司）借款合同纠纷一审民事判决书［陕西省高级人民法院，(2014) 陕民二初字第 00007 号］。

重庆宝某地产（集团）有限公司（以下简称宝某公司）诉中某产业集团股份有限公司等其他合同纠纷二审民事判决书［最高人民法院，(2017) 最高法民终 910 号］。

上述信托贷款并且前述《信托借款合同》项下的连带责任保证人重庆中某公司无法承担保证责任时，则中某集团公司无条件向成某银行西安分行买入上述信托合同项下信托贷款全部或沙某投公司未足额偿还部分相对应的信托受益权（以下简称回购）。

2012年1月，中某集团公司、沙某投公司、重庆中某公司、宝某公司和胜某公司签订《财产保证协议》，约定：重庆中某公司、宝某公司和胜某公司愿就前述回购提供资产保证。同日，中某集团公司、沙某投公司、重庆中某公司和迈某公司签订《股权质押合同》，约定：重庆中某公司和迈某公司以其对沙某投公司所持有的股权向中某集团公司提供股权质押担保。

2014年6月，陕西省高级人民法院判令中某集团公司以1.44亿元的价格向成某银行西安分行购入成某银行西安分行与厦某信托公司签订的《资金信托合同》项下的信托受益权。

中某集团公司请求重庆中某公司、宝某公司、胜某公司及迈某公司依约承担担保责任等，陕西省高级人民法院一审支持前述诉请，最高人民法院二审维持原判。案情简介示意如图3-1所示：

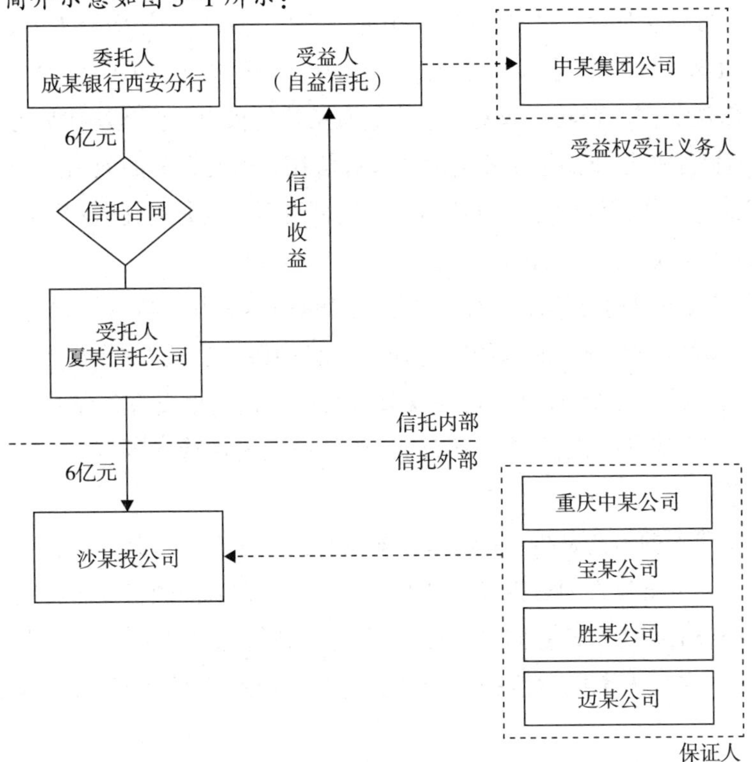

图3-1 案情简介示意

裁判要点

成某银行西安分行不能直接向沙某投公司主张权利，故《三方合作协议》不是中某集团公司为沙某投公司向成某银行西安分行进行担保的合同，三方之间未建立担保法律关系。虽然《三方合作协议》未在中某集团公司、沙某投公司、成某银行西安分行之间建立担保法律关系，但其约定在一定条件下，中某集团公司需买入成某银行西安分行的信托收益权，且三方确定信托受益权的价值与沙某投公司尚欠厦某信托公司的借款本金金额一致，在一定程度上可以保障成某银行西安分行资金的安全退出。

实务经验总结

本案的核心问题是："信托融资方违约，信托受益人如何救济？"结合办案经验，我们认为有以下几点。

1. 合同具有相对性，信托受托人作为信托投资方与信托融资方签署的协议，并不直接对该信托的委托人/受益人产生效力。《民法典》第四百六十五条第二款规定，依法成立的合同"仅对当事人具有法律约束力，但是法律另有规定的除外"。而《信托法》或其他相关法律并未对信托借款类合同的效力及于第三人有规定。因此，信托投资中融资方违约，虽然最终侵害的是委托人/受益人的权益，但委托人/受益人无法直接追偿。

2. 第三人可以通过担保、加入债务、回购等增信方式与信托委托人/受益人进行约定，对信托融资方的违约行为处置，间接保护委托人/受益人的权益。本案中，即委托人/受益人成某银行西安分行直接与信托融资方沙某投公司和第三人中某集团公司签订《三方合作协议》，约定第三人在特定风险出现时出资承接其信托受益权。

此外，我国的信托是指委托人基于对受托人的信任，将其财产权委托给受托人，由受托人按委托人的意愿以自己的名义，为受益人的利益或者特定目的进行管理或者处分的行为。信托财产的核心管理人是信托受托人，但是实践中也有信托委托人/受益人直接与信托的融资方进行补充性约定的案例。本案具有代表性。

相关法律规定

《信托法》

第四十八条　受益人的信托受益权可以依法转让和继承，但信托文件有限制性规定的除外。

法院判决

陕西省高级人民法院在一审民事判决书“本院认为”部分相关表述如下。

本案的争议焦点为：1. 重庆中某公司、宝某公司、胜某公司是否应当向中某集团公司支付其购入信托受益权的全部资金、利息及费用；2. 重庆中某公司、迈某公司是否应当向中某集团公司承担相应的赔偿责任。

第一，关于重庆中某公司、宝某公司、胜某公司是否应当向中某集团公司支付其购入信托受益权的全部资金、利息及费用的问题。

首先，虽然厦某信托公司向沙某投公司出借的款项由成某银行西安分行提供，但成某银行西安分行与沙某投公司之间没有合同关系，在厦某信托公司未将债权转让给成某银行西安分行的情况下，成某银行西安分行不能直接向沙某投公司主张权利，故《三方合作协议》不是中某集团公司为沙某投公司向成某银行西安分行进行担保的合同，三方之间未建立担保法律关系。因此，《财产保证协议》亦不应是重庆中某公司等三方向中某集团公司提供的反担保。

其次，虽然《三方合作协议》未在中某集团公司、沙某投公司、成某银行西安分行之间建立担保法律关系，但其约定在一定条件下，中某集团公司需买入成某银行西安分行的信托收益权，且三方确定信托受益权的价值与沙某投公司尚欠厦某信托公司的借款本金金额一致，在一定程度上可以保障成某银行西安分行资金的安全退出。同理，中某集团公司、重庆中某公司、宝某公司、胜某公司签订《财产保证协议》的合同目的亦是保障中某集团公司资金的安全退出，结合该合同的约定，其方式应理解为在沙某投公司到期无法偿还信托贷款，且中某集团公司购入成某银行西安分行信托受益权的情况下，重庆中某公司等三方应向中某集团公司支付其购入成某银行西安分行信托受益权所支付的款项，以从中某集团公司处购入前述信托受益权。

再次，中某集团公司取得信托受益权系根据履行法院的生效判决，且《信托法》规定信托受益权可以依法转让和继承，在重庆中某公司等三方未举证证明成某银行西安分行与厦某信托公司之间关于信托受益权转让存在特别约定的情况下，无须经过厦某信托公司同意，对重庆中某公司、宝某公司认为因中某集团公司未通知厦某信托公司而未实际取得信托受益权的抗辩，不予采纳。

最后，中某集团公司按《三方合作协议》的约定及法院判决购入成某银行西安分行的信托受益权只是该合同约定的部分内容，在沙某投公司未完全偿还厦某信托公司的信托借款前，不能认为该合同已履行完毕，故对重庆中某公司、宝某公司认为因《三方合作协议》已履行完毕，《财产保证协议》的有效期届满，中某集团公司无权向其主张权利的抗辩，亦不予采纳。

……

延伸阅读

裁判规则：信托期满后拟回购/转让的股权价值及股权情况具有不确定性，是远期股权受让人缔约时应当能够预见的商业风险，不应成为其拒绝股权回购/受让的理由。

案例：潘某义、四某信托有限公司（以下简称四某信托）合同纠纷二审民事判决书［最高人民法院，（2019）最高法民终688号］。

被告潘某义答辩称，目标公司东某蓝郡进入了破产程序，股权无法实现过户和受让，股权价值严重缩水，其按照约定支付股权转让款有失公平，其有权拒绝支付。本院认为，尽管东某蓝郡进入破产清算程序，但其尚未注销，股份仍然存在，仍可以进行转让。《股权收购及转让协议》《补充协议》明确约定，潘某义在信托计划期满向四某信托回购股权，并按约定支付对价，信托期满后拟回购的股权价值及股权情况具有不确定性，是被告潘某义缔约时应当能够预见的商业风险，不应成为其拒绝股权受让和付款的理由。

043 受益人与第三人进行受益权转让的保本约定，该协议是否有效？是否属于刚兑？

关键词： 刚兑条款　受益权转让　第三人　关联方

阅读提示

《资管新规》否定受托人的刚兑承诺有效性，但是实践中存在对投资人（信托委托人）其他模式的“保本保利”承诺。其中一种常见的方式是在委托人与受托人签署信托合同的同时，委托人与受托人关联的第三方同时签订一个附条件的信托受益权转让协议。受托人关联的第三方的受让承诺客观上产生了对委托人投资保本保利的效果。这种模式并未直接违反现行监管规则，法院在审核协议有效性时是否会考虑前述可能影响协议效力的因素？信托尚未期满，是否影响受益权转让？

裁判要旨

本案一审、二审及再审法院均未从刚兑角度对前述受益权转让协议进行否定性评价。

案情简介①

2017 年，民某信托（受托人）与糖某公司（委托人）签订《信托合同》，约定设立“中国民某信托—至信×号深圳国企混改股权投资集合资金信托计划”。受托人以信托财产认缴某合伙企业的全部有限合伙份额 2 亿元，通过合伙企业出资 8500 万元投资于某标的公司并持有 85%的股权，并通过该标的公司投资 3000 万元间接持有其子公司一 45%的股权和子公司二 34%的股权等。

信托合同签订后，上述某合伙企业的执行事务合伙人环某海公司（受托人关联的第三方）与糖某公司签订《转让协议》，约定第三方在条件满足时受让糖某公司在上述信托合同项下全部信托受益权。

8 月，糖某公司向民某信托转账 4500 万元，民某信托将上述资金按约定转化信托份额 4500 万份。

信托合同签订后，糖某公司并未获得分配的信托利益。转让协议约定的信托计划满一年后，糖某公司要求环某海公司按照《转让协议》约定支付转让价款及收益。

因环某海公司未给付糖某公司转让价款及收益，糖某公司要求环某海公司按照

① 四川糖某通讯技术有限公司（以下简称糖某公司）与深圳国某实业发展有限公司等营业信托纠纷一审民事判决书［北京市通州区人民法院，（2019）京 0112 民初 1454 号］。

北京鸿某伟业房地产开发有限公司等与北京中某万信投资管理有限公司等营业信托纠纷二审民事判决书［北京市第三中级人民法院，（2020）京 03 民终 4486 号］。

北京鸿某伟业房地产开发有限公司等与四川糖某通讯技术有限公司营业信托纠纷申请再审民事裁定书［北京市高级人民法院，（2020）京民申 3915 号］。

《转让协议》约定支付转让价款4500万元及按年利率8%计算的收益。北京市通州区人民法院一审支持其请求，北京市第三中级人民法院二审维持原判。案情简介示意如图3-2所示：

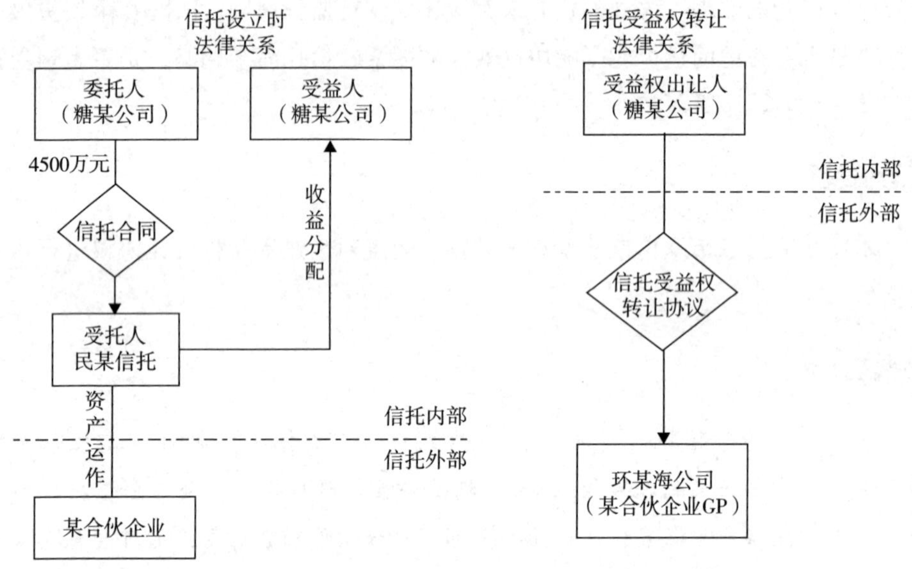

图3-2　案情简介示意

裁判要点

环某海公司称根据转让协议约定，糖某公司无权要求环某海公司受让信托受益权，且在环某海公司对于金额、支付期限、方式未通知糖某公司的情形下，信托受益权支付义务未到期。（但是）对此本院认为，根据转让协议约定，糖某公司持有本信托计划信托份额之日起满1年的对应日，环某海公司有义务无条件受让乙方持有的全部标的信托受益权。根据上述约定，受让糖某公司信托受益权系环某海公司的义务，环某海公司应于糖某公司持有信托计划信托份额之日起满1年的对应日即2018年9月6日无条件受让该信托受益权。环某海公司至今未给付糖某公司转让价款，已经构成违约。

实务经验总结

本案具有广泛代表性，值得关注的问题有两点。

一是《九民纪要》确认的“受托人与受益人”之间刚兑约定无效的规定，是否扩大适用于“第三方（曾为受托人的关联方）与受益人”之间的保本保利的受益权转让协议？

二是信托尚未期满是否会构成受益人依约向受让方转让信托受益权的障碍？

实务中，针对第一点我们认为，信托受益人与第三方的受益权转让协议如果具有商业实质，则不属于《九民纪要》所称的受托人与受益权之间的刚兑协议，也不属于“不在资产管理产品合同中明确约定，而是以‘抽屉协议’或者其他方式约定”，是正常的财产转让协议。但如有证据证明第三方与受托人实为关联方乃至同一主体（如第三方为并入受托人财务报表的全资子公司），则仍然存在被认定为刚兑的可能。

针对第二点我们认为，受益权虽然在信托期满前无法依约取得信托本金及收益，但是其财产属性使其仍然可以作为交易的合法标的，信托期满不构成其依约交易的实质性障碍。

相关法律规定

《九民纪要》

92. **【保底或者刚兑条款无效】**信托公司、商业银行等金融机构作为资产管理产品的受托人与受益人订立的含有保证本息固定回报、保证本金不受损失等保底或者刚兑条款的合同，人民法院应当认定该条款无效。受益人请求受托人对其损失承担与其过错相适应的赔偿责任的，人民法院依法予以支持。

实践中，保底或者刚兑条款通常不在资产管理产品合同中明确约定，而是以“抽屉协议”或者其他方式约定，不管形式如何，均应认定无效。

法院判决

北京市通州区人民法院在一审判决书“本院认为”部分的论述如下。

当事人采用合同书形式订立合同的，自双方当事人签字或者盖章时合同成立。采用合同书形式订立合同，在签字或者盖章之前，当事人一方已经履行主要义务，对方接受的，该合同成立。依法成立的合同，自成立时生效。

环某海公司称，根据转让协议约定，糖某公司无权要求环某海公司受让信托受益权，且在环某海公司对于金额、支付期限、方式未通知糖某公司的情形下，信托受益权支付义务未到期。对此，本院认为，根据转让协议约定，糖某公司持有本信托计划信托份额之日起满1年的对应日，环某海公司有义务无条件受让乙方持有的全部标的信托受益权，根据上述约定，受让糖某公司信托受益权系环某海公司的义务，环某海公司应于糖某公司持有信托计划信托份额之日起满1年的对应日即2018年9月6日无条件受让该信托受益权。环某海公司至今未给付糖某公司转让价款，已经构成违约。

环某海公司应于2018年9月6日之前与糖某公司就转让价款、支付方式、期限进行协商，转让协议约定了环某海公司届时书面通知糖某公司转让价款的具体金额，并按照书面通知的时间及金额按期足额支付转让价款，该条款系对于环某海公司履行协议义务作出的约定，现环某海公司将此项约定视为其享有的权利明显不妥，违反了转让协议的约定。

在环某海公司未书面通知糖某公司转让款支付事宜的情况下，环某海公司应按照转让协议约定的信托受益权转让计算公司确定转让价款及收益的金额并于2018年9月6日支付上述款项。故对于糖某公司要求环某海公司支付4500万元及自2017年9月6日起至实际给付之日止的收益的诉讼请求本院予以支持。

北京市第三中级人民法院在二审判决书“本院认为”部分的论述如下。

综合上述两份合同内容、目的、各方当事人身份等，在合同当事人履行两份合同权利义务的事实认定上，不能将信托合同与转让协议割裂看待。综观转让协议内容的文字表述以及信托合同的履行情况，糖某公司在签订转让协议时，已经完全履行了转让协议所约定的认购信托单位并支付信托资金的主要合同义务，取得了信托合同约定的信托受益权。

延伸阅读

裁判规则：法律未禁止信托受益权的转让，但以信托受益权转让给受托人方式达到刚兑目的的合同无效。

案例：安某信托股份有限公司、湖某高速集团财务有限公司营业信托纠纷二审民事判决书［湖南省高级人民法院，（2020）湘民终1598号］。

参见本书之“信托受托人回购，是否构成刚兑？”

简评：受益人通过信托受益权转让以保证自身收益，需要注意受让方与受托人的法律关系，避免形成受托人刚兑的情形。

044 信托受托人回购，是否构成刚兑？

关键词：刚兑条款　受益权转让　受托人

阅读提示

信托机构等受托人的刚性兑付不符合信托资管行业的长期健康发展。《资管新规》和《九民纪要》均否定了刚兑条款的有效性。但实践中，回购行为作为常见的市场行为，也被大量用于规避刚兑的监管。本案中，法院依照前述监管和司法逻辑，对信托回购类协议效力进行了否定性评价，引起市场广泛对回购条款合法性认定的重视，值得剖析。

裁判要旨

虽然法律法规未禁止信托受益权的转让，但以信托受益权转让方式达到保底、刚兑目的的合同违背《九民纪要》相关规定，人民法院应当认定该条款无效。受益人请求受托人对其损失承担与其过错相适应的赔偿责任的，人民法院依法予以支持。

案情简介①

一、2016 年，高某财务公司与安某信托签订《信托合同》四份，约定高某财务公司向安某信托认购某项目集合资金信托计划，认购信托资金金额总计为 4 亿元。2017 年 5 月 5 日，高某财务公司将 4 亿元信托资金转入安某信托银行账户。

安某信托于 2017 年 12 月、2019 年 1 月、2019 年 5 月 6 日三次共计向高某财务公司支付信托利益 5200 万元。截至 2019 年 5 月 5 日前，高某财务公司持有的信托单位对应的信托利益均已分配完毕。

二、2019 年 5 月 4 日，高某财务公司与安某信托签订《信托受益权转让协

① 本案是行业热点案件。

湖南高某集团财务有限公司（以下简称高某财务公司）与安某信托股份有限公司（以下简称安某信托）合同纠纷一审民事判决书［长沙市中级人民法院，（2019）湘 01 民初 3659 号］。

安某信托股份有限公司、湖南高某集团财务有限公司营业信托纠纷二审民事判决书［湖南省高级人民法院，（2020）湘民终 1598 号］。

议》，约定原受益人高某财务公司作为转让方，安某信托为受让方（现受益人）；转让标的为转让方根据《信托合同》所享有的4亿元信托资金（折合4亿份信托单位所对应之信托受益权及相关一切衍生权利），转让日为2019年5月4日（后约定延期至2020年5月4日）。

三、2019年7月及8月，高某财务公司分别向安某信托出具《关于安某信托产品到期收款的函》《公司催告函》，要求安某信托支付本金及收益。2019年10月，高某财务公司向安某信托出具《律师催促函》，要求安某信托支付其本应于2019年8月支付的信托计划本金1亿元及其收益。

四、上海银保监局于2020年出具的《上海银保监局关于回复长沙中级人民法院征询函的函》，载明“在各种信托文件中若存在信托公司将履行远期回购义务等类似意思表示的，都属于违规行为。根据目前调查情况，安某信托与高某财务公司在2017年5月签署的《信托受益权转让协议》等一系列操作是保证本金收益不受损失的行为，属于违规刚性兑付行为”。

高某财务公司认为，上述安排是基于所投资信托产品项下对特定金融资产权益的处分，是交易双方结合市场判断的理性选择，并以违约为由请求安某信托赔偿本金、利息及违约金等。长沙市中级人民法院一审支持了高某财务公司的诉讼请求，湖南省高级人民法院二审撤销一审判决，改判驳回高某财务公司的诉讼请求。案情简介示意如图3-3所示：

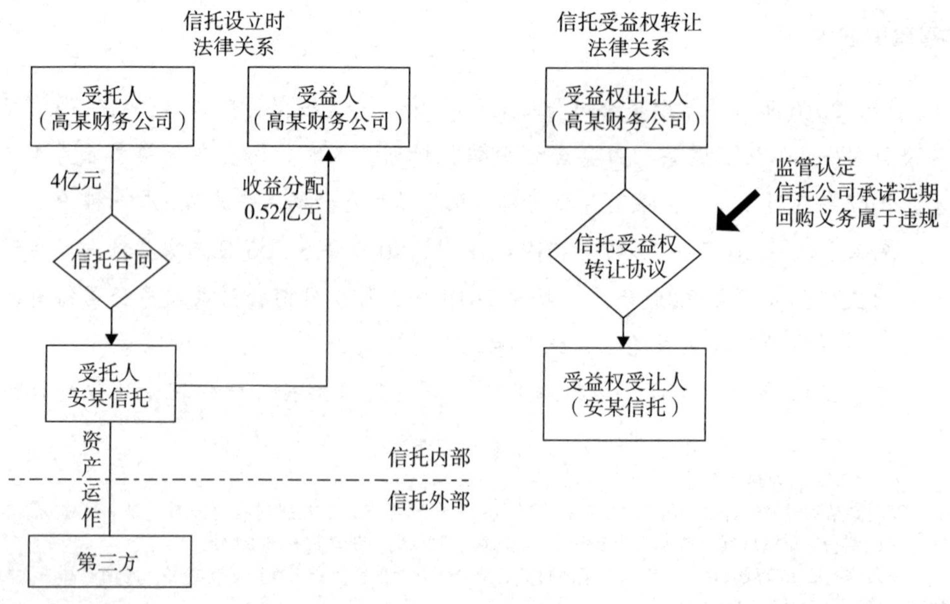

图3-3 案情简介示意

裁判要点

本案中湖南省高级人民法院二审撤销长沙市中级人民法院一审判决，主要原因如下。

第一，本案中四份《信托合同》约定了信托公司收取的信托费用，委托人自行承担信托计划可能存在的投资风险。但后续的《信托受益权转让协议》及《补充协议》均约定委托人所获得的是固定的收益回报，也无须承担信托受益权的任何风险。上述行为名为信托受益权转让，实为保本保收益的承诺安排，违反了《信托法》第三十四条“受托人以信托财产为限向受益人承担支付信托利益的义务”的规定，应属无效。

第二，上海银保监局对此作出的书面回复，认定涉案转让协议系违规刚性兑付行为，在证据层面属于监管机构对信托受益权转让行为定性的权威结论。

第三，实践中，保底或者刚兑条款通常不在资产管理产品合同中明确约定，而是以“抽屉协议”或者其他方式约定。保底或者刚兑约定不管形式如何，只要违反《九民纪要》，均应认定无效。

实务经验总结

本案是业内关注的经典案件，其核心问题是：“受托人与委托人签署的《信托受益权转让协议》是否有效?”针对此问题应注意以下两点。

1. 委托人和受托人之间的信托关系通过《信托合同》建立，而《信托受益权转让协议》不是信托关系中必要的文件。信托受益权作为财产权，受益人有权通过《信托受益权转让协议》支配。因此，本案中高某财务公司认为，《信托受益权转让协议》是双方的市场行为具有一定合理性，尤其是《信托合同》与《信托受益权转让协议》签署时间跨度近 3 年时间，不符合一揽子协议的通常特征。

2. 本案中，法官依赖上海银保监局出具回复中认定的“违规刚性兑付行为”的所谓权威结论，从《信托受益权转让协议》的实际回购效果将其认定为信托的刚兑协议，继而依照《九民纪要》及《资管新规》的原则，依法将《信托受益权转让协议》认定无效。可见，司法及监管政策是办理信托纠纷中重要的判断依据。

此外，本案还有一处值得深究的法律问题未在判决书中体现，即信托受托人回购“信托受益权”的行为是否合法?《信托法》第二十六条第一款规定：“受托人除依照本法规定取得报酬外，不得利用信托财产为自己谋取利益。”第二十八条第一款规定：“受托人不得将其固有财产与信托财产进行交易或者将不同委托人的信托财产进行相互交易，但信托文件另有规定或者经委托人或者受益人同意，并以公平的市场价格进行交易的除外。”

上述规定原则上都不支持信托公司身兼“受托人”和“受益人”两个角色，以免存在“自我交易”的道德风险。尤其是集合信托中，受托人作为“受益人”，其信托管理地位使其无法避免对其他受益人的不平等地位。因此，我们建议在信托产品结构设计上综合考虑其合法性，避免信托相关主体间法律关系不确定。

相关法律规定

《信托法》

第三十四条 受托人以信托财产为限向受益人承担支付信托利益的义务。

《资管新规》

六、第二款 金融机构应当加强投资者教育，不断提高投资者的金融知识水平和风险意识，向投资者传递“卖者尽责、买者自负”的理念，打破刚性兑付。

十九、第一款经金融管理部门认定，存在以下行为的视为刚性兑付：

（一）资产管理产品的发行人或者管理人违反真实公允确定净值原则，对产品进行保本保收益。

（二）采取滚动发行等方式，使得资产管理产品的本金、收益、风险在不同投资者之间发生转移，实现产品保本保收益。

（三）资产管理产品不能如期兑付或者兑付困难时，发行或者管理该产品的金融机构自行筹集资金偿付或者委托其他机构代为偿付。

（四）金融管理部门认定的其他情形。

《九民纪要》

92. **【保底或者刚兑条款无效】** 信托公司、商业银行等金融机构作为资产管理产品的受托人与受益人订立的含有保证本息固定回报、保证本金不受损失等保底或者刚兑条款的合同，人民法院应当认定该条款无效。受益人请求受托人对其损失承担与其过错相适应的赔偿责任的，人民法院依法予以支持。

实践中，保底或者刚兑条款通常不在资产管理产品合同中明确约定，而是以

“抽屉协议”或者其他方式约定，不管形式如何，均应认定无效。

法院判决

以下为湖南省长沙市中级人民法院在一审判决书“本院认为”部分的论述。

本案《信托受益权转让协议》《补充协议》是双方当事人在《信托合同》生效2年后自愿签订的，法律、行政法规也并未禁止信托受益权的转让，且两协议系高某财务公司与安某信托的真实意思表示，内容也未违反法律、行政法规的效力性强制性规定，应认定协议合法有效。

以下为湖南省高级人民法院在二审判决书“本院认为”部分的论述。

第一，人民法院认定民事合同的性质，应根据合同条款所反映的当事人的真实意思，并结合其签订合同的真实目的以及合同的实际履行情况等因素进行综合判断。

第二，上海银保监局于2020年8月28日作出《上海银保监局关于回复长沙中级人民法院征询函的函》。该函载明上海银保监局对安某信托进行了相关调查，并向湖南银保监局进行了协查问询。上海银保监局认为安某信托与高某财务公司签订的《信托受益权转让协议》等一系列操作是保证本金收益不受损失的行为，属于违规刚性兑付行为。

第三，《九民纪要》第九十二条第一款规定，信托公司、商业银行等金融机构作为资产管理产品的受托人与受益人订立的含有保证本息固定回报、保证本金不受损失等保底或者刚兑条款的合同，人民法院应当认定该条款无效。受益人请求受托人对其损失承担与其过错相适应的赔偿责任的，人民法院依法予以支持。

延伸阅读

裁判规则：私募基金管理人向基金投资人出具《回购函》及签署带有回购条款的《基金合同》，属于保底承诺（刚兑），回购约定无效。

案例：张某黄与深圳国某资本管理有限公司合同纠纷一审民事判决书［深圳市福田区人民法院，（2018）粤0304民初43053号］。

上述约定系承诺保证投资人本息固定回报的合同条款，构成保底条款。上述保底条款规避和转嫁了金融投资风险，使双方民事权利义务明显失衡，违背了基本经济规律及《合同法》等价有偿和公平的原则，对金融、经济秩序产生负面影响，损害了社会公共利益。

依照《民法总则》[1] 第一百五十三条第二款“违背公序良俗的民事法律行为无效”及《合同法》[2] 第五十二条第四项“有下列情形之一的，合同无效：……（四）损害社会公共利益……”之规定，本院认定上述《基金合同》《回购函》所涉保底条款无效。

简评：私募基金管理人是否属于《资管新规》所称的“金融机构”存在不同声音（如其不在央行发布的《金融机构编码规范》之内）。但是司法实践中，因其信托资管特征明显，私募产品较多参照金融机构来确定权利义务。

045 信托投资方认购优先份额，上市公司认购劣后份额并约定附条件收购条款，收购约定是否有效？

关键词：结构化信托　附条件收购　自愿承担　风险共担

阅读提示

证券类信托投资为保证信托财产安全需要融资方提供抵押、保证等担保措施，而上市公司对外担保的政策趋严。因此，信托受托人与上市公司签署的相关协议中可能存在类担保的条款。本案中的“附条件收购”条款具有代表性，值得信托投资方关注。

裁判要旨

（合伙协议及补充协议中的附条件收购条款）没有损害合伙企业的权益，也没有损害其他合伙人及合伙企业债权人的利益。该附条件收购约定有效。

案情简介[3]

2016 年 12 月，天某公司董事会决议其认购合伙企业宁波问某的有限合伙份

---

① 现已失效。

② 现已失效。

③ 国某泰康信托有限公司（以下简称国某公司）与朱某等合伙企业财产份额转让纠纷一审民事判决书［北京市第二中级人民法院，（2019）京 02 民初 426 号民事判决］。

大连天某娱乐股份有限公司（以下简称天某公司）等与国某泰康信托有限公司合伙企业财产份额转让纠纷二审民事判决书［北京市高级人民法院，（2020）京民终 623 号］。

额（基金份额）。基金总规模约3.4亿元，公司认购5100万元劣后级基金份额。之后，西藏问某（普通合伙人、执行事务合伙人、基金管理人）、国某公司（优先级有限合伙人）、天某公司（劣后级有限合伙人）签订《补充协议》，载明“当‘僵局’情况或特定风险事件出现后，国某公司有权要求天某公司按照《收购协议》的约定提前购买国某公司的全部有限合伙份额”。前述三方另签订《收购协议》，载明“在发生《合伙协议》《补充协议》或本协议约定情形时（如资产被冻结等对国某公司在本协议项下的权利可能或已经构成实质性损害的），国某公司有权要求天某公司提前收购全部合伙份额”。

同日，天某公司控股股东朱某（保证人）与国某公司（被保证人）签订《保证合同》，载明“朱某自愿为天某公司在《收购协议》项下的全部义务的履行提供不可撤销的连带责任保证担保”。

2018年9月，天某公司陆续公告确认其控股股东所持股份被司法冻结、公司银行贷款逾期、公司存款被冻结。

2019年1月，天某公司收到优先级合伙人国某公司发来的《付款通知》。根据《付款通知》，国某公司认为，天某公司出现“财务状况严重恶化”“涉及诉讼、银行账户被冻结危及履约能力”等情形触发违约提前回购条款，要求天某公司提前回购优先级有限合伙人的出资份额并对合伙企业向优先级合伙人分配的预期收益进行差额补足。

国某公司请求天某公司支付收购款并支付违约金等，北京市第二中级人民法院一审支持诉请，天某公司不服一审判决提出上诉，北京市高级人民法院二审驳回上诉。案情简介示意如图3-4所示：

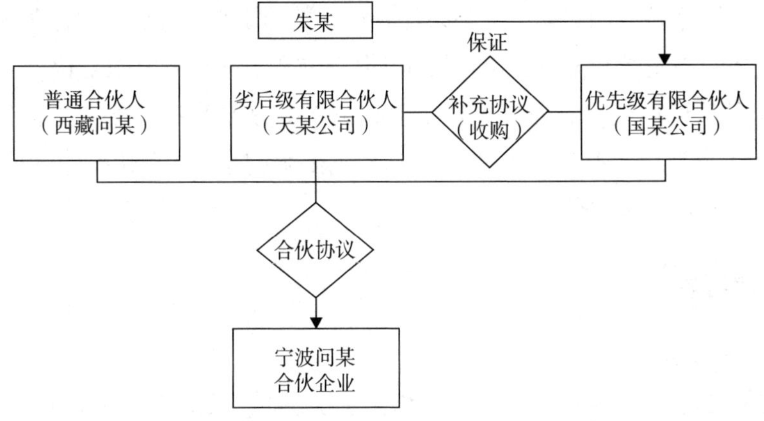

图3-4　案情简介示意

裁判要点

基金劣后级有限合伙人自愿以自有资金对优先级有限合伙人在投资目的不能实现时对优先级合伙份额进行回购没有损害合伙企业的权益，也没有损害其他合伙人及合伙企业债权人的利益。

实务经验总结

本案的核心问题是：“附条件收购的约定是否有效?”结合办案经验，我们的观点如下。

信托投资风险层面，股票投资等信托业务面临特定风险。因《九民纪要》出台后，上市公司违规担保可能无效，因此“具有担保效果的条款”是否有效成为实务关心的问题。本案即这种情况。国某泰康信托凤凰×号单一资金信托的受托人国某泰康信托有限公司与上市公司（天某公司）通过认购结构化合伙份额的方式共同认购了合伙企业西藏问某的有限合伙份额。同时，上市公司作为劣后方与优先方信托受托人签署了带有“附条件收购条款”的《补充协议》。

资金安全层面，如果“附条件收购条款”如期履行，客观上优先方（信托投资方）的风险将由劣后方承担。这也是双方签署带有“优先/劣后”的结构化条款的《合伙协议》及《补充协议》时达成的合意。

信息披露（以下简称信批）与担保规定层面，如果“附条件收购条款”参照现行担保条款的模式审查，则需要经过上市公司履行相应决议程序后方可有效。因此，本案核心问题在于“附条件收购”的约定是否等同于担保条款。

结合本案案情综合分析，该条款的主体是有限合伙中的有限合伙人，该条款属于《合伙协议》及《补充协议》中的权利义务分配条款，故应当基于《合伙企业法》进行判断。本案两审法院均不认为该约定违反《合伙企业法》第三十三条规定，故该约定有效。

相关法律规定

《合伙企业法》

第三十三条 合伙企业的利润分配、亏损分担，按照合伙协议的约定办理；合伙协议未约定或者约定不明确的，由合伙人协商决定；协商不成的，由合伙人按照实缴出资比例分配、分担；无法确定出资比例的，由合伙人平均分配、分担。

合伙协议不得约定将全部利润分配给部分合伙人或者由部分合伙人承担全部亏损。

《最高人民法院关于适用〈中华人民共和国民法典〉有关担保制度的解释》

第九条 相对人根据上市公司公开披露的关于担保事项已经董事会或者股东大会决议通过的信息，与上市公司订立担保合同，相对人主张担保合同对上市公司发生效力，并由上市公司承担担保责任的，人民法院应予支持。

相对人未根据上市公司公开披露的关于担保事项已经董事会或者股东大会决议通过的信息，与上市公司订立担保合同，上市公司主张担保合同对其不发生效力，且不承担担保责任或者赔偿责任的，人民法院应予支持。

相对人与上市公司已公开披露的控股子公司订立的担保合同，或者相对人与股票在国务院批准的其他全国性证券交易场所交易的公司订立的担保合同，适用前两款规定。

《九民纪要》

22. **【上市公司为他人提供担保】** 债权人根据上市公司公开披露的关于担保事项已经董事会或者股东大会决议通过的信息订立的担保合同，人民法院应当认定有效。

法院判决

北京市第二中级人民法院在一审判决书“本院认为”部分相关论述如下。

本院认为，结合各方当事人的诉辩意见和查明事实，本案主要争议焦点为“《收购协议》和《保证合同》的效力”等问题。

1. 关于天某公司之宁波问某合伙人身份对《收购协议》效力的影响。

本案中，天某公司和朱某均辩称，天某公司系宁波问某的合伙人，《收购协议》因违反《合伙企业法》第三十三条第二款规定而无效，即合伙协议不得约定将全部利润分配给部分合伙人或者由部分合伙人承担全部亏损。

《补充协议》约定按照顺序进行宁波问某收益的分配：(1) 支付或者预留管理费和需要由宁波问某承担的各项税赋；(2) 向国某公司分配当期收益；(3) 如有剩余留存于宁波问某，在投资项目退出时分配，分配方案为：在满足国某公司预期收益之后的收益部分，天某公司享有80%，西藏问某享有20%。此外，还约定“宁波问某的利润分配方式为宁波问某当年产生的利润在弥补完以前年度亏损后首先按照宁波问某利润的0%奖励给西藏问某，然后再依照各合伙人实缴的出资比例分配利润；亏损分担方式为由合伙人按各自认缴的出资比例分担亏损”。

鉴于《合伙协议》《补充协议》及《收购协议》在约定利润分配及亏损分担方面均并未约定将宁波问某的全部利润分配给国某公司，亦未约定国某公司不承担宁波问某的任何亏损风险，在天某公司和朱某未能提供其他证据证明各方合伙人曾将宁波问某的全部利润分配给部分合伙人或者由部分合伙人承担宁波问某全部亏损进行过明确约定或达成合意的情况下，天某公司和朱某提出的《收购协议》因违反《合伙企业法》第三十三条第二款而应认定为无效的主张缺乏事实和合同依据，本院不予支持。

2. 关于《收购协议》中的收购条款是否构成天某公司向国某公司提供的保证担保。

天某公司和朱某辩称，《收购协议》系天某公司未经法定审核程序向国某公司提供的保证担保，天某公司对此不予追认，故《收购协议》因违反《公司法》第十六条规定而无效。

《担保法》[①] 第六条规定，本法所称保证，是指保证人和债权人约定，当债务人不履行债务时，保证人按照约定履行债务或者承担责任的行为。《民法总则》[②] 第一百一十八条规定，民事主体依法享有债权。债权是因合同、侵权行为、无因管理、不当得利以及法律的其他规定，权利人请求特定义务人为或者不为一定行为的权利。

故天某公司收购国某公司所持有的全部宁波问某合伙份额是否构成保证担保，取决于《收购协议》中相关条款的约定是否符合保证担保的法定构成要件，是否具备担保的属性。

经审查，《收购协议》项下的收购条款具体内容并不具有天某公司作为保证人为主债务人代为清偿债务的意思表示，亦无天某公司为主债务人履行主债务提供履行担保的条款，反而天某公司系债务人本身。

国某公司作为宁波问某的有限合伙人，其依据《收购协议》约定要求天某

---

① 《担保法》现已失效。《民法典》第六百八十一条规定：“保证合同是为保障债权的实现，保证人和债权人约定，当债务人不履行到期债务或者发生当事人约定的情形时，保证人履行债务或者承担责任的合同。”

② 《民法总则》现已失效。《民法典》第一百一十八条规定：“民事主体依法享有债权。债权是因合同、侵权行为、无因管理、不当得利以及法律的其他规定，权利人请求特定义务人为或者不为一定行为的权利。”

公司按照约定时间和金额对标的权益进行收购系《收购协议》项下天某公司应履行的独立合同义务，并无天某公司为某项债务进行保证的意思表示，上述收购安排系国某公司作为宁波问某合伙投资人的一种退出方式，在合伙投资人投资决策时即已作为一项商业决策以签订《收购协议》的方式加以固化。

各方当事人在缔约过程中即应充分认识到商业风险，合理预期相应后果。故天某公司和朱某提出的《收购协议》系天某公司对国某公司提供的保证担保该项主张因缺乏事实和法律依据，本院不予认可，《收购协议》亦不因该项主张而被认定为无效。

3. 天某公司未履行相关程序是否导致《收购协议》无效。

天某公司和朱某辩称，《收购协议》违反监管机构规定，未经法定程序提供担保，未履行上市公司披露义务和对外担保规定，损害股东及社会公共利益，应属无效。

天某公司作为上市公司，其公告文件具有公示性和对世效力，即使其自身违反上市公司相关监管规定，亦未必然导致《收购协议》无效。故天某公司和朱某提出的因《收购协议》未履行天某公司相关程序、违反上市公司对外担保规定、侵害公众利益等而导致无效的主张，缺乏事实和法律依据，本院不予支持。

北京市高级人民法院在二审判决书"本院认为"部分相关论述如下。

本院认为，《合伙企业法》第三十三条规定，合伙企业的利润分配、亏损分担，按照合伙协议的约定办理；合伙协议未约定或者约定不明确的，由合伙人协商决定；协商不成的，由合伙人按照实缴出资比例分配、分担；无法确定出资比例的，由合伙人平均分配、分担。合伙协议不得约定将全部利润分配给部分合伙人或者由部分合伙人承担全部亏损。

案涉《合伙协议》对合伙企业的利润分配、亏损分担作出了明确的约定。案涉《补充协议》对合伙企业的利润分配、亏损分担也作出了明确的约定。约定既没有将全部利润分配给国某公司，也没有让天某公司承担全部亏损，故不违反《合伙企业法》第三十三条的规定。

关于天某公司上诉所提《补充协议》，本院认为是天某公司作出的在特定条件下受让国某公司有权处分的合伙企业财产份额的承诺，是天某公司作为基金劣后级有限合伙人自愿以自有资金对优先级有限合伙人国某公司在投资目的不能实现时对国某公司所持合伙企业财产份额进行回购的意思表示。

该意思表示既没有损害合伙企业的权益，也没有损害其他合伙人及合伙企业债权人的利益。天某公司是否承担该等义务仅与协议约定的条件是否成就有关，与合伙企业是否盈利或亏损无关。故上述约定并不属于合伙人之间关于盈利分配或亏损分担的约定，不存在违反《合伙企业法》第三十三条规定的情形，本院对天某公司的该项上诉主张不予支持。

延伸阅读

裁判规则：信托受托人与第三人约定差额补足和受让受益权不属于担保，约定有效。

案例：安某与郭某泽、安某控股股份有限公司营业信托纠纷一审民事判决书[河南省高级人民法院，(2018) 豫民初 80 号]。

法院认为，从《差补和受让协议》内容来看，郭某泽依约受让安某的信托受益权，其取得案涉信托受益权的对价，是向安某支付信托本金及补足该本金收益不足年化 13%的部分。

在案涉《信托合同》《信托贷款合同》的背景下，《差补和受让协议》对于郭某泽受让信托受益权的对价及支付方式、违约责任的约定，对于《信托合同》《信托贷款合同》而言，显然具有一种分担风险，强化信托资产投资安全的增信作用。故安某与郭某泽签订的《差补和受让协议》既具有信托受益权转让的债权转让法律关系，又具有增信担保作用的差额补充法律关系，系无名合同。其中郭某泽对安某承担的安某从吉某信托获取的信托净收益不足信托本金年化 13%部分的差额补充义务，属于郭某泽作出的支付承诺，相对于被补充之债权具有独立性。

此与通常具有从属性、补充性的保证担保不同，客观上虽然具有增信担保的保障作用，但有别于《担保法》意义上的保证担保行为。

综上，郭某泽主张《差补和受让协议》实为担保合同，因主合同不存在，故《差补和受让协议》作为从合同亦应无效的理由不能成立，本院不予支持。

046 资产管理人（受托人）与投资者签署的“还本付息”协议是否属于刚兑？协议有效吗？

关键词：差额补足　签署日期　风险收益确定

阅读提示

“卖者尽责，买者自负”是包括信托受托人在内的资管方应当与投资者达成的共识，而机构的刚兑承诺会扭曲投资者的正常判断。参照《九民纪要》的规定，包括信托受托人在内的资产管理人无论是以“抽屉协议”的形式，还是以差额补足条款等方式进行刚兑约定均无效。但是，若资管方的还本付息约定出现在投资“爆雷”后，该约定是否有效？

裁判要旨

资产管理人在资管产品盈亏已固定（风险已确定）后，与投资者约定补偿损失属于对自己民事权利的处分，不属于法律所禁止的范畴，不按照“刚兑无效”规则处理。

案情简介[①]

秦某与崇某公司签订《基金合同》并付款500万元认某私募基金产品，期限为12个月。基金管理人为崇某公司，该公司实际控制人为赵某。

崇某公司向秦某出示风险揭示书提示“不保证基金财产一定盈利，也不保证最低收益”。2018年、2019年，秦某获得直接或间接的产品收益分配。

截至2019年2月，上述基金出现逾期兑付收益。

同年3月，赵某在《还款协议》崇某公司及保证人处签字，该协议载明：鉴于私募已经发生逾期，甲方作为私募管理人，投资期限届满后未能履行还款义务。经双方协商，甲方同意承担违约责任，并对还款事宜安排如下：“甲方（崇

---

① 秦某与深圳崇某资产管理有限公司（以下简称崇某公司）、赵某其他合同纠纷一审民事判决书［上海市普陀区人民法院，（2019）沪0107民初10422号］。

深圳崇某资产管理有限公司与秦某其他合同纠纷二审民事判决书［上海金融法院，（2020）沪74民终328号］。

某公司）承诺按产品实际到期日偿还所欠的所有投资本金及利息。”此外，赵某向包括秦某在内的投资人出具《承诺函》，载明：“针对下列投资人……秦某500万元……共1550万元……本人赵某承诺于2019年3月11日前偿还本金的25%（佰分之贰拾伍）387.5万元整（叁佰捌拾柒万伍仟元整）。剩余本金及利息将于2019年9月1日前结清。”此外，赵某向包括秦某在内的投资人也出具《承诺函》保证还本付息。

秦某以《还款协议》已生效为由，请求崇某公司承担归还投资本息等事项，上海市普陀区人民法院一审支持请求，崇某公司不服提起上诉，上海市金融法院二审驳回上诉，维持原判。

裁判要点

基金存续期间届满后，盈亏情况已经固定，此时对投资者的损失进行补偿，系民事主体对自己民事权利的处分，不属于法律所禁止的范畴，故本院对崇某公司关于《承诺函》及《还款协议》无效的上诉主张，不予支持。

实务经验总结

包括信托受托人在内的资管方对投资者作出的刚兑约定无效是《九民纪要》明文确认的裁判思路，但其是否有合理的例外情形？结合办案经验，针对该问题我们总结了以下两点。

1. 包括信托受托人在内的资管方的“刚兑承诺”在信托投资风险确定后，可以有效。一是因为此时（多是清算环节）的还本付息承诺并未扭曲投资者之前的投资判断，并不影响之前环节的合规性；二是《信托合同》及其他资管合同均会约定资管方的责任条款，此时投资者与资管方达成的还本付息约定可以视为对原合同中责任救济条款的合意；三是实务中很多资管方资金实力较强，有权利、有能力和有意愿在不违反法定和约定义务的前提下对个案投资者进行不同的风险处置。

2. “刚兑承诺”有效性的确认因素较多。一是要看承诺是否起到了扭曲投资者判断的客观作用，典型情形即投资协议与刚兑协议同时签署。二是要看承诺是不是由资产管理义务人（受托人）作为兑付方，如果兑付方是第三方或是劣后级的投资者，则并不当然违反《九民纪要》的规定。

相关法律规定

《九民纪要》

92.【**保底或者刚兑条款无效**】　信托公司、商业银行等金融机构作为资产管理产品的受托人与受益人订立的含有保证本息固定回报、保证本金不受损失等保底或者刚兑条款的合同，人民法院应当认定该条款无效。受益人请求受托人对其损失承担与其过错相适应的赔偿责任的，人民法院依法予以支持。

实践中，保底或者刚兑条款通常不在资产管理产品合同中明确约定，而是以“抽屉协议”或者其他方式约定，不管形式如何，均应认定无效。

法院判决

上海市普陀区人民法院在一审判决书“本院认为”部分就该问题的论述如下。

赵某作为崇某公司的法定代表人，对外有权代表崇某公司签署相关文件，崇某公司应受相关文件约束。至于崇某公司、赵某所提出的《承诺函》及《还款协议》，因违反了法律法规中有关禁止“保底保收益”之规定而归于无效的主张。法院认为，一方面《基金合同》中并无任何“保底保收益”的条款；另一方面《承诺函》及《还款协议》中有关支付投资本金及收益的内容并非相关法律法规中的“保底保收益”条款，而是在《基金合同》到期不能兑付后，崇某公司、赵某对秦某既定的损失所进行的自愿补偿，并未违反法律的禁止性规定。

崇某公司、赵某理应遵守诚实信用的基本原则，依照相关承诺及协议履行自身义务。故对于秦某要求崇某公司支付剩余投资本金及相应利息的请求，予以支持。对于秦某要求崇某公司赔偿其律师费损失和保全担保费的诉讼请求，均为秦某已经实际发生的损失，亦具有合同依据，与法无悖，予以支持。赵某在《承诺函》及《还款协议》中承诺，秦某对崇某公司所享有的债权承担连带担保责任，故秦某要求其承担连带清偿责任依法有据，应予支持。

上海金融法院在二审判决书“本院认为”部分就该问题的论述如下。

本院认为，鉴于各方均对赵某曾签署《承诺函》及《还款协议》的事实不持异议，故该《承诺函》及《还款协议》所载内容意思表示真实，本院对此予以确认。关于崇某公司上诉所称《承诺函》及《还款协议》所载内容涉及“保本保收益”条款，对此本院认为，“保本保收益”条款系在合同签订或履约过程中，各方对于投资是否会产生预期收益均不能确定时所作出的无论投资实际盈亏与否、均保证出资方不受损失的承诺。本案中，一审法院业已查明涉案《基金合同》不保证基金财产一定盈利，亦不保证最低收益。基金存续期间届满后，盈亏情况已经固定，此时对投资者的损失进行补偿，系民事主体对自己民事权利的处分，不属于法律所禁止的范畴，故本院对崇某公司关于《承诺函》及《还款协议》无效的上诉主张，不予支持。

此外，根据《承诺函》及《还款协议》所载内容来看，赵某在《承诺函》中落款处分别书写了崇某公司和赵某，并载明针对秦某等作为投资人的偿还本金及利息的安排，赵某亦承诺其个人承担连带责任保证；《还款协议》中载明，该协议甲方为崇某公司，乙方为投资人，丙方为保证人（赵某），并在协议中载明秦某作为基金产品的投资人的认购金额及到期日，并明确了崇某公司的还款事宜安排，赵某在该协议的甲方代表和丙方处分别签字予以确认。鉴于赵某系崇某公司的法定代表人，现崇某公司并未举证证明赵某签署《承诺函》及《还款协议》的行为超越其代表权范围且秦某对此知悉，故赵某以法人名义从事民事活动的法律后果依法应由崇某公司承受。本案中，结合2019年5月15日崇某公司疾如风系列×号私募投资基金向秦某转账236704.49元并备注“支付部分本金+利息”的事实及秦某在庭审中的陈述来看，秦某虽然未在《承诺函》及《还款协议》上签字确认，但其已对《承诺函》及《还款协议》中与其相关的内容均予以接受，且崇某公司亦在嗣后依约定支付款项，故《还款协议》已成立，对各方均有拘束力，崇某公司的相应上诉理由缺乏事实和法律依据，本院不予采纳。

延伸阅读

裁判规则一：管理方同时作为担保方签署的保证投资方固定回报的约定，属于无效的刚兑约定。

案例1：上海马某股权投资基金管理有限公司（以下简称马某公司）与吕某端证券投资基金回购合同纠纷民事二审案件民事判决书［上海金融法院，(2021）沪74民终663号］。

本院认为，案涉《基金合同》系双方的真实意思表示，不违反法律、行政法规的强制性规定，合法有效。在《保证与回购协议》中，马某公司向投资者吕某端就上述《基金合同》下的投资认购款、利息等，作出了明确固定回报的承诺以及连带责任保证。上述约定显然为刚性兑付约定，违反了《信托法》第三十四条的强制性规定，为无效约定。吕某端据此提出的相应诉讼请求，缺少合同依据。一审法院的有效认定，本院予以更正。但是，因马某公司将吕某端的投资款实际并未用于股权投资而是用于出借，改变了资金用途，违反了《基金合同》的约定，属于重大违约行为。因此，投资者吕某端不享有案涉基金中的相应份额，同时亦不应当承担相应的投资风险，马某公司应当承担赔偿吕某端投资款本息的违约责任，且上述给付义务亦不应以基金清算为前提。吕某端现主张以扣除已付款的金额4476836.04元为基数、自投资日2018年3月8日起至2021年11月12日止的利息，并无不当。关于吕某端主张的计算标准，其中2019年8月20日起至2021年11月12日止的计算标准为年利率4.75%，缺少事实和法律依据，本院酌情调整为按照全国银行间同业拆借中心公布的一年期贷款市场报价利率计算，其余期间的计算标准，并无不当，本院予以准许。上诉人马某公司的上诉理由，缺少事实和法律依据，本院不予支持。

裁判规则二：管理方的关联第三方与受益人签署的保本保收益的份额转让协议，不属于无效的刚兑协议。

案例2：北京鸿某伟业房地产开发有限公司等与北京中某万信投资管理有限公司等营业信托纠纷二审民事判决书［北京市第三中级人民法院，（2020）京03民终4486号］。

综合上述两份合同内容、目的、各方当事人身份等，在合同当事人履行两份合同权利义务的事实认定上，不能将信托合同与转让协议割裂看待。综观转让协议内容的文字表述以及信托合同的履行情况，糖某公司在签订转让协议时，已经完全履行了转让协议所约定的认购信托单位并支付信托资金的主要合同义务，取得了信托合同约定的信托受益权。

当事人采用合同书形式订立合同的，自双方当事人签字或者盖章时合同成立。采用合同书形式订立合同，在签字或者盖章之前，当事人一方已经履行主要义务，对方接受的，该合同成立。依法成立的合同，自成立时生效。

简评：无论是信托受托人还是其他资管方，在信托产品等设立环节的刚兑承诺均是无效的，无论其形式和约定如何。但进入金融产品的清算等风险及收益已固定的环节，则信托受托人等有一定权利进行“赔偿式”兑付。

第二章 结构化信托与差额补足

本章前言

结构化信托因其具有同类收益对应同等级风险的特点，似乎既能够规避刚兑条款无效的限制，又能满足特定受益人承担低风险的需求。中国银监会于2010年2月在《关于加强信托公司结构化信托业务监管有关问题的通知》（银监通〔2010〕2号）对结构化信托业务的表述是“指信托公司根据投资者不同的风险偏好对信托受益权进行分层配置，按照分层配置中的优先与劣后安排进行收益分配，使具有不同风险承担能力和意愿的投资者通过投资不同层级的受益权来获取不同的收益并承担相应风险的集合资金信托业务”，并且明确禁止受托人及利益相关人持有劣后份额。这种受益人间的风险二次分配与《九民纪要》中风险在受益人和受托人之间分配，似乎泾渭分明。但这种泾渭分明并不绝对，比如优先级受益人通过受托人按照虚假的信托财产估值清算并获得保本收益侵害劣后受益人权益的情形。又如，受托人将新取得的信托财产用于支付已有的信托受益人的信托收益的情形（假设新投资人无异议）。

另一个上节未展开的问题是，如果差额补足等增信条款的义务人是信托受托人，是否一定构成刚兑？增信条款定性与效力判断问题不仅是一个理论问题，更是实践问题。实践中，信托“爆雷”的信托受托人的行为多有瑕疵，因此实务中的刚兑条款可能带有赔偿条款的性质。例如，在合同救济部分约定“若受托人未能及时履行合同义务造成信托投资损失的，则受益人有权要求受托人立即履行经合同约定计算后受益人应取得的收益与实际获配收益之间的差额补足义务”，该差额补足义务是否仍应认定为无效？值得进一步观察。

市场是不断发展的，无论是刚兑条款，差额补足条款，还是结构化条款都是根据监管和信托当事人双方的博弈产生的阶段性产物，不会因政策对其性质的一刀切而消失，而是会通过一个又一个的项目不断迭代、优化、沉淀，最后成为新政策的依据。

047 结构化信托中，次级委托人的差额补足条款是否有效？

关键词： 差额补足条款　结构化信托

阅读提示

《信托法》第六条规定，设立信托，必须有合法的信托目的。但实践中，尤其是在二级市场场外配资情形下，结构化信托中多设置劣后级受益人的差额补足条款，客观上达到对优先级受益人的刚兑目的。这也直接与“刚兑无效”监管政策原则相矛盾。前述情况下，如果信托触发差额补足义务，受托人可否依约要求相关劣后受益人承担该义务？

裁判要旨

设置差额补足条款的合同如果系各方当事人的真实意思表示，合法有效，各方当事人均应恪守。未履行合同义务构成违约的，应按照差额补足条款支付差额补足款。

案情简介①

华某信托作为受托人管理某单一资金信托，信托持有相应证券账户与证券交易资金账户，可以投资于证券交易所上市交易品种等。信托的投资运作以信托与B类权益人之间进行B类权益转让交易的形式进行。华某信托持有具有固定收益特征的特定资产A类权益。李某作为B类权益人与华某信托签署《单一资金信托之B类权益转让合同》（以下简称《转让合同》）。

根据《转让合同》约定，正常A类权益额=固定收益公式计算；正常B类权益额=特定资产准净值-正常A类权益额。

《转让合同》还约定，特定资产由华某信托投资于标的股票，特定资产单位准净值设置了预警线、第一处置线、第二处置线，若被告未在特定资产单位准净

---

① 李某与华某信托有限责任公司（以下简称华某信托）等营业信托纠纷一审民事判决书［上海金融法院，（2018）沪74民初391号］。

李某与华某信托有限责任公司营业信托纠纷二审民事判决书［上海市高级人民法院，（2020）沪民终163号］。

值低于第一处置线或第二处置线时按约定足额追加A类权益保障金的，则华某信托有权提前终止特定资产投资运作，并有权主动对特定资产项下的部分或全部非现金资产进行连续变现，并且李某有义务对特定资产准净值低于正常A类权益的差额部分向华某信托进行补足。

2018年5月，《转让合同》项下特定资产单位准净值触及第二处置线后，B类权益人仍未按约定履行追加A类权益保障金的义务。截至2018年7月，华某信托变现全部特定资产项下全部非现金资产，全部特定资产项下全部非现金资产变现后的特定资产准净值低于正常A类权益额，被告李某应按约定履行差额补足义务。

华某信托请求李某支付差额补足款及违约金等。上海金融法院一审支持前述请求，上海市高级人民法院二审维持原判。

裁判要点

华某信托系以其与李某签订的《转让合同》提起本案诉讼，该合同独立于华某信托与投资者签订的《大地×号单一资金信托合同》，故李某以信托自始未设立、违反《信托法》规定为由主张案涉《转让合同》无效，并无法律依据。

实务经验总结

本案中的核心问题是："次级/劣后级受益人与信托受托人之间的次级/劣后级权益转让合同是否有效？"对此，结合办案经验，我们认为有以下几点。

1. 从《民法典》角度来看，次级/劣后级权益转让合同如不存在合同无效等情形时，即可认定为有效。但是信托合同及其关联合同的特点在于，既可能存在《民法典》第一百五十三条第一款所规定的"违反法律、行政法规的强制性规定的民事法律行为无效"，也可能存在其第二款所规定的"违背公序良俗的民事法律行为无效"。

2. 从《资管新规》及《九民纪要》等实践准则来看，效力级别未与《民法典》衔接。无论是多部委联合下发的《资管新规》还是最高人民法院公布的会议纪要，尚不属于"法律、行政法规"，而是监管政策。

3. 从市场实践来看，信托等资管类合同及其特殊条款的约定，如无较为统一的效力认定模式，可能造成潜在的金融秩序混乱，甚至引发连锁金融风险。因此，对于个案的信托等资管类合同，也可从违背公共秩序角度加以说理。

基于以上三点，次级/劣后级受益人与信托受托人之间的次级/劣后级权益转让合同的有效性可以从《合同法》和公共秩序两个方面论证，其核心是在个案中判断相关合同包括合同目的在内的法律关系和产品结构，综合考量。本案中，法院更倾向于从《合同法》逻辑进行考量，因此认定相关协议有效。

相关法律规定

《九民纪要》

92.【**保底或者刚兑条款无效**】　信托公司、商业银行等金融机构作为资产管理产品的受托人与受益人订立的含有保证本息固定回报、保证本金不受损失等保底或者刚兑条款的合同，人民法院应当认定该条款无效。受益人请求受托人对其损失承担与其过错相适应的赔偿责任的，人民法院依法予以支持。

实践中，保底或者刚兑条款通常不在资产管理产品合同中明确约定，而是以“抽屉协议”或者其他方式约定，不管形式如何，均应认定无效。

《资管新规》

二、第二款　资产管理业务是金融机构的表外业务，金融机构开展资产管理业务时不得承诺保本保收益。出现兑付困难时，金融机构不得以任何形式垫资兑付。金融机构不得在表内开展资产管理业务。

法院判决

上海金融法院在一审判决书“本院认为”部分对此论述如下。

华某信托系以其与李某签订的《转让合同》提起本案诉讼，该合同独立于华某信托与投资者签订的《大地×号单一资金信托合同》，故李某以信托自始未设立、违反《信托法》规定为由主张案涉《转让合同》无效，并无法律依据。案涉《转让合同》系双方当事人的真实意思表示，合法有效，双方当事人均应恪守。李某未履行合同义务构成违约，应按照差额补足条款向华某信托支付差额补足款。

上海市高级人民法院在二审判决书“本院认为”部分对此论述如下。

《转让合同》明确约定：李某未能足额支付A类权益补足资金或未能按前款时间规定履行的，华某信托有权追索，追索范围包括但不限于应付未付A类权益补足资金、手续费、A类权益保障金等，以及可能产生的利息、违约金、损害赔偿金和诉讼费、律师费等费用，故华某信托有权要求李某赔偿因本案诉讼发生的律师费。

延伸阅读

裁判规则一：具有商业实质[①]的受益权转让协议，不认定为“刚兑协议”。

案例1：北京鸿某伟业房地产开发有限公司等与北京中某万信投资管理有限公司等营业信托纠纷二审民事判决书［北京市第三中级人民法院，（2020）京03民终4486号］。

参见本书之“受益人与第三人进行受益权转让的保本约定，该协议是否有效？是否属于刚兑？”

裁判规则二：不具有商业实质的受益权转让协议，可认定为“刚兑协议”。

案例2：安某信托股份有限公司、湖某高速集团财务有限公司营业信托纠纷二审民事判决书［湖南省高级人民法院，（2020）湘民终1598号］。

参见本书之“信托受托人回购，是否构成刚兑？”

048 结构化信托中的利益分配条款（结构化条款），是格式条款吗？投资人申请格式条款无效是否可行？

关键词：结构化条款　格式条款

阅读提示

区分优先级和劣后级受益人的结构化信托因其客观满足了劣后受益人的融资性需求，因此结构化信托在融资性信托中较为常见，《信托合同》中约定对应的结构化条款是常见条款。但从《民法典》角度看，如果结构化条款是格式条款，则信托公司在与投资人签署时应受额外的法定限制。因此，对信托投资人而言，

---

① “商业实质”最早其实是会计概念。国内最早出自财政部《企业会计准则第7号——非货币性资产交换》第七条。后纳入监管概念，如中国证监会将其引入《上市公司治理准则》。法律上，商业实质是一个税法概念，也是常见概念“关联交易”的补充。

结构化条款是格式条款吗？

裁判要旨

除非委托人在加入信托时意思表示存在重大问题或后手受益人在继受受益权时及时提出异议，否则结构化条款经合同各方签署后，视为各方的意思表示，即属于各方对于其权利义务责任的自主安排，不宜认定为无效的格式条款。

案情简介①

2014 年 1 月，渤某信托发起设立《信托计划》，该计划规模为人民币 3.5 亿元（其中 2 亿元为优先信托单位；1 亿元为夹层信托单位；5000 万元为劣后信托单位）。渤某信托与浙江花某进出口有限公司、花某集团有限公司签订《1 号信托合同》信托资金为 5000 万元，《2 号信托合同》信托资金为 1.5 亿元。两份《信托合同》除当事人以及项下信托资金数额不同外，合同的其他内容完全相同。

《信托合同》约定信托资金投资某合伙企业（有限合伙），资金最终拟参与某上市公司重组。约定的结构化条款为："第 18.3.5 条受托人以持有宁波伟某的合伙份额而产生的现金分红收益及非现金形式信托财产收益，如合伙企业份额等信托财产原状均可向受益人分配信托利益。当受托人以现金形式向受益人分配信托利益时，受托人按照 18.2 约定将信托利益划付至受益人的信托利益账户；当受托人以非现金形式向受益人分配信托利益时，信托财产原状分配，信托利益分配比例在优先受益人和一般劣后受益人之间按 2∶1 比例进行分配。"

2014 年 3 月至 4 月，该信托的全部受益权转让给上海财某后，最终于 2015 年 7 月，全部受益权转让给杭州汽某。杭州汽某共支付溢价转让价款 2.45 亿元。杭州汽某与渤某信托签订《补充协议》，约定："一、甲方预期收益率为 11%每年。此条款并不构成乙方对信托财产本金或信托利益不受损失，或者对信托财产最低收益的任何承诺。"

2017 年 7 月，因信托清算出现障碍，渤某信托向杭州汽某发出《告知函》，申请召开受益人大会，延长信托计划期限至 2018 年 7 月。杭州汽某收到该函后，没有回复。上市公司重组也公告推迟至 2018 年 11 月。

---

① 杭州汽某动力集团有限公司（以下简称杭州汽某）、渤某国际信托股份有限公司（以下简称渤某信托）信托纠纷一审民事判决书［河北省高级人民法院，(2017) 冀民初 196 号］。

杭州汽某动力集团有限公司、渤某国际信托股份有限公司信托纠纷二审民事判决书［最高人民法院，(2018) 最高法民终 776 号］。

杭州汽某请求确认《信托合同》的结构化条款为无效的格式条款及渤某信托赔偿损失 2.7195 亿元，河北省高级人民法院一审及最高人民法院二审均驳回杭州汽某的诉讼请求。案情简介示意如图 3-5 所示：

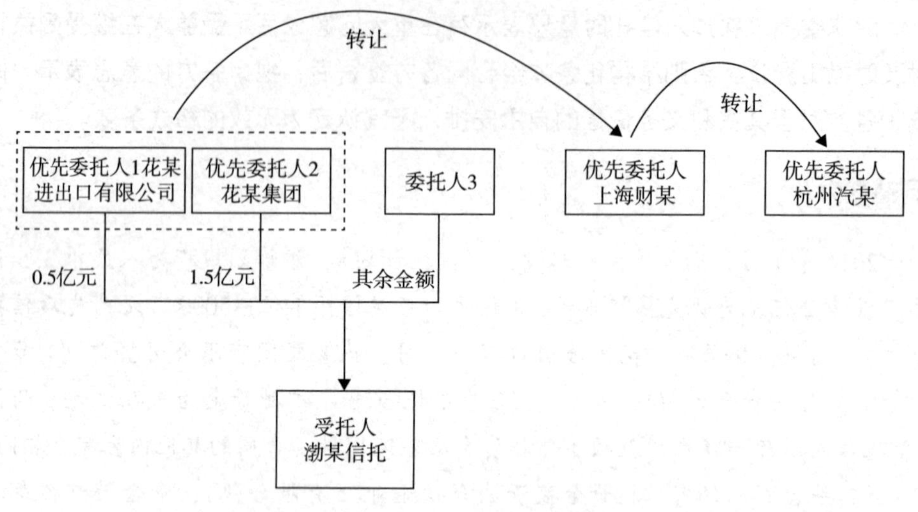

图 3-5 案情简介示意

裁判要点

信托中与各受益人之间关于权利实现顺位和实现范围的约定，是当事人基于其自主意思表示对于其权利义务责任的自主安排，并非加重某一受益人的责任、排除其主要权利。

实务经验总结

本案的核心问题是："信托的结构化条款可以视为（无效的）格式条款吗？"结合办案经验，我们认为有以下三点。

1. 格式条款是在民法场景中，按照公平原则来区分某些为了重复使用而预先拟定的条款。因为条款预先拟定，所以在一定程度上欠缺双方合意，因此《民法典》对格式条款有额外限制。

2. 结构化信托是营业信托的一种，是商法场景中根据市场需求产生的一类信托，其主要特点是将受益人区分为优先级和劣后级。因为在我国市场实践中，融资性信托占比较高，其中结构化信托的占比也较高，因此可以将结构化条款视为信托行业中的常见条款。

3. 信托语境下，无论是委托人参与设立信托，还是后手受益人承接信托受益权份额，通常均认为是平等商事主体间的符合一般商事规律的法律行为。在平等主体间的交易行为中，沟通、提示和保证均是签约前的合理缔约手段。

基于以上三点，我们认为，司法实践中，法院在无明显证据的情况下，不将结构化条款认定为格式条款是谨慎的裁判方式。当然，如果将类似信托的其他资管产品纳入分析，则需要根据不同类型的资管产品投资协议来综合判断特定种类的资管金融产品中的特定条款是否属于格式条款，如面对金融消费者销售的银行理财产品。

相关法律规定

《民法典》

第四百九十六条　格式条款是当事人为了重复使用而预先拟定，并在订立合同时未与对方协商的条款。

采用格式条款订立合同的，提供格式条款的一方应当遵循公平原则确定当事人之间的权利和义务，并采取合理的方式提示对方注意免除或者减轻其责任等与对方有重大利害关系的条款，按照对方的要求，对该条款予以说明。提供格式条款的一方未履行提示或者说明义务，致使对方没有注意或者理解与其有重大利害关系的条款的，对方可以主张该条款不成为合同的内容。

法院判决

河北省高级人民法院在一审民事判决书“本院认为”部分就该问题的论述如下。

关于第二个焦点问题，杭州汽某能否主张《信托合同》第18.3.5条系格式条款。由于上海财某认可《信托合同》的全部条款，未就格式条款的问题提出异议。杭州汽某继承了上海财某的全部权利义务，故杭州汽某无权再对《信托合同》的相关条款提出异议。

最高人民法院在二审民事判决书“本院认为”部分就该问题的论述如下。

关于杭州汽某是否有权请求确认《信托合同》第18.3.5条无效以及该条的效力认定。《信托合同》第18.3.5条约定：“受托人以持有宁波伟某的合伙份额而产生的现金分红收益及非现金形式信托财产收益，如合伙企业份额等信托财产原状均可向受益人分配信托利益。当受托人以现金形式向受益人分配信托利益时，受托人按照18.2约定将信托利益划付至受益人的信托利益账户；当受托人以非现金形式向受益人分配信托利益时，信托财产原状分配，信托利益分配比例在优先受益人和一般劣后受益人之间按2∶1比例进行分配。"

《合同法》[①] 第三十九条规定："采用格式条款订立合同的，提供格式条款的一方应当遵循公平原则确定当事人之间的权利和义务，并采取合理的方式提请对方注意免除或者限制其责任的条款，按照对方的要求，对该条款予以说明。格式条款是当事人为了重复使用而预先拟定，并在订立合同时未与对方协商的条款。"

一般而言，在结构性信托计划中，受托人根据受益人的不同，与各受益人之间关于权利实现顺位和实现范围的约定，是当事人基于其自主意思表示对于其权利义务责任的自主安排，并非加重某一受益人的责任、排除其主要权利。

本案中，杭州汽某所享有的优先受益权是从浙江花某进出口有限公司和花某集团有限公司继受而来，因此其依法承继原权利人的权利和义务。浙江花某进出口有限公司与渤某信托签订的《认购风险声明书》落款"委托人声明"部分，浙江花某进出口有限公司盖章，其法定代表人厉某英签字并手写注明："已经受托人提示，认真阅读并理解所有信托文件的内容，愿意承担相应的信托投资风险，签署信托合同是自愿的，是本委托人真实意思的表示。"

花某集团有限公司与渤某信托签订的《认购风险声明书》落款"委托人声明"部分，花某集团有限公司盖章，其法定代表人邵某祥签字并手写注明："已经受托人提示，认真阅读并理解所有信托合同是自愿的，愿意承担相应的信托投资风险，签署信托合同是自愿的，是本委托人真实意思的表示。"

由上述内容可见，浙江花某进出口有限公司、花某集团有限公司在与渤某信托订立案涉《信托合同》时，明确其已认真阅读且理解所有信托文件内容，并没有对争议条款内容提出异议。杭州汽某在受让上述优先受益权时，也没有对上述条款提出异议。

杭州汽某并无证据证明渤某信托与上述转让人恶意串通，未对上述条款进行

---

① 《合同法》现已失效。《民法典》第四百九十六条第二款规定："采用格式条款订立合同的，提供格式条款的一方应当遵循公平原则确定当事人之间的权利和义务，并采取合理的方式提示对方注意免除或者减轻其责任等与对方有重大利害关系的条款，按照对方的要求，对该条款予以说明。提供格式条款的一方未履行提示或者说明义务，致使对方没有注意或者理解与其有重大利害关系的条款的，对方可以主张该条款不成为合同的内容。"

自主协商，故《信托合同》第18.3.5条合法有效，杭州汽某作为权利义务的承继主体，应受该条款约束。

延伸阅读

裁判规则：信托中关于信托财产变现方式、程序等事项的常见条款，经双方签字确认后，不认为是无效的格式条款。

案例：孙某聪与中某国际信托有限公司营业信托纠纷二审民事判决书［北京市第二中级人民法院，（2020）京02民终7486号］。

《合同法》第三十九条第二款规定："格式条款是当事人为了重复使用而预先拟定，并在订立合同时未与对方协商的条款。"案涉《资金信托合同》中关于约定信托公司有权自行决定信托财产变现方式、程序等与信托财产变现相关的全部事项的第9.2.5条，是双方签字确认的合同条款，并非格式条款。孙某聪关于上述条款未经提示说明，应属无效的主张不能成立。

简评：信托场景中以格式条款为由否定信托合同及补充合同中的条款的案件尚待发掘。（但集合信托对委托人有风险匹配程序、事务管理型信托当事人间地位大多平等，预计相关案件较难发掘。）

049 与第三人的差额补足合同的性质和效力如何确认？是一种担保吗？

关键词：增信措施　差额补足　担保

阅读提示

为保障信托财产安全，信托受托人与第三方签署《差额补足合同》等增信方式来控制信托投资风险是常见措施。但是《差额补足合同》作为无名合同，其法律性质可能因核心条款表述不同而有所差异，继而导致判断其效力的依据不同。差额补足合同的性质和效力如何确认？

裁判要旨

本案《差额补足合同》通过文义解释和体系解释分析其性质均符合保证合

同的法律特征。虽然存在部分条款违反法律规定导致无效，但该无效仅导致该条款无效，并不影响合同性质的认定。

案情简介①

凯某能源公司为凯某生态公司股东，持股比例为29.08%。凯某能源公司是凯某电力公司的唯一股东。

2017年6月，华某公司与凯某能源公司、凯某电力公司签订《信托贷款合同》，约定华某公司为贷款人，凯某能源公司为借款人，凯某电力公司为共同债务人，贷款金额不超过5亿元。华某公司与凯某能源公司签订了《股权质押合同》，与凯某生态公司签订了《差额补足合同》，约定凯某生态公司为差额补足义务人。

6月末，华某公司先后向凯某能源公司发放贷款1.01亿元、3.99亿元，到期日为2018年6月29日、30日。

2018年3月至7月，凯某生态公司陆续披露“存在到期金融机构债务逾期不能偿还的情况”等负面经营信息。

4月，华某公司分别向凯某能源公司、凯某电力公司、凯某生态公司发出催告函，要求凯某能源公司和凯某电力公司支付逾期支付利息产生的复利，要求凯某生态公司承担差额补足责任。

凯某生态公司与华某公司签署《差额补足合同》并未通过凯某生态公司股东会决议。

华某公司请求凯某生态公司对凯某能源公司、凯某电力公司承担差额补足责任等，前述差额补足责任被北京市高级人民法院一审驳回，华某公司不服，提起上诉，最高人民法院二审判决驳回上诉维持原判。

裁判要点

无论是从《差额补足合同》的核心条款进行文义解释来看，还是从合同体系解释来看，该合同的性质均符合保证合同的法律特征。（其诉讼时效条款）违

---

① 华某国际信托有限责任公司（以下简称华某公司）与凯某生态环境科技股份有限公司（以下简称凯某生态公司）金融借款合同纠纷一审民事判决书［北京市高级人民法院，（2018）京民初74号］。

华某国际信托有限责任公司与凯某生态环境科技股份有限公司金融借款合同纠纷二审民事判决书［最高人民法院，（2019）最高法民终560号］。

反《物权法》[1] 第一百七十二条之规定导致无效，但该无效仅导致该条款无效，并不影响合同性质的认定。未经股东大会决议，仅经董事会决议，故法定代表人对外签订的保证合同属于未经授权擅自为他人提供的担保，构成越权代表。

实务经验总结

本案的核心问题是："差额补足约定的性质与效力。"结合办案经验，我们认为有以下几点。

1. 差额补足约定的效力需要确认。一方面，《九民纪要》否认了信托受托人等资产管理机构的保底、刚兑条款的效力，因此差额补足约定如果是由资产管理机构作为义务人则存在无效可能。另一方面，市场中的受益人结构化条款涉及的差额补足约定则通常不被认定为无效。

2. 差额补足约定的性质需要确认。我们在（2019）最高法民终 1524 号案、（2020）最高法民终 1295 号案中关注到，如果差额补足的义务人是第三人（如信托融资人的大股东），差额补足约定的效力通常会得到确认，但是性质却有所不同。差额补足约定可能属于保证担保（如本案）、支付承诺［（2019）最高法民终 1524 号案］、其他义务［（2020）最高法民终 1295 号］。

本案中，法院通过文义解释和体系解释对本案的《差额补足合同》分析后认为其属于担保合同。而本案中出具该《担保合同》的主体系上市公司，应当适用上市公司的相关担保规定。由于担保合同的授权存在瑕疵，导致本案的《差额补足合同》无效。

我们认为，实务中，对于法律性质不确定类型的无名合同，应当谨慎确认其法律性质，否则合同效力的判断可能存在不确定性。本案虽未涉及信托或信托投资，但情况相似。本案还涉及上市公司"暗保"效力，具有代表性。

相关法律规定

《九民纪要》

91. **【增信文件的性质】** 信托合同之外的当事人提供第三方差额补足、代为

① 《物权法》现已失效。《民法典》第三百八十八条第一款规定："设立担保物权，应当依照本法和其他法律的规定订立担保合同。担保合同包括抵押合同、质押合同和其他具有担保功能的合同。担保合同是主债权债务合同的从合同。主债权债务合同无效的，担保合同无效，但是法律另有规定的除外。"

履行到期回购义务、流动性支持等类似承诺文件作为增信措施，其内容符合法律关于保证的规定的，人民法院应当认定当事人之间成立保证合同关系。其内容不符合法律关于保证的规定的，依据承诺文件的具体内容确定相应的权利义务关系，并根据案件事实情况确定相应的民事责任。

法院判决

北京市高级人民法院在一审民事判决书“本院认为”部分相关表述如下。

判断案涉《差额补足合同》是保证还是共同的债务负担，应根据合同约定的内容确定。按照《差额补足合同》的约定，凯某生态公司的差额补足责任是建立在主债务人凯某能源公司和凯某电力公司无法按照《信托贷款合同》的约定履行还本付息义务的基础上，即凯某生态公司是为主债务人凯某能源公司和凯某电力公司的债务负责。显然，《差额补足合同》的性质并非共同的债务负担而应为保证。

华某公司仅以李某芝签字确认的《差额补足合同》和凯某生态公司董事会决议作为其履行必要注意义务的依据，显然不符合相关法律法规和凯某生态公司章程的规定。华某公司应当知道《差额补足合同》未经凯某生态公司股东会决议，属于越权担保。对此，华某公司存在过错，不能认定为善意相对人，《差额补足合同》对凯某生态公司不产生约束力。

最高人民法院在二审民事判决书“本院认为”部分相关表述如下。

1. 关于《差额补足合同》的性质认定问题。

华某公司一审主张《差额补足合同》的性质为共同的债务负担，二审则主张为借款合同，而凯某生态公司二审则抗辩为保证合同，双方对此各执一词。本院认为，由于双方约定的“差额补足合同”名称并非我国法律规定的有名合同，故判断《差额补足合同》的性质应根据合同主要内容，尤其是对差额补足责任的界定予以综合分析认定。《差额补足合同》约定的差额补足责任是指“如主债务人无法按照《信托贷款合同》的约定履行支付贷款本金、利息、复利、罚息、违约金、赔偿金及其他任何应付款项的义务，则债权人有权不经任何前置程序要求差额补足义务人立即向债权人支付主债务人的应付未付债务”。从双方对差额补足的含义界定来看，显然与《合同法》[①] 第一百九十六条规定的借款合同含义

① 《合同法》现已失效。《民法典》第六百六十七条规定：“借款合同是借款人向贷款人借款，到期返还借款并支付利息的合同。”

即“借款人向贷款人借款，到期返还借款并支付利息的合同”不符，而是符合《担保法》[①] 第六条对保证的定义，即“保证人和债权人约定，当债务人不履行债务时，保证人按照约定履行债务或者承担责任的行为”。此外，《差额补足合同》也缺乏借款种类、用途、数额、利率、期限和还款方式等借款合同一般条款。相反，《差额补足合同》约定主合同为《信托贷款合同》，主债务人为凯某能源公司、凯某电力公司，差额补足责任范围为主合同项下的全部债务等约定，均符合保证合同从属性的法律特征。由此可见，无论是从《差额补足合同》的核心条款进行文义解释来看，还是从合同体系解释来看，该合同的性质均符合保证合同的法律特征。

至于《差额补足合同》约定的诉讼时效条款以及合同效力独立性条款是否影响保证合同性质认定的问题。本院认为，《差额补足合同》虽约定华某公司对凯某生态公司所享有的差额补足责任的债权适用诉讼时效，但并未明确排除该合同适用保证期间，故该约定并不影响保证性质的认定。而《差额补足合同》约定该合同效力不受《信托贷款合同》效力影响，违反《物权法》[②] 第一百七十二条第一款关于“担保合同是主债权债务合同的从合同。主债权债务合同无效，担保合同无效，但法律另有规定的除外”之规定，导致无效，但该无效仅导致该条款无效，并不影响合同性质的认定。

华某公司主张，凯某生态公司主导案涉有关合同的洽商、缔结与履行全过程，且实际使用绝大部分信托贷款，存在间接融资行为，其签订《差额补足合同》的真实意思表示系承担间接融资的还款责任。对此，本院认为，《差额补足合同》签订时，凯某能源公司系凯某生态公司股东之一，同时系凯某电力公司的全资股东，在凯某生态公司、凯某能源公司、凯某电力公司系关联公司的情况下，凯某生态公司员工纪某婷与华某公司沟通联系案涉信托贷款事宜，且凯某能源公司、凯某电力公司共同向本院出具《情况说明》，认可委托纪某婷代办有关事宜，而纪某婷对此也予以认可，因此纪某婷作为凯某生态公司员工身份并不足以证明凯某生态公司存在间接融资行为。而凯某生态公司召开融资专项董事会的会议名称虽使用“融资”二字，但内容为同意凯某生态公司履行差额补足义务，该会议名称亦不足以证明其存在间接融资行为。至于凯某生态公司实际使用绝大

---

① 《担保法》现已失效。《民法典》第六百八十一条规定：“保证合同是为保障债权的实现，保证人和债权人约定，当债务人不履行到期债务或者发生当事人约定的情形时，保证人履行债务或者承担责任的合同。”

② 现已失效。

部分信托贷款资金的问题。华某公司签订的《信托贷款合同》约定资金用途之一即为用于凯某电力公司向凯某生态公司支付越南升某项目的分包工程款及采购款，其签订的《账户监管合同》也约定监管账户内的资金用于凯某电力公司向凯某生态公司支付越南升某项目工程款，在越南升某项目工程款债权客观存在的情况下，大部分信托贷款经由凯某电力公司最终流向凯某生态公司，符合上述合同目的，亦为华某公司签约时所能预见。因此，华某公司上诉主张凯某生态公司存在间接融资行为，《差额补足合同》实为借款合同，亦缺乏充分的事实依据和法律依据。

2. 关于《差额补足合同》的效力认定问题。

根据已查明的事实，凯某生态公司为其股东凯某能源公司、关联公司凯某电力公司提供担保，并未经股东大会决议，仅经董事会决议。《公司法》第十六条第二款规定："公司为公司股东或者实际控制人提供担保的，必须经股东会或者股东大会决议。"该规定是对法定代表人代表权进行限制的强制性规范，意味着担保行为并非法定代表人所能单独决定的事项，必须以公司股东会或者股东大会决议作为授权的基础和来源。本案中，《差额补足合同》虽由凯某生态公司加盖公章，并由时任法定代表人李某芝签字，但由于未经股东大会决议，仅经董事会决议，故法定代表人对外签订的保证合同属于未经授权擅自为他人提供担保，构成越权代表。根据《合同法》第五十条关于法定代表人越权代表的规定，区分订立合同时债权人是否善意认定合同效力。如果债权人善意，则合同有效，反之，合同无效。法律一旦经过颁布实施则推定明知，华某公司作为专业的金融机构应当知悉上述规定，且凯某生态公司的章程亦明确规定凯某生态公司对股东、实际控制人及其关联方提供的担保，须经股东大会审议通过，而上市公司凯某生态公司的章程是对外公开的，华某公司也应当知晓上述章程规定。因此，凯某生态公司签订《差额补足合同》时，未经股东大会决议，华某公司对此未尽审慎注意义务，主观上存在过错，并非善意第三人，在凯某生态公司对此不予追认的情况下，《差额补足合同》无效。

延伸阅读

裁判规则一：委托人/受益人与标的公司股东签署的《差额补足协议》，不是从属性、补充性的保证担保，而是支付承诺，相对于被补充之债权具有独立性。

案例1：安某控股股份有限公司（以下简称安某公司）、安某营业信托纠纷二审民事判决书［最高人民法院，（2019）最高法民终1524号］。

2017年9月27日，安某与郭某泽签订《差补和受让协议》。该协议约定郭某泽承担差额补足义务和受让信托权益的义务。其中，差额补足义务指，安某在《信托合同》项下每个信托利益分配日（含信托存续期间的信托净收益分配日和信托到期分配日），如因包括但不限于仁某公司未能及时、足额清偿《信托贷款合同》项下本息等任何原因，导致安某未能按照年化13%的信托收益率按时、足额获得信托利益分配的，郭某泽应就差额部分承担全额补充责任，包括：信托存续期间，若安某依照《信托合同》所获得信托净收益未能达到年化13%的收益率，不足部分，郭某泽应当向安某补足差额；信托到期分配日，郭某泽应向安某支付信托贷款本金2亿元，以及未补足至年化13%收益的差额部分。远期受让信托受益权的义务指，郭某泽按照协议约定应当受让安某的信托受益权。若郭某泽已履行完毕差额补足义务，视为支付完毕信托受益权转让价款，则信托终止时，安某将信托受益权转让给郭某泽；若郭某泽未按照协议约定履行差额补足义务，安某有权利要求郭某泽补足差额，受让信托受益权。该协议约定的是郭某泽补足安某年化13%的信托收益、支付信托贷款本金和受让安某的信托受益权，而非为仁某公司在案涉合同项下所负债务承担担保责任。《差补和受让协议》是双方当事人的真实意思表示，不违反法律、行政法规的强制性规定，合法有效。故安某公司关于案涉《差补和受让协议》是担保合同，属于无效合同，本案应定性为担保合同纠纷的上诉理由不成立。

裁判规则二：目标公司股东与信托公司之间并非信托合同关系，由目标公司股东提供差额补足等增信措施，不属于信托合同受托人向受益人作出的保证本息固定回报、保证本金不受损失等保底或刚性兑付承诺。

案例2：杨某华等与平某信托有限责任公司（以下简称平某信托公司）等合同纠纷二审民事判决书［最高人民法院，（2020）最高法民终1295号］。

实践中，信托公司作为资产管理产品的受托人与受益人订立的含有保证本息固定回报、保证本金不受损失的约定通常应当认定为保底约定或者刚性兑付承诺。但本案中，杨某华等4人与平某信托公司之间并非信托合同关系，杨某华等4人并非作为资产管理产品受托人的金融机构，更不是信托法律关系中的受益人。《信用增级协议》约定的内容不属于信托合同受托人向受益人作出的保证本息固定回报、保证本金不受损失等保底或刚性兑付承诺。杨某华等4人以案涉

《信用增级协议》违反投资者风险自负原则为由主张协议无效，依据不足，本院不予采纳。

简评：差额补足条款不是标准条款，视内容可能被认定为担保、单方允诺等。

050 与第三人签署的差额补足协议是一种支付承诺吗？

关键词：差额补足　义务方　第三人

阅读提示

信托投资需要控制风险，通过被投资方或第三方提供抵押或担保是常见的风控措施。如果是事务管理信托，委托人/受益人常常深度介入投资环节，甚至直接与标的公司签署相关协议，如签订差额补足合同。

裁判要旨

委托人/受益人与标的公司股东签署的《差额补足协议》，不是从属性、补充性的保证担保，而是支付承诺。相对于被补充之债权具有独立性，故不因从属性无效。委托人/受益人与标的公司签署的保证上述协议履行的《保证合同》是否有效，则需要从实体层面判断。

案情简介[①]

2017年9月，安某（委托人、受益人）与吉某信托（受托人）签订《信托合同》。合同另约定，信托资金由吉某信托按照安某的意愿，以吉某信托的名义，向安某指定的仁某公司发放信托贷款。安某与郭某泽签订《差补和受让协议》，约定载明仁某公司的实际控制人郭某泽愿意以差额补足及受让安某信托受益权的方式为安某的信托本金及年化13%收益的按期足额获取提供担保责任。

---

① 本案是行业热点案件。

安某、郭某泽营业信托纠纷再审审查与审判监督民事裁定书［最高人民法院，（2020）最高法民申2345号］。

安某控股股份有限公司（以下简称安某公司）、安某营业信托纠纷二审民事判决书［最高人民法院，（2019）最高法民终1524号］。

吉某信托按照安某的指令，与仁某公司签订《信托贷款合同》。安某与安某公司签订《保证合同》，合同约定安某公司就《差补和受让协议》等承担连带保证责任。2017 年 10 月，安某按照《信托合同》约定将 2 亿元信托资金转入吉某信托银行账户，吉某信托按照《信托贷款合同》约定，将 2 亿元信托贷款发放给仁某公司。

2018 年 10 月，案涉信托贷款到期，仁某公司仅支付了部分利息，郭某泽亦未按照《差补和受让协议》约定向安某补足差额，受让信托受益权。

安某请求义务人郭某泽履行差额补足和远期受让义务，安某公司承担保证责任等。河南省高级人民法院一审支持前述诉求，最高人民法院二审维持履行差额补足和远期受让义务及部分保证责任判项。

裁判要点

安某与郭某泽签订的《差补和受让协议》既具有信托受益权转让的债权转让法律关系，又具有增信担保作用的差额补充法律关系，系无名合同。其中郭某泽对安某承担的安某从吉某信托获取的信托净收益不足信托本金年化 13%部分的差额补充义务，属于郭某泽作出的支付承诺，相对于被补充之债权具有独立性。此与通常具有从属性、补充性的保证担保不同，客观上虽然具有增信担保的保障作用，但有别于《担保法》意义上的保证担保行为。

实务经验总结

本案信托机构是依照委托人的指令进行投资且有上市公司作为保证人，本委托人视角下信托公司作为受托人并无责任，亦未将其列为被告。但这不影响本案信托的核心问题，即“委托人/受益人直接与标的公司或其股东签署的与信托相关的文件，是否属于信托文件的组成部分?”结合办案经验，针对这类问题以下三点值得思考。

1. 信托语境中，事务管理信托中委托人/受益人主导信托的风险控制，尤其是信托投资事宜，这包括直接与标的相关方签署相关协议（信托受托人未参与）。理论上这并不妨碍信托机构依照勤勉原则审查该类协议并履行提示义务，但由于委托人/受益人既未约定前述审查义务，可能也不会告知受托人该类协议存在。因此，本案中，一审法院将其协议认定为一种支付承诺，相对于被补充之债权具有独立性。

2. 从实体层面看，本案中一旦确立了《差补和受让协议》的独立性，安某与安某公司签署的《保证合同》是否有效就应当从实体因素判断。法定代表人签字但未经股东大会通过的担保，俗称暗保，是一种存在效力瑕疵并可能被认定为无效的担保行为。担保及保证合同是信托风险控制的重要部分，受托人应当核查其信托相关文件的有效性。上市公司有效性可以通过查询其依法披露的公告来确认，信托机构在投资前应当知道进行必要的尽调或履行注意义务。

3. 本案中，因上市公司的担保行为存在瑕疵，导致其仅履行一半的赔偿责任，使信托的风险无法被完全覆盖，最后只能由安某承担。然而，该行为瑕疵并非无法发现，这也凸显出被动信托对于资产管理有效性的不足。当然，监管鼓励信托行业从事务管理型信托向主动管理型信托转型将逐渐弥补这点不足。2020年度，事务管理型信托金额占比仍占总量近一半，截至2022年第一季度，其占比仍有约四成，厘清本案中各类文件的关系和效力有助于化解类似纠纷。

相关法律规定

《最高人民法院关于适用〈中华人民共和国民法典〉有关担保制度的解释》(法释〔2020〕28号)

第九条 相对人根据上市公司公开披露的关于担保事项已经董事会或者股东大会决议通过的信息，与上市公司订立担保合同，相对人主张担保合同对上市公司发生效力，并由上市公司承担担保责任的，人民法院应予支持。

相对人未根据上市公司公开披露的关于担保事项已经董事会或者股东大会决议通过的信息，与上市公司订立担保合同，上市公司主张担保合同对其不发生效力，且不承担担保责任或者赔偿责任的，人民法院应予支持。

相对人与上市公司已公开披露的控股子公司订立的担保合同，或者相对人与股票在国务院批准的其他全国性证券交易场所交易的公司订立的担保合同，适用前两款规定。

《九民纪要》

22. **【上市公司为他人提供担保】** 债权人根据上市公司公开披露的关于担保事项已经董事会或者股东大会决议通过的信息订立的担保合同，人民法院应当认定有效。

法院判决

河南省高级人民法院在一审判决书“本院认为”部分就该问题的论述如下。

针对争议焦点一，关于《差补和受让协议》的效力问题。河南省高级人民法院认为从《差补和受让协议》内容来看，郭某泽依约受让安某的信托受益权，其取得案涉信托受益权的对价，是向安某支付信托本金及补足该本金收益不足年化13%的部分。在案涉《信托合同》《信托贷款合同》的背景下，《差补和受让协议》对于郭某泽受让信托受益权的对价及支付方式、违约责任的约定，对于《信托合同》《信托贷款合同》而言，显然具有一种分担风险，强化信托资产投资安全的增信作用。故安某与郭某泽签订的《差补和受让协议》既具有信托受益权转让的债权转让法律关系，又具有增信担保作用的差额补充法律关系，系无名合同。其中，郭某泽对安某承担的安某从吉某信托获取的信托净收益不足信托本金年化13%部分的差额补充义务，属于郭某泽作出的支付承诺，相对于被补充之债权具有独立性。此与通常具有从属性、补充性的保证担保不同，客观上虽然具有增信担保的保障作用，有别于《担保法》意义上的保证担保行为。综上，郭某泽主张《差补和受让协议》实为担保合同，因主合同不存在，故《差补和受让协议》作为从合同亦应无效的理由不能成立，不予支持。案涉《差补和受让协议》是独立合同，系安某与郭某泽的真实意思表示，且不违反法律、行政法规的强制性规定，应属有效。协议约定的付款条件已经成就，安某有权利要求郭某泽依约履行协议。

最高人民法院在二审判决书“本院认为”部分就该问题的论述如下。

1. 关于案涉《差补和受让协议》的性质及效力的问题。

2017年9月27日，安某与郭某泽签订《差补和受让协议》。该协议约定，郭某泽承担差额补足义务和受让信托权益的义务。其中，差额补足义务指，安某在《信托合同》项下每个信托利益分配日（含信托存续期间的信托净收益分配日和信托到期分配日），如因包括但不限于仁某公司未能及时、足额清偿《信托贷款合同》项下本息等任何原因，导致安某未能按照年化13%的信托收益率按时、足额获得信托利益分配的，郭某泽应就差额部分承担全额补充责任，包括：信托存续期间，若安某依照《信托合同》所获得信托净收益未能达到年化13%的收益率，不足部分，郭某泽应当向安某补足差额；信托到期分配日，郭某泽应向安某支付信托贷款本金2亿元，以及未补足至年化13%收益的差额部分。远期受让信托受益权的义务指，郭某泽按照协议约定应当受让安某的信托受益权。若郭某泽已履行完毕差额补足义务，视为支付完毕信托受益权转让价款，则信托终止时，安某将信托受益权转让给郭某泽；若郭某泽未按照协议约定履行差额补足义务，安某有权利要求郭某泽补足差额，受让信托受益权。该协议约定的是郭某泽补足安某年化13%的信托收益、支付信托贷款本金和受让安某的信托受益权，而非为仁某公司在案涉合同项下所负债务承担担保责任。《差补和受让协议》是双方当事人的真实意思表示，不违反法律、行政法规的强制性规定，合法有效。故安某公司关于案涉《差补和受让协议》是担保合同，属于无效合同，本案应定性为担保合同纠纷的上诉理由不成立。

2. 关于案涉《保证合同》是否有效，安某公司是否应承担相应的民事责任的问题（安某公司认为案涉《保证合同》作为《差补和受让协议》的从合同，也应认定为无效，安某无权要求安某公司承担担保责任。）

本院认为，案涉《保证合同》无效，理由如下。

第一，为防止法定代表人未经授权代表公司对外提供担保给公司造成损失，损害中小股东利益，《公司法》第十六条规定："公司向其他企业投资或者为他人提供担保，依照公司章程的规定，由董事会或者股东会、股东大会决议；公司章程对投资或者担保的总额及单项投资或者担保的数额有限额规定的，不得超过规定的限额。公司为公司股东或者实际控制人提供担保的，必须经股东会或者股东大会决议。前款规定的股东或者受前款规定的实际控制人支配的股东，不得参加前款规定事项的表决。该项表决由出席会议的其他股东所持表决权的过半数通过。"根据该条规定，担保行为不是法定代表人所能单独决定的事项，而必须以公司股东会或者股东大会、董事会等公司机关的决议作为授权的基础和来源。本案中，没有证据证明郭某泽代表安某公司对外签订案涉《担保合同》经过了股东大会决议，其行为属于越权代表。

第二，关于公司法定代表人越权代表行为的效力问题，《合同法》[①] 第五十条规定："法人或者其他组织的法定代表人、负责人超越权限订立的合同，除相对人知道或者应当知道其超越权限的以外，该代表行为有效。"因此，认定公司

① 《合同法》现已失效。《民法典》第五百零四条规定："法人的法定代表人或者非法人组织的负责人超越权限订立的合同，除相对人知道或者应当知道其超越权限外，该代表行为有效，订立的合同对法人或者非法人组织发生效力。"

法定代表人越权代表行为效力问题的关键是相对人是否知道或者应当知道法定代表人的行为超越权限，是否属于善意相对人。本案中，郭某泽在签订案涉《担保合同》时是安某公司的第一大股东、法定代表人，其以安某公司名义为自己的债务提供担保，属于关联担保，道德风险很高。因此，相对于其他担保，关联担保的相对人应当承担更高的注意义务。而且，《公司法》第十六条亦对关联担保和非关联担保作了区分，关联担保“必须经股东会或者股东大会决议”。因此，关联担保的相对人应当审查担保合同是否经公司股东会或者股东大会决议，且决议的表决程序符合《公司法》第十六条的规定。

第三，安某公司属于上市公司。相对于关联担保的相对人，上市公司的中小股东克服信息不对称、防范上市公司大股东、法定代表人等高管道德风险的成本更高，从公平的角度来看，上市公司对公司股东、法定代表人提供关联担保的，相对人应当负担更高的注意义务。此外，上市公司作为公众公司，其章程、关联担保等重大经营事项均应依法公开，相对人可以通过很低的交易成本了解到上市公司法定代表人是否有权自行决定对外担保以及公司股东大会重大决议事项。因此，无论从利益平衡的角度还是从注意义务分配的角度看，上市公司的法定代表人以公司名义对外提供关联担保的，相对人应当审查该担保是否经过股东大会决议。

第四，虽然案涉《保证合同》第1.1条和第1.2条中明确约定：“保证人可以对外提供保证担保，并有能力承担保证责任”“保证人为债务人提供保证担保完全出于自愿，并经过内部有权机关通过，不违背公司章程，保证人在本保证合同项下的全部意思表示真实有效”，但该意思表示系由安某公司时任法定代表人郭某泽代表安某公司作出，由于对外担保并非安某公司法定代表人所能单独决定的事项，故上述意思表示亦非郭某泽有权在未经安某公司股东大会决议的情况下单独代表安某公司作出。综上，安某未提交充分有效的证据证明其对郭某泽签订案涉《担保合同》经过安某公司股东大会决议进行了审查，未尽到应尽的注意义务，不属于善意相对人，安某公司关于案涉《担保合同》无效的上诉理由成立，本院予以支持。

案涉《担保合同》无效，当事人无权依据合同约定请求合同相对人承担合同义务，故安某关于请求判令郭某泽、安某公司依照该合同约定支付案涉律师费136万元的诉讼请求不能成立，本院不予支持。《最高人民法院关于适用〈中华人民共和国担保法〉若干问题的解释》[①] 第七条规定："主合同有效而担保合同无效，债权人无过错的，担保人与债务人对主合同债权人的经济损失，承担连带赔偿责任；债权人、担保人有过错的，担保人承担民事责任的部分，不应超过债务人不能清偿部分的二分之一。"安某公司时任法定代表人郭某泽以安某公司名义与安某签订案涉《担保合同》，该合同上加盖了安某公司公章并有郭某泽签名。而且根据安某公司的公开材料，2017 年，即案涉《保证合同》签署年度，华某天健会计师事务所（特殊普通合伙）经审查安某公司后，出具《2017 年度控股股东及其他关联方资金占用情况专项审核报告》，明确表示没有发现存在上市公司违反章程规定对外出具担保的事实。安某公司 2017 年《内控制度评价报告》中也没有发现内控重大缺陷。上述事实证明，安某公司内部管理不规范，对于案涉《担保合同》无效，有重大过错。此外，安某未提交充分有效的证据证明其在签订案涉《担保合同》时对安某公司股东大会决议进行了审查，对于案涉《担保合同》无效亦存在过错。依照《最高人民法院关于适用〈中华人民共和国担保法〉若干问题的解释》第七条规定，综合考虑双方当事人过错和全案情况，安某公司应对郭某泽不能清偿在案涉《差补和受让协议》项下债务的二分之一向安某承担赔偿责任。

最高人民法院在再审审查与审判监督民事裁定书"本院认为"部分就该问题的论述如下。

本院审查认为，安某再审申请的核心争议是案涉《保证合同》的效力及安某公司是否应承担相应的民事责任。

关于案涉《保证合同》是否有效，安某公司是否应承担相应的民事责任的问题。

首先，郭某泽构成越权代表。案涉《保证合同》属公司为股东或实际控制人提供的关联担保，系时任安某公司的第一大股东、法定代表人郭某泽以安某公司名义为自身债务提供担保。根据《公司法》第十六条第二款"公司为公司股东或者实际控制人提供担保的，必须经股东会或者股东大会决议"的规定，安某公司的时任法定代表人郭某泽不能单独决定该担保行为，必须以公司股东大会的决议作为授权的基础和来源，上述法律条款系为防止法定代表人随意为他人提供担保给

① 《最高人民法院关于适用〈中华人民共和国担保法〉若干问题的解释》现已失效。《民法典》第一百五十六条规定："民事法律行为部分无效，不影响其他部分效力的，其他部分仍然有效。"

公司造成损失，损害中小股东利益。由于现无证据证明郭某泽代表安某公司对外签订案涉《保证合同》经过了股东大会决议，故郭某泽系超越其权限订立合同。

其次，本案系上市公司关联担保。安某公司作为上市公司，兼具资合性和公众性，涉及众多中小股东利益及证券市场维护等公共利益的保护。在上市公司对公司股东、法定代表人提供关联担保的纠纷中，相较于中小股东的信息不对称，相对人应承担更高的注意义务。

再次，安某不属善意相对人。安某公司章程明确规定，公司不得为控股股东提供担保，公司为股东、实际控制人提供担保须经股东大会以特别决议通过，安某作为相对人可以通过很低的交易成本了解到上市公司的法定代表人是否有权自行决定对外担保以及公司股东大会重大决议事项。本案中，安某公司对外担保的意思表示系由时任法定代表人郭某泽作出，但该对外担保行为并非由法定代表人单独所能决定的，现安某并无充分有效证据证明其对郭某泽签订案涉《保证合同》时已经安某公司股东大会决议进行了审查，其并未尽到必要的注意义务。

最后，安某公司存有过错。案涉《保证合同》虽系时任法定代表人郭某泽以安某公司名义签订，但该合同加盖了安某公司公章。而且，华某天健会计师事务所经审查安某公司所出具的《2017 年度控股股东及其他关联方资金占用情况专项审核报告》载明，没有发现存在上市公司违反章程规定对外出具担保的事实，安某公司 2017 年《内控制度评价报告》亦未发现内控重大缺陷，故安某公司内部管理存有不规范之处。据此，原审判决结合当事人过错和案件具体情况，综合评判认定案涉《保证合同》无效，安某公司应对郭某泽不能清偿在案涉《差补和受让协议》项下债务的二分之一向安某承担赔偿责任，并无不当。

延伸阅读

裁判规则：差额补足条款可以被认定构成担保。

案例：华某国际信托有限责任公司与凯某生态环境科技股份有限公司金融借款合同纠纷二审民事判决书［最高人民法院，（2019）最高法民终 560 号］。

参见本书之“与第三人的差额补足合同的性质和效力如何确认？是一种担保吗？”

简评：依照《差额补足合同》补足收益的支付行为，视情况既可以视为承担信托贷款合同的还款责任，也可以视为独立行为。如果差额补足中还掺杂其他主要义务，则更可能被视为后者。

第三章　信义义务范围

本章前言

信义义务的范围争议是很多信托纠纷的核心问题。可以说，几乎每个典型的信托纠纷都离不开对信托受托人的信义义务是否依法依约履行进行分析。但也正由于其争议点遍布每个案例，所以筛选仅讨论信义义务范围而不涉及其他问题的案件反而较少。基于其重要性，仍值得专节讨论。

信义义务范围的探讨，可以从《信托法》第二十五条中受托人的“谨慎”和“有效”管理信托财产这一小点的内在矛盾说起。所谓“谨慎”，如果仅从信托财产管理的财务指标层面看，可以粗略地理解为“保本”；所谓“有效”，从这个层面看可以理解为“高收益”。面对市场的不确定性，信托受托人理论上既要“谨慎”又要“高效”，实务中还要再加上一条“低成本”，无疑是让受托人戴着多个制度的镣铐跳市场的舞。一旦信托投资失利，矛盾在信托当事人之间爆发，满足了谨慎的受托人面临不高效的责难，满足了高效的受托人面临不谨慎的评价，这类争议就凸显了各方剖析信义义务能力的重要性。

本节选取的案例都具有一定的代表性，理解了信义义务也便于我们更好地理解下一节中通道业务中各方的责任认定。

051 证券投资信托受托人未通知补仓而直接强制平仓，是否违反谨慎管理的义务？

关键词：结构化信托　信义义务　证券投资信托

阅读提示

二级市场信托中强制平仓条款往往会被作为风险控制条款。但投资证券的信托产品设立后，受托人未通知补仓，直接依约行使强制平仓权是否违反谨慎管理等受托人义务？

裁判要旨

结构化信托中通过信托合同约定的保护优先级投资人本金收益，控制劣后级投资人的投资风险的条款有效。触发约定情形时，受托人有权依约平仓。如果信托合同未另行约定受托人的书面通知补仓及具体补仓金额之义务，前述义务不视为强制平仓权行使的前提。

案情简介①

2015年6月，洪某平作为委托人、万某公司作为受托人签订《信托合同》，约定委托人确认其接受合同约定的预警、止损等条款，当第×期信托单位净值达到合同约定的条件时，次级受益人应按合同约定追加增强信托资金使上述净值恢复到合同约定的状态，否则受托人有权按合同约定强行平仓等方式处置第×期信托单元财产。

洪某平出资500万元，认购次级信托单元份额500万份。上海金某百利资产管理有限公司出资1500万元，认购优先级信托单元份额1500万份。至此，涉案信托单元成立，期限自2015年6月起至2016年6月止，账户为12号—14期—洪某平。

---

① 洪某平与万某信托有限公司合同（以下简称万某公司）纠纷一审民事判决书［杭州市下城区人民法院，（2015）杭下商初字第4505号］。

洪某平与万某信托有限公司合同纠纷二审民事判决书［杭州市中级人民法院，（2017）浙01民终2895号］。

信托单元成立后，洪某平登录账户进行操作，并经万某公司通知多次进行补仓，合计699.6万元。2015年7月，信托单元净值低于止损线。万某公司分别于2015年7月7日、7月8日电话联系洪某平。洪某平于2015年7月7日至9日多次登录账户。2015年7月8日、7月9日，万某公司对账户进行变现操作。万某公司向上海金某百利资产管理有限公司分配2015年6月至9月信托收益283083.62元。

2015年9月，证券公司断开外部信息技术系统接入。2016年6月，信托单元到期。万某公司向上海金某百利资产管理有限公司分配信托资金本金1500万元，向洪某平分配信托利益3191411.67元，尚余1077165.16元未分配。

洪某平以合同目的无法实现为由，请求解除合同并赔偿损失，杭州市下城区人民法院一审驳回其诉讼请求，洪某平不服，提起上诉，杭州市中级人民法院二审驳回上诉，维持原判。

裁判要点

涉案信托产品是采用了母子信托结构的结构化信托，万某公司为保护优先级投资人的本金收益、控制劣后级投资人的投资风险，设定止损线。当信托财产净值触及止损线且劣后级投资人无力按约定时限增加信托资金时，万某公司有权进行强制平仓。

洪某平主张，针对投资者的补仓权，万某公司应具有及时通知补仓和补仓金额予投资者之义务，且此义务的履行是强制平仓权行使的前提，但该节主张未体现于案涉《信托合同》约定中，双方交易习惯中的短信提醒不足以类推为万某公司具有书面通知补仓与补仓金额的合同义务，故对于洪某平基于此主张万某公司承担违约责任，请求其赔偿损失，本院不予支持。

实务经验总结

本案核心问题是："信托受托人依约平仓是否以必须通知补偿为前提？"结合办案经验，针对这类问题以下三点值得思考。

1. 证券投资信托中结构化信托模式很常见，由于区分优先级受益人和劣后级受益人，从收益角度看优先级资金可以扩大整体信托的收益。针对这类信托，受托人设定平仓条款是为了保护信托资产不会过度损失，即优先级信托财产的资金安全。（当然，考虑到信托财产即使转为破产财产也不视为信托法下的损失，这里的资金安全主要指保持充分的流动性。）

2. 信托受托人通过约定平仓条款，可以通过主动管理来达到上述的风险控制，保证优先级受益人信托财产安全。但是，劣后级受益人（洪某平）如果及时补仓（追加劣后资金），也可以保证优先级受益人信托财产安全，同时不会损害劣后级受益人的权益。简言之，本案中，对于信托受托人而言，通知补仓相较于平仓可能是更符合所有信托受益人的资产管理方式。

3. 本案中，受托人并非完全没有通知劣后级受益人补仓。双方的争议焦点在于，平仓前2日没有按照习惯通知补仓（最后一次通知）。洪某平认为，没有最后一次通知属于受托人处理行为不当，两级法院基于《合同法》基本原则均未支持。

我们认为，在实践中，劣后级委托人/受益人虽然多为自然人或自然人控制的主体，但是其从事的行为风险较高，商事属性较为强烈，应当予以重视合同条款的约定。但是，我们也注意到《信托法》中对于受托人的法定义务规定往往和当事人间的合同约定存在不一致。此时除依照合同约定确定权利义务外，还应当在确认基础关系为信托关系的前提下，以《信托法》及相关规定作为个案中权利义务分配的依据，否则将承担相应责任。

相关法律规定

《信托法》

第三十六条 受托人违反信托目的处分信托财产或者因违背管理职责、处理信托事务不当致使信托财产受到损失的，在未恢复信托财产的原状或者未予赔偿前，不得请求给付报酬。

法院判决

杭州市下城区人民法院在一审判决书“本院认为”部分就该问题的论述如下。

关于洪某平主张的2015年7月8日、7月9日强制平仓损失。涉案信托产品是采用了母子信托结构的结构化信托，万某公司为保护优先级投资人的本金收益、控制劣后级投资人的投资风险，设定止损线。当信托财产净值触及止损线且劣后级投资人无力按约定时限增加信托资金时，万某公司有权进行强制平仓……

洪某平作为理性投资者，在签订合同时对相关约定均应知晓并理解，理应及时止损。在洪某平未积极采取措施控制风险的情况下，万某公司于2015年7月8日和7月9日对股票进行强制平仓，该处理行为并无不当。

杭州市中级人民法院在二审判决书“本院认为”部分就该问题的论述如下。

关于万某公司是否存在违约行为问题。2015年7月7日，案涉信托产品的单位净值已低于止损线，鉴于证券市场具有极大的不确定性，万某公司分别于2015年7月7日、7月8日电话联系洪某平，洪某平于2015年7月7日至9日亦多次登录账户，应当知悉信托单元单位净值低于止损线。洪某平作为理性投资者，在签订合同时对强制平仓的相关约定均应知晓并理解，理应积极沟通并及时止损。在洪某平未采取措施控制风险的情况下，万某公司于2015年7月8日和7月9日对股票进行强制平仓，该处理行为不违反合同约定。洪某平主张，针对投资者的补仓权，万某公司应具有及时通知补仓和补仓金额予投资者之义务，且此义务的履行是强制平仓权行使的前提，但该节主张未体现于案涉《信托合同》约定中，双方交易习惯中的短信提醒不足以类推为万某公司具有书面通知补仓与补仓金额的合同义务，故对于洪某平基于此主张万某公司承担违约责任，请求其赔偿损失，本院不予支持。

延伸阅读

裁判规则：委托人书面豁免投资指令责任的，受托人平仓不承担责任。

案例：常某与平某信托有限责任公司（以下简称平某信托公司）、上海市锦某城律师事务所（以下简称锦某城律所）营业信托纠纷二审民事判决书［深圳市中级人民法院，（2016）粤03民终22721号］。

常某与平某信托公司签订的涉案本信托合同明确约定，常某同意对清某某公司作出的任何指令均予以认可，并承诺清某某公司因下达指令给本信托带来的任何后果均自行承担，且常某自行抄写《认购风险申明书》的部分内容，知悉涉案信托计划的亏损风险。故在无证据证明平某信托公司、清某某公司在操作过程中有违反法律规定或存在故意或重大过失的情形下，常某关于平某信托公司应赔偿其因平某信托公司根据清某某公司的指令操作而造成的损失的主张，与合同约定相悖，本院不予支持。至于常某要求锦某城律所就其损失承担连带赔偿责任的主张缺乏法律依据，本院不予支持。

简评：结构化信托的受益人间的“同风险不同分配”如果事先约定且不违反法律规定，各方应遵守。具体到证券投资信托的受托人的通知义务、平仓义务（亦有认为是平仓权利），如符合约定或有豁免则不应承担责任。

052 受托人依约签署抵押合同，但未取得有效的抵押，是否违反受托义务？

关键词： 受托人　信义义务　瑕疵履行/加害给付

阅读提示

《信托法》第二十五条第二款规定：“受托人管理信托财产，必须恪尽职守，履行诚实、信用、谨慎、有效管理的义务。”如果信托受托人依约签署抵押合同，但未取得合法抵押权，造成委托人或受益人损害的，委托人或受益人是否可以请求受托人承担责任？

裁判要旨

事务管理型信托的信托受托人应按照《信托法》及行业规范履行相应义务。如果因未履行信托义务造成委托人或受益人损失的，损失方可以请求受托人承担责任，但是受托人的行为存在瑕疵，并不当然推定不尽责或违反信托义务。如果受托人对瑕疵行为依法获取司法救济并取得效果的，不属于重大不尽责的情况。

案情简介[①]

2012 年 8 月，新某信托公司与新某子公司签订《资金信托合同》，合同约定委托人新某子公司委托的信托资金金额为 1 亿元，用途为贷款给杏某村置业公司进行建设。后新某信托公司与杏某村置业公司签订信托贷款合同及抵押合同，杏某村置业公司将其名下面积为 54891.5 平方米的国有建设用地使用权抵押给新某信托公司。新某信托公司按约向杏某村置业公司发放贷款 1 亿元，但杏某村置业

---

① 江阴市金某凰投资有限公司（以下简称金某凰公司）与新某信托股份有限公司（以下简称新某信托公司）营业信托纠纷一审民事判决书［靖江市人民法院，（2018）苏 1282 民初 7660 号］。

新某信托股份有限公司、江阴市金某凰投资有限公司营业信托纠纷二审民事判决书［泰州市中级人民法院，（2020）苏 12 民终 250 号］。

公司未能按约还款。

2014年4月，新某信托公司向法院提起诉讼，要求杏某村置业公司偿还贷款本金9000万元、确认新某信托公司对抵押物享有优先受偿权。判决确认新某信托公司对抵押的财产在登记的主债权范围内折价或者以拍卖、变卖价款优先受偿。

2015年4月，新某子公司与金某凰公司签订信托受益权转让协议，约定新某子公司将信托合同中的权利、义务全部转让给金某凰公司。

因杏某村置业公司所办理登记“国有建设用地使用权抵押”他项权证涉嫌伪造，其他抵押房产几乎销售一空。金某凰公司诉至法院，要求新某信托公司赔偿其本金等损失，靖江市人民法院一审支持原告部分赔偿请求，泰州市中级人民法院二审撤销一审判决并驳回金某凰公司的请求。

裁判要点

新某信托公司此前已向江苏省高级人民法院提起诉讼，江苏省高级人民法院审理后作出民事判决书，确认新某信托公司对某土地他项权证书所登记的国有土地使用权在1000万元范围内折价或者以拍卖、变卖价款优先受偿。该判决是一份生效判决，如果生效判决确认新某信托公司对该抵押物享有优先受偿权，则足以认定新某信托公司已履行“与该信托资金所对应的资金使用人签署抵押合同，确保所签署的合同合法、有效”这一信托义务。至于该土地他项权证书是否存在瑕疵，本院认为，在上述判决所涉土地他项权内容的主文未被撤销之前，不能认定新某信托公司存在重大不尽职行为。

实务经验总结

本案中，受托人履行信托义务限于约定的签署抵押合同义务而未进一步取得合法的抵押权，因此本案的核心问题是：“受托人履行约定受托义务不足以保障受益人权益时，产生损失是否应赔偿?”针对该问题，我们结合自身经验总结观点如下。

1. 受托人应当依法依约履行其义务。如果不当履行违反信托合同约定的，或是对受托人产生侵权损害的，应当依法或依约承担责任。如果管理运用、处分信托财产有重大过失的，则委托人/受益人甚至有权直接请求接任受托人赔偿。

2. 本案中，受托人因过失在处分信托财产时，虽依约签署抵押合同但没有取得有效的抵押权，使信托财产处于额外的风险当中，存在过错，因此一审法院认定其未尽受托义务。但二审法院认为，受托人已经履行了约定受托义务，同时也及时采取补正措施，取得了确认其对抵押物的对应优先权相关法院判决书，信托财产前述风险并未实际发生。因此，二审法院没有将前述过失认定为重大过失，此时受托人的行为更接近瑕疵履行，而非加害给付。

3. 基于以上两点，以及受托人风险防控的目的，我们认为，实践中受托人在履行义务过程中，其一，应当充分履行约定义务，确保不违约；其二，应当合理履行法定的受托人信义义务，确保信托权益的最大化。约定受托义务和法定信义义务互为补充，受托人违反上述义务则均有可能产生赔偿责任。

相关法律规定

《信托法》

第二十三条　受托人违反信托目的处分信托财产或者管理运用、处分信托财产有重大过失的，委托人有权依照信托文件的规定解任受托人，或者申请人民法院解任受托人。

第二十五条　受托人应当遵守信托文件的规定，为受益人的最大利益处理信托事务。

受托人管理信托财产，必须恪尽职守，履行诚实、信用、谨慎、有效管理的义务。

法院判决

靖江市人民法院在一审判决书“本院认为”部分的相关论述如下。

新某信托公司作为信托受托人，理应按照合同约定和法律规定，办理真实、合法的抵押登记手续，然经登记部门山东省滕州市国土资源局核实确认，新某信托公司办理的某土地他项权证书并非该局审批颁发，且内容并不属实。据此，在抵押的其他财产无法进行处置的情况下终结了案件的本次执行程序。新某信托公司的上述行为违反了资金信托合同的约定，未能履行诚实、信用、谨慎、有效管理的信托义务，现金某凰公司要求其赔偿土地他项权证书对应的信托财产损失，符合合同约定和法律规定，对此予以支持。

关于在建工程等的抵押权利的损失问题。金某凰公司主张上述在建工程已完工且已销售殆尽，新某信托公司未能履行跟踪管理和监管义务，致使信托财产产生损失。然金某凰公司提供的证据仅能证明2009年至2011年，杏某村置业公司存在房屋销售的事实，上述房屋销售行为均发生于案涉资金信托合同订立之前，且金某凰公司并无其他证据证明在新某信托公司管理信托资金期间，杏某村置业公司存在销售抵押财产的行为，因此将杏某村置业公司的销售行为归责于新某信托公司后续跟踪管理和监管不力，金某凰公司据此要求新某信托公司赔偿信托财产损失，缺乏事实依据，对此不予支持。

泰州市中级人民法院在二审判决书“本院认为”部分的相关论述如下。

根据信托协议，新某信托公司的义务主要包括：与该信托资金所对应的资金使用人签署信托贷款合同、抵押合同、保证合同等，确保所签署的合同合法、有效；合同约定的信息披露义务；若受托人未按照《信托法》及信托合同的约定出现重大不尽职情况而导致信托贷款无法偿还的情况，受托人需承担相应的赔偿责任等。

本院认为，新某信托公司此前已向江苏省高级人民法院提起诉讼，江苏省高级人民法院审理后作出民事判决书，确认新某信托公司对某土地他项权证书所登记的国有土地使用权在1000万元范围内折价或者以拍卖、变卖价款优先受偿。该判决是一份生效判决，如果生效判决确认新某信托公司对该抵押物享有优先受偿权，则足以认定新某信托公司已履行“与该信托资金所对应的资金使用人签署抵押合同，确保所签署的合同合法、有效”这一信托义务。至于该土地他项权证书是否存在瑕疵，本院认为，在上述判决所涉土地他项权内容的主文未被撤销之前，不能认定新某信托公司存在重大不尽职行为。

延伸阅读

裁判规则：受托人将信托资金交给托管人后已履行监管职责，但托管账户资金仍被银行控制，导致资金被挪用，受托人不承担责任。

案例：太原威某企业策划设计有限公司（以下简称威某集团）等与中国光某银行股份有限公司太原分行（以下简称光某银行太原分行）等营业信托纠纷二审民事判决书［上海市第二中级人民法院，（2010）沪二中民六（商）终字第228号］。

关于争议焦点二，安某信托在履行信托合同过程中是否存在过错。本院认为，安某信托并不存在过错，理由如下。

其一，安某信托在信托合同履行的过程中已经按照合同约定，在新某公路信托计划开始之初，将信托资金按照信托文件规定以及《贷款合同》的约定，将资金打入新某公司开设在光某银行太原分行的信托专户中，并在信托项目的进展中及时披露信托项目存在的风险情况，要求信托项目借款人及时履行支付信托资金利息义务并敦促其履行公路收费权质押承诺，对信托资金以及项目的进展履行了监管职责。

其二，从本案的资金流向和账户实际控制情况来看，贷款项目资金 8000 万元转入新某公司开设在光某银行太原分行的账户（752501880000077××）后，其中 2000 余万元资金并没有真正用于新某公路建设，而该部分被挪用的资金是通过开设在光某银行太原分行的系列账户万某公司、东某公司、欣某安公司等账户进行资金流转。结合光某银行太原分行实际控制了万某公司开设在光某银行太原分行的账户，以及东某公司、威某公司、欣某安公司在光某银行太原分行开户后账户由光某银行太原分行使用，威某集团没有在这些账户中发生过业务结算之情况，可以认定导致账户资金被挪用是光某银行太原分行实际控制了上述系列账户所致，而非安某信托监管不力，故安某信托对此不应担责。

简评：受托人虽然处处受信义义务所限，但是信义义务也对依约妥当履行义务的受托人有保护性，免受其行为之外第三方造成的损失。

第四章 通道业务与责任认定

本章前言

虽然通道业务问题是一个历史遗留问题，但这仍是一个不容忽视的法律问题。根据信托协会数据统计，因监管对于通道业务“控增量+压存量”的政策，截至2021年年底代表通道信托的单一资金信托规模下降63.20%，规模为4.42万亿元。

通道业务的概念源自实践，是市场和监管规则博弈的产物。从市场需求看，通道业务是能够实现资产合规从资产负债表内转出的定向资管业务。从法律上看，通道业务是“当事人在信托文件中约定，委托人自主决定信托设立、信托财产运用对象、信托财产管理运用处分方式等事宜，自行承担信托资产的风险管理责任和相应风险损失，受托人仅提供必要的事务协助或者服务，不承担主动管理职责的”以信托关系为基础的信托或资管业务。

通道业务的风险和收益都由委托人和受益人承担，并且由于委托人指定了投资对象导致信托的实质性风险与信托受托人“无关”，因此实务中很长一段时间业内存在法律上的错误认识——“通道业务的受托人不承担责任”。直到2020年6月5日，上海金融法院作出（2020）沪74民终29号民事判决，判决信托受托人承担部分责任，随后“通道业务的责任边界如何确定?”“信托受托人的信义义务在通道业务中如何体现?”等问题得到进一步讨论。我们在本节内选取了具有代表性的几个案例，案例所涉纠纷发生时间均在《资管新规》的过渡期或过渡期之前，一定程度上代表了法院对于通道业务的裁判逻辑。2022年是过渡期完毕后的元年，对于新时期通道业务纠纷的裁判情况，有待我们进一步观察、归纳和总结。

053 事务管理信托的受托人，未特别约定尽职调查义务的，是否仍应承担尽职调查义务？

关键词：尽职调查　信义义务　早期案例

阅读提示

在信托案件中，监管机构的处罚决定通常仍是重要的责任认定依据。即使是事务管理型信托，也应区分具体情况，如是单一信托还是集合信托？是否约定清楚尽职调查义务方？尽调报告向谁出具？尽调报告的内容是否与事实存在重大不一致？尽调报告制作方是否明知披露内容与事实存在重大不一致？等等。实务中，委托人和受托人可能各自尽调取得信息，这对受托人的信息披露义务是否有影响值得关注。

裁判要旨

《中国银监会关于规范银信类业务的通知》（银监发〔2017〕55号）中对于通道类业务的风险管理责任也有明确规定。在案涉资金信托合同对于信托设立之前的尽职调查义务没有明确约定的情况下，通道业务的受托人并不承担尽职调查的职责。

案情简介[①]

2013年11月，神某农商行作为委托人和受益人、华某信托作为受托人签订了《资金信托合同》，约定设立的信托为单一资金信托，受托人将全部信托资金用于向青某集团发放贷款，梁某提供连带责任保证。神某农商行向华某信托交付1亿元信托资金，华某信托向青某集团发放贷款1亿元。《资金信托合同》未约定华某信托的尽职调查义务。华某信托工作人员通过微信提供尽职调查报告电子版，但说明该报告是“内部的，不对外”。

---

① 陕西神某农村商业银行股份有限公司（以下简称神某农商行）与华某国际信托有限责任公司（以下简称华某信托）等营业信托纠纷一审民事判决书［北京市第二中级人民法院，(2019) 京02民初566号］。

陕西神某农村商业银行股份有限公司等与华某国际信托有限责任公司二审民事判决书［北京市高级人民法院，(2020) 京民终155号］。

2014年至2017年，华某信托每季度向青某集团发出还本付息通知书。神某农商行也向华某信托多次发出函件，确认其已知晓并同意延后向青某集团收取贷款利息等事宜。之后，华某信托向神某农商行发出到期原状分配的提示函，提示神某农商行本项目融资方青某集团存在到期不能按时偿还贷款本息的可能。

2016年4月，中国银监会榆林监管分局作出行政处罚决定书，被处罚当事人为神某农商行，“该行在（青某集团）飞机制造项目没有取得相关土地审批手续的情况下，借信托通道跨省对生产通用航空器材的民营企业山西××集团有限公司进行大额授信……风险部门未对此业务进行风险监控和管理……造成信贷资金损失”。

2019年5月，神某农商行作为受益人向华某信托发出承诺函，表明信托终止时，如青某集团尚有全部或部分款项未偿还，受益人自愿接受信托财产原状分配，同意受让以债权形式存在的信托财产。神某农商行和华某信托联合向青某集团、担保人发出《权利转移通知书》，青某集团、担保人亦在《签收回执》落款处盖章签名。

神某农商行以合同违约为由，请求华某信托等承担违约责任，北京市第二中级人民法院一审及北京市高级人民法院二审均驳回其请求。

裁判要点

从案涉资金信托合同相关条款约定的内容看，案涉资金信托合同为被动管理类信托。案涉信托的设立、信托财产的运用和处分等事项均由资金信托合同事先明确约定，华某信托不具有运用、处分信托财产的裁量权。对于被动管理类信托，信托设立之前的尽职调查应由委托人或其指定的第三方自行负责。

中国银监会榆林监管分局作出的行政处罚决定书将神某农商行主要违法违规事实描述为“借信托通道跨省对生产通用航空器材的民营企业山西××集团有限公司进行大额授信”。《中国银监会关于规范银信类业务的通知》（银监发〔2017〕55号）中对于通道类业务的风险管理责任也有明确规定。因此，在案涉资金信托合同对于信托设立之前的尽职调查义务没有明确约定的情况下，华某信托并不承担尽职调查的职责。

华某信托提供的放款凭证、催收凭证、逾期提示函等证据，神某农商行提供的信托财产管理报告，均证明了华某信托在信托管理过程中，履行了其作为信托受托人应履行的合同义务。

实务经验总结

本案的核心问题是：“事务管理信托中未约定尽职调查义务方，机构委托人能否就受托人未履行尽调义务请求赔偿?”结合业务经验，我们对此的观点如下。

1. 依照《中国银监会关于规范银信类业务的通知》规定，事务管理信托中风险管理责任等应由委托人承担。受托人囿于作为通道，信托资金或信托资产的管理运用和处分均由委托人决定，故在未约定尽职调查义务时，亦不影响其依照信托合同约定办理业务。

2. 如果受托人没有向委托人出具尽职调查报告的义务，我们认为，受托人不宜在约定外另行出具尽职调查报告，包括明确表明不对外公布的受托人内部调查报告。以避免因该额外的尽调报告结论瑕疵披露而承担相应责任。当然，我们也注意到，依据《信托法》第三十条第二款的规定，可能将委托人/受益人指令视为受托人“委托他人代为处理”的情形，继而仍承担相应责任。

3. 本案和山东省高级人民法院“（2020）鲁民终2633号”案件有相似之处，即两案都将受托人信息披露责任列为争议焦点。不同之处有四个，一是本案中委托人是机构而非个人；二是本案中受托人并未向委托人故意隐瞒重大不利因素；三是本案中双方明确信托类型为事务管理信托；四是本案中委托人通过指令方式限缩了受托人的责任范围。本案的特点在于，机构委托人进行了实质的尽职调查，尽调不力被监管机关认定为“造成信贷资金损失”的原因。此时，因受托人既无尽调义务，也不是造成投资损失的直接原因，故法院并未支持委托人因受托人未履行尽调义务的赔偿请求。

另外，值得一提的是，本案是单一信托案件，因此信托合同可约定的范围比集合信托更大。如果是集合信托案件，则应当依照《信托公司集合资金信托计划管理办法》第七条、第三十四条、第五十条规定约定双方权利义务，尤其是信息披露相关义务。

相关法律规定

《信托法》

第三十条　受托人应当自己处理信托事务，但信托文件另有规定或者有不得已事由的，可以委托他人代为处理。

受托人依法将信托事务委托他人代理的，应当对他人处理信托事务的行为承担责任。

《中国银监会关于规范银信类业务的通知》（银监发〔2017〕55号）

一、本通知所指银信类业务，是指商业银行作为委托人，将表内外资金或资产（收益权）委托给信托公司，投资或设立资金信托或财产权信托，由信托公司按照信托文件的约定进行管理、运用和处分的行为。

本通知所指银信通道业务，是指在银信类业务中，商业银行作为委托人设立资金信托或财产权信托，信托公司仅作为通道，信托资金或信托资产的管理、运用和处分均由委托人决定，风险管理责任和因管理不当导致的风险损失全部由委托人承担的行为。

《九民纪要》

七、关于营业信托纠纷案件的审理

会议认为，从审判实践看，营业信托纠纷主要表现为事务管理信托纠纷和主动管理信托纠纷两种类型。在事务管理信托纠纷案件中，对信托公司开展和参与的多层嵌套、通道业务、回购承诺等融资活动，要以其实际构成的法律关系确定其效力，并在此基础上依法确定各方的权利义务。在主动管理信托纠纷案件中，应当重点审查受托人在“受人之托，忠人之事”的财产管理过程中，是否恪尽职守，履行了谨慎、有效管理等法定或者约定义务。

法院判决

北京市第二中级人民法院在一审判决书“本院认为”部分对此论述如下。

神某农商行主张，华某信托在签订资金信托合同时未进行风险告知、未履行尽职调查义务，但该项主张并无合同依据。且根据中国银监会榆林监管分局于2016年4月13日作出的榆银监罚决字〔2016〕3号行政处罚决定书，监管部门已认定神某农商行借信托通道跨省对青某集团进行大额授信，因神某农商行对该笔授信业务没有进行详尽的调查、审查、审批等程序，造成信贷资金损失。

北京市高级人民法院在二审判决书“本院认为”部分对此论述如下。

从案涉资金信托合同相关条款约定的内容看，案涉资金信托合同为被动管理类信托。案涉信托的设立、信托财产的运用和处分等事项均由资金信托合同事先明确约定，华某信托不具有运用、处分信托财产的裁量权。即信托终止时，以信托财产实际存续状态转移给信托受益人。因此，案涉资金信托合同是信托机构根据委托人的指示，对信托财产进行管理运用和处分、不承担积极管理职责的被动管理类信托。对于被动管理类信托，信托设立之前的尽职调查应由委托人或其指定的第三方自行负责。

中国银监会榆林监管分局作出的行政处罚决定书将神某农商行主要违法违规事实描述为“借信托通道跨省对生产通用航空器材的民营企业山西××集团有限公司进行大额授信”。《中国银监会关于规范银信类业务的通知》（银监发〔2017〕55号）中对于通道类业务的风险管理责任也有明确规定：“本通知所指银信通道业务，是指在银信类业务中，商业银行作为委托人设立资金信托或财产权信托，信托公司仅作为通道，信托资金或信托资产的管理、运用和处分均由委托人决定，风险管理责任和因管理不当导致的风险损失全部由委托人承担的行为。”因此，在案涉资金信托合同对于信托设立之前的尽职调查义务没有明确约定的情况下，华某信托并不承担尽职调查的职责。

神某农商行在协议后签章，且未提出未收到风险申明书，应视为其在签署资金信托合同的同时已经收到风险申明书。同时，《资金信托合同》第十六条也已经概括性地提及了法律政策风险、经营投资风险、信用风险、市场风险、管理风险等可能面临的风险，并明确约定了华某信托对管理运用和处分信托财产的盈亏不提供任何承诺。故神某农商行关于华某信托没有履行风险告知义务的上诉意见，与在案证据相悖，本院不予采信。

华某信托提供的放款凭证、催收凭证、逾期提示函等证据，神某农商行提供的信托财产管理报告，均证明了华某信托在信托管理过程中，履行了其作为信托受托人应履行的合同义务。

延伸阅读

裁判规则一：事务管理集合信托中，因委托人指定投资标的产生之风险，则受托人《尽调报告》的结论与事实不符并不足以认定受托人责任。

案例1：吉林省建某设计集团有限公司（以下简称吉林建某公司）与四某信托有限公司（以下简称四某信托）信托纠纷二审民事判决书［四川省高级人民法院，（2017）川民终680号］。

关于《尽职调查报告》是否存在误导吉林建某公司的问题，本院认为，四某信托的抗辩意见能够成立，主要理由如下。

第一，根据案涉《信托合同》第三条、第五条“发放信托贷款的基本条件”、第十三条第一款“风险揭示”的约定，结合案涉《信托合同》签订之前，2012年9月吉林建某公司已形成《董事会决议》，决定以自有资金3000万元信托给四某信托，用于向众某钡盐公司发放流动贷款的事实，案涉信托项目实质是吉林建某公司自主决定设立，四某信托是按照吉林建某公司的指示将3000万元发放给众某钡盐公司，项目的风险是由吉林建某公司自行判断、承担。

第二，《尽职调查报告》的出具主体并非四某信托，是四某信托下属职能部门“资产管理部”起草，从《尽职调查报告》的内容看，并不是向委托人吉林建某公司出具，而是四某信托下属职能部门向公司出具。结合案涉《信托合同》中关于项目风险由吉林建某公司自行判断并承担的内容，从常理上推断，四某信托关于《尽职调查报告》是用于该公司内部审批流程使用的抗辩意见能够成立。

第三，《尽职调查报告》中明确载明“此项目为被动型管理项目”，从吉林建某公司提交的证据显示在2012年10月收到《尽职调查报告》后，其在阅知了报告中的内容后，仍于2012年11月签订案涉《信托合同》，且合同中明确载明由吉林建某公司自行判断并承担项目风险。据此，可以认定《尽职调查报告》并非其判断项目风险的依据。

裁判规则二：事务管理集合信托中，信披文件风险表述笼统，受托人不能免除信息披露责任。

案例2：丁某萍、山某省国际信托股份有限公司（以下简称山某信托公司）营业信托纠纷二审民事判决书［山东省高级人民法院，（2020）鲁民终2633号］。

根据山东银保监局作出的鲁银保监罚决字〔2019〕26号行政处罚决定书可知，山某信托公司在涉案信托项目设立时未充分向丁某萍披露风险信息，主要包括：弘某蓝色经济×号信托借款人天某人防同时也是山某信托公司前期信托的借款人，蓝色经济×号信托成立时，天某人防在前期信托项下的2330万元借款已逾期欠息；借款人开发的天某人防商城工程延期、多名客户退房、拖欠建筑商款项，法院判决建筑商对天某人防工程具有优先受偿权。山某信托公司未将上述事项在信托合同以及可行性研究报告中如实、明确地向委托人进行披露，而是笼统地表述为行业风险、市场风险、抵押物登记及变现风险、财务风险等。同时，山某信托公司还存在“信托成立时天某人防工程竣工验收尚在办理之中，地下商铺尚未开盘销售和招商营运，公司目前无重大涉诉情况，不会影响本次信托贷款资金的偿还”等不实披露。

本院认为，涉案信托并未明确是通道业务型信托还是主动管理型信托，根据《信托法》第二十五条的规定以及信托合同内容，山某信托公司负有向丁某萍如实披露信托项目相关风险信息的义务。而本案中，按照理性投资者的通常认知，上述未披露信息及不实披露，足以影响丁某萍的投资意向，山某信托公司未依法依约履行信息披露义务，构成违约，按照《资金信托合同》约定，其应当赔偿因违约给丁某萍造成的相应损失。一审法院（济南市中级人民法院）认定，山某信托公司在实施信托计划期间信息披露并不存在明显违反法律法规及合同约定的不当行为，本院予以纠正。

因涉案蓝色经济×号信托系有抵押物之信托且抵押物价值较高，丁某萍作为第一顺位抵押权人，抵押物变现后完全有可能偿付其信托本金及收益，故涉案信托目的并非不能实现。涉案信托可继续履行，但如最终导致丁某萍遭受损失，则山某信托公司应予赔偿。

简评：事务类信托受托人应负信义义务，但其特点又是委托人/受益人参与信托财产管理，故案件中责任认定多有不一。

054 受托人披露的风险表述模糊，能否仍以此免责？

关键词：信披义务　抽象风险/具体风险　受托人　事务管理型信托

阅读提示

根据《资管新规》的规定，如受托人仅提供必要的事务协助或者服务，不承担主动管理职责，则应当认定为通道业务。通道业务中受托人依约不承担主动管理职责，但如果受托人向委托人披露的风险过于模糊笼统，受托人是否仍可据此排除信披责任？

裁判要旨

如果信托被认定为通道业务，信托合同并不当然无效。受托人信息披露仅以行业风险、市场风险、抵押物登记及变现风险、财务风险等笼统表述，则不足以认定为充分披露风险信息。如果导致信托目的不能实现，应当承担相应的违约责任。

案情简介[①]

2014年4月，丁某萍与山某信托签订《资金信托合同》及附件，约定向天某人防发放信托贷款。天某人防与山某信托签订《信托贷款借款合同》，约定借款金额3000万元，并办理了抵押及担保。后丁某萍向山某信托汇入3000万元，山某信托向天某人防账户发放贷款3000万元。

2015年4月，丁某萍向山某信托出具《指示函》，借款人未能偿还信托贷款本息，故同意将信托贷款展期。假如截至2015年4月28日，借款人仍未一次性偿还信托贷款本息，则委托人要求山某信托对天某人防提起诉讼。

2015年5月，山某信托以天某人防及房某恩为被告向一审法院（山东省济南市中级人民法院）提起诉讼，一审法院于同年作出（2015）济商初字第137号民事判决，判决天某人防偿还山某信托借款本金3000万元等。

2018年8月，丁某萍向监管机构举报山某信托与其订立和履行案涉资金信托合同过程中存在诸多违法、违规行为。2019年12月，山东银保监局对山某信托多起违法违规行为作出鲁银保监罚决字〔2019〕26号行政处罚决定书。经查，山某信托存在“未依法依规履行信息披露义务”“向房地产企业发放流动资金贷款”等违法违规行为。

对于原告丁某平请求解除《资金信托合同》，一审法院认定解除合同的证据不足，驳回请求；山东省高级人民法院二审认定存在披露瑕疵，但以信托目的仍可实现驳回请求。

裁判要点

从审判实践来看，营业信托纠纷主要表现为事务管理信托纠纷和主动管理信托纠纷两种类型。受托人仅提供必要的事务协助或者服务，不承担主动管理职责的，应当认定为通道业务。对通道业务中存在利用信托通道掩盖风险等行为，违法违规程度不足以确认信托合同无效。

天某人防出现违约后，山某信托在丁某萍的指示下，采取起诉、保全、申请执行等方式使其信托债权得到了司法保护。但根据山东银保监局作出的行政处罚

① 丁某萍与山某省国际信托股份有限公司（以下简称山某信托）营业信托纠纷一审民事判决书［山东省济南市中级人民法院，（2019）鲁01民初4129号］。

丁某萍、山某省国际信托股份有限公司营业信托纠纷二审民事判决书［山东省高级人民法院，（2020）鲁民终2633号］。

决定书可知，山某信托公司在涉案信托项目设立时未充分向丁某萍披露风险信息，同时存在不实披露。按照理性投资者的通常认知，未披露信息及不实披露，足以影响投资意向，山某信托公司未依法依约履行信息披露义务，构成违约，按照《资金信托合同》约定应当赔偿违约相应损失。

但是，因涉案信托系有抵押物之信托，抵押物变现后完全有可能偿付其信托本金及收益，故涉案信托目的并非不能实现。涉案信托可继续履行，但如最终导致丁某萍遭受损失，则山某信托公司应予赔偿。

实务经验总结

本案的核心问题是："受托人对委托人披露风险的文件可理解性的表述边界在哪儿?"结合业务经验，我们对此的观点如下。

1. 包括信托计划、私募基金等在内的各类资管产品都需要对委托人（投资者）披露风险。参照中国证监会对信披文件的监管政策，受托人（管理人）理应提供有质量的信息披露文件，而其中文件的可理解性则是文件质量的重要元素。

2. 本案中的披露口径是"行业风险、市场风险、抵押物登记及变现风险、财务风险"等抽象风险，而监管核实的已知风险则是"×信托借款人同时也是受托人前期信托的借款人，×信托成立时，借款人在前期信托项下的2330万元借款已逾期欠息"等具体风险。

3. 基于以上两点，笼统概括风险并向投资者披露，无论委托人签字与否，其可理解性或不足以免除受托人责任（即使受托人是事务管理信托）。值得一提的是，本案中法院仍然未解除信托合同，这主要是因为存在抵押且能够覆盖风险，信托合同目的仍然存在实现的可能性。

相关法律规定

《信托公司集合资金信托计划管理办法》

第七条第一款　信托公司推介信托计划，应有规范和详尽的信息披露材料，明示信托计划的风险收益特征，充分揭示参与信托计划的风险及风险承担原则，如实披露专业团队的履历、专业培训及从业经历，不得使用任何可能影响投资者进行独立风险判断的误导性陈述。

第三十四条 信托公司应当依照法律法规的规定和信托计划文件的约定按时披露信息，并保证所披露信息的真实性、准确性和完整性。

第五十条 信托公司不依本办法进行信息披露或者披露的信息有虚假记载、误导性陈述或者重大遗漏的，由中国银行业监督管理委员会责令改正，并处20万元以上50万元以下罚款；给受益人造成损害的，依法承担赔偿责任。

法院判决

山东省济南市中级人民法院在一审判决书“本院认为”部分对此论述如下。

《九民纪要》第七部分：关于营业信托纠纷案件的审理指出：“从审判实践看，营业信托纠纷主要表现为事务管理信托纠纷和主动管理信托纠纷两种类型。在事务管理信托纠纷案件中，对信托公司开展和参与的多层嵌套、通道业务、回购承诺等融资活动，要以其实际构成的法律关系确定其效力，并在此基础上依法确定各方的权利义务……”第九十三条通道业务的效力部分规定：“当事人在信托文件中约定，委托人自主决定信托设立、信托财产运用对象、信托财产管理运用处分方式等事宜，自行承担信托资产的风险管理责任和相应风险损失，受托人仅提供必要的事务协助或者服务，不承担主动管理职责的，应当认定为通道业务……对通道业务中存在的利用信托通道掩盖风险，规避资金投向、资产分类、拨备计提和资本占用等监管规定，或者通过信托通道将表内资产虚假出表等信托业务，如果不存在其他无效事由，一方以信托目的违法违规为由请求确认无效的，人民法院不予支持。至于委托人和受托人之间的权利义务关系，应当依据信托文件的约定加以确定。”综合本案查明的事实，丁某萍与山某信托签订的《资金信托合同》系事务管理信托纠纷中的通道业务。

丁某萍主张，在案涉信托合同签订前，其对信托计划、借款人天某人防及其开发项目情况一无所知……本院查明事实中的系列相关文件中，均多处明确记载案涉信托具体情况及可能产生的风险，丁某萍对包括《信托财产管理、运用风险申明书》等一系列文件进行阅读并签字，应当认定丁某萍已经充分认识到案涉信托计划和风险。

天某人防出现违约后，山某信托在丁某萍的指示下，采取起诉、保全、申请执行等方式使其信托债权得到了司法保护。因此，山某信托在实施信托计划期间信息披露及管理行为并不存在明显违反法律法规及合同约定的行为。案涉信托计划尚处于存续状态，丁某萍在信托计划中是否有损失以及损失大小均无法确定。

山东省高级人民法院在二审判决书“本院认为”部分对此论述如下。

根据山东银保监局作出的鲁银保监罚决字〔2019〕26号行政处罚决定书可知，山某信托公司在涉案信托项目设立时未充分向丁某萍披露风险信息，主要包括：弘某蓝色经济×号信托借款人天某人防同时也是山某信托公司前期信托的借款人，蓝色经济×号信托成立时，天某人防在前期信托项下的2330万元借款已逾期欠息；借款人开发的天某人防商城工程延期、多名客户退房、拖欠建筑商款项，法院判决建筑商对天某人防工程具有优先受偿权。山某信托公司未将上述事项在信托合同以及可行性研究报告中如实、明确地向委托人进行披露，而是笼统地表述为行业风险、市场风险、抵押物登记及变现风险、财务风险等。同时，山某信托公司还存在“信托成立时天某人防工程竣工验收尚在办理之中，地下商铺尚未开盘销售和招商营运，公司目前无重大涉诉情况，不会影响本次信托贷款资金的偿还”等不实披露。

本院认为，涉案信托并未明确是通道业务型信托还是主动管理型信托，根据《信托法》第二十五条的规定以及信托合同内容，山某信托公司负有向丁某萍如实披露信托项目相关风险信息的义务。而本案中，按照理性投资者的通常认知，上述未披露信息及不实披露，足以影响丁某萍的投资意向，山某信托公司未依法依约履行信息披露义务，构成违约，按照《资金信托合同》约定，其应当赔偿因违约给丁某萍造成的相应损失。一审法院认定山某信托公司在实施信托计划期间信息披露并不存在明显违反法律法规及合同约定的不当行为，本院予以纠正。

因涉案蓝色经济×号信托系有抵押物之信托且抵押物价值较高，丁某萍作为第一顺位抵押权人，抵押物变现后完全有可能偿付其信托本金及收益，故涉案信托目的并非不能实现。涉案信托可继续履行，但如最终导致丁某萍遭受损失，则山某信托公司应予赔偿。

延伸阅读

裁判规则一：受托人无过错时，信托委托人的信托知情权边界不包括受托人的工作底稿。

案例1：国某财务有限公司（以下简称国某财务）与中某信托有限责任公司（以下简称中某信托）营业信托纠纷二审民事判决书［北京市第二中级人民法院，（2020）京02民终10989号］。

信托法律关系建立在委托人与受托人充分信任基础之上，受托人在接受委托后，对于委托人的财产享有相对独立的管理和处分的权利，受托人在已经按照法律规定或者合同约定向委托人、受益人报告信托财产管理、运用或者处分的情况下，委托人、受益人应当充分尊重受托人对于信托财产的管理处分权利，合理行使查阅、知情权及其他相关权利……中某信托已经按照双方约定的方式向国某财务披露了涉及信托财产管理或者处分的相关信息，国某财务通过上述方式可以了解信托财产的管理运用、处分及收支情况，在没有其他有力证据证明中某信托违反法律规定的诚实、信用、谨慎、有效管理义务的情况下，国某财务要求中某信托披露相关公告、报告、周报背后的“底稿信息”依据不足，本院不予支持。

裁判规则二：受托人已履行尽职调查义务，并依约定的披露内容、披露方式向投资者履行披露义务的，委托人仅以投资损失为依据不足以认定受托人存在故意或过错隐瞒、虚构、严重失实等行为。

案例 2：曹某、吉某省信托有限责任公司（以下简称吉某信托）合同纠纷二审民事判决书［最高人民法院，（2019）最高法民终 1594 号］。

关于案涉《信托合同》履行中吉某信托是否履行了信息披露及审慎管理义务的问题。根据《信托公司集合资金信托计划管理办法》第三十四条、第三十五条、第三十八条规定，信托计划实施期间，信托公司应当及时、客观、完整地披露信息并保证受益人的知情权，并在出现可能对受益人权益产生重大影响事由时应当及时采取应对措施。同时，案涉《信托合同》约定“受托人应当遵守信托文件的规定，恪尽职守，履行诚实、信用、谨慎、有效管理的义务，为受益人的最大利益处理信托事务”。因此，信托公司在实施信托计划期间，应当恪尽职守，审慎、有效地处理信托事务。

首先，根据本案查明情况，吉某信托在案涉信托计划实施期间，将信托资金管理报告等信托事项处理报告通过受托人网站、外部网站等予以披露，不违反案涉《信托合同》关于信托公司信息披露及方式。

其次，案涉信托计划的融资人出现违约后，吉某信托公司采取起诉、保全等方式使其信托债权得到了司法保护，并在融资人进入破产程序后，通过进行债权申报、参加债权人会议、召开受益人大会、委托中介机构评估和咨询、签署重整文件等积极履行了受托人管理职责。因此，吉某信托公司在实施信托计划期间信息披露及管理行为并不存在明显违反法律规定及合同约定的行为。

最后，案涉信托计划的融资人进入破产重整程序后，吉某信托公司通过通信方式召开受益人大会征求受益人意见，并不违反《信托公司集合资金信托计划管理办法》及案涉《信托合同》关于受益人大会召开方式的规定。同时，在受益人未形成合同约定的有效决议情况下，吉某信托公司为受益人利益最大化选择了债转股的偿还模式，与大部分债权人选择相一致，并不违背信托法律及信托合同关于受益人利益最大化的管理原则。

简评：信托委托人有知情权，受托人侵害知情权应当负责，但知情权也具有边界。

相关资料

虞羡羡，崔颖：《浅议信托业信息披露现状及对行业相关工作开展的建议》，载《信登参考》第十六期，2020 年 7 月。

055 信托公司尽调结论瑕疵，但投资标的系委托人指定，投资损失应当如何归责？

关键词： 通道业务　尽职调查　禁反言

阅读提示

信托投资标的之选择，通常需要受托人依法按照“受益人利益最大原则”进行管理，如通过法律、财务等尽职调查来确认信托资产的投资风险。但是实践中以通道业务为代表的被动管理型信托，其信托资产投资的标的系由委托人或受益人指定。如果委托人指定投资标的，但受托人同时出具了具有瑕疵的尽职调查报告，此时的投资损失应当如何确认？

裁判要旨

信托受托人应当依法履行信托义务，包括对投资标的进行尽职调查、出具《尽职调查报告》等。但是，如果委托人与受托人在《信托合同》中明确约定了被动受托运营模式且投资标的系委托人独立确定，则《尽职调查报告》的结论与事实不符并不足以认定受托人责任。

案情简介[①]

2012年9月，吉林建某公司召开董事会，决定以自有资金3000万元信托给四某信托，用于向众某钡盐公司发放流动资金贷款项目。2012年11月，吉林建某公司与四某信托签署《信托合同》，约定信托为被动受托类信托计划，受托人按委托人的意愿，以受托人的名义，为受益人的利益，由受托人单独管理运用和处分信托资金的单一资金信托；委托人了解并认可借款人与保证人的经营状况、财务状况、信用状况，自行判断并承担风险等。

2012年11月，四某信托与众某钡盐公司签署《信托贷款合同》，与担保人签署《质押合同》，与保证人签署《保证合同》。合同签订后，四某信托依约向众某钡盐公司发放足额信托贷款，众某钡盐公司按期支付了第一季度利息。

2013年6月，众某钡盐公司未及时支付第二季度信托利息。四某信托与吉林建某公司通过函件沟通，并委托律所向众某钡盐公司发送《律师函》。2013年11月，四某信托分别向借款人众某钡盐公司及担保人发送《通知函》，载明信托计划将于2013年11月终止。之后，四某信托按约以现状分配方式向吉林建某公司分配信托财产、发出通知函并移交了各项相关资料。

四某信托通过电子邮件方式发送的《尽职调查报告》尾部载明是由“资产管理四部”作出。在“评估结论”部分载明：“此项目为单一资金信托贷款项目，为被动型管理项目，风险小。虽然信托的金额不大，但是占用公司的净资本小。企业抵押足值，经营稳健发展。综上所述，我部建议尽快实施该项目。”

吉林建某公司以四某信托违背管理职责等为由，请求四某信托赔偿损失及返还信托报酬等，四川省成都市中级人民法院一审驳回了吉林建某公司的诉讼请求，四川省高级人民法院二审维持原判。

裁判要点

根据案涉《信托合同》关于“发放信托贷款的基本条件”“风险揭示”的约定，结合案涉《信托合同》签订之前，2012年9月吉林建某公司已形成《董事会决议》，决定以自有资金3000万元信托给四某信托，用于向众某钡盐公司发放

---

① 吉林省建某设计集团有限公司（以下简称吉林建某公司）与四某信托有限公司（以下简称四某信托）信托纠纷二审民事判决书［四川省高级人民法院，（2017）川民终680号］。

吉林省建某设计集团有限公司诉四某信托有限公司信托纠纷再审审查与审判监督民事判决书［最高人民法院，（2017）最高法民申5004号］。

流动贷款的事实，案涉信托项目实质是吉林建某公司自主决定设立，四某信托是按照吉林建某公司的指示将3000万元发放给众某钡盐公司，项目的风险是由吉林建某公司自行判断、承担。

《尽职调查报告》的出具主体并非四某信托，是四某信托下属职能部门“资产管理四部”起草，从《尽职调查报告》的内容看，并不是向委托人吉林建某公司出具，而是四某信托下属职能部门向公司出具。结合案涉《信托合同》中关于项目风险由吉林建某公司自行判断并承担的内容，从常理上推断，四某信托关于《尽职调查报告》是用于该公司内部审批流程使用的抗辩意见能够成立。

《尽职调查报告》中明确载明“此项目为被动型管理项目”，从吉林建某公司提交的证据显示在2012年10月收到《尽职调查报告》后，其在阅知了报告中的内容后，仍于2012年11月签订案涉《信托合同》，且合同中明确载明由吉林建某公司自行判断并承担项目风险。据此，可以认定《尽职调查报告》并非其判断项目风险的依据。

实务经验总结

本案值得关注的核心问题是：“特定情形下投资损失的责任应归委托人还是受托人?”针对这个问题，应注意以下三点。

1.《信托法》第二十二条规定了信托受托人的法定义务，即履行诚实、信用、谨慎、有效管理的义务。其亦规定了委托人的知情权和受益人放弃信托受益权的权利。

2. 本案中，委托人与受益人均为吉林建某公司，有权指定投资标的以规避风险。故本案系“先选定投资标的，后与受托人建立信托关系”的情形。在此基础上，受托人在投前的尽职调查报告及后续投后管理阶段的瑕疵并非投资损失的直接原因，且执行委托人/受益人指令的行为并未直接违反“诚实、信用、谨慎、有效”的法定管理义务。故本案中受托人未承担责任。

3. 值得注意的是，《资管新规》明确了金融机构不得为其他金融机构的资产管理产品提供规避投资范围、杠杆约束等监管要求的通道服务。《资管新规》适用的过渡期结束后，本案中同类型的信托如再出现，即使法定权利没有变化，但也面临设立合规瑕疵，继而可能影响投资损失的责任分配。

法院判决

以下为四川省成都市中级人民法院在判决书“本院认为”部分的论述。

关于吉林建某公司诉称要求四某信托赔偿损失3000万元、利息317.75万元，并返还信托报酬8.85万元是否有事实和法律依据。四川省成都市中级人民法院认为，如前所述，案涉法律关系为信托关系，根据《信托法》第二十二条、第三十六条的规定，委托人要求受托人赔偿至少需要符合两个前提：一是受托人违反信托目的处分信托财产或者因违背管理职责、处理信托事务不当；二是该行为致使信托财产受到损失。

关于四某信托的《尽职调查报告》是否误导吉林建某公司的问题。吉林建某公司主张，四某信托向其推介信托项目时曾向其提供《尽职调查报告》，因报告的数据误导了吉林建某公司，吉林建某公司出于对四某信托的信任，实施了四某信托所推介的信托项目，委托四某信托向众某钡盐公司发放了3000万元的信托贷款。吉林建某公司据此认为，四某信托向吉林建某出具的报告与事实严重不符，这是导致吉林建某公司信托贷款资金无法收回的主要原因。

四川省成都市中级人民法院认为，根据现有证据查明的事实，2012年9月29日，吉林建某公司的董事会作出决议，决定将公司自有资金3000万元信托给四某信托，用于向众某钡盐公司发放流动资金贷款项目，信托类型为被动受托。而吉林建某公司向一审法院举证提交的《尽职调查报告》显示，该报告起草时间是2012年10月，而四某信托的信托经理通过电子邮件方式发送给吉林建某公司相关人员的时间显示是2012年12月。通过该时间可以看出，吉林建某公司自主决定通过四某信托向众某钡盐公司发放3000万元信托贷款，随后四某信托受托向众某钡盐公司发放信托贷款，后四某信托的信托经理才向吉林建某公司相关人员发送电子版本报告。同时，报告落款为“资产管理四部”，也未加盖四某信托公章。据此，现有证据不能证实四某信托提交的报告误导了吉林建某公司实施该信托项目。

以下为四川省高级人民法院在二审判决书“本院认为”部分的论述。

关于四某信托是否应当返还吉林建某公司信托报酬、赔偿损失的问题。

吉林建某公司上诉主张，案涉法律关系的性质为“居间+委托代理”，在合同履行中，四某信托主要存在以下违约行为：一是向吉林建某公司出具的《尽职调查报告》的数据不实，严重误导了吉林建某公司，增加了项目风险；二是四某信托向吉林建某公司提供的第一季度管理报告严重失实，结合法律规定，四某信托应当按照合同约定返还报酬、赔偿吉林建某公司的损失。

本院认为，根据《信托法》第三十六条的规定，结合在第一个争议焦点中关于双方形成了信托法律关系的分析，吉林建某公司要求四某信托返还报酬、赔偿损失的前提是四某信托在案涉合同履行中存在违反信托目的处分信托财产或者因违背管理职责、处理信托事务不当致使信托财产受到损失的行为。结合双方的主张，具体评析如下。

关于《尽职调查报告》是否存在误导吉林建某公司的问题，本院认为，四某信托的抗辩意见能够成立，主要理由如下。

第一，根据案涉《信托合同》第三条、第五条“发放信托贷款的基本条件”、第十三条第一款“风险揭示”的约定，结合案涉《信托合同》签订之前，2012 年 9 月，吉林建某公司已形成《董事会决议》，决定以自有资金 3000 万元信托给四某信托，用于向众某钡盐公司发放流动贷款的事实，案涉信托项目实质是由吉林建某公司自主决定设立，四某信托是按照吉林建某公司的指示将 3000 万元发放给众某钡盐公司，项目的风险是由吉林建某公司自行判断、承担。

第二，《尽职调查报告》的出具主体并非四某信托，而是四某信托下属职能部门“资产管理四部”起草，从《尽职调查报告》的内容看，并不是向委托人吉林建某公司出具，而是四某信托下属职能部门向公司出具。结合案涉《信托合同》中关于项目风险由吉林建某公司自行判断并承担的内容，从常理上推断，四某信托关于《尽职调查报告》是用于该公司内部审批流程使用的抗辩意见能够成立。

第三，《尽职调查报告》中明确载明“此项目为被动型管理项目”，从吉林建某公司提交的证据显示在 2012 年 10 月收到《尽职调查报告》后，其在阅知了报告中的内容后，仍于 2012 年 11 月签订案涉《信托合同》，且合同中明确载明由吉林建某公司自行判断并承担项目风险。据此，可以认定《尽职调查报告》并非其判断项目风险的依据。

相关法律规定

《信托法》

第二条 本法所称信托，是指委托人基于对受托人的信任，将其财产权委托给受托人，由受托人按委托人的意愿以自己的名义，为受益人的利益或者特定目的，进行管理或者处分的行为。

第五条 信托当事人进行信托活动，必须遵守法律、行政法规，遵循自愿、公平和诚实信用原则，不得损害国家利益和社会公共利益。

第十四条第一款和第二款 受托人因承诺信托而取得的财产是信托财产。

受托人因信托财产的管理运用、处分或者其他情形而取得的财产，也归入信托财产。

《资管新规》

二十二、第一款 金融机构不得为其他金融机构的资产管理产品提供规避投资范围、杠杆约束等监管要求的通道服务。

《九民纪要》

93.**【通道业务的效力】**当事人在信托文件中约定，委托人自主决定信托设立、信托财产运用对象、信托财产管理运用处分方式等事宜，自行承担信托资产的风险管理责任和相应风险损失，受托人仅提供必要的事务协助或者服务，不承担主动管理职责的，应当认定为通道业务。《中国人民银行、中国银行保险监督管理委员会、中国证券监督管理委员会、国家外汇管理局关于规范金融机构资产管理业务的指导意见》第22条在规定“金融机构不得为其他金融机构的资产管理产品提供规避投资范围、杠杆约束等监管要求的通道服务”的同时，也在第29条明确按照“新老划断”原则，将过渡期设置为截止2020年底[①]，确保平稳过渡。在过渡期内，对通道业务中存在的利用信托通道掩盖风险，规避资金投向、资产分类、拨备计提和资本占用等监管规定，或者通过信托通道将表内资产虚假出表等信托业务，如果不存在其他无效事由，一方以信托目的违法违规为由请求确认无效的，人民法院不予支持。至于委托人和受托人之间的权利义务关系，应当依据信托文件的约定加以确定。

延伸阅读

裁判规则：《资管新规》过渡期内，委托人与受托人在信托合同中对通道业务风险承担另有约定的，从其约定。

案例：河北临某农村商业银行股份有限公司（以下简称临某农商行）与恒

① 根据《中国人民银行有关负责人就资管新规过渡期调整答记者问》（2020年7月31日），过渡期实际延期至2021年年底，下同。

某银行股份有限公司营业信托纠纷二审民事判决书［山东省高级人民法院，（2020）鲁民终3001号］。

法院认为，案涉2.7亿元信托资金的实际出资人为临某农商行，实际融资人为河某电缆。根据案涉合同的约定，临某农商行自主决定委托资金的投资方向、运用对手等事宜，自行或指定第三方负责委托资金投资项目的前期尽职调查及后期投资管理负责甄别各交易对手的资信状况、履约能力等事项，承担委托资金投资的全部风险。因此，案涉信托资产管理应认定为通道业务。《资管新规》第二十二条在规定“金融机构不得为其他金融机构的资产管理产品提供规避投资范围、杠杆约束等监管要求的通道服务”的同时，也在第二十九条明确按照“新老划断”原则，将过渡期设置为截至2020年年底。而本案所涉通道业务发生于2016年10月至2019年10月权利义务关系仍应当依据案涉信托文件的约定加以确定。

简评：信托通道业务的设计满足了投融资双方的需求，但其扭曲了信托当事人间的法律关系，相关约定的效力应结合其签署时间判断。

056 通道业务中委托人怠于行使权利，未指令受托人回购导致债权不能足额受偿的，受托人是否应承担责任？

关键词：通道业务　指令　过错

阅读提示

事务管理类信托（通道业务）中，受托人仅负责账户管理、清算分配及提供或出具必要文件以配合委托人管理信托财产等事务，不承担积极主动管理职责的信托业务。《九民纪要》中规定，通道业务中委托人和受托人之间的权利义务关系，应当依据信托文件的约定加以确定。那么，受托人的义务是否仅以合同约定为边界？

裁判要旨

事务管理类信托（通道业务），受托人在债务人未按期支付标的债权收益的情形下，出于信托法律关系中受托人忠诚履职的要求，应及时将该客观情况报告给委托人，并根据委托人的指示或者自行决定采取必要的减损措施。

若标的债权系委托人指定，在债务人未按期支付标的债权收益的情形下，不能认定在未经委托人明确指令的情况下，受托人可以自行请求债务人履行债权回购义务。如果受托人不存在提供虚假信息、隐瞒事实等行为，则相关风险依照合同约定各自承担。

案情简介①

2013 年 5 月，北某农村信用社出资 1 亿元，通过委托天某证券设立定向资产管理计划。天某证券接受北某农村信用社的指令将委托资产 1 亿元定向投资于山某信托成立的单一事务管理信托计划，信托资金 1 亿元定向用于购买可某钴业对科某集团合法持有的 1.8 亿元的标的债权，信托期限为 24 个月。各方同时约定科某集团应按年利率 9.4%的标准向山某信托支付信托债权收益，并确定了支付义务的履行期限。在科某集团未按约支付信托债权收益时，山某信托可以要求可某钴业支付债权回购款回购债权。

2014 年 9 月 21 日，北某农村信用社最后一次收到债权收益，此后未再收到任何收益。2015 年 8 月，山某信托向天某证券发送《到期返还原状通知函》，告知经山某信托多次催收，可某钴业未履行义务，保证人亦未履行保证责任，山某信托将以信托终止时信托财产现状的形式分配信托利益。

北某农村信用社以山某信托怠于行使要求可某钴业回购债权的义务，导致北某农村信用社的债权不能获得清偿遭受损失等为由，要求山某信托赔偿北某农村信用社不能受偿部分的损失。四川省高级人民法院一审、最高人民法院二审均驳回了北某农村信用社的诉讼请求。

裁判要点

本信托期限届满或发生提前终止本信托的情形时，受托人有权选择以货币资金形式或非货币资金的财产权（债权）交割形式向受益人分配预计收益和信托本金，本信托结束，案涉标的债权权益的实现途径有多种，在科某集团未按约支付信托债权收益的情形下，要求可某钴业启动债权回购程序并非山某信托的强制

① 北某羌族自治县农村信用合作联社（以下简称北某农村信用社）诉中某联合融资担保有限公司等合同纠纷一审民事判决书［四川省高级人民法院，（2017）川民初 66 号］。

北某羌族自治县农村信用合作联社与天某证券股份有限公司（以下简称天某证券）等合同纠纷二审民事判决书［最高人民法院，（2018）最高法民终 1209 号］。

义务。

北某农村信用社在未收到 2014 年第四季度债权收益款的情形下，亦未向天某证券、山某信托询问、了解信托收益的状况及原因，属于怠于行使自己的合法权益。从本案各方在资产管理法律关系以及信托法律关系中的权利义务看，信托关系中的标的债权系北某农村信用社指定，因此在科某集团未按期支付标的债权收益的情形下，不能认定在未经委托人明确指令的情况下，受托人山某信托可以自行请求可某钴业履行债权回购义务。

实务经验总结

何谓事务管理类信托，根据原银监会《关于调整信托公司资本计算标准有关事项的通知（征求意见稿）》的规定，是指委托人自主决定信托设立、信托财产运用对象、信托财产管理运用处分方式等事宜，自行负责前期尽职调查及存续期信托财产管理，自愿承担信托投资风险，受托人仅负责账户管理、清算分配及提供或出具必要文件以配合委托人管理信托财产等事务，不承担积极主动管理职责的信托业务。这也是事务管理类信托与主动管理类信托的主要区别。

在事务管理类信托中，受托人的义务主要依据信托合同确定，合同约定义务是认定受托人责任的核心依据。除合同约定义务外，在证券基金机构监管部 2017 年 11 月 6 日发布的《机构监管情况通报》中提到，合同约定义务可能不完整，但管理人应尽的恪尽职守、勤勉尽责等义务仍应当全面履行。根据通报内容，该义务应包括：一是保证主体适格义务，即管理人应当保证其具备并且在合同期内维持相关业务资格，不因违法违规行为而被撤销或者暂停。二是完全履行合同约定义务。作为管理人，要勤勉履行管理职责，包括事先尽职调查、事中投资运作和事后维护管理。三是诚信履行合同附随义务，即按照诚实守信的原则，忠实履行通知、协助、保密等义务。四是遵守合同约定以外的法定或者规定义务，主要是合规以及配合监管等义务。司法实践中，法院也认为在通道业务中，受托人违反最基本的忠实、合理注意义务的，受托人仍不免责。

据此，在通道业务中，作为受托人，除遵守信托合同中约定的义务外，还应遵守法律、监管部门规定的法定义务，以及最基本的忠实、合理注意义务。作为委托人，在信托合同中，则应尽可能全面约定受托人的义务内容，在信托合同履行中，按约定受托人经委托人的指令方可进行操作的，委托人应及时给出明确指令。

相关法律规定

《九民纪要》

93.【通道业务的效力】当事人在信托文件中约定，委托人自主决定信托设立、信托财产运用对象、信托财产管理运用处分方式等事宜，自行承担信托资产的风险管理责任和相应风险损失，受托人仅提供必要的事务协助或者服务，不承担主动管理职责的，应当认定为通道业务。《中国人民银行、中国银行保险监督管理委员会、中国证券监督管理委员会、国家外汇管理局关于规范金融机构资产管理业务的指导意见》第22条在规定“金融机构不得为其他金融机构的资产管理产品提供规避投资范围、杠杆约束等监管要求的通道服务”的同时，也在第29条明确按照“新老划断”原则，将过渡期设置为截止2020年底，确保平稳过渡。在过渡期内，对通道业务中存在的利用信托通道掩盖风险，规避资金投向、资产分类、拨备计提和资本占用等监管规定，或者通过信托通道将表内资产虚假出表等信托业务，如果不存在其他无效事由，一方以信托目的违法违规为由请求确认无效的，人民法院不予支持。至于委托人和受托人之间的权利义务关系，应当依据信托文件的约定加以确定。

法院判决

四川省高级人民法院在一审判决书“本院认为”部分就该问题的论述如下。

关于山某信托在科某集团未按期支付标的债权收益的情形下，是否存在怠于行使要求可某钴业回购债权义务的问题，本院认为，根据案涉《债权转让合同》第5.1条关于“山某信托自标的债权转让日（含本日）起即享有对该标的债权的所有权益（包括但不限于取得债权收益款）。本合同项下标的债权收益款实现途径包括但不限于：1. 科某集团偿还标的债权；2. 根据本合同要求可某钴业履行标的债权回购义务，如在任一还款日科某集团未按本协议之约定履行还款义务，则可某钴业应当在收到山某信托书面通知当日启动对标的债权的回购程序，并按照本合同约定将可某钴业在还款日对应的应付当期回购款划付至信托专项账户；3. 根据法律、行政法规、规章的规定，司法机关的裁决，政府机关的规定及合法有效的法律文件约定，针对标的债权而获得任何赔偿或补偿的收入；4. 依据本合同或其他相关文件或法律法规所允许的其他途径”以及案涉《单一事务管理信托合同》第9.2.2条关于“本信托存续期间，本信托项下信托收益以现金形式的信托财产为限予以分配；本信托终止时，信托财产以信托终止时的现状形式向受益人进行分配”、第12.1条“本信托为受托人指定投资方式的信托，本信托不承诺保本或最低收益，具有一定的投资风险，适合风险识别、评估、承受能力较强的合格投资人。本信托期限届满或发生提前终止本信托的情形时，受托人有权选择以货币资金形式或非货币资金的财产权（债权）交割形式向受益人分配预计收益和信托本金，本信托结束”的内容，案涉标的债权权益的实现途径有多种，在科某集团未按约支付信托债权收益的情形下，要求可某钴业启动债权回购程序并非山某信托的强制义务。结合案涉信托项目系基于北某农村信用社的指令进行，在信托存续期间，从2014年9月21日，最后一次收到债权收益后即未再收到科某集团支付的债权收益，北某农村信用社并未提出任何异议，也未向山某信托发送任何指令要求启动回购程序。在信托终止时，山某信托于2015年8月向天某证券进行了信托到期原状返还，亦向债务人、担保人送达了《变更债权人通知书》，天某证券、北某农村信用社对此并未提出任何异议，在天某证券向北某农村信用社返还时，北某农村信用社也进行了书面签收确认，应当认定北某农村信用社自愿接受并认可山某信托进行现状分配。据此，山某信托已经按约完成了合同义务，并不存在怠于行使权利的违约行为，本院对北某农村信用社关于山某信托存在怠于行使权利的行为的主张不予支持。

最高人民法院在二审判决书“本院认为”部分就该问题的论述如下。

关于山某信托在科某集团未按期支付标的债权收益的情形下，是否存在怠于要求可某钴业履行债权回购义务，致使北某农村信用社要求支付债权回购款违约金以及其他未受偿损失的诉讼请求不能获得判决支持的问题。北某农村信用社认为，在科某集团未按期支付标的债权收益的情形下，山某信托应当及时要求可某钴业启动回购程序，这是山某信托的信托业务。山某信托认为，是否要求可某钴业启动回购程序，需要委托人向山某信托发出具体的指令，山某信托在未收到委托人指令的情况下，自己无权要求可某钴业启动回购程序。本院认为，山某信托作为《单一事务管理信托合同》的受托人，在科某集团未按期支付标的债权收益的情形下，出于信托法律关系中受托人忠诚履职的要求，应及时将该客观情况报告给委托人，并根据委托人的指示或者自行决定采取必要的减损措施。根据本案查明的事实，可某钴业自2014年第四季度起未再支付债权收益款。2015年8月，山某信托向天某证券发送《到期返还原状通知函》，告知经山某信托多次催收，可某钴业未履行义务，保证人亦未履行保证责任，山某信托将以信托终止时（2015年5月17日）信托财产现状的形式分配信托利益。2015年12月31日，天某证券向北某农村信用社发送《原状返还告知函》，天某证券作为资产管理计划管理人将以合同终止时委托资产原状的方式一次性分配委托资产，即山某信托以信托终止时信托财产现状形式分配信托利益。分析上述事实可见，山某信托在科某集团未按期支付标的债权收益的情形下，并未及时告知委托人天某证券该情形；天某证券在未收到2014年第四季度债权收益款的情形下，也未及时向北某农村信用社报告该情形，据此可以认定山某信托、天某证券违反了信息披露的义务。但北某农村信用社在未收到2014年第四季度债权收益款的情形下，亦未向天某证券、山某信托询问、了解信托收益的状况及原因，属于怠于行使自己的合法权益。从本案各方在资产管理法律关系以及信托法律关系中的权利义务看，信托关系中的标的债权系北某农村信用社指定，因此在科某集团未按期支付标的债权收益的情形下，不能认定在未经委托人明确指令的情况下，受托人山某信托可以自行请求可某钴业履行债权回购义务。综上，虽然山某信托、天某证券违反了信息披露的义务，但不能据此认定其应当承担因未请求可某钴业履行债权回购义务给北某农村信用社造成的损失。

自2014年第四季度起，北某农村信用社未再收到债权收益款，北某农村信用社自该时起可向天某证券、山某信托询问、了解信托义务情况，可以指示天某证券、山某信托向可某钴业发出债权回购要求，也可以在2015年12月31日天某证券向其发送《原状返还告知函》后，至2016年5月17日四川省广安市中级人民法院受理可某钴业破产案件时止，依据《债权转让合同》以自己的名义向可某钴业主张债权回购款的违约金损失及其他未受偿损失。在上述期间内，北某农村信用社均未依法行使自己的权利，对于因此造成的损失，不应由山某信托、天某证券承担。

延伸阅读

裁判规则一：即使当事人之间所签订的合同中未作约定，如受托人违反该法定履职或尽职义务并因其过失给委托人造成损失的，亦应根据其过错情形承担相应的民事责任。

案例1：甘某州农村信用联社股份有限公司（以下简称甘某联社）、四川科某矿业（集团）有限公司合同纠纷二审民事判决书［最高人民法院，（2017）最高法民终880号］。

本案二审的争议焦点在于，被上诉人申万宏某证券和山某信托应否对上诉人甘某联社未获清偿范围内的债权承担赔偿责任。判断本案所涉资产投资运作管理的管理人申万宏某证券以及信托合同的受托人山某信托应否承担相应民事责任的核心要件在于，管理人或受托人是否违反了当事人之间的相关合同约定或者法律法规的相关规定，是否存在违约或过失行为并承担相应的民事赔偿责任。从当事人之间相关协议的约定看，2013 年 2 月 1 日，稻某联社与申万宏某证券、渤某银行三方签订《资管合同》约定，委托人稻某联社将案涉资金委托申万宏某证券作为管理人、渤某银行作为托管人进行投资运作和管理，管理人按照委托人规定的投资指令进行投资。2013 年 2 月 6 日，稻某联社向申万宏某证券出具《投资委托书》，明确指令以案涉资金投资山某信托设立的单一资金《信托合同》（合同编号：2013 年鲁信川字第×号），稻某联社声明和保证受让金山嘉某矿业因借款给科某矿业 2 亿元人民币而形成的对科某矿业的全部债权，稻某联社已明确知悉并完全认可申万宏某证券作为管理人代表定向资产管理业务与相关当事人签署的合同等法律文件，充分了解并同意由本信托项下信托财产承担签署及履行该等合同可能引发的风险。标的债权、担保人和担保物系委托人指定，管理人和信托受托人不进行事前审查。从上述协议约定可以认定，在案涉资产委托投资运作管理以及信托业务设立过程中，该资产信托项下的标的债权、担保人和担保物均系由委托人稻某联社指定，委托合同的受托人申万宏某证券以及信托合同的受托人山某信托不负有事前审查的义务。从法律法规的有关规定看，《合同法》《信托法》以及金融监管部门有关规范性文件规定了委托合同或信托合同受托人应承担的法定履职和尽职义务，即使当事人之间所签订的合同中未作约定，如受托人违反该法定履职或尽职义务并因其过失给委托人造成损失的，亦应根据其过错情形承担相应的民事责任。

就本案而言，虽然上诉人甘某联社认为被上诉人申万宏某证券、山某信托违反了法定义务，但其并未举证证明损失的具体情况，亦未证明申万宏某证券、山某信托在履行委托合同、信托合同中的过失情形，以及该过失与所造成损失之间的因果关系。故上诉人甘某联社所提出的因被上诉人申万宏某证券、山某信托违反法定义务给其造成损失应予赔偿的上诉理由，本院不予支持。

案例 2：湖某银行股份有限公司（以下简称湖某银行）等与四某信托有限公司（以下简称四某信托）等合同纠纷二审民事判决书［湖北省高级人民法院，(2017) 鄂民终 2301 号］。

《信托合同》约定，信托资金由四某信托按照湖某银行指示向满某里实业公司发放信托贷款，用于补充其企业流动资金不足和酒店项目内部装修；四某信托对信托财产的管理负有诚实信用、谨慎勤勉义务；受托人按照湖某银行指示向满某里实业公司发放信托贷款的方式正确合理运用和处分信托财产导致的财产收益与损失由信托财产承担；四某信托按上述具体运用方向，管理、运用信托财产，即视为四某信托已履行了恪尽职守、诚实、信用、谨慎、有效管理的义务；湖某银行对满某里实业公司的经营情况、资信状况、还款能力、抵押物价值、变现能力及他项权利等均已有充分了解，并愿意承担包括借款人、市场风险、利率风险、流动性风险等其他风险。本案已查证案涉4000万元贷款确实际发放满某里实业公司，四某信托即已适格履行了符合合同约定的忠诚、勤勉义务。另外，《信托贷款合同》中所约定的四某信托各项权利仅表明四某信托有权据此要求借款人满某里实业公司为对等义务行为，并不构成四某信托在《信托合同》项下对湖某银行所负的合同义务。上述权利是否行使并不能作为评价四某信托是否违反《信托合同》义务及应否对湖某银行承担违约赔偿责任的事实基础。湖某银行及农某银行根河支行关于四某信托未对审贷资料进行实质审查，违反诚实信用、谨慎勤勉的管理义务，应对湖某银行损失承担赔偿责任的上诉理由缺乏合同依据，不能成立。

裁判规则二：事务管理类信托中，受托人义务按照《信托合同》约定为准。

案例3：湖某银行股份有限公司（以下简称湖某银行）与四某信托有限公司(以下简称四某信托)、中国农某发展银行根河市支行合同纠纷一审民事判决书[武汉市中级人民法院，(2015)鄂武汉中民商初字第00293号]。

湖某银行和四某信托之间存在明确、有效的《信托合同》，该合同是解释合同责任、信托责任的首要文本。信托产品的价格不必然决定信托产品的种类，信托产品是否为事务管理类信托也不必然决定信托责任的内容、范围。湖某银行未能证实四某信托违反信托目的处分信托财产，或处理信托财产存在过失，或存在其他违约行为，其关于案涉信托并非事务管理类信托，四某信托应向其赔偿损失的请求没有事实与法律依据，不予支持。

案例4：华某信托有限责任公司（以下简称华某信托）等诉上海红某国际妇儿医院有限公司（以下简称红某医院）营业信托合同纠纷二审民事判决书［上海市第一中级人民法院，(2017)沪01民终10069号]。

权益受益人于2016年5月27日形成大会决议，指令华某信托将留存的款项进行分配，与其之前提交的表决票内容相矛盾，且不符合《信托合同补充协议

3》的约定。在此种情况下，华某信托未执行受益人指令，具有合同依据，并未损害受益人的信托利益。在大某华公司缴纳企业所得税完毕后，华某信托及时将余款向各受益人进行了分配，完成了受托人的主要义务。红某医院关于华某信托对大某华公司变更后的三方存管账户失去控制，导致红某医院未能收到全部信托利益的主张，与事实不符，本院不予采信。

裁判规则三：受托人有义务确保委托人账户资金免予遭受非正常操作带来的风险，该义务系资产管理人的基本义务，不因是否存在“通道”业务性质而有所不同。

案例5：张某昊与银某期货有限公司委托理财合同纠纷二审民事判决书［北京市第三中级人民法院，（2019）京03民终16150号］。

从双方合同关系和被告的主要合同义务看，“富某达资管计划”中涉及资产委托人、资产管理人、资产托管人以及投资顾问四方主体，但投资顾问与资产管理人之间系以《合作协议书》确定权利义务关系。根据资管合同，原告委托被告为其管理资产、被告接受委托，双方之间形成委托合同关系，被告作为资产管理人向原告负有义务，该义务主要为受托人的信义义务，即勤勉尽责地进行投资管理并有效控制风险的义务，对账户和资金的基础安全保障义务是其中的应有之义。《富某达资管计划》中亦明确写明：管理人实际承担投资管理职责并将采取有效措施控制风险，不进行包括但不限于内幕交易、操纵市场、投资顾问等第三方代为投资决策、违规场外配资、违反账户实名制出借账户以及违规在产品账户下设子账户、分户、虚拟账户等在内的任何违法违规证券活动。该约定既是对违规行为的禁止，也是对风险防控的基本要求。被告作为受托人和资产管理人，有义务确保委托人账户资金免予遭受非正常操作带来的风险，该义务系资产管理人的基本义务，不因是否存在“通道”业务性质而有所不同。

裁判规则四：在被动管理型类托业务中，信托公司虽主要依据信托合同约定履行相应义务，但其在以自身名义独立从事信托管理事务时，仍应尽到合理注意义务。

案例6：吴某诉华某国际信托有限公司财产损害赔偿纠纷二审民事判决书［上海金融法院，（2020）沪74民终29号］。

参见本书之“单一资金信托‘委托人’实为多人集资，参与集资的投资人是否也有权请求受托人承担相应责任？”

简评：事务管理类信托在实务个案中判罚不一，但是基本遵循“受托人法定信义义务+尊重当事人间约定+信托合同约定”的权利义务框架。

057 通道业务中受托人执行出资人指令而未履行法定义务时，委托人能否请求受托人赔偿损失？

关键词：通道业务　受托人　信义义务　委托人指令

阅读提示

信托关系中受托人应当按照《信托法》第二十五条第二款等规定承担法定信托义务，但是实践中所谓“通道业务”相关信托协议中常另行约定乃至排除法定权利义务。此时，受托人因依约接受委托人投资指令而未履行受托人法定义务时，委托人能否请求受托人赔偿损失？[①]

裁判要旨

实际出资人以“信托合同+指令”方式委托银行，银行再次通过信托贷款将资金投资至实际融资方。实际融资方违约时，如果合同约定受托人仅提供必要的事务协助或者服务，不承担主动管理职责，各受托人的信托责任认定（《资管新规》过渡期及之前）可以相关合同约定为准，而不是依据《信托法》确定各方的权利义务。

案情简介[②]

2016年，案外人河某电缆与富某地产签订《增资入股协议》，约定富某地产入股河某电缆，出资估值为4.7亿元。河某电缆公司股东会同意向奥某公司以公司持有的两处在建工程及设备类动产以售后回租模式，申请融资款2.7亿元。

---

① 读者应注意《资管新规》的行业监管逻辑存在新老划断，本案例的司法逻辑偏向于对存量业务的认定。

② 河北临某农村商业银行股份有限公司（以下简称临某农商行）与恒某银行股份有限公司（以下简称恒某银行）、中某证券股份有限公司（以下简称中某证券）营业信托纠纷一审民事判决书［济南铁路运输中级人民法院，(2020) 鲁71民初53号］。

河北临某农村商业银行股份有限公司与恒某银行股份有限公司营业信托纠纷二审民事判决书［山东省高级人民法院，(2020) 鲁民终3001号］。

2016 年，临某农信社（后更名为临某农商行）与恒某银行签订《资金业务合作协议》及《委托定向投资业务合作总协议》，约定临某农信社在恒某银行存放同业定期存款 2.7 亿元，并委托恒某银行按其指令以恒某银行的名义将委托资金投资。后临某农信社发出《投资指令》委托恒某银行与中某证券签订《资管合同》。随后，中某证券作为委托人以“中某证券金某定向资产管理计划”名义，与受托人奥某公司、承租人河某电缆共同签订《融资租赁合同》，约定委托人同意以售后回租的租赁方式，购买承租人有权处置的资产然后出租给承租人。融资租赁物的购买价款为 2.7 亿元。但是，在 2019 年《融资租赁合同》到期后，河某电缆未支付最后一笔约 2.7 亿元的租金。

2020 年 1 月，临某农商行对恒某银行和中某证券作出《关于现状返还受托投资取得财产的通知》；4 月，中某证券对恒某银行作出《中某证券金某定向资管计划委托资产现状返还函》，对奥某公司和河某电缆作出《中某证券金某定向资产管理计划委托资产现状返还通知书》；同月，恒某银行向河某电缆和奥某公司作出《通知函》；奥某公司亦向恒某银行、中某证券、临某农商行作出《通知函》；向临某农商行作出《关于转交受托投资取得财产的通知书》。

原告临某农商行请求判令恒某银行、中某证券向临某农商行承担连带责任及返还收取的相关报酬，济南铁路运输中级人民法院一审判决驳回其请求，原告不服提起上诉，山东省高级人民法院二审驳回请求，维持原判。

裁判要点

《资管新规》第二十二条第一款在规定“金融机构不得为其他金融机构的资产管理产品提供规避投资范围、杠杆约束等监管要求的通道服务”的同时，也在第二十九条明确按照“新老划断”原则，将过渡期设置为截至 2020 年年底。

受托人恒某银行、中某证券仅提供必要的事务协助或者服务，不承担主动管理职责，故涉案业务应当认定为通道业务，应依据信托文件的约定确定各方的权利义务，而不是依据《信托法》确定各方的权利义务。

实务经验总结

本案的核心问题是：“受托人在面对委托人指令的约定义务和法定信义义务冲突时，应当如何处理？”结合办案经验，我们认为有以下三点。

1. 结合信托行业的历史发展情况，事务类信托、融资类信托等被动管理式的信托模式在很长一段时间内占据国内信托市场中的较大比例。从法律层面看，委托人的权益在事务类信托关系中，如果约定采取指令模式，其优势是可以明确权责，劣势是容易模糊信托关系与委托关系的界限，尤其是与信托受托人的法定信义义务存在逻辑冲突。

2. 基于市场实际情况，监管联合公布的《资管新规》中给予了市场充分的调整时间。从市场反馈看，截至 2021 年第一季度，中国信托业协会统计的事务管理类信托余额已经降为 8.92 万亿元，较 2017 年历史峰值下降 6.73 万亿元，市场占比也下降至 50%以下。“主动信托”的概念在市场层面、监管层面、法律层面都被广泛认可。

3. 结合我们的办案经验，司法实践中，法院在营业信托纠纷中重视政策规定和监管认定，尤其是在重点问题上的裁判逻辑和监管逻辑有趋同的情况。在约定义务和信义义务冲突这类案件中，总体上看，法院可能处于从“意思自治，约定为主”的合同法逻辑到“保护信托当事人的合法权益，促进信托事业的健康发展”的信托法逻辑的转变过程中。

基于以上情况，我们建议，受托人未来的被动信托在设计构架及文本时注意调整逻辑，避免出现通过约定排除法定受托人义务的条款，也避免争议。

相关法律规定

《资管新规》

二十九、本意见实施后，金融监督管理部门在本意见框架内研究制定配套细则，配套细则之间应当相互衔接，避免产生新的监管套利和不公平竞争。按照“新老划断”原则设置过渡期，确保平稳过渡。过渡期为本意见发布之日起至 2020 年底，对提前完成整改的机构，给予适当监管激励……

《中国人民银行有关负责人就资管新规过渡期调整答记者问》

为深入贯彻党中央、国务院关于统筹推进新冠肺炎疫情防控和经济社会发展工作的决策部署，经国务院同意，人民银行会同发展改革委、财政部、银保监会、证监会、外汇局等部门，充分考虑今年以来疫情影响的实际情况，在坚持资管新规政策框架和监管要求的前提下，审慎研究决定，延长《关于规范金融机构资产管理业务的指导意见》（银发〔2018〕106 号，以下简称资管新规）过渡期至 2021 年底，同时建立健全激励约束机制，完善配套政策安排，平稳有序推进资管行业规范发展。

法院判决

济南铁路运输中级人民法院在一审判决书“本院认为”部分对此论述如下。

案涉2.7亿元信托资金的实际出资人为临某农商行，实际融资人为河某电缆。根据案涉合同的约定，临某农商行自主决定委托资金的投资方向、运用对手等事宜，自行或指定第三方负责委托资金投资项目的前期尽职调查及后期投资管理……负责甄别各交易对手的资信状况、履约能力等事项，承担委托资金投资的全部风险。因此，案涉信托资产管理应认定为通道业务。《资管新规》第二十二条第一款在规定“金融机构不得为其他金融机构的资产管理产品提供规避投资范围、杠杆约束等监管要求的通道服务”的同时，也在第二十九条明确按照“新老划断”原则，将过渡期设置为截至2020年年底。

而本案所涉通道业务发生于2016年10月至2019年10月……权利义务关系仍应当依据案涉信托文件的约定加以确定。虽然临某农商行与中某证券并未直接订立信托协议，但在双方与恒某银行分别订立的相关协议中，均可明悉临某农商行系案涉信托资金的实际出资人，中某证券系定向投资资产管理计划的受托人及管理人。恒某银行、中某证券对实际融资人的履行能力、资产状况并不负有审查义务，对投资过程不具有主动管理义务。恒某银行与中某证券依据与委托人订立的协议及委托人发出的投资指令，履行了托管账户的开立、信托资金的划转、信托资产的交付等职责和义务。

案涉相关协议并未约定上述《租赁物清单》所列的资产需转移至恒某银行或中某证券名下，而是约定以现状进行所有权和占有、使用权的交接，恒某银行、中某证券仅具有协助义务。对于资产是否实际登记至河某电缆名下的后果，不应由恒某银行和中某证券承担……恒某银行、中某证券分别向委托人、受托人和实际融资人发送了关于委托资产现状返还的通知函件。依据《委托定向投资业务合作总协议》约定，恒某银行、中某证券已经履行了合同约定的通知、协助等义务。

山东省高级人民法院在二审判决书“本院认为”部分对此论述如下。

临某农商行与恒某银行签订的《委托定向投资业务合作总协议》约定“……恒某银行不承担任何损失或损失赔偿，不承担任何保证或其他担保责任，恒某银行仅根据本协议约定收取相关通道费用”。临某农商行发出投资指令载明

"……恒某银行根据临某农商行指令代为投资该笔项目的任何风险（包括市场风险、信用风险、利率风险、操作风险、投资本金及收益损失风险等）均由临某农商行自行承担，与恒某银行无关"。受托人恒某银行、中某证券仅提供必要的事务协助或者服务，不承担主动管理职责，故涉案业务应当认定为通道业务，应依据信托文件的约定确定各方的权利义务，而不是依据《信托法》确定各方的权利义务。

延伸阅读

裁判规则：如果委托人与受托人在《信托合同》中明确约定了被动受托运营模式且投资标的系委托人独立确定，则《尽职调查报告》的结论与事实不符并不足以认定受托人责任。

案例：吉林省建某设计集团有限公司与四某信托有限公司信托纠纷二审民事判决书［四川省高级人民法院，（2017）川民终680号］。

参见本书之"事务管理信托的受托人，未特别约定尽职调查义务的，是否仍应承担尽职调查义务？"

简评：通道业务中司法判决在过去多尊重当事人间的约定，这也符合风险收益相适应的基本逻辑。

058 客户通过证信合作模式运作通道业务亏损，是否可以要求证券公司或信托公司承担责任？

关键词： 通道业务　亏损

阅读提示

证信合作模式容易造成多层嵌套，客户作为证券公司的委托人将资金交付证券公司，证券公司再作为委托人将资金交付给信托公司，证券公司依照与客户的合同和与信托公司的合同具有双重角色。存量客户通过证信合作模式运作通道业务，如果发生投资亏损，是否可以要求证券公司或信托公司承担责任？

裁判要旨

如受托人违反该法定履职或尽职义务并因其过失给委托人造成损失的，亦应根据其过错情形承担相应的民事责任。但是，在资产委托投资运作管理以及信托业务设立过程中，该资产信托项下的标的债权、担保人和担保物均系由委托人指定，委托合同的受托人以及信托合同的受托人不负有事前审查的义务。

案情简介[①]

2013年2月，联某信用社与申万宏某证券、渤某银行签订《资管合同》，联某信用社委托管理人申万宏某证券、托管人渤某银行依法对其委托资产进行投资运作及管理。同日，委托人申万宏某证券与受托人山某信托签订《信托合同》，约定信托项下的信托投资总金额为1.7亿元人民币，信托期限为24个月；受托人根据委托人的指定，将本信托项下的信托资金用于受让金山嘉某矿业因借款给科某矿业2亿元人民币而形成的对科某矿业的全部债权；标的债权、担保人和担保物系委托人指定，受托人不进行事前审查。

2013年2月，联某信用社向申万宏某证券出具《投资委托书》，委托投资山某信托设立的单一资金《信托合同》。同意受让金山嘉某矿业因借款给科某矿业2亿元人民币而形成的对科某矿业的全部债权。联某信用社向资产管理托管专户转款1亿元、7000万元。同日，资产管理托管专户向山某信托转款1.7亿元，山某信托向金山嘉某矿业转款1.7亿元。

2015年6月，山某信托向申万宏某证券出具《信托财产原状分配通知书》，之后申万宏某证券向联合信用社出具《资产原状分配通知书》，资产因投资标的逾期产生损失。

联某信用社提出科某矿业支付欠款，保证人承担保证责任，申万宏某证券及山某信托承担连带责任等请求，四川省高级人民法院一审支持部分请求，驳回了申万宏某证券及山某信托承担连带责任的请求，最高人民法院二审维持原判。案情简介示意如图3-6所示：

---

① 甘某州农村信用联社股份有限公司（以下简称联某信用社）、四川科某矿业（集团）有限公司（以下简称科某矿业）合同纠纷一审民事判决书［四川省高级人民法院，（2016）川民初46号］。

甘某州农村信用联社股份有限公司、四川科某矿业（集团）有限公司合同纠纷二审民事判决书［最高人民法院，（2017）最高法民终880号］。

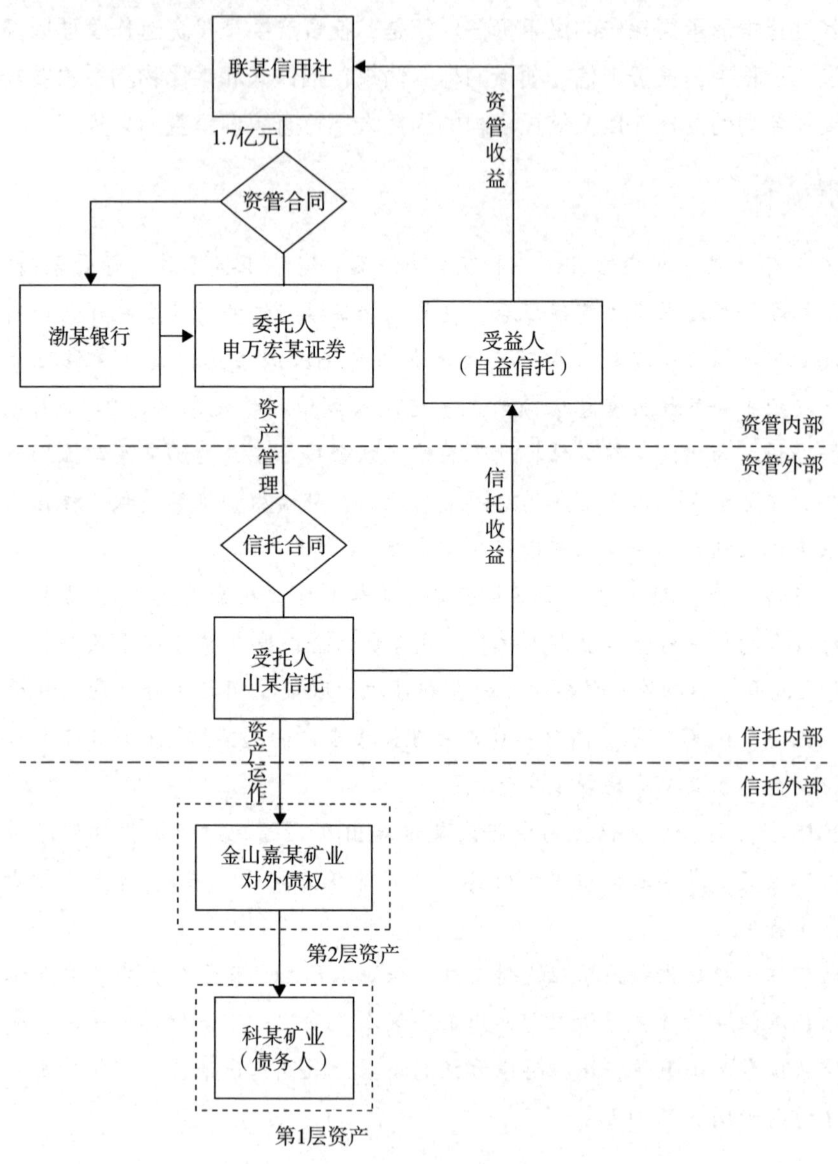

图 3-6 案情简介示意

裁判要点

联某信用社作为一家专业金融机构，对本次交易对象、交易模式、交易风险等具有完全的认知和识别判断能力，其行为亦明确表示其对债务人和保证人的资信情况和履约能力、标的债权和质押财产的真实情况等已进行了充分的尽职调查，免除受托人的事前审查义务。

在案涉资产委托投资运作管理以及信托业务设立过程中，该资产信托项下的标的债权、担保人和担保物均系由委托人联合信用社指定，委托合同的受托人申万宏某证券以及信托合同的受托人山某信托不负有事前审查的义务。

实务经验总结

本案的核心问题是："多层嵌套业务中如何认定中间环节资产管理人的责任?"结合办案经验，我们认为有以下几点。

1. 资产管理人应当依照各自监管规定从事业务，其中信托受托人应当依照《信托法》规定从事信托业务。《信托法》第二十五条规定了受托人的法定义务，受托人在从事信托业务时必须恪尽职守，履行诚实、信用、谨慎、有效管理的义务。

2. 本案中，联某信用社主导了多层嵌套业务中各参与方的投资行为，风险与收益匹配，且各方行为符合约定，即资产管理人的责任如不是违约责任，则应考虑侵权责任。

3. 信托受托人履行合同符合约定，但是未履行法定义务时，可能存在过错。本案中，联某信用社未能提供过错证据，因此诉讼请求没有得到支持。我们建议，委托人如果还持有多层嵌套的金融产品，应当及时监督各环节的资产管理方是否依法依规履行合同。

相关法律规定

《信托法》

第二十五条　受托人应当遵守信托文件的规定，为受益人的最大利益处理信托事务。

受托人管理信托财产，必须恪尽职守，履行诚实、信用、谨慎、有效管理的义务。

法院判决

四川省高级人民法院在一审判决书"本院认为"部分对此论述如下。

根据《资管合同》及《信托合同》的约定，联某信用社案涉资金的投资方式为委托申万宏某证券、山某信托作为资金管理运作的平台公司，通过设立单一资金信托项目，将其资金用于投资特定标的。

联某信用社作为一家专业金融机构，对本次交易对象、交易模式、交易风险等具有完全的认知和识别判断能力，其在《投资委托书》中明确指定受托人将涉案资金用于受让金山嘉某矿业因借款2亿元而形成的对科某矿业的全部债权，所受让债权的担保方式、担保物等均由其自行指定，并要求受托人签署《债权转让合同》《保证合同》《股权质押合同》作为《信托合同》的履约附件，亦明确表示其对债务人和保证人的资信情况和履约能力、标的债权和质押财产的真实情况等已进行了充分的尽职调查，免除受托人的事前审查义务。

在此情形下，申万宏某证券、山某信托按其指令，通过《信托合同》及与转让人、债务人、担保人签订的《债权转让合同》《保证合同》《股权质押合同》对受托财产进行管理、运用和处分，符合联某信用社信托目的，其行为也不存在对管理财产处理不当的情形。信托计划终止后，申万宏某证券、山某信托以信托财产现状形式对联某信用社进行分配，亦符合双方约定的信托收益的分配原则及支付方式。联某信用社不能证明申万宏某证券、山某信托在受托管理资产期间违反了约定义务和法定义务，要求申万宏某证券、山某信托赔偿损失的主张不能成立。

最高人民法院在二审判决书“本院认为”部分对此论述如下。

本院认为，本案二审的争议焦点在于，被上诉人申万宏某证券和山某信托应否对上诉人联合信用社未获清偿范围内的债权承担赔偿责任。

判断本案所涉资产投资运作管理的管理人申万宏某证券以及信托合同的受托人山某信托应否承担相应民事责任的核心要件在于，管理人或受托人是否违反了当事人之间的相关合同约定或者法律法规的相关规定，是否存在违约或过失行为并承担相应的民事赔偿责任。

从当事人之间相关协议的约定看，2013年2月1日，联某信用社与申万宏某证券、渤某银行三方签订《资管合同》约定，委托人联合信用社将案涉资金委托申万宏某证券作为管理人、渤某银行作为托管人进行投资运作和管理，管理人按照委托人规定的投资指令进行投资。2013年2月6日，联某信用社向申万宏某证券出具《投资委托书》，明确指令以案涉资金投资山某信托设立的单一资金《信托合同》（合同编号：2013年鲁信川字第×号），联某信用社声明和保证受让金山嘉某矿业因借款给科某矿业2亿元人民币而形成的对科某矿业的全部债权，联某信用社已明确知悉并完全认可申万宏某证券作为管理人代表定向资产管理业务与相关当事人签署的合同等法律文件，充分了解并同意由本信托项下信托财产承担签署及履行该等合同可能引发的风险。标的债权、担保人和担保物系委托人指定，管理人和信托受托人不进行事前审查。从上述协议约定可以认定，在案涉资产委托投资运作管理以及信托业务设立过程中，该资产信托项下的标的债权、担保人和担保物均系由委托人联某信用社指定，委托合同的受托人申万宏某证券以及信托合同的受托人山某信托不负有事前审查的义务。

从法律法规的有关规定看，《合同法》《信托法》以及金融监管部门有关规范性文件规定了委托合同或信托合同受托人应承担的法定履职和尽职义务，即使当事人之间所签订的合同中未作约定，如受托人违反该法定履职或尽职义务并因其过失给委托人造成损失的，亦应根据其过错情形承担相应的民事责任。就本案而言，虽然上诉人联某信用社认为被上诉人申万宏某证券、山某信托违反了法定义务，但其并未举证证明损失的具体情况，亦未证明申万宏某证券、山某信托在履行委托合同、信托合同中的过失情形，以及该过失与所造成损失之间的因果关系。故上诉人联某信用社所提出的因被上诉人申万宏某证券、山某信托违反法定义务给其造成损失应予赔偿的上诉理由，本院不予支持。

延伸阅读

裁判规则：在信托设立之前的尽职调查义务没有明确约定的情况下，通道业务的受托人并不承担尽职调查的职责。

案例：陕西神某农村商业银行股份有限公司等与华某国际信托有限责任公司二审民事判决书［北京市高级人民法院，（2020）京民终155号］。

参见本书之“事务管理信托的受托人，未特别约定尽职调查义务的，是否仍应承担尽职调查义务?”

简评：《资管新规》实施之前及过渡期间的存量资管和信托项目纠纷的司法判决多倾向于尊重当事人间的合法约定，以符合利益风险相一致原则。

第五章　民事信托及其他

本章前言

《信托法》第三条规定了三类信托，即民事信托、营业信托、公益信托。从法律层面看，公益信托以其信托目的具有公益性来区分。民事信托和营业信托在《信托法》层面没有明确区分，《九民纪要》规定，信托公司根据法律法规以及金融监督管理部门的监管规定以取得信托报酬为目的接受委托人的委托，以受托人身份处理信托事务的经营行为，属于营业信托。

实务中，信托分类的方式要更多一些。以信托财产为视角，可以分为管理财产信托和资金信托，后者又可以细分为单一资金信托和集合资金信托。以信托资金流动为视角，可以分为融资类信托、投资类信托、事务管理类信托，这个视角下的事务管理类信托具有明显的被动性，可以称之为被动信托，与之对应的又可以称之为主动信托。此外，2016 年，信托业年会中曾提到过八类信托，其中“债权信托、股权信托、标品信托、同业信托、财产信托、资产证券化信托”六类是以信托财产类别为视角，此外还有“公益信托及慈善信托”和“事务信托”。2020 年，中国银保监会发布的《信托公司资金信托管理暂行办法（征求意见稿）》中，保留了公益（慈善）信托、服务信托，并将前述其他类别简化为资金信托。

目前，信托业务主要具有金融属性，而金融是强监管领域，因此营业信托或者说商事信托有规可依，有据可凭。民事信托则不然，其虽经《信托法》的明确肯定，但是目前尚缺乏完善的监管体系引导，因此其更多是依赖市场的客观需求来自我完善和发展。随着民事信托相关案件的增多，尤其是家庭信托服务、遗嘱信托服务等服务化，我们相信其“法律形状”也会在一个个案件中越来越清晰。

此外，本节还收录了一个关于“信托保障基金”的案件。虽然案情并不复杂，但是我们认为视角比较新颖有趣，故收录并与读者朋友分享。

059 员工跟投背景下的股权委托代持，构成民事信托吗？

关键词：委托理财 民事信托

阅读提示

股权委托代持的情况较多，其形成原因各不相同。代持双方通常签署《代持协议》并在其中约定双方权利义务。持股方是“委托关系中的受托人”还是“信托关系中的受托人”如果约定不清，很容易造成潜在纠纷，尤其区别于营业信托关系的民事信托关系允许发生在自然人之间。此外，信托受托人存在法定信义义务而委托受托人仅按照委托代理人标准履行义务，差异较大。因此，实践中，需要明确股权委托代持究竟是否构成民事信托关系。

裁判要旨

信托关系成立需要明确信托目的、受托人处分权限和范围等法定事项，不符合民事信托法律关系的构成要件的股权委托代持不构成信托关系。

案情简介①

黄某浩与吉某为某投资公司的员工。2007 年 6 月，吉某决定个人投资奥某公司，黄某浩等 15 人自愿跟投该项目，并统一委托吉某作为股权代持人。其中，原告黄某浩出资 20400 元认购奥某公司股权 5000 股，被告吉某从奥某公司认购的股权价格为 4 元/股。

2007 年 7 月，黄某浩与吉某签订了《辽宁奥某化学集团有限公司股权认购及代持凭证书》，约定由股权认购人自担风险、股权代持人应及时将股权产生的利益交付给股权认购人等。

2009 年 3 月，奥某公司召开股东大会，决定 2008 年度分红为每股 0.4 元（实际 2009 年 6 月支付）。

2009 年 5 月，黄某浩出具《关于出售股权意见确认书》，委托吉某以 9 元以

---

① 黄某浩诉吉某等委托理财合同纠纷一审民事判决书［杭州市滨江区人民法院，（2010）杭滨商初字第 362 号］。

上的价格出售其被代持股份。同时，原告黄某浩将《辽宁奥某化学集团有限公司股权认购及代持凭证书》原件交还给吉某。吉某次月将股权转让款支付给黄某浩。

同月，吉某与其控制的麦田公司签订《股权转让协议》，约定吉某将其代持的 100 万股奥某公司股权（包括原告黄某浩的 5000 股）以 9.30 元/股转让。麦田公司付款并办理了工商变更登记。

2010 年 5 月，奥某公司发布上市公告书，确定奥某公司股份于 2010 年 5 月 20 日上市发行。

黄某浩请求吉某归还代持股份并支付分红款 2000 元等，杭州市滨江区人民法院一审支持其部分支付分红款请求，驳回其他诉请。

裁判要点

《辽宁奥某化学集团有限公司股权认购及代持凭证书》没有明确信托目的，没有受托人的管理或者处分权限和范围，也没有受托人的报酬等事项的明确约定，不符合民事信托法律关系的构成要件。

实务经验总结

本案的核心问题是："股权委托代持是否构成民事信托?"结合办案经验，我们认为有以下三点。

首先，股权委托代持行为与《信托法》并不直接冲突。《信托法》第二条规定，信托是指委托人基于对受托人的信任，将其财产权委托给受托人，由受托人按委托人的意愿以自己的名义，为受益人的利益或者特定目的，进行管理或者处分的行为。《信托法》第二十四条第一款也明确规定了受托人可以是自然人。股权委托代持存在成立民事信托关系的可能性。

其次，主体适格并不是信托关系成立的充分条件。《信托法》第九条规定了信托合同的法定要求，使信托关系区别于委托关系。实践中，法院在确定信托关系时不仅会考虑法律直接规定，也会考虑法规及监管规则。现行信托监管中常以金融安全的视角审视营业信托纠纷，民事信托是否也影响金融安全需要结合案件情况具体分析。如参照私募基金的认定模式，则民事信托也应当备案。

最后，结合司法实践，我们认为，股权委托代持通常不能构成民事信托，尤其是以规避监管为目的的委托代持。

相关法律规定

《信托法》

第二条 本法所称信托，是指委托人基于对受托人的信任，将其财产权委托给受托人，由受托人按委托人的意愿以自己的名义，为受益人的利益或者特定目的，进行管理或者处分的行为。

法院判决

杭州市滨江区人民法院在一审判决书“本院认为”部分相关论述如下。

关于本案属委托理财合同纠纷还是民事信托合同纠纷，应适用《合同法》还是《信托法》的问题。本院认为，民事信托合同纠纷是以个人财产为抚养、赡养、处理遗产等目的而设立的信托关系所发生的纠纷，是非营业信托；受托人有权以自己的名义管理处分信托财产。而本案原告与被告吉某虽签订了《辽宁奥某化学集团有限公司股权认购及代持凭证书》，但该凭证书没有明确信托目的，没有受托人的管理或者处分权限和范围，也没有受托人的报酬等事项的明确约定，不符合民事信托法律关系的构成要件。

被告吉某受委托为原告等人认购、代持涉案股权，并根据原告要求的时间、价格出售股权；被告吉某从原告处收取的股权认购价为4.08元/股，而其从奥某公司认购的价格为4元/股，被告吉某辩称差价0.08元/股系认购股权的交易费用，但未能提供足够的证据予以证明，故本院认定被告吉某收取了原告0.08元/股的费用，但该费用是确定的，而不是根据业绩收取报酬，更符合委托理财法律关系的构成要件，故本院认为，本案应认定为委托理财合同纠纷，应适用《合同法》的相关规定。

延伸阅读

裁判规则：营业信托中，委托人与未取得信托资质的受托人签订的信托合同，信托合同无效。

案例：潘某荣与洪某基金管理有限公司吉林省分公司等营业信托纠纷二审民事判决书［长春市中级人民法院，（2017）吉01民终4187号］。

参见本书之“投资亏损且合作性质未明确，受托人可否申请按照委托理财关系划分责任?”

简评：民事信托需要通过约定来明确信托当事人间的权利义务，以区分于委托理财、民间借贷等法律关系。

060 民间借贷背景下的股权委托代持，构成民事信托吗?

关键词：民事信托　股权代持

阅读提示

股权委托代持的情况较多，其形成原因各不相同。自然人间也会通过在相关协议内容或名称中加入信托相关约定。但是无论是营业信托还是民事信托，其信托关系的建立需要符合法定条件。因此，实践中需要明确带有信托条款的代持协议，究竟是否构成民事信托关系?

裁判要旨

虽然名称为《信托持股合同》，但合同约定代持股权并对实际股权人和名义持股人之间的权利义务进行了明确约定，双方之间属于代持股的合同关系，不构成信托关系。

案情简介①

2013 年 12 月，向某名与林某成、澳某林公司签订了《股权转让协议》，林某成愿意将持有澳某林公司 3%的股权转让给向某名，转让款为人民币 690 万元。之后，向某名登记成为股东。

2014 年 1 月，罗某基与向某名、周某莉签订《信托持股合同》，载明罗某基出资 30 万元投资澳某林公司，拥有注册资本 0.13%，向某名以股权受让方式所持股权中的 0.13%股权系代罗某基持有。罗某基基于对向某名及周某莉的信任，同意委托向某名作为受托人，按照本合同约定信托持有并管理澳某林公司的股

① 向某名、周某莉与罗某基、金某及广州市澳某林电子有限公司（以下简称澳某林公司）信托合同纠纷一审民事判决书［广东省广州市越秀区人民法院，(2019) 粤 0104 民初 4017 号］。

向某名、周某莉信托纠纷二审民事判决书［广州市中级人民法院，(2019) 粤 01 民终 21009 号］。

权。同月，周某莉与向某名亦签订《代持股协议》，载明周某莉与向某名共同投资690万元到澳某林公司，占澳某林公司注册资本的3%，由向某名代表双方持有；3%的股权由向某名与林某成于2013年12月签订《股权转让协议》方式获得。后周某莉与向某名更新了《代持股协议》内容。

罗某基、周某莉各先将30万元（合计60万元）转账支付到向某名的账户。向某名后直接和间接将合计690万元支付到林某成的账户上。

2016年9月，向某名与林某成、澳某林公司签订《股权转让协议》，向某名拟向林某成转让（回）其所持标的公司全部3%的股权，转让价款为人民币8502800元；林某成承诺，不管公司股权价值如何变动，将按约定时间和条件支付股权受让款（本金为690万元，利息为1602800元）。

2018年6月，向某名向林某成作出催款函。2018年8月，法院裁定受理澳某林公司的破产清算申请。在向某名管理涉案股权期间，没有向罗某基支付过收益。

罗某基诉请确认《信托持股合同》无效并退还投资款本息等，广东省广州市越秀区人民法院一审支持其请求，广州市中级人民法院二审撤销原判驳回其请求。案情简介示意如图3-7所示：

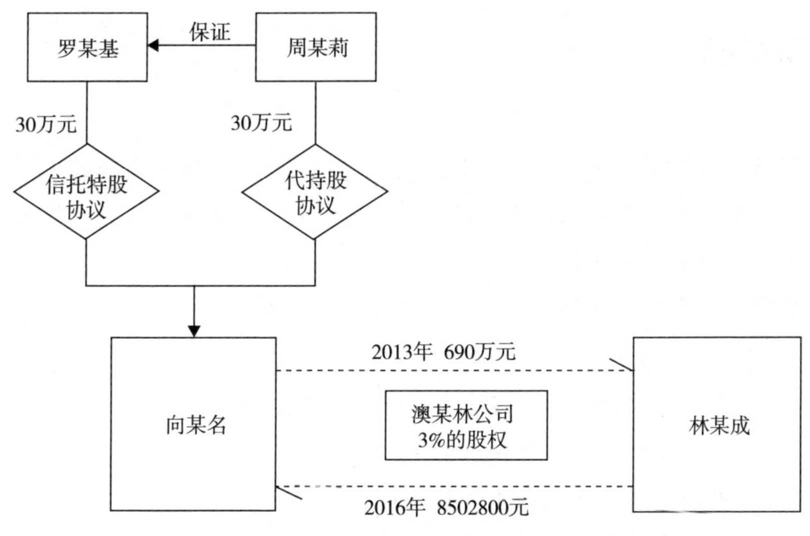

图3-7　案情简介示意

裁判要点

虽然名称为《信托持股合同》，但合同明确约定了向某名代罗某基代持有澳某林公司股权，并对实际股权人和名义持股人之间的权利义务进行了明确约定，双方之间属于代持股的合同关系。

实务经验总结

本案的核心问题是：“股权委托代持是否构成民事信托？”结合办案经验，我们认为有以下几点。

首先，股权委托代持行为与《信托法》并不直接冲突，主体适格也不是信托关系成立的充分条件。股权委托代持行为如果满足《信托法》设立信托的文件要求，即《信托法》第九条规定的五项基本要素。

其次，如果股权代持相关协议中仅约定代持相关事项，缺乏全部或部分《信托法》第九条规定的要素，则难以认定信托关系的设立，无论相关协议是否作出了其他与信托结构类似的约定。

最后，结合司法实践，我们认为，设立信托具有要式性，相关协议应当满足《信托法》及相关监管规则的要求，否则难以认定民事信托关系、营业信托关系或其他类型信托关系。

相关法律规定

《信托法》

第二条 本法所称信托，是指委托人基于对受托人的信任，将其财产权委托给受托人，由受托人按委托人的意愿以自己的名义，为受益人的利益或者特定目的，进行管理或者处分的行为。

第九条 设立信托，其书面文件应当载明下列事项：

（一）信托目的；

（二）委托人、受托人的姓名或者名称、住所；

（三）受益人或者受益人范围；

（四）信托财产的范围、种类及状况；

（五）受益人取得信托利益的形式、方法。

除前款所列事项外，可以载明信托期限、信托财产的管理方法、受托人的报酬、新受托人的选任方式、信托终止事由等事项。

法院判决

广东省广州市越秀区人民法院在一审判决书“本院认为”部分相关论述如下。

本案系信托合同纠纷。罗某基与向某名、周某莉签订的《信托持股合同》是双方当事人的真实意思表示，内容不违反法律、行政法规的强制性规定，应为有效，双方当事人均应依约履行。本案中，罗某基已按合同约定履行了其出资30万元款项的义务，向某名虽然通过股权受让方式取得了澳某林公司3%的股权，但该3%股权的取得，是向某名向澳某林公司股东林某成支付690万元后受让取得，并非通过向澳某林公司投资690万元取得，向某名取得股权的方式并不符合其与罗某基之间签订的合同的约定，故向某名在履行合同时构成违约。

另外，向某名取得澳某林公司3%的股权后，在管理该股权的过程中，于2016年9月通过与林某成签订股权转让协议的形式，将该3%的股权全部转让给了林某成，虽然该股权至今仍登记在向某名的名下，但根据其与林某成在该协议中的约定，即在澳某林公司破产的情况下，上述股权转让款则随之转变为林某成个人对向某名的债务，而澳某林公司在2018年8月已被法院裁定受理破产清算。据此，罗某基与向某名、周某莉签订的信托持股合同实际已经无法再继续履行。

现罗某基主张，要求解除合同并要求向某名返还30万元和计付利息的诉讼请求，符合法律规定和双方合同的约定，法院予以支持，但利息应从2017年5月1日（林某成向向某名支付股权转让款的时间）起计。周某莉没有按照保证事项履行其担保义务，罗某基要求其对向某名上述债务承担连带保证责任的请求符合双方的约定，法院予以支持。

向某名作为罗某基信托持股人，没有收取罗某基任何费用，且罗某基支付给向某名的款项，没有证据证实是被告私自收取后没有用于购买涉案股权，同时证据显示金某向林某成支付的500万元，是从向某名的账户转至金某的账户后向林某成支付。故罗某基要求金某对向某名上述债务承担共同偿还责任的依据不足，法院不予支持。

广州市中级人民法院在二审判决书“本院认为”部分相关论述如下。

罗某基、向某名、周某莉签订的合同虽然名称为《信托持股合同》，但合同明确约定了向某名代罗某基代持有澳某林公司股权，并对实际股权人和名义持股人之间的权利义务进行了明确约定，双方之间属于代持股的合同关系，该合同内容没有违反法律、法规的强制性规定，合法有效，本院予以确认。在履行涉案合同的过程中，向某名收取了罗某基 30 万元股权款，并最终将该款支付给了澳某林公司股权转让人林某成，向某名也按合同约定在名义上持有了澳某林公司股权。双方《信托持股合同》已经得以实际履行，故一审认定合同应予解除欠妥，本院予以纠正。

依据《信托持股合同》的约定“向某名依其持有的信托股权并按照罗某基不时的口头/书面指示或罗某基利益行使信托股权，包括但不限于资产收益、重大决策和选择管理者以及分别或共同转让或以其他方式处置其持有的澳某林公司的股权……”向某名处分罗某基股权时应征得罗某基口头或书面同意。现没有证据证实向某名将其代持股权转让给林某成得到了罗某基的认可，且罗某基至今未对该转让行为的效力进行追认，故向某名的行为构成违约。如果罗某基不对向某名的行为进行追认，可以向向某名主张违约赔偿，但罗某基要求向某名、周某莉、金某直接返还 30 万元及利息等费用缺乏事实和法律依据，本院予以驳回。

延伸阅读

裁判规则一：代持协议中没有约定信托目的、受托人处分权限等《信托法》规定的内容的，股权代持不构成信托关系。

案例 1：黄某浩诉吉某等委托理财合同纠纷一审民事判决书［杭州市滨江区人民法院，（2010）杭滨商初字第 362 号］。

参见本书之“员工跟投背景下的股权委托代持，构成民事信托吗？”

裁判规则二：营业信托中，委托人与未取得信托资质的受托人签订的信托合同，信托合同无效。

案例 2：潘某荣与洪某基金管理有限公司吉林省分公司等营业信托纠纷二审民事判决书［长春市中级人民法院，（2017）吉 01 民终 4187 号］。

参见本书之“投资亏损且合作性质未明确，受托人可否申请按照委托理财关系划分责任？”

简评：民事信托当事人间约定的协议有效，民事信托关系不一定成立。民事信托关系成立，则受托人应依约履行。

061 民事信托中的受托人未及时交付信托利益，是否构成重大过失?

关键词：民事信托　受托人　重大过失

阅读提示

遗嘱是设立民事信托的一种方式，但是遗嘱信托如果设立时约定不周全就可能会导致信托运作障碍，继而引发信托受托人与信托受益人之间的矛盾。解决矛盾的方式之一是解任受托人，而判断解任的标准即是否合理履行其信义义务。如果民事信托中的受托人未及时履行义务，一定构成重大过失吗?

裁判要旨

受益人解聘受托人以受托人违反信托目的处分信托财产或者管理运用、处分信托财产有重大过失为限。民事信托中如有年迈、无经验情况，长时间未交付信托利益等瑕疵行为可不构成严重过失。但履行生效判决及信托义务亦不应受法定事由以外的因素影响，受托人仍应当根据信托文件及法院判决所明确的标准履行相关义务。

案情简介①

李某某与钦某某为夫妻关系，育有两女，分别为李某1、李某2（于2015年5月30日死亡）。李某某另与前妻李某7育有一女李某3。李某某、李某4、李某5、李某6系同胞兄弟姐妹。2015年8月1日，李某某写下亲笔遗嘱一份，嘱明其名下现金、股票、房产等成立“李某某家族基金会”管理，财产的管理由钦某某、李某4、李某5、李某6共同负责。其妻子、女儿李某1每月可领取生活费1万元整，所有的医疗费全部报销，买房之前的房租全额领取等。

2015年8月11日，李某某因病过世。因对遗产继承发生争议，李某3起诉

---

① 本案是行业热点案件。
钦某某、李某1与李某2、李某3等民事信托纠纷一审民事判决书［上海市静安区人民法院，（2020）沪0106民初30894号］。

钦某某、李某1要求继承李某某遗产。经生效判决确认，李某某的自书遗嘱设立信托有效，李某4、李某5、李某6为受托人，财产均交由李某4、李某5、李某6管理，李某3、钦某某、李某1负有配合办理相关手续的义务。

因钦某某、李某1与李某4、李某5、李某6就信托利益支付无法协商一致，致涉讼。

钦某某与李某1以受托人未尽责为由请求解任受托人，要求受托人交付信托利益及赔偿等，上海市静安区人民法院一审支持交付信托利益的请求，驳回其他请求。

裁判要点

受益人有权申请人民法院解任受托人，但以受托人违反信托目的处分信托财产或者管理运用、处分信托财产有重大过失为限。本案中，三位受托人并非专业人士且年纪均已超过60岁，在处理信托事宜上亦无经验，故其三人需要较长的时间并非不合理的请求。虽然本院在本案中未因受托人长时间未交付信托利益而认定受托人存在严重过失，但该项认定是基于本案的特殊情况而作出。现相关支付义务已由法院判决明确，履行生效判决及信托义务亦不应受法定事由以外的因素影响，三位受托人应当根据信托文件及法院判决所明确的标准履行相关义务。

实务经验总结

本案的核心问题是："受托人的'及时履行'如何界定合理标准?"结合办案经验，我们认为有以下几点。

1. 营业信托纠纷案件中，信义义务通常会有详细约定。信托合同及相关文件中对受托人的履行内容、方式、时间均有明确约定，此时应当以信托合同及相关文件为标准来衡量受托人信义义务的履行质量。如有违约情形，则亦应当按照约定的方式进行补正或赔偿。

2. 民事信托纠纷案件中，信义义务通常没有详细约定，或是约定的内容不具有可操作性，或是约定内容没有设置相应机制应对意外事件。尤其是民事信托可以通过委托人的遗嘱等方式进行，而遗嘱信托生效后委托人的真实意思表示就再难探寻。如果严格按照遗嘱信托的只言片语来衡量受托人的信义义务履行情况，均有过于严苛或松弛的可能，不利于信托目的的实现。

综上，民事信托中，受托人的信义义务履行的合理标准，我们认为，需要参考的因素较多，如委托人的意思表示、受托人的民事行为能力、信托财产的状况、信托受益人的行为等。本案即法院考虑到受托人系委托人年迈且不熟悉法律事务，因此并未将其延误向受益人支付信托收益判定为过失。

值得注意的是，民事信托与营业信托相比其要式性并未被充分关注。这可能会导致一些问题，如存在遗嘱信托中的受托人同时也享有部分受益权，即受托人和受益人身份混同。这种混同如不规避，则不利于其他受益人的权利保护，甚至有违《信托法》第十一条第五项之虞。

相关法律规定

《民法典》

第一千一百三十三条第四款　自然人可以依法设立遗嘱信托。

《信托法》

第三十四条　受托人以信托财产为限向受益人承担支付信托利益的义务。

第四十九条　受益人可以行使本法第二十条至第二十三条规定的委托人享有的权利。受益人行使上述权利，与委托人意见不一致时，可以申请人民法院作出裁定。

受托人有本法第二十二条第一款所列行为，共同受益人之一申请人民法院撤销该处分行为的，人民法院所作出的撤销裁定，对全体共同受益人有效。

法院判决

上海市静安区人民法院在一审民事判决书“本院认为”部分相关表述如下。

关于是否应当解任受托人以及受托人的赔偿责任。钦某某、李某1主张，李某5等三人未尽到受托人的义务，判决生效后毫无作为，不申请法院执行，使信托财产未及时归集，相关义务人有逃避法院执行的可能，又不及时支付信托利益，故请求解任受托人，并要求受托人承担赔偿责任。李某5等三人表示，继承纠纷案件判决生效后，不论是钦某某一方还是李某3一方，均没有服从判决，反而开始试图推翻生效判决，故其三人无所适从，不知是否应该申请执行。确定钦某某一方不再试图推翻生效判决后，李某5等三人开始办理申请执行的相关手续。因三人已年迈，对法律不熟悉，所以在立案手续上消耗了点时间。但李某5等三人并没有故意拖延或者有重大过失，故不同意钦某某、李某1的主张。

本院认为，受益人有权申请人民法院解任受托人，但以受托人违反信托目的处分信托财产或者管理运用、处分信托财产有重大过失为限。本案中，三位受托人并非专业人士且年纪均已超过60岁，在处理信托事宜上亦无经验，故其三人需要较长的时间并非不合理的请求。在支付信托利益一事上，三位受托人确有瑕疵，但考虑到信托文件的理解存在一定的争议，且缺乏明确的支付标准，故本院难以认定三位受托人存在重大过失，对钦某某、李某1的该项主张不予支持。至于钦某某、李某1主张的利息损失，缺乏法律依据，本院不予支持。

现本判决已对信托利益的支付标准及受托人义务进行了一定程度的明确，三位受托人应当根据法律规定及本判决已经释明的标准及时交付信托利益，并不得懈怠信托财产的收集义务，如因怠于申请执行及相应强制措施造成信托财产遭受损失的，依法须承担连带赔偿责任。

虽然本院在本案中未因受托人长时间未交付信托利益而认定受托人存在严重过失，但该项认定是基于本案的特殊情况而作出。现相关支付义务已由判决明确，履行生效判决及信托义务亦不应受法定事由以外的因素影响，三位受托人应当根据信托文件及法院判决所明确的标准履行相关义务。

延伸阅读

裁判规则：营业信托中如果受托人的行为存在瑕疵，并不当然推定违反信义义务（如受托人对瑕疵行为依法补正或取得同等救济）。

案例：新某信托股份有限公司、江阴市金某凰投资有限公司营业信托纠纷二审民事判决书［江苏省泰州市中级人民法院，（2020）苏12民终250号］。

参见本书之“受托人依约签署抵押合同，但未取得有效的抵押，是否违反受托义务？”

简评：信义义务在民事信托与营业信托中有所差异，受托人的同类行为其影响和法律评价也可不同。

062 计算信托资金投资本息时，是否应当扣除缴纳的信托保障基金金额？

关键词：信托保障基金

阅读提示

信托监管中将资金信托区分为“投资性资金信托”和“融资性资金信托”，但均需要缴纳1%的信托保障基金。其中，前者由受托人缴纳，后者由融资方缴纳。缴纳依据见于2014年年底监管部门公布的《信托业保障基金管理办法》及随后下发的《关于做好信托业保障基金筹集和管理等有关具体事项的通知》等。但是若信托投资产生争议，融资方可能会主张信托投资基金应扣除缴纳的信托保障基金金额，以融资方实际取得的金额为准。在信托投资关系中，该类抗辩能否得到法院支持？

裁判要旨

依照《信托业保障基金管理办法》第十四条第二项规定，资金信托按新发行金额的1%认购保障基金，其中：属于购买标准化产品的投资性资金信托的，由信托公司认购；属于融资性资金信托的，由融资者认购。信托关系中，受托人依约代缴保障基金后，融资者请求法院以代缴后实际发放的信托资金为计算本息依据的，法院不予支持。

案情简介[①]

2017年，中某信托、清某江城投集团与第三人都某管委会签订《应收账款转让合同》，约定清某江城投集团向中某信托转让其对都某管委会享有的7.27亿元的应收账款债权，中某信托将发行×号信托计划，并以信托计划项下的信托资金不超过4.9亿元受让该债权。原告持有应收账款期间，若发生合同约定的如都

---

① 中某信托有限责任公司（以下简称中某信托）诉贵州清某江城投集团有限公司（以下简称清某江城投集团）、黔南东某发展有限公司（以下简称东某公司）及第三人都某经济开发区管理委员会（以下简称都某管委会）合同纠纷一审民事判决书［上海金融法院，（2019）沪74民初1646号］。

某管委会未足额支付款项等触发情形时，清某江城投集团将无条件补足差额部分，东某公司对都某管委会的付款、补足等义务承担连带责任。

中某信托与清某江城投集团签订《集合资金信托计划之保障基金委托认购协议》，约定中某信托作为受托人设立×号信托计划，并以该信托计划募集的信托资金向清某江城投集团提供不超过4.9亿元的款项。

2019年7月，中某信托分别向清某江城投集团、东某公司及都某管委会发出通知，告知根据《应收账款转让合同》因触发违约条款，宣布×号信托计划于2019年7月18日到期，要求清某江城投集团、东某公司及都某管委会在2019年7月19日前将应付款项划入信托专户。同时，中某信托还向都某管委会发出《提前履约通知》；向清某江城投集团发出《补足义务履行通知》；向东某公司发出《履行义务通知书》。

中某信托诉至法院，要求清某江城投集团还本付息，上海金融法院一审支持了其诉讼请求。

裁判要点

关于中某信托与清某江城投集团之间法律关系的性质。中某信托主张双方为信托关系，清某江城投集团则主张双方为借款合同关系。中某信托系设立×号信托计划并从投资人处募集资金，再将募集资金用于购入清某江城投集团持有的应收账款，故中某信托与清某江城投集团之间系债权转让关系。

清某江城投集团还与中某信托签订了《集合资金信托计划之保障基金委托认购协议》，对涉案信托计划的设立等相关事实系明知，且其在合同中同意履行保障基金认购义务，并委托中某信托从信托财产专户向其划付转让价款时直接扣划，还确认划扣资金应当计入清某江城投集团实际使用资金金额，不视为提前向中某信托偿还或支付《应收账款转让合同》项下的任何款项。

实务经验总结

本案涉及一个值得关注的实务问题是：“依约缴纳1%的信托保障基金是否应计入投资金额本息基数?”针对这个问题，我们的分析和经验如下。

从本案看，清某江城投集团希望以扣除保障基金后的金额作为还本付息的基数，故主张信托投资关系实为借贷关系。但本案中的相关约定清楚，且信托受托人系依规缴纳保障基金，故应当将扣缴的保障基金金额计入本息基数。

从证据看，清某江城投集团与原告签订的《保障基金委托认购协议》佐证了本案投资性资金信托的性质。被告亦未提供有力的相反证据，故无法充分论证双方资金往来性质为借贷关系，无法按照借贷关系中以实际收到的金额作为本息基数。

综上所述，信托保障基金是信托行业的行业规则，接受信托资金的受托人或融资方应依规依约缴纳，但不影响其计算本息基数。值得注意的是，这与借贷关系中以融资方实际收款金额为计算本息基数存在差异。

此外，虽然本案被告提及了资金信托的区分及《信托业保障基金管理办法》第十四条规定，且提出借贷关系与信托投资关系的竞合确认，但遗憾的是，本案没有对借贷关系进行强有力的论证。信托投资，尤其是融资性资金信托投资与借贷关系在客观上存在一定的相似性。虽然融资性资金信托的属性不等同于借贷关系，但基于目前对通道业务、被动信托的政策收紧，不排除未来对融资性资金信托的合法性解释进一步限缩。

相关法律规定

《信托业保障基金管理办法》

第十四条　保障基金现行认购执行下列统一标准，条件成熟后再依据信托公司风险状况实行差别认购标准：

（一）信托公司按净资产余额的1%认购，每年4月底前以上年度末的净资产余额为基数动态调整；

（二）资金信托按新发行金额的1%认购，其中：属于购买标准化产品的投资性资金信托的，由信托公司认购；属于融资性资金信托的，由融资者认购。在每个资金信托产品发行结束时，缴入信托公司基金专户，由信托公司按季向保障基金公司集中划缴；

（三）新设立的财产信托按信托公司收取报酬的5%计算，由信托公司认购。

法院判决

上海金融法院在一审判决书“本院认为”部分的论述如下。

关于争议焦点一，原告中某信托主张双方为信托关系，被告清某江城投集团则主张双方为借款合同关系。

本院认为，原告系设立×号信托计划并从投资人处募集资金，再将募集资金用于投资以获取收益。本案中，×号信托计划的投资方向即购入清某江城投集团所持有的应收账款。故原告与清某江城投集团之间系债权转让关系。关于清某江城投集团所主张的实际发放款项扣除保障基金一事，经查，《信托业保障基金管理办法》第十四条规定，资金信托按新发行金额的1%认购保障基金，其中：属于购买标准化产品的投资性资金信托的，由信托公司认购；属于融资性资金信托的，由融资者认购。该款项在每个资金信托产品发行结束时，均缴入信托公司基金专户，由信托公司按季向保障基金公司集中划缴。

清某江城投集团还与原告签订了《保障基金委托认购协议》，对涉案信托计划的设立等相关事实系明知，且其在合同中同意履行保障基金认购义务，并委托原告从信托财产专户向其划付转让价款时直接扣划，还确认划扣资金应当计入清某江城投集团实际使用资金金额，不视为提前向原告偿还或支付《应收账款转让合同》项下任何款项。在实际履约过程中，原告系依约按照募集资金总额的1%向信托保障基金专户划款的同时，将余款支付给清某江城投集团。

因此，清某江城投集团关于双方系借款关系、其缴纳的信托基金应从本金中扣除等主张并无法律或合同依据，本院不予支持。

延伸阅读

裁判规则一：交易中的无名合同应根据合同性质与意思表示进行解释，法院可参照借款合同处理。

案例1：何某丰，周某，陕某省国际信托股份有限公司与余某凤，庄某营业信托纠纷二审民事判决书［陕西省高级人民法院，（2019）陕民终701号］。

参见本书之“信托资金投资协议存在固定收益特征，如何认定合同性质?”

裁判规则二：交易中的买入返售相关协议如依法报备且无整改意见，法院可以认定为正常的信托业务。

案例2：广西有某金属集团有限公司与五某国际信托有限公司营业信托纠纷二审民事判决书［最高人民法院，（2016）最高法民终231号］。

根据《信托公司管理办法》《信托公司集合资金信托计划管理办法》等信托业监管规定，在具体的信托计划项下，信托公司可以采用“买入返售”等信托资金管理模式。信托公司采用股权收益权转让暨回购的方式管理信托资金，并发行相应的信托计划，与信托贷款业务存在区别……因此，信托公司的收益不是固定收益，回购价格应为最低收益。该合同约定的业务内容属于信托公司正常的业务经营活动。本案《回购合同》签订后，信托公司已向其监管单位青海省银监局履行了报备手续，青海省银监局并未提出整改意见。原审法院认定本案合同性质为营业信托性质，并无不当。

简评：信托定性的判断因素：一是信托合同约定及实际履行情况；二是风险收益是否符合信托特征。此外，如果存在特定条款，如固收条款、回购条款、收益权转让条款等，还应结合特定条款总体判断。

附录

附录 1：

本书所涉行业典型及热点案例一览表

序号	案号	案件文书名称	案件特点
【01】	（2020）沪 74 民终 29 号	华某国际信托有限公司、吴某财产损害赔偿纠纷二审民事判决书［上海金融法院（2020）沪 74 民终 29 号］	确认通道业务中信托公司的民事侵权责任
【06】	（2020）京 02 民初 302 号	广东华某银行股份有限公司与中国民某信托有限公司营业信托纠纷一审民事判决书［北京市第二中级人民法院（2020）京 02 民初 302 号］	否定信托公司作出的刚兑承诺
【11】	（2017）沪 01 民终 13735 号	张某诉招某证券股份有限公司上海浦东新区浦东南路证券营业部证券认购纠纷一案二审民事判决书［上海市第一中级人民法院（2017）沪 01 民终 13735 号］	免除证券公司依约履行所造成委托人损失的责任
【12】	（2019）最高法民终 515 号	斯某尔动力股份有限公司、国某信托有限责任公司合伙协议纠纷二审民事判决书［最高人民法院（2019）最高法民终 515 号］	个案认定解除信托协议可不返还本金及投资收益
【20】	（2020）鄂 01 执异 661 号	关于张某丽提出执行异议一案的执行裁定书［湖北省武汉市中级人民法院（2020）鄂 01 执异 661 号］	个案确认信托财产可在执行阶段被限制
【27】	（2018）最高法民终 780 号	中国华某集团资本控股有限公司、长某国际信托股份有限公司信托纠纷二审民事判决书［最高人民法院（2018）最高法民终 780 号］	个案确认设立条件瑕疵不影响信托设立
【33】	（2019）最高法民终 1594 号	曹某、吉某省信托有限责任公司合同纠纷二审民事判决书［最高人民法院（2019）最高法民终 1594 号］	个案确认逾期清算与损失确定的先后顺序

续表

序号	案号	案件文书名称	案件特点
【36】	（2020）浙 0502 民初 1671 号	新某信托股份有限公司与湖州港某置业有限公司破产债权确认纠纷一审民事判决书［湖州市吴兴区人民法院（2016）浙 0502 民初 1671 号］	个案否认名股实债的债权人申报破产债权
【44】	（2020）湘民终 1598 号	安某信托股份有限公司、湖南高某集团财务有限公司营业信托纠纷二审民事判决书［湖南省高级人民法院（2020）湘民终 1598 号］	否定信托公司的刚兑条款效力
【50】	（2019）最高法民终 1524 号	安某控股股份有限公司、安某营业信托纠纷二审民事判决书［最高人民法院（2019）最高法民终 1524 号］	分析差额补足义务条款效力
【61】	（2020）沪 0106 民初 30894 号	钦某某、李某今与李某根、李某芳等民事信托纠纷一审民事判决书［上海市静安区人民法院（2020）沪 0106 民初 30894 号］	确立民事信托受托人义务标准

附录 2

最高人民法院关于印发〈全国法院民商事审判工作会议纪要〉的通知

（法〔2019〕254 号）

各省、自治区、直辖市高级人民法院，解放军军事法院，新疆维吾尔自治区高级人民法院生产建设兵团分院：

《全国法院民商事审判工作会议纪要》（以下简称《会议纪要》）已于 2019 年 9 月 11 日经最高人民法院审判委员会民事行政专业委员会第 319 次会议原则通过。为便于进一步学习领会和正确适用《会议纪要》，特作如下通知：

一、充分认识《会议纪要》出台的意义

《会议纪要》针对民商事审判中的前沿疑难争议问题，在广泛征求各方面意见的基础上，经最高人民法院审判委员会民事行政专业委员会讨论决定。《会议纪要》的出台，对统一裁判思路，规范法官自由裁量权，增强民商事审判的公开性、透明度以及可预期性，提高司法公信力具有重要意义。各级人民法院要正确把握和理解适用《会议纪要》的精神实质和基本内容。

二、及时组织学习培训

为使各级人民法院尽快准确理解掌握《会议纪要》的内涵，在案件审理中正确理解适用，各级人民法院要在妥善处理好工学关系的前提下，通过多种形式组织学习培训，做好宣传工作。

三、准确把握《会议纪要》的应用范围

纪要不是司法解释，不能作为裁判依据进行援引。《会议纪要》发布后，人民法院尚未审结的一审、二审案件，在裁判文书“本院认为”部分具体分析法律适用的理由时，可以根据《会议纪要》的相关规定进行说理。

对于适用中存在的问题，请层报最高人民法院。

最高人民法院

2019 年 11 月 8 日

全国法院民商事审判工作会议纪要

目　录

引　言

为全面贯彻党的十九大和十九届二中、三中全会以及中央经济工作会议、中央政法工作会议、全国金融工作会议精神，研究当前形势下如何进一步加强人民法院民商事审判工作，着力提升民商事审判工作能力和水平，为我国经济高质量发展提供更加有力的司法服务和保障，最高人民法院于2019年7月3日至4日在黑龙江省哈尔滨市召开了全国法院民商事审判工作会议。最高人民法院党组书记、院长周强同志出席会议并讲话。各省、自治区、直辖市高级人民法院分管民商事审判工作的副院长、承担民商事案件审判任务的审判庭庭长、解放军军事法院的代表、最高人民法院有关部门负责人在主会场出席会议，地方各级人民法院的其他负责同志和民商事审判法官在各地分会场通过视频参加会议。中央政法委、全国人大常委会法工委的代表、部分全国人大代表、全国政协委员、最高人民法院特约监督员、专家学者应邀参加会议。

会议认为，民商事审判工作必须坚持正确的政治方向，必须以习近平新时代中国特色社会主义思想武装头脑、指导实践、推动工作。一要坚持党的绝对领导。这是中国特色社会主义司法制度的本质特征和根本要求，是人民法院永远不变的根和魂。在民商事审判工作中，要切实增强“四个意识”、坚定“四个自信”、做到“两个维护”，坚定不移走中国特色社会主义法治道路。二要坚持服务党和国家大局。认清形势，高度关注中国特色社会主义进入新时代背景下经济社会的重大变化、社会主要矛盾的历史性变化、各类风险隐患的多元多变，提高服务大局的自觉性、针对性，主动作为，勇于担当，处理好依法办案和服务大局的辩证关系，着眼于贯彻落实党中央的重大决策部署、维护人民群众的根本利益、维护法治的统一。三要坚持司法为民。牢固树立以人民为中心的发展思想，始终坚守人民立场，胸怀人民群众，满足人民需求，带着对人民群众的深厚感情和强烈责任感去做好民商事审判工作。在民商事审判工作中要弘扬社会主义核心价值观，注意情理法的交融平衡，做到以法为据、以理服人、以情感人，既要义正辞严讲清法理，又要循循善诱讲明事理，还要感同身受讲透情理，争取广大人民群众和社会的理解与支持。要建立健全方便人民群众诉讼的民商事审判工作机制。四要坚持公正司法。公平正义是中国特色社会主义制度的内在要求，也是我党治国理政的一贯主张。司法是维护社会公平正义的最后一道防线，必须把公平正义作为生命线，必须把公平正义作为镌刻在心中的价值坐标，必须把“努力让人民群众在每一个司法案件中感受到公平正义”作为矢志不渝的奋斗目标。

会议指出，民商事审判工作要树立正确的审判理念。注意辩证理解并准确把握契约自由、平等保护、诚实信用、公序良俗等民商事审判基本原则；注意树立请求权基础思维、逻辑和价值相一致思维、同案同判思维，通过检索类案、参考指导案例等方式统一裁判尺度，有效防止滥用自由裁量权；注意处理好民商事审判与行政监管的关系，通过穿透式审判思维，查明当事人的真实意思，探求真实法律关系；特别注意外观主义系民商法上的学理概括，并非现行法律规定的原则，现行法律只是规定了体现外观主义的具体规则，如《物权法》第 106 条规定的善意取得，《合同法》第 49 条、《民法总则》第 172 条规定的表见代理，《合同法》第 50 条规定的越权代表，审判实务中应当依据有关具体法律规则进行判断，类推适用亦应当以法律规则设定的情形、条件为基础。从现行法律规则看，外观主义是为保护交易安全设置的例外规定，一般适用于因合理信赖权利外观或意思表示外观的交易行为。实际权利人与名义权利人的关系，应注重财产的实质归属，而不单纯地取决于公示外观。总之，审判实务中要准确把握外观主义的适用边界，避免泛化和滥用。

会议对当前民商事审判工作中的一些疑难法律问题取得了基本一致的看法，现纪要如下：

一、关于民法总则适用的法律衔接

会议认为，民法总则施行后至民法典施行前，拟编入民法典但尚未完成修订的物权法、合同法等民商事基本法，以及不编入民法典的公司法、证券法、信托法、保险法、票据法等民商事特别法，均可能存在与民法总则规定不一致的情形。人民法院应当依照《立法法》第 92 条、《民法总则》第 11 条等规定，综合考虑新的规定优于旧的规定、特别规定优于一般规定等法律适用规则，依法处理好民法总则与相关法律的衔接问题，主要是处理好与民法通则、合同法、公司法的关系。

1. 【民法总则与民法通则的关系及其适用】民法通则既规定了民法的一些基本制度和一般性规则，也规定了合同、所有权及其他财产权、知识产权、民事责任、涉外民事法律关系适用等具体内容。民法总则基本吸收了民法通则规定的基本制度和一般性规则，同时作了补充、完善和发展。民法通则规定的合同、所有权及其他财产权、民事责任等具体内容还需要在编撰民法典各分编时作进一步统筹，系统整合。因民法总则施行后暂不废止民法通则，在此之前，民法总则与民法通则规定不一致的，根据新的规定优于旧的规定的法律适用规则，适用民法总则的规定。最高人民法院已依据民法总则制定了关于诉讼时效问题的司法解释，而原依据民法通则制定的关于诉讼时效的司法解释，只要与民法总则不冲突，仍可适用。

2. 【民法总则与合同法的关系及其适用】根据民法典编撰工作“两步走”的安排，民法总则施行后，目前正在进行民法典的合同编、物权编等各分编的编撰工作。民法典施行后，合同法不再保留。在这之前，因民法总则施行前成立的合同发生的纠纷，原则上适用合同法的有关规定处理。因民法总则施行后成立的合同发生的纠纷，如果合同法“总则”对此的规定与民法总则的规定不一致的，根据新的规定优于旧的规定的法律适用规则，适用民法总则的规定。例如，关于欺诈、胁迫问题，根据合同法的规定，只有合同当事人之间存在欺诈、胁迫行为的，被欺诈、胁迫一方才享有撤销合同的权利。而依民法总则的规定，第三人实施的欺诈、胁迫行为，被欺诈、胁迫一方也有撤销合同的权利。另外，合同法视欺诈、胁迫行为所损害利益的不同，对合同效力作出了不同规定：损害合同当事人利益的，属于可撤销或者可变更合同；损害国家利益的，则属于无效合同。民法总则则未加区别，规定一律按可撤销合同对待。再如，关于显失公平问题，合同法将显失公平与乘人之危作为两类不同的可撤销或者可变更合同事由，而民法总则则将二者合并为一类可撤销合同事由。

民法总则施行后发生的纠纷，在民法典施行前，如果合同法“分则”对此的规定与民法总则不一致的，根据特别规定优于一般规定的法律适用规则，适用合同法“分则”的规定。例如，民法总则仅规定了显名代理，没有规定《合同法》第402条的隐名代理和第403条的间接代理。在民法典施行前，这两条规定应当继续适用。

3.【民法总则与公司法的关系及其适用】民法总则与公司法的关系，是一般法与商事特别法的关系。民法总则第三章“法人”第一节“一般规定”和第二节“营利法人”基本上是根据公司法的有关规定提炼的，二者的精神大体一致。因此，涉及民法总则这一部分的内容，规定一致的，适用民法总则或者公司法皆可；规定不一致的，根据《民法总则》第11条有关“其他法律对民事关系有特别规定的，依照其规定”的规定，原则上应当适用公司法的规定。但应当注意也有例外情况，主要表现在两个方面：一是就同一事项，民法总则制定时有意修正公司法有关条款的，应当适用民法总则的规定。例如，《公司法》第32条第3款规定：“公司应当将股东的姓名或者名称及其出资额向公司登记机关登记；登记事项发生变更的，应当办理变更登记。未经登记或者变更登记的，不得对抗第三人。”而《民法总则》第65条的规定则把“不得对抗第三人”修正为“不得对抗善意相对人”。经查询有关立法理由，可以认为，此种情况应当适用民法总则的规定。二是民法总则在公司法规定基础上增加了新内容的，如《公司法》第22条第2款就公司决议的撤销问题进行了规定，《民法总则》第85条在该条基础上增加规定：“但是营利法人依据该决议与善意相对人形成的民事法律关系不受影响。”此时，也应当适用民法总则的规定。

4.【民法总则的时间效力】根据“法不溯及既往”的原则，民法总则原则上没有溯及力，故只能适用于施行后发生的法律事实；民法总则施行前发生的法律事实，适用当时的法律；某一法律事实发生在民法总则施行前，其行为延续至民法总则施行后的，适用民法总则的规定。但要注意有例外情形，如虽然法律事实发生在民法总则施行前，但当时的法律对此没有规定而民法总则有规定的，例如，对于虚伪意思表示、第三人实施欺诈行为，合同法均无规定，发生纠纷后，基于“法官不得拒绝裁判”规则，可以将民法总则的相关规定作为裁判依据。又如，民法总则施行前成立的合同，根据当时的法律应当认定无效，而根据民法总则应当认定有效或者可撤销的，应当适用民法总则的规定。

在民法总则无溯及力的场合，人民法院应当依据法律事实发生时的法律进行裁判，但如果法律事实发生时的法律虽有规定，但内容不具体、不明确的，如关于无权代理在被代理人不予追认时的法律后果，民法通则和合同法均规定由行为人承担民事责任，但对民事责任的性质和方式没有规定，而民法总则对此有明确且详细的规定，人民法院在审理案件时，就可以在裁判文书的说理部分将民法总则规定的内容作为解释法律事实发生时法律规定的参考。

二、关于公司纠纷案件的审理

会议认为，审理好公司纠纷案件，对于保护交易安全和投资安全，激发经济活力，增强投资创业信心，具有重要意义。要依法协调好公司债权人、股东、公司等各种利益主体之间的关系，处理好公司外部与内部的关系，解决好公司自治与司法介入的关系。

（一）关于“对赌协议”的效力及履行

实践中俗称的“对赌协议”，又称估值调整协议，是指投资方与融资方在达成股权性融资协议时，为解决交易双方对目标公司未来发展的不确定性、信息不对称以及代理成本而设计的包含了股权回购、金钱补偿等对未来目标公司的估值进行调整的协议。从订立“对赌协议”的主体来看，有投资方与目标公司的股东或者实际控制人“对赌”、投资方与目标公司“对赌”、投资方与目标公司的股东、目标公司“对赌”等形式。人民法院在审理“对赌协议”纠纷案件时，不仅应当适用合同法的相关规定，还应当适用公司法的相关规定；既要坚持鼓励投资方对实体企业特别是科技创新企业投资原则，从而在一定程度上缓解企业融资难问题，又要贯彻资本维持原则和保护债权人合法权益原则，依法平衡投资方、公司债权人、公司之间的利益。对于投资方与目标公司的股东或者实际控制人订立的“对赌协议”，如无其他无效事由，认定有效并支持实际履行，实践中并无争议。但投资方与目标公司订立的“对赌协议”是否有效以及能否实际履行，存在争议。对此，应当把握如下处理规则：

5.【与目标公司"对赌"】投资方与目标公司订立的"对赌协议"在不存在法定无效事由的情况下，目标公司仅以存在股权回购或者金钱补偿约定为由，主张"对赌协议"无效的，人民法院不予支持，但投资方主张实际履行的，人民法院应当审查是否符合公司法关于"股东不得抽逃出资"及股份回购的强制性规定，判决是否支持其诉讼请求。

投资方请求目标公司回购股权的，人民法院应当依据《公司法》第35条关于"股东不得抽逃出资"或者第142条关于股份回购的强制性规定进行审查。经审查，目标公司未完成减资程序的，人民法院应当驳回其诉讼请求。

投资方请求目标公司承担金钱补偿义务的，人民法院应当依据《公司法》第35条关于"股东不得抽逃出资"和第166条关于利润分配的强制性规定进行审查。经审查，目标公司没有利润或者虽有利润但不足以补偿投资方的，人民法院应当驳回或者部分支持其诉讼请求。今后目标公司有利润时，投资方还可以依据该事实另行提起诉讼。

（二）关于股东出资加速到期及表决权

6.【股东出资应否加速到期】在注册资本认缴制下，股东依法享有期限利益。债权人以公司不能清偿到期债务为由，请求未届出资期限的股东在未出资范围内对公司不能清偿的债务承担补充赔偿责任的，人民法院不予支持。但是，下列情形除外：

（1）公司作为被执行人的案件，人民法院穷尽执行措施无财产可供执行，已具备破产原因，但不申请破产的；

（2）在公司债务产生后，公司股东（大）会决议或以其他方式延长股东出资期限的。

7.【表决权能否受限】股东认缴的出资未届履行期限，对未缴纳部分的出资是否享有以及如何行使表决权等问题，应当根据公司章程来确定。公司章程没有规定的，应当按照认缴出资的比例确定。如果股东（大）会作出不按认缴出资比例而按实际出资比例或者其他标准确定表决权的决议，股东请求确认决议无效的，人民法院应当审查该决议是否符合修改公司章程所要求的表决程序，即必须经代表三分之二以上表决权的股东通过。符合的，人民法院不予支持；反之，则依法予以支持。

（三）关于股权转让

8.【有限责任公司的股权变动】当事人之间转让有限责任公司股权，受让人以其姓名或者名称已记载于股东名册为由主张其已经取得股权的，人民法院依法予以支持，但法律、行政法规规定应当办理批准手续生效的股权转让除外。未向公司登记机关办理股权变更登记的，不得对抗善意相对人。

9.【侵犯优先购买权的股权转让合同的效力】审判实践中，部分人民法院对公司法司法解释（四）第 21 条规定的理解存在偏差，往往以保护其他股东的优先购买权为由认定股权转让合同无效。准确理解该条规定，既要注意保护其他股东的优先购买权，也要注意保护股东以外的股权受让人的合法权益，正确认定有限责任公司的股东与股东以外的股权受让人订立的股权转让合同的效力。一方面，其他股东依法享有优先购买权，在其主张按照股权转让合同约定的同等条件购买股权的情况下，应当支持其诉讼请求，除非出现该条第 1 款规定的情形。另一方面，为保护股东以外的股权受让人的合法权益，股权转让合同如无其他影响合同效力的事由，应当认定有效。其他股东行使优先购买权的，虽然股东以外的股权受让人关于继续履行股权转让合同的请求不能得到支持，但不影响其依约请求转让股东承担相应的违约责任。

（四）关于公司人格否认

公司人格独立和股东有限责任是公司法的基本原则。否认公司独立人格，由滥用公司法人独立地位和股东有限责任的股东对公司债务承担连带责任，是股东有限责任的例外情形，旨在矫正有限责任制度在特定法律事实发生时对债权人保护的失衡现象。在审判实践中，要准确把握《公司法》第 20 条第 3 款规定的精神。一是只有在股东实施了滥用公司法人独立地位及股东有限责任的行为，且该行为严重损害了公司债权人利益的情况下，才能适用。损害债权人利益，主要是指股东滥用权利使公司财产不足以清偿公司债权人的债权。二是只有实施了滥用法人独立地位和股东有限责任行为的股东才对公司债务承担连带清偿责任，而其他股东不应承担此责任。三是公司人格否认不是全面、彻底、永久地否定公司的法人资格，而只是在具体案件中依据特定的法律事实、法律关系，突破股东对公司债务不承担责任的一般规则，例外地判令其承担连带责任。人民法院在个案中否认公司人格的判决的既判力仅仅约束该诉讼的各方当事人，不当然适用于涉及该公司的其他诉讼，不影响公司独立法人资格的存续。如果其他债权人提起公司人格否认诉讼，已生效判决认定的事实可以作为证据使用。四是《公司法》第 20 条第 3 款规定的滥用行为，实践中常见的情形有人格混同、过度支配与控制、资本显著不足等。在审理案件时，需要根据查明的案件事实进行综合判断，既审慎适用，又当用则用。实践中存在标准把握不严而滥用这一例外制度的现象，同时也存在因法律规定较为原则、抽象，适用难度大，而不善于适用、不敢于适用的现象，均应当引起高度重视。

10.【人格混同】认定公司人格与股东人格是否存在混同，最根本的判断标准是公司是否具有独立意思和独立财产，最主要的表现是公司的财产与股东的财产是否混同且无法区分。在认定是否构成人格混同时，应当综合考虑以下因素：

（1）股东无偿使用公司资金或者财产，不作财务记载的；

（2）股东用公司的资金偿还股东的债务，或者将公司的资金供关联公司无偿使用，不作财务记载的；

（3）公司账簿与股东账簿不分，致使公司财产与股东财产无法区分的；

（4）股东自身收益与公司盈利不加区分，致使双方利益不清的；

（5）公司的财产记载于股东名下，由股东占有、使用的；

（6）人格混同的其他情形。

在出现人格混同的情况下，往往同时出现以下混同：公司业务和股东业务混同；公司员工与股东员工混同，特别是财务人员混同；公司住所与股东住所混同。人民法院在审理案件时，关键要审查是否构成人格混同，而不要求同时具备其他方面的混同，其他方面的混同往往只是人格混同的补强。

11.【过度支配与控制】公司控制股东对公司过度支配与控制，操纵公司的决策过程，使公司完全丧失独立性，沦为控制股东的工具或躯壳，严重损害公司债权人利益，应当否认公司人格，由滥用控制权的股东对公司债务承担连带责任。实践中常见的情形包括：

（1）母子公司之间或者子公司之间进行利益输送的；

（2）母子公司或者子公司之间进行交易，收益归一方，损失却由另一方承担的；

（3）先从原公司抽走资金，然后再成立经营目的相同或者类似的公司，逃避原公司债务的；

（4）先解散公司，再以原公司场所、设备、人员及相同或者相似的经营目的另设公司，逃避原公司债务的；

（5）过度支配与控制的其他情形。

控制股东或实际控制人控制多个子公司或者关联公司，滥用控制权使多个子公司或者关联公司财产边界不清、财务混同，利益相互输送，丧失人格独立性，沦为控制股东逃避债务、非法经营，甚至违法犯罪工具的，可以综合案件事实，否认子公司或者关联公司法人人格，判令承担连带责任。

12.【资本显著不足】资本显著不足指的是，公司设立后在经营过程中，股东实际投入公司的资本数额与公司经营所隐含的风险相比明显不匹配。股东利用较少资本从事力所不及的经营，表明其没有从事公司经营的诚意，实质是恶意利用公司独立人格和股东有限责任把投资风险转嫁给债权人。由于资本显著不足的判断标准有很大的模糊性，特别是要与公司采取“以小博大”的正常经营方式相区分，因此在适用时要十分谨慎，应当与其他因素结合起来综合判断。

13.【诉讼地位】人民法院在审理公司人格否认纠纷案件时，应当根据不同情形确定当事人的诉讼地位：

（1）债权人对债务人公司享有的债权已经由生效裁判确认，其另行提起公司人格否认诉讼，请求股东对公司债务承担连带责任的，列股东为被告，公司为第三人；

（2）债权人对债务人公司享有的债权提起诉讼的同时，一并提起公司人格否认诉讼，请求股东对公司债务承担连带责任的，列公司和股东为共同被告；

（3）债权人对债务人公司享有的债权尚未经生效裁判确认，直接提起公司人格否认诉讼，请求公司股东对公司债务承担连带责任的，人民法院应当向债权人释明，告知其追加公司为共同被告。债权人拒绝追加的，人民法院应当裁定驳回起诉。

（五）关于有限责任公司清算义务人的责任

关于有限责任公司股东清算责任的认定，一些案件的处理结果不适当地扩大了股东的清算责任。特别是实践中出现了一些职业债权人，从其他债权人处大批量超低价收购僵尸企业的“陈年旧账”后，对批量僵尸企业提起强制清算之诉，在获得人民法院对公司主要财产、账册、重要文件等灭失的认定后，根据公司法司法解释（二）第18条第2款的规定，请求有限责任公司的股东对公司债务承担连带清偿责任。有的人民法院没有准确把握上述规定的适用条件，判决没有“怠于履行义务”的小股东或者虽“怠于履行义务”但与公司主要财产、账册、重要文件等灭失没有因果关系的小股东对公司债务承担远远超过其出资数额的责任，导致出现利益明显失衡的现象。需要明确的是，上述司法解释关于有限责任公司股东清算责任的规定，其性质是因股东怠于履行清算义务致使公司无法清算所应当承担的侵权责任。在认定有限责任公司股东是否应当对债权人承担侵权赔偿责任时，应当注意以下问题：

14.【怠于履行清算义务的认定】公司法司法解释（二）第18条第2款规定的“怠于履行义务”，是指有限责任公司的股东在法定清算事由出现后，在能够履行清算义务的情况下，故意拖延、拒绝履行清算义务，或者因过失导致无法进行清算的消极行为。股东举证证明其已经为履行清算义务采取了积极措施，或者小股东举证证明其既不是公司董事会或者监事会成员，也没有选派人员担任该机关成员，且从未参与公司经营管理，以不构成“怠于履行义务”为由，主张其不应当对公司债务承担连带清偿责任的，人民法院依法予以支持。

15.【因果关系抗辩】有限责任公司的股东举证证明其“怠于履行义务”的消极不作为与“公司主要财产、账册、重要文件等灭失，无法进行清算”的结果之间没有因果关系，主张其不应对公司债务承担连带清偿责任的，人民法院依法予以支持。

16.【诉讼时效期间】公司债权人请求股东对公司债务承担连带清偿责任，股东以公司债权人对公司的债权已经超过诉讼时效期间为由抗辩，经查证属实的，人民法院依法予以支持。

公司债权人以公司法司法解释（二）第18条第2款为依据，请求有限责任公司的股东对公司债务承担连带清偿责任的，诉讼时效期间自公司债权人知道或者应当知道公司无法进行清算之日起计算。

（六）关于公司为他人提供担保

关于公司为他人提供担保的合同效力问题，审判实践中裁判尺度不统一，严重影响了司法公信力，有必要予以规范。对此，应当把握以下几点：

17.【违反《公司法》第16条构成越权代表】为防止法定代表人随意代表公司为他人提供担保给公司造成损失，损害中小股东利益，《公司法》第16条对法定代表人的代表权进行了限制。根据该条规定，担保行为不是法定代表人所能单独决定的事项，而必须以公司股东（大）会、董事会等公司机关的决议作为授权的基础和来源。法定代表人未经授权擅自为他人提供担保的，构成越权代表，人民法院应当根据《合同法》第50条关于法定代表人越权代表的规定，区分订立合同时债权人是否善意分别认定合同效力：债权人善意的，合同有效；反之，合同无效。

18.【善意的认定】前条所称的善意，是指债权人不知道或者不应当知道法定代表人超越权限订立担保合同。《公司法》第16条对关联担保和非关联担保的决议机关作出了区别规定，相应地，在善意的判断标准上也应当有所区别。一种情形是，为公司股东或者实际控制人提供关联担保，《公司法》第 16 条明确规定必须由股东（大）会决议，未经股东（大）会决议，构成越权代表。在此情况下，债权人主张担保合同有效，应当提供证据证明其在订立合同时对股东（大）会决议进行了审查，决议的表决程序符合《公司法》第 16 条的规定，即在排除被担保股东表决权的情况下，该项表决由出席会议的其他股东所持表决权的过半数通过，签字人员也符合公司章程的规定。另一种情形是，公司为公司股东或者实际控制人以外的人提供非关联担保，根据《公司法》第 16 条的规定，此时由公司章程规定是由董事会决议还是股东（大）会决议。无论章程是否对决议机关作出规定，也无论章程规定决议机关为董事会还是股东（大）会，根据《民法总则》第 61 条第 3 款关于“法人章程或者法人权力机构对法定代表人代表权的限制，不得对抗善意相对人”的规定，只要债权人能够证明其在订立担保合同时对董事会决议或者股东（大）会决议进行了审查，同意决议的人数及签字人员符合公司章程的规定，就应当认定其构成善意，但公司能够证明债权人明知公司章程对决议机关有明确规定的除外。

债权人对公司机关决议内容的审查一般限于形式审查，只要求尽到必要的注意义务即可，标准不宜太过严苛。公司以机关决议系法定代表人伪造或者变造、决议程序违法、签章（名）不实、担保金额超过法定限额等事由抗辩债权人非善意的，人民法院一般不予支持。但是，公司有证据证明债权人明知决议系伪造或者变造的除外。

19.【无须机关决议的例外情况】存在下列情形的，即便债权人知道或者应当知道没有公司机关决议，也应当认定担保合同符合公司的真实意思表示，合同有效：

（1）公司是以为他人提供担保为主营业务的担保公司，或者是开展保函业务的银行或者非银行金融机构；

（2）公司为其直接或者间接控制的公司开展经营活动向债权人提供担保；

（3）公司与主债务人之间存在相互担保等商业合作关系；

（4）担保合同系由单独或者共同持有公司三分之二以上有表决权的股东签字同意。

20.【越权担保的民事责任】依据前述 3 条规定，担保合同有效，债权人请求公司承担担保责任的，人民法院依法予以支持；担保合同无效，债权人请求公司承担担保责任的，人民法院不予支持，但可以按照担保法及有关司法解释关于担保无效的规定处理。公司举证证明债权人明知法定代表人超越权限或者机关决议系伪造或者变造，债权人请求公司承担合同无效后的民事责任的，人民法院不予支持。

21.【权利救济】法定代表人的越权担保行为给公司造成损失，公司请求法定代表人承担赔偿责任的，人民法院依法予以支持。公司没有提起诉讼，股东依据《公司法》第 151 条的规定请求法定代表人承担赔偿责任的，人民法院依法予以支持。

22.【上市公司为他人提供担保】债权人根据上市公司公开披露的关于担保事项已经董事会或者股东大会决议通过的信息订立的担保合同，人民法院应当认定有效。

23.【债务加入准用担保规则】法定代表人以公司名义与债务人约定加入债务并通知债权人或者向债权人表示愿意加入债务，该约定的效力问题，参照本纪要关于公司为他人提供担保的有关规则处理。

（七）关于股东代表诉讼

24.【何时成为股东不影响起诉】股东提起股东代表诉讼，被告以行为发生时原告尚未成为公司股东为由抗辩该股东不是适格原告的，人民法院不予支持。

25.【正确适用前置程序】根据《公司法》第 151 条的规定，股东提起代表诉讼的前置程序之一是，股东必须先书面请求公司有关机关向人民法院提起诉讼。一般情况下，股东没有履行该前置程序的，应当驳回起诉。但是，该项前置程序针对的是公司治理的一般情况，即在股东向公司有关机关提出书面申请之时，存在公司有关机关提起诉讼的可能性。如果查明的相关事实表明，根本不存在该种可能性的，人民法院不应当以原告未履行前置程序为由驳回起诉。

26.【股东代表诉讼的反诉】股东依据《公司法》第 151 条第 3 款的规定提起股东代表诉讼后，被告以原告股东恶意起诉侵犯其合法权益为由提起反诉的，人民法院应予受理。被告以公司在案涉纠纷中应当承担侵权或者违约等责任为由对公司提出的反诉，因不符合反诉的要件，人民法院应当裁定不予受理；已经受理的，裁定驳回起诉。

27.【股东代表诉讼的调解】公司是股东代表诉讼的最终受益人，为避免因原告股东与被告通过调解损害公司利益，人民法院应当审查调解协议是否为公司的意思。只有在调解协议经公司股东（大）会、董事会决议通过后，人民法院才能出具调解书予以确认。至于具体决议机关，取决于公司章程的规定。公司章程没有规定的，人民法院应当认定公司股东（大）会为决议机关。

（八）其他问题

28.【实际出资人显名的条件】实际出资人能够提供证据证明有限责任公司过半数的其他股东知道其实际出资的事实，且对其实际行使股东权利未曾提出异议的，对实际出资人提出的登记为公司股东的请求，人民法院依法予以支持。公司以实际出资人的请求不符合公司法司法解释（三）第24条的规定为由抗辩的，人民法院不予支持。

29.【请求召开股东（大）会不可诉】公司召开股东（大）会本质上属于公司内部治理范围。股东请求判令公司召开股东（大）会的，人民法院应当告知其按照《公司法》第40条或者第101条规定的程序自行召开。股东坚持起诉的，人民法院应当裁定不予受理；已经受理的，裁定驳回起诉。

三、关于合同纠纷案件的审理

会议认为，合同是市场化配置资源的主要方式，合同纠纷也是民商事纠纷的主要类型。人民法院在审理合同纠纷案件时，要坚持鼓励交易原则，充分尊重当事人的意思自治。要依法审慎认定合同效力。要根据诚实信用原则，合理解释合同条款、确定履行内容，合理确定当事人的权利义务关系，审慎适用合同解除制度，依法调整过高的违约金，强化对守约者诚信行为的保护力度，提高违法违约成本，促进诚信社会构建。

（一）关于合同效力

人民法院在审理合同纠纷案件过程中，要依职权审查合同是否存在无效的情形，注意无效与可撤销、未生效、效力待定等合同效力形态之间的区别，准确认定合同效力，并根据效力的不同情形，结合当事人的诉讼请求，确定相应的民事责任。

30.【强制性规定的识别】合同法施行后，针对一些人民法院动辄以违反法律、行政法规的强制性规定为由认定合同无效，不当扩大无效合同范围的情形，合同法司法解释（二）第14条将《合同法》第52条第5项规定的“强制性规定”明确限于“效力性强制性规定”。此后，《最高人民法院关于当前形势下审理民商事合同纠纷案件若干问题的指导意见》进一步提出了“管理性强制性规定”的概念，指出违反管理性强制性规定的，人民法院应当根据具体情形认定合同效力。随着这一概念的提出，审判实践中又出现了另一种倾向，有的人民法院认为凡是行政管理性质的强制性规定都属于“管理性强制性规定”，不影响合同效力。这种望文生义的认定方法，应予纠正。

人民法院在审理合同纠纷案件时，要依据《民法总则》第153条第1款和合同法司法解释（二）第14条的规定慎重判断“强制性规定”的性质，特别是要在考量强制性规定所保护的法益类型、违法行为的法律后果以及交易安全保护等因素的基础上认定其性质，并在裁判文书中充分说明理由。下列强制性规定，应当认定为“效力性强制性规定”：强制性规定涉及金融安全、市场秩序、国家宏观政策等公序良俗的；交易标的禁止买卖的，如禁止人体器官、毒品、枪支等买卖；违反特许经营规定的，如场外配资合同；交易方式严重违法的，如违反招投标等竞争性缔约方式订立的合同；交易场所违法的，如在批准的交易场所之外进行期货交易。关于经营范围、交易时间、交易数量等行政管理性质的强制性规定，一般应当认定为“管理性强制性规定”。

31.【违反规章的合同效力】违反规章一般情况下不影响合同效力，但该规章的内容涉及金融安全、市场秩序、国家宏观政策等公序良俗的，应当认定合同无效。人民法院在认定规章是否涉及公序良俗时，要在考察规范对象基础上，兼顾监管强度、交易安全保护以及社会影响等方面进行慎重考量，并在裁判文书中进行充分说理。

32.【合同不成立、无效或者被撤销的法律后果】《合同法》第58条就合同无效或者被撤销时的财产返还责任和损害赔偿责任作了规定，但未规定合同不成立的法律后果。考虑到合同不成立时也可能发生财产返还和损害赔偿责任问题，故应当参照适用该条的规定。

在确定合同不成立、无效或者被撤销后财产返还或者折价补偿范围时，要根据诚实信用原则的要求，在当事人之间合理分配，不能使不诚信的当事人因合同不成立、无效或者被撤销而获益。合同不成立、无效或者被撤销情况下，当事人所承担的缔约过失责任不应超过合同履行利益。比如，依据《最高人民法院关于审理建设工程施工合同纠纷案件适用法律问题的解释》第2条规定，建设工程施工合同无效，在建设工程经竣工验收合格情况下，可以参照合同约定支付工程款，但除非增加了合同约定之外新的工程项目，一般不应超出合同约定支付工程款。

33.【财产返还与折价补偿】合同不成立、无效或者被撤销后，在确定财产返还时，要充分考虑财产增值或者贬值的因素。双务合同不成立、无效或者被撤销后，双方因该合同取得财产的，应当相互返还。应予返还的股权、房屋等财产相对于合同约定价款出现增值或者贬值的，人民法院要综合考虑市场因素、受让人的经营或者添附等行为与财产增值或者贬值之间的关联性，在当事人之间合理分配或者分担，避免一方因合同不成立、无效或者被撤销而获益。在标的物已经灭失、转售他人或者其他无法返还的情况下，当事人主张返还原物的，人民法院不予支持，但其主张折价补偿的，人民法院依法予以支持。折价时，应当以当事人交易时约定的价款为基础，同时考虑当事人在标的物灭失或者转售时的获益情况综合确定补偿标准。标的物灭失时当事人获得的保险金或者其他赔偿金，转售时取得的对价，均属于当事人因标的物而获得的利益。对获益高于或者低于价款的部分，也应当在当事人之间合理分配或者分担。

34.【价款返还】双务合同不成立、无效或者被撤销时，标的物返还与价款返还互为对待给付，双方应当同时返还。关于应否支付利息问题，只要一方对标的物有使用情形的，一般应当支付使用费，该费用可与占有价款一方应当支付的资金占用费相互抵销，故在一方返还原物前，另一方仅须支付本金，而无须支付利息。

35.【损害赔偿】合同不成立、无效或者被撤销时，仅返还财产或者折价补偿不足以弥补损失，一方还可以向有过错的另一方请求损害赔偿。在确定损害赔偿范围时，既要根据当事人的过错程度合理确定责任，又要考虑在确定财产返还范围时已经考虑过的财产增值或者贬值因素，避免双重获利或者双重受损的现象发生。

36.【合同无效时的释明问题】在双务合同中，原告起诉请求确认合同有效并请求继续履行合同，被告主张合同无效的，或者原告起诉请求确认合同无效并返还财产，而被告主张合同有效的，都要防止机械适用“不告不理”原则，仅就当事人的诉讼请求进行审理，而应向原告释明变更或者增加诉讼请求，或者向被告释明提出同时履行抗辩，尽可能一次性解决纠纷。例如，基于合同有给付行为的原告请求确认合同无效，但并未提出返还原物或者折价补偿、赔偿损失等请求的，人民法院应当向其释明，告知其一并提出相应诉讼请求；原告请求确认合同无效并要求被告返还原物或者赔偿损失，被告基于合同也有给付行为的，人民法院同样应当向被告释明，告知其也可以提出返还请求；人民法院经审理认定合同无效的，除了要在判决书“本院认为”部分对同时返还作出认定外，还应当在判项中作出明确表述，避免因判令单方返还而出现不公平的结果。

第一审人民法院未予释明，第二审人民法院认为应当对合同不成立、无效或者被撤销的法律后果作出判决的，可以直接释明并改判。当然，如果返还财产或者赔偿损失的范围确实难以确定或者双方争议较大的，也可以告知当事人通过另行起诉等方式解决，并在裁判文书中予以明确。

当事人按照释明变更诉讼请求或者提出抗辩的，人民法院应当将其归纳为案件争议焦点，组织当事人充分举证、质证、辩论。

37.【未经批准合同的效力】法律、行政法规规定某类合同应当办理批准手续生效的，如商业银行法、证券法、保险法等法律规定购买商业银行、证券公司、保险公司5%以上股权须经相关主管部门批准，依据《合同法》第44条第2款的规定，批准是合同的法定生效条件，未经批准的合同因欠缺法律规定的特别生效条件而未生效。实践中的一个突出问题是，把未生效合同认定为无效合同，或者虽认定为未生效，却按无效合同处理。无效合同从本质上来说是欠缺合同的有效要件，或者具有合同无效的法定事由，自始不发生法律效力。而未生效合同已具备合同的有效要件，对双方具有一定的拘束力，任何一方不得擅自撤回、解除、变更，但因欠缺法律、行政法规规定或当事人约定的特别生效条件，在该生效条件成就前，不能产生请求对方履行合同主要权利义务的法律效力。

38.【报批义务及相关违约条款独立生效】须经行政机关批准生效的合同，对报批义务及未履行报批义务的违约责任等相关内容作出专门约定的，该约定独立生效。一方因另一方不履行报批义务，请求解除合同并请求其承担合同约定的相应违约责任的，人民法院依法予以支持。

39.【报批义务的释明】须经行政机关批准生效的合同，一方请求另一方履行合同主要权利义务的，人民法院应当向其释明，将诉讼请求变更为请求履行报批义务。一方变更诉讼请求的，人民法院依法予以支持；经释明后当事人拒绝变更的，应当驳回其诉讼请求，但不影响其另行提起诉讼。

40.【判决履行报批义务后的处理】人民法院判决一方履行报批义务后，该当事人拒绝履行，经人民法院强制执行仍未履行，对方请求其承担合同违约责任的，人民法院依法予以支持。一方依据判决履行报批义务，行政机关予以批准，合同发生完全的法律效力，其请求对方履行合同的，人民法院依法予以支持；行政机关没有批准，合同不具有法律上的可履行性，一方请求解除合同的，人民法院依法予以支持。

41.【盖章行为的法律效力】司法实践中，有些公司有意刻制两套甚至多套公章，有的法定代表人或者代理人甚至私刻公章，订立合同时恶意加盖非备案的公章或者假公章，发生纠纷后法人以加盖的是假公章为由否定合同效力的情形并不鲜见。人民法院在审理案件时，应当主要审查签约人于盖章之时有无代表权或者代理权，从而根据代表或者代理的相关规则来确定合同的效力。

法定代表人或者其授权之人在合同上加盖法人公章的行为，表明其是以法人名义签订合同，除《公司法》第16条等法律对其职权有特别规定的情形外，应当由法人承担相应的法律后果。法人以法定代表人事后已无代表权、加盖的是假章、所盖之章与备案公章不一致等为由否定合同效力的，人民法院不予支持。

代理人以被代理人名义签订合同，要取得合法授权。代理人取得合法授权后，以被代理人名义签订的合同，应当由被代理人承担责任。被代理人以代理人事后已无代理权、加盖的是假章、所盖之章与备案公章不一致等为由否定合同效力的，人民法院不予支持。

42.【撤销权的行使】撤销权应当由当事人行使。当事人未请求撤销的，人民法院不应当依职权撤销合同。一方请求另一方履行合同，另一方以合同具有可撤销事由提出抗辩的，人民法院应当在审查合同是否具有可撤销事由以及是否超过法定期间等事实的基础上，对合同是否可撤销作出判断，不能仅以当事人未提起诉讼或者反诉为由不予审查或者不予支持。一方主张合同无效，依据的却是可撤销事由，此时人民法院应当全面审查合同是否具有无效事由以及当事人主张的可撤销事由。当事人关于合同无效的事由成立的，人民法院应当认定合同无效。当事人主张合同无效的理由不成立，而可撤销的事由成立的，因合同无效和可撤销的后果相同，人民法院也可以结合当事人的诉讼请求，直接判决撤销合同。

（二）关于合同履行与救济

在认定以物抵债协议的性质和效力时，要根据订立协议时履行期限是否已经届满予以区别对待。合同解除、违约责任都是非违约方寻求救济的主要方式，人民法院在认定合同应否解除时，要根据当事人有无解除权、是约定解除还是法定解除等不同情形，分别予以处理。在确定违约责任时，尤其要注意依法适用违约金调整的相关规则，避免简单地以民间借贷利率的司法保护上限作为调整依据。

43.【抵销】抵销权既可以通知的方式行使，也可以提出抗辩或者提起反诉的方式行使。抵销的意思表示自到达对方时生效，抵销一经生效，其效力溯及自抵销条件成就之时，双方互负的债务在同等数额内消灭。双方互负的债务数额，是截至抵销条件成就之时各自负有的包括主债务、利息、违约金、赔偿金等在内的全部债务数额。行使抵销权一方享有的债权不足以抵销全部债务数额，当事人对抵销顺序又没有特别约定的，应当根据实现债权的费用、利息、主债务的顺序进行抵销。

44.【履行期届满后达成的以物抵债协议】当事人在债务履行期限届满后达成以物抵债协议，抵债物尚未交付债权人，债权人请求债务人交付的，人民法院要着重审查以物抵债协议是否存在恶意损害第三人合法权益等情形，避免虚假诉讼的发生。经审查，不存在以上情况，且无其他无效事由的，人民法院依法予以支持。

当事人在一审程序中因达成以物抵债协议申请撤回起诉的，人民法院可予准许。当事人在二审程序中申请撤回上诉的，人民法院应当告知其申请撤回起诉。当事人申请撤回起诉，经审查不损害国家利益、社会公共利益、他人合法权益的，人民法院可予准许。当事人不申请撤回起诉，请求人民法院出具调解书对以物抵债协议予以确认的，因债务人完全可以立即履行该协议，没有必要由人民法院出具调解书，故人民法院不应准许，同时应当继续对原债权债务关系进行审理。

45.【履行期届满前达成的以物抵债协议】当事人在债务履行期届满前达成以物抵债协议，抵债物尚未交付债权人，债权人请求债务人交付的，因此种情况不同于本纪要第71条规定的让与担保，人民法院应当向其释明，其应当根据原债权债务关系提起诉讼。经释明后当事人仍拒绝变更诉讼请求的，应当驳回其诉讼请求，但不影响其根据原债权债务关系另行提起诉讼。

46.【通知解除的条件】审判实践中，部分人民法院对合同法司法解释（二）第24条的理解存在偏差，认为不论发出解除通知的一方有无解除权，只要另一方未在异议期限内以起诉方式提出异议，就判令解除合同，这不符合合同法关于合同解除权行使的有关规定。对该条的准确理解是，只有享有法定或者约定解除权的当事人才能以通知方式解除合同。不享有解除权的一方向另一方发出解除通知，另一方即便未在异议期限内提起诉讼，也不发生合同解除的效果。人民法院在审理案件时，应当审查发出解除通知的一方是否享有约定或者法定的解除权来决定合同应否解除，不能仅以受通知一方在约定或者法定的异议期限届满内未起诉这一事实就认定合同已经解除。

47.【约定解除条件】合同约定的解除条件成就时，守约方以此为由请求解除合同的，人民法院应当审查违约方的违约程度是否显著轻微，是否影响守约方合同目的的实现，根据诚实信用原则，确定合同应否解除。违约方的违约程度显著轻微，不影响守约方合同目的的实现，守约方请求解除合同的，人民法院不予支持；反之，则依法予以支持。

48. 【违约方起诉解除】违约方不享有单方解除合同的权利。但是，在一些长期性合同如房屋租赁合同履行过程中，双方形成合同僵局，一概不允许违约方通过起诉的方式解除合同，有时对双方都不利。在此前提下，符合下列条件，违约方起诉请求解除合同的，人民法院依法予以支持：

（1）违约方不存在恶意违约的情形；

（2）违约方继续履行合同，对其显失公平；

（3）守约方拒绝解除合同，违反诚实信用原则。

人民法院判决解除合同的，违约方本应当承担的违约责任不能因解除合同而减少或者免除。

49. 【合同解除的法律后果】合同解除时，一方依据合同中有关违约金、约定损害赔偿的计算方法、定金责任等违约责任条款的约定，请求另一方承担违约责任的，人民法院依法予以支持。

双务合同解除时人民法院的释明问题，参照本纪要第 36 条的相关规定处理。

50. 【违约金过高标准及举证责任】认定约定违约金是否过高，一般应当以《合同法》第 113 条规定的损失为基础进行判断，这里的损失包括合同履行后可以获得的利益。除借款合同外的双务合同，作为对价的价款或者报酬给付之债，并非借款合同项下的还款义务，不能以受法律保护的民间借贷利率上限作为判断违约金是否过高的标准，而应当兼顾合同履行情况、当事人过错程度以及预期利益等因素综合确定。主张违约金过高的违约方应当对违约金是否过高承担举证责任。

（三）关于借款合同

人民法院在审理借款合同纠纷案件过程中，要根据防范化解重大金融风险、金融服务实体经济、降低融资成本的精神，区别对待金融借贷与民间借贷，并适用不同规则与利率标准。要依法否定高利转贷行为、职业放贷行为的效力，充分发挥司法的示范、引导作用，促进金融服务实体经济。要注意到，为深化利率市场化改革，推动降低实体利率水平，自 2019 年 8 月 20 日起，中国人民银行已经授权全国银行间同业拆借中心于每月 20 日（遇节假日顺延）9 时 30 分公布贷款市场报价利率（LPR），中国人民银行贷款基准利率这一标准已经取消。因此，自此之后人民法院裁判贷款利息的基本标准应改为全国银行间同业拆借中心公布的贷款市场报价利率。应予注意的是，贷款利率标准尽管发生了变化，但存款基准利率并未发生相应变化，相关标准仍可适用。

51.【变相利息的认定】金融借款合同纠纷中，借款人认为金融机构以服务费、咨询费、顾问费、管理费等为名变相收取利息，金融机构或者由其指定的人收取的相关费用不合理的，人民法院可以根据提供服务的实际情况确定借款人应否支付或者酌减相关费用。

52.【高利转贷】民间借贷中，出借人的资金必须是自有资金。出借人套取金融机构信贷资金又高利转贷给借款人的民间借贷行为，既增加了融资成本，又扰乱了信贷秩序，根据民间借贷司法解释第 14 条第 1 项的规定，应当认定此类民间借贷行为无效。人民法院在适用该条规定时，应当注意把握以下几点：一是要审查出借人的资金来源。借款人能够举证证明在签订借款合同时出借人尚欠银行贷款未还的，一般可以推定为出借人套取信贷资金，但出借人能够举反证予以推翻的除外；二是从宽认定“高利”转贷行为的标准，只要出借人通过转贷行为牟利的，就可以认定为是“高利”转贷行为；三是对该条规定的“借款人事先知道或者应当知道的”要件，不宜把握过苛。实践中，只要出借人在签订借款合同时存在尚欠银行贷款未还事实的，一般可以认为满足了该条规定的“借款人事先知道或者应当知道”这一要件。

53.【职业放贷人】未依法取得放贷资格的以民间借贷为业的法人，以及以民间借贷为业的非法人组织或者自然人从事的民间借贷行为，应当依法认定无效。同一出借人在一定期间内多次反复从事有偿民间借贷行为的，一般可以认定为是职业放贷人。民间借贷比较活跃的地方的高级人民法院或者经其授权的中级人民法院，可以根据本地区的实际情况制定具体的认定标准。

四、关于担保纠纷案件的审理

会议认为，要注意担保法及其司法解释与物权法对独立担保、混合担保、担保期间等有关制度的不同规定，根据新的规定优于旧的规定的法律适用规则，优先适用物权法的规定。从属性是担保的基本属性，要慎重认定独立担保行为的效力，将其严格限定在法律或者司法解释明确规定的情形。要根据区分原则，准确认定担保合同效力。要坚持物权法定、公示公信原则，区分不动产与动产担保物权在物权变动、效力规则等方面的异同，准确适用法律。要充分发挥担保对缓解融资难融资贵问题的积极作用，不轻易否定新类型担保、非典型担保的合同效力及担保功能。

（一）关于担保的一般规则

54.【独立担保】从属性是担保的基本属性，但由银行或者非银行金融机构开立的独立保函除外。独立保函纠纷案件依据《最高人民法院关于审理独立保函纠纷案件若干问题的规定》处理。需要进一步明确的是：凡是由银行或者非银行金融机构开立的符合该司法解释第 1 条、第 3 条规定情形的保函，无论是用于国际商事交易还是用于国内商事交易，均不影响保函的效力。银行或者非银行金融机构之外的当事人开立的独立保函，以及当事人有关排除担保从属性的约定，应当认定无效。但是，根据“无效法律行为的转换”原理，在否定其独立担保效力的同时，应当将其认定为从属性担保。此时，如果主合同有效，则担保合同有效，担保人与主债务人承担连带保证责任。主合同无效，则该所谓的独立担保也随之无效，担保人无过错的，不承担责任；担保人有过错的，其承担民事责任的部分，不应超过债务人不能清偿部分的三分之一。

55.【担保责任的范围】担保人承担的担保责任范围不应当大于主债务，是担保从属性的必然要求。当事人约定的担保责任的范围大于主债务的，如针对担保责任约定专门的违约责任、担保责任的数额高于主债务、担保责任约定的利息高于主债务利息、担保责任的履行期先于主债务履行期届满，等等，均应当认定大于主债务部分的约定无效，从而使担保责任缩减至主债务的范围。

56.【混合担保中担保人之间的追偿问题】被担保的债权既有保证又有第三人提供的物的担保的，担保法司法解释第 38 条明确规定，承担了担保责任的担保人可以要求其他担保人清偿其应当分担的份额。但《物权法》第 176 条并未作出类似规定，根据《物权法》第 178 条关于“担保法与本法的规定不一致的，适用本法”的规定，承担了担保责任的担保人向其他担保人追偿的，人民法院不予支持，但担保人在担保合同中约定可以相互追偿的除外。

57.【借新还旧的担保物权】贷款到期后，借款人与贷款人订立新的借款合同，将新贷用于归还旧贷，旧贷因清偿而消灭，为旧贷设立的担保物权也随之消灭。贷款人以旧贷上的担保物权尚未进行涂销登记为由，主张对新贷行使担保物权的，人民法院不予支持，但当事人约定继续为新贷提供担保的除外。

58.【担保债权的范围】以登记作为公示方式的不动产担保物权的担保范

围，一般应当以登记的范围为准。但是，我国目前不动产担保物权登记，不同地区的系统设置及登记规则并不一致，人民法院在审理案件时应当充分注意制度设计上的差别，作出符合实际的判断：一是多数省区市的登记系统未设置“担保范围”栏目，仅有“被担保主债权数额（最高债权数额）”的表述，且只能填写固定数字。而当事人在合同中又往往约定担保物权的担保范围包括主债权及其利息、违约金等附属债权，致使合同约定的担保范围与登记不一致。显然，这种不一致是由于该地区登记系统设置及登记规则造成的该地区的普遍现象。人民法院以合同约定认定担保物权的担保范围，是符合实际的妥当选择。二是一些省区市不动产登记系统设置与登记规则比较规范，担保物权登记范围与合同约定一致在该地区是常态或者普遍现象，人民法院在审理案件时，应当以登记的担保范围为准。

59.【主债权诉讼时效届满的法律后果】抵押权人应当在主债权的诉讼时效期间内行使抵押权。抵押权人在主债权诉讼时效届满前未行使抵押权，抵押人在主债权诉讼时效届满后请求涂销抵押权登记的，人民法院依法予以支持。

以登记作为公示方法的权利质权，参照适用前款规定。

（二）关于不动产担保物权

60.【未办理登记的不动产抵押合同的效力】不动产抵押合同依法成立，但未办理抵押登记手续，债权人请求抵押人办理抵押登记手续的，人民法院依法予以支持。因抵押物灭失以及抵押物转让他人等原因不能办理抵押登记，债权人请求抵押人以抵押物的价值为限承担责任的，人民法院依法予以支持，但其范围不得超过抵押权有效设立时抵押人所应当承担的责任。

61.【房地分别抵押】根据《物权法》第182条之规定，仅以建筑物设定抵押的，抵押权的效力及于占用范围内的土地；仅以建设用地使用权抵押的，抵押权的效力亦及于其上的建筑物。在房地分别抵押，即建设用地使用权抵押给一个债权人，而其上的建筑物又抵押给另一个人的情况下，可能产生两个抵押权的冲突问题。基于“房地一体”规则，此时应当将建筑物和建设用地使用权视为同一财产，从而依照《物权法》第199条的规定确定清偿顺序：登记在先的先清偿；同时登记的，按照债权比例清偿。同一天登记的，视为同时登记。应予注意的是，根据《物权法》第200条的规定，建设用地使用权抵押后，该土地上新增的建筑物不属于抵押财产。

62.【抵押权随主债权转让】抵押权是从属于主合同的从权利，根据“从随主”规则，债权转让的，除法律另有规定或者当事人另有约定外，担保该债权的抵押权一并转让。受让人向抵押人主张行使抵押权，抵押人以受让人不是抵押合同的当事人、未办理变更登记等为由提出抗辩的，人民法院不予支持。

（三）关于动产担保物权

63.【流动质押的设立与监管人的责任】在流动质押中，经常由债权人、出质人与监管人订立三方监管协议，此时应当查明监管人究竟是受债权人的委托还是受出质人的委托监管质物，确定质物是否已经交付债权人，从而判断质权是否有效设立。如果监管人系受债权人的委托监管质物，则其是债权人的直接占有人，应当认定完成了质物交付，质权有效设立。监管人违反监管协议约定，违规向出质人放货、因保管不善导致质物毁损灭失，债权人请求监管人承担违约责任的，人民法院依法予以支持。

如果监管人系受出质人委托监管质物，表明质物并未交付债权人，应当认定质权未有效设立。尽管监管协议约定监管人系受债权人的委托监管质物，但有证据证明其并未履行监管职责，质物实际上仍由出质人管领控制的，也应当认定质物并未实际交付，质权未有效设立。此时，债权人可以基于质押合同的约定请求质押人承担违约责任，但其范围不得超过质权有效设立时质押人所应当承担的责任。监管人未履行监管职责的，债权人也可以请求监管人承担违约责任。

64.【浮动抵押的效力】企业将其现有的以及将有的生产设备、原材料、半成品及产品等财产设定浮动抵押后，又将其中的生产设备等部分财产设定了动产抵押，并都办理了抵押登记的，根据《物权法》第199条的规定，登记在先的浮动抵押优先于登记在后的动产抵押。

65.【动产抵押权与质权竞存】同一动产上同时设立质权和抵押权的，应当参照适用《物权法》第199条的规定，根据是否完成公示以及公示先后情况来确定清偿顺序：质权有效设立、抵押权办理了抵押登记的，按照公示先后确定清偿顺序；顺序相同的，按照债权比例清偿；质权有效设立，抵押权未办理抵押登记的，质权优先于抵押权；质权未有效设立，抵押权未办理抵押登记的，因此时抵押权已经有效设立，故抵押权优先受偿。

根据《物权法》第178条规定的精神，担保法司法解释第79条第1款不再适用。

（四）关于非典型担保

66.【担保关系的认定】当事人订立的具有担保功能的合同，不存在法定无效情形的，应当认定有效。虽然合同约定的权利义务关系不属于物权法规定的典型担保类型，但是其担保功能应予肯定。

67.【约定担保物权的效力】债权人与担保人订立担保合同，约定以法律、行政法规未禁止抵押或者质押的财产设定以登记作为公示方法的担保，因无法定的登记机构而未能进行登记的，不具有物权效力。当事人请求按照担保合同的约定就该财产折价、变卖或者拍卖所得价款等方式清偿债务的，人民法院依法予以支持，但对其他权利人不具有对抗效力和优先性。

68.【保兑仓交易】保兑仓交易作为一种新类型融资担保方式，其基本交易模式是，以银行信用为载体、以银行承兑汇票为结算工具、由银行控制货权、卖方（或者仓储方）受托保管货物并以承兑汇票与保证金之间的差额作为担保。其基本的交易流程是：卖方、买方和银行订立三方合作协议，其中买方向银行缴存一定比例的承兑保证金，银行向买方签发以卖方为收款人的银行承兑汇票，买方将银行承兑汇票交付卖方作为货款，银行根据买方缴纳的保证金的一定比例向卖方签发提货单，卖方根据提货单向买方交付对应金额的货物，买方销售货物后，将货款再缴存为保证金。

在三方协议中，一般来说，银行的主要义务是及时签发承兑汇票并按约定方式将其交给卖方，卖方的主要义务是根据银行签发的提货单发货，并在买方未及时销售或者回赎货物时，就保证金与承兑汇票之间的差额部分承担责任。银行为保障自身利益，往往还会约定卖方要将货物交给由其指定的当事人监管，并设定质押，从而涉及监管协议以及流动质押等问题。实践中，当事人还可能在前述基本交易模式基础上另行作出其他约定，只要不违反法律、行政法规的效力性强制性规定，这些约定应当认定有效。

一方当事人因保兑仓交易纠纷提起诉讼的，人民法院应当以保兑仓交易合同作为审理案件的基本依据，但买卖双方没有真实买卖关系的除外。

69.【无真实贸易背景的保兑仓交易】保兑仓交易以买卖双方有真实买卖关系为前提。双方无真实买卖关系的，该交易属于名为保兑仓交易实为借款合同，保兑仓交易因构成虚伪意思表示而无效，被隐藏的借款合同是当事人的真实意思表示，如不存在其他合同无效情形，应当认定有效。保兑仓交易认定为借款合同关系的，不影响卖方和银行之间担保关系的效力，卖方仍应当承担担保责任。

70.【保兑仓交易的合并审理】当事人就保兑仓交易中的不同法律关系的相对方分别或者同时向同一人民法院起诉的，人民法院可以根据民事诉讼法司法解释第221条的规定，合并审理。当事人未起诉某一方当事人的，人民法院可以依职权追加未参加诉讼的当事人为第三人，以便查明相关事实，正确认定责任。

71.【让与担保】债务人或者第三人与债权人订立合同，约定将财产形式上转让至债权人名下，债务人到期清偿债务，债权人将该财产返还给债务人或第三人，债务人到期没有清偿债务，债权人可以对财产拍卖、变卖、折价偿还债权的，人民法院应当认定合同有效。合同如果约定债务人到期没有清偿债务，财产归债权人所有的，人民法院应当认定该部分约定无效，但不影响合同其他部分的效力。

当事人根据上述合同约定，已经完成财产权利变动的公示方式转让至债权人名下，债务人到期没有清偿债务，债权人请求确认财产归其所有的，人民法院不予支持，但债权人请求参照法律关于担保物权的规定对财产拍卖、变卖、折价优先偿还其债权的，人民法院依法予以支持。债务人因到期没有清偿债务，请求对该财产拍卖、变卖、折价偿还所欠债权人合同项下债务的，人民法院亦应依法予以支持。

五、关于金融消费者权益保护纠纷案件的审理

会议认为，在审理金融产品发行人、销售者以及金融服务提供者（以下简称卖方机构）与金融消费者之间因销售各类高风险等级金融产品和为金融消费者参与高风险等级投资活动提供服务而引发的民商事案件中，必须坚持“卖者尽责、买者自负”原则，将金融消费者是否充分了解相关金融产品、投资活动的性质及风险并在此基础上作出自主决定作为应当查明的案件基本事实，依法保护金融消费者的合法权益，规范卖方机构的经营行为，推动形成公开、公平、公正的市场环境和市场秩序。

72.【适当性义务】适当性义务是指卖方机构在向金融消费者推介、销售银行理财产品、保险投资产品、信托理财产品、券商集合理财计划、杠杆基金份额、期权及其他场外衍生品等高风险等级金融产品，以及为金融消费者参与融资融券、新三板、创业板、科创板、期货等高风险等级投资活动提供服务的过程中，必须履行的了解客户、了解产品、将适当的产品（或者服务）销售（或者提供）给适合的金融消费者等义务。卖方机构承担适当性义务的目的是为了确保金融消费者能够在充分了解相关金融产品、投资活动的性质及风险的基础上作出自主决定，并承受由此产生的收益和风险。在推介、销售高风险等级金融产品和

提供高风险等级金融服务领域，适当性义务的履行是“卖者尽责”的主要内容，也是“买者自负”的前提和基础。

73.【法律适用规则】在确定卖方机构适当性义务的内容时，应当以合同法、证券法、证券投资基金法、信托法等法律规定的基本原则和国务院发布的规范性文件作为主要依据。相关部门在部门规章、规范性文件中对高风险等级金融产品的推介、销售，以及为金融消费者参与高风险等级投资活动提供服务作出的监管规定，与法律和国务院发布的规范性文件的规定不相抵触的，可以参照适用。

74.【责任主体】金融产品发行人、销售者未尽适当性义务，导致金融消费者在购买金融产品过程中遭受损失的，金融消费者既可以请求金融产品的发行人承担赔偿责任，也可以请求金融产品的销售者承担赔偿责任，还可以根据《民法总则》第167条的规定，请求金融产品的发行人、销售者共同承担连带赔偿责任。发行人、销售者请求人民法院明确各自的责任份额的，人民法院可以在判决发行人、销售者对金融消费者承担连带赔偿责任的同时，明确发行人、销售者在实际承担了赔偿责任后，有权向责任方追偿其应当承担的赔偿份额。

金融服务提供者未尽适当性义务，导致金融消费者在接受金融服务后参与高风险等级投资活动遭受损失的，金融消费者可以请求金融服务提供者承担赔偿责任。

75.【举证责任分配】在案件审理过程中，金融消费者应当对购买产品（或者接受服务）、遭受的损失等事实承担举证责任。卖方机构对其是否履行了适当性义务承担举证责任。卖方机构不能提供其已经建立了金融产品（或者服务）的风险评估及相应管理制度、对金融消费者的风险认知、风险偏好和风险承受能力进行了测试、向金融消费者告知产品（或者服务）的收益和主要风险因素等相关证据的，应当承担举证不能的法律后果。

76.【告知说明义务】告知说明义务的履行是金融消费者能够真正了解各类高风险等级金融产品或者高风险等级投资活动的投资风险和收益的关键，人民法院应当根据产品、投资活动的风险和金融消费者的实际情况，综合理性人能够理解的客观标准和金融消费者能够理解的主观标准来确定卖方机构是否已经履行了告知说明义务。卖方机构简单地以金融消费者手写了诸如“本人明确知悉可能存在本金损失风险”等内容主张其已经履行了告知说明义务，不能提供其他相关证据的，人民法院对其抗辩理由不予支持。

77.【损失赔偿数额】卖方机构未尽适当性义务导致金融消费者损失的，应当赔偿金融消费者所受的实际损失。实际损失为损失的本金和利息，利息按照中国人民银行发布的同期同类存款基准利率计算。

金融消费者因购买高风险等级金融产品或者为参与高风险投资活动接受服务，以卖方机构存在欺诈行为为由，主张卖方机构应当根据《消费者权益保护法》第55条的规定承担惩罚性赔偿责任的，人民法院不予支持。卖方机构的行为构成欺诈的，对金融消费者提出赔偿其支付金钱总额的利息损失请求，应当注意区分不同情况进行处理：

（1）金融产品的合同文本中载明了预期收益率、业绩比较基准或者类似约定的，可以将其作为计算利息损失的标准；

（2）合同文本以浮动区间的方式对预期收益率或者业绩比较基准等进行约定，金融消费者请求按照约定的上限作为利息损失计算标准的，人民法院依法予以支持；

（3）合同文本虽然没有关于预期收益率、业绩比较基准或者类似约定，但金融消费者能够提供证据证明产品发行的广告宣传资料中载明了预期收益率、业绩比较基准或者类似表述的，应当将宣传资料作为合同文本的组成部分；

（4）合同文本及广告宣传资料中未载明预期收益率、业绩比较基准或者类似表述的，按照全国银行间同业拆借中心公布的贷款市场报价利率计算。

78.【免责事由】因金融消费者故意提供虚假信息、拒绝听取卖方机构的建议等自身原因导致其购买产品或者接受服务不适当，卖方机构请求免除相应责任的，人民法院依法予以支持，但金融消费者能够证明该虚假信息的出具系卖方机构误导的除外。卖方机构能够举证证明根据金融消费者的既往投资经验、受教育程度等事实，适当性义务的违反并未影响金融消费者作出自主决定的，对其关于应当由金融消费者自负投资风险的抗辩理由，人民法院依法予以支持。

六、关于证券纠纷案件的审理

（一）关于证券虚假陈述

会议认为，《最高人民法院关于审理证券市场因虚假陈述引发的民事赔偿案件的若干规定》施行以来，证券市场的发展出现了新的情况，证券虚假陈述纠纷案件的审理对司法能力提出了更高的要求。在案件审理过程中，对于需要借助其他学科领域的专业知识进行职业判断的问题，要充分发挥专家证人的作用，使得案件的事实认定符合证券市场的基本常识和普遍认知或者认可的经验法则，责任承担与侵权行为及其主观过错程度相匹配，在切实维护投资者合法权益的同时，通过民事责任追究实现震慑违法的功能，维护公开、公平、公正的资本市场秩序。

79.【共同管辖的案件移送】原告以发行人、上市公司以外的虚假陈述行为人为被告提起诉讼，被告申请追加发行人或者上市公司为共同被告的，人民法院应予准许。人民法院在追加后发现其他有管辖权的人民法院已先行受理因同一虚假陈述引发的民事赔偿案件的，应当按照民事诉讼法司法解释第 36 条的规定，将案件移送给先立案的人民法院。

80.【案件审理方式】案件审理方式方面，在传统的“一案一立、分别审理”的方式之外，一些人民法院已经进行了将部分案件合并审理、在示范判决基础上委托调解等改革，初步实现了案件审理的集约化和诉讼经济。在认真总结审判实践经验的基础上，有条件的地方人民法院可以选择个案以《民事诉讼法》第 54 条规定的代表人诉讼方式进行审理，逐步展开试点工作。就案件审理中涉及的适格原告范围认定、公告通知方式、投资者权利登记、代表人推选、执行款项的发放等具体工作，积极协调相关部门和有关方面，推动信息技术审判辅助平台和常态化、可持续的工作机制建设，保障投资者能够便捷、高效、透明和低成本地维护自身合法权益，为构建符合中国国情的证券民事诉讼制度积累审判经验，培养审判队伍。

81.【立案登记】多个投资者就同一虚假陈述向人民法院提起诉讼，可以采用代表人诉讼方式对案件进行审理的，人民法院在登记立案时可以根据原告起诉状中所描述的虚假陈述的数量、性质及其实施日、揭露日或者更正日等时间节点，将投资者作为共同原告统一立案登记。原告主张被告实施了多个虚假陈述的，可以分别立案登记。

82.【案件甄别及程序决定】人民法院决定采用《民事诉讼法》第 54 条规定的方式审理案件的，在发出公告前，应当先行就被告的行为是否构成虚假陈述，投资者的交易方向与诱多、诱空的虚假陈述是否一致，以及虚假陈述的实施日、揭露日或者更正日等案件基本事实进行审查。

83.【选定代表人】权利登记的期间届满后，人民法院应当通知当事人在指定期间内完成代表人的推选工作。推选不出代表人的，人民法院可以与当事人商定代表人。人民法院在提出人选时，应当将当事人诉讼请求的典型性和利益诉求的份额等作为考量因素，确保代表行为能够充分、公正地表达投资者的诉讼主张。国家设立的投资者保护机构以自己的名义提起诉讼，或者接受投资者的委托指派工作人员或者委托诉讼代理人参与案件审理活动的，人民法院可以商定该机构或者其代理的当事人作为代表人。

84.【揭露日和更正日的认定】虚假陈述的揭露和更正，是指虚假陈述被市场所知悉、了解，其精确程度并不以“镜像规则”为必要，不要求达到全面、完整、准确的程度。原则上，只要交易市场对监管部门立案调查、权威媒体刊载的揭露文章等信息存在着明显的反应，对一方主张市场已经知悉虚假陈述的抗辩，人民法院依法予以支持。

85.【重大性要件的认定】审判实践中，部分人民法院对重大性要件和信赖要件存在着混淆认识，以行政处罚认定的信息披露违法行为对投资者的交易决定没有影响为由否定违法行为的重大性，应当引起注意。重大性是指可能对投资者进行投资决策具有重要影响的信息，虚假陈述已经被监管部门行政处罚的，应当认为是具有重大性的违法行为。在案件审理过程中，对于一方提出的监管部门作出处罚决定的行为不具有重大性的抗辩，人民法院不予支持，同时应当向其释明，该抗辩并非民商事案件的审理范围，应当通过行政复议、行政诉讼加以解决。

（二）关于场外配资

会议认为，将证券市场的信用交易纳入国家统一监管的范围，是维护金融市场透明度和金融稳定的重要内容。不受监管的场外配资业务，不仅盲目扩张了资本市场信用交易的规模，也容易冲击资本市场的交易秩序。融资融券作为证券市场的主要信用交易方式和证券经营机构的核心业务之一，依法属于国家特许经营的金融业务，未经依法批准，任何单位和个人不得非法从事配资业务。

86.【场外配资合同的效力】从审判实践看，场外配资业务主要是指一些P2P公司或者私募类配资公司利用互联网信息技术，搭建起游离于监管体系之外的融资业务平台，将资金融出方、资金融入方即用资人和券商营业部三方连接起来，配资公司利用计算机软件系统的二级分仓功能将其自有资金或者以较低成本融入的资金出借给用资人，赚取利息收入的行为。这些场外配资公司所开展的经营活动，本质上属于只有证券公司才能依法开展的融资活动，不仅规避了监管部门对融资融券业务中资金来源、投资标的、杠杆比例等诸多方面的限制，也加剧了市场的非理性波动。在案件审理过程中，除依法取得融资融券资格的证券公司与客户开展的融资融券业务外，对其他任何单位或者个人与用资人的场外配资合同，人民法院应当根据《证券法》第142条、合同法司法解释（一）第10条的规定，认定为无效。

87.【合同无效的责任承担】场外配资合同被确认无效后，配资方依场外配资合同的约定，请求用资人向其支付约定的利息和费用的，人民法院不予支持。

配资方依场外配资合同的约定，请求分享用资人因使用配资所产生的收益的，人民法院不予支持。

用资人以其因使用配资导致投资损失为由请求配资方予以赔偿的，人民法院不予支持。用资人能够证明因配资方采取更改密码等方式控制账户使得用资人无法及时平仓止损，并据此请求配资方赔偿其因此遭受的损失的，人民法院依法予以支持。

用资人能够证明配资合同是因配资方招揽、劝诱而订立，请求配资方赔偿其全部或者部分损失的，人民法院应当综合考虑配资方招揽、劝诱行为的方式、对用资人的实际影响、用资人自身的投资经历、风险判断和承受能力等因素，判决配资方承担与其过错相适应的赔偿责任。

七、关于营业信托纠纷案件的审理

会议认为，从审判实践看，营业信托纠纷主要表现为事务管理信托纠纷和主动管理信托纠纷两种类型。在事务管理信托纠纷案件中，对信托公司开展和参与的多层嵌套、通道业务、回购承诺等融资活动，要以其实际构成的法律关系确定其效力，并在此基础上依法确定各方的权利义务。在主动管理信托纠纷案件中，应当重点审查受托人在"受人之托，忠人之事"的财产管理过程中，是否恪尽职守，履行了谨慎、有效管理等法定或者约定义务。

88.【营业信托纠纷的认定】信托公司根据法律法规以及金融监督管理部门的监管规定，以取得信托报酬为目的接受委托人的委托，以受托人身份处理信托事务的经营行为，属于营业信托。由此产生的信托当事人之间的纠纷，为营业信托纠纷。

根据《关于规范金融机构资产管理业务的指导意见》的规定，其他金融机构开展的资产管理业务构成信托关系的，当事人之间的纠纷适用信托法及其他有关规定处理。

89.【资产或者资产收益权转让及回购】信托公司在资金信托成立后，以募集的信托资金受让特定资产或者特定资产收益权，属于信托公司在资金依法募集后的资金运用行为，由此引发的纠纷不应当认定为营业信托纠纷。如果合同中约定由转让方或者其指定的第三方在一定期间后以交易本金加上溢价款等固定价款无条件回购的，无论转让方所转让的标的物是否真实存在、是否实际交付或者过户，只要合同不存在法定无效事由，对信托公司提出的由转让方或者其指定的第三方按约定承担责任的诉讼请求，人民法院依法予以支持。

当事人在相关合同中同时约定采用信托公司受让目标公司股权、向目标公司增资方式并以相应股权担保债权实现的，应当认定在当事人之间成立让与担保法律关系。当事人之间的具体权利义务，根据本纪要第 71 条的规定加以确定。

90.【劣后级受益人的责任承担】信托文件及相关合同将受益人区分为优先级受益人和劣后级受益人等不同类别，约定优先级受益人以其财产认购信托计划份额，在信托到期后，劣后级受益人负有对优先级受益人从信托财产获得利益与其投资本金及约定收益之间的差额承担补足义务，优先级受益人请求劣后级受益人按照约定承担责任的，人民法院依法予以支持。

信托文件中关于不同类型受益人权利义务关系的约定，不影响受益人与受托人之间信托法律关系的认定。

91.【增信文件的性质】信托合同之外的当事人提供第三方差额补足、代为履行到期回购义务、流动性支持等类似承诺文件作为增信措施，其内容符合法律关于保证的规定的，人民法院应当认定当事人之间成立保证合同关系。其内容不符合法律关于保证的规定的，依据承诺文件的具体内容确定相应的权利义务关系，并根据案件事实情况确定相应的民事责任。

92.【保底或者刚兑条款无效】信托公司、商业银行等金融机构作为资产管理产品的受托人与受益人订立的含有保证本息固定回报、保证本金不受损失等保底或者刚兑条款的合同，人民法院应当认定该条款无效。受益人请求受托人对其损失承担与其过错相适应的赔偿责任的，人民法院依法予以支持。

实践中，保底或者刚兑条款通常不在资产管理产品合同中明确约定，而是以"抽屉协议"或者其他方式约定，不管形式如何，均应认定无效。

93.【通道业务的效力】当事人在信托文件中约定，委托人自主决定信托设立、信托财产运用对象、信托财产管理运用处分方式等事宜，自行承担信托资产的风险管理责任和相应风险损失，受托人仅提供必要的事务协助或者服务，不承担主动管理职责的，应当认定为通道业务。《中国人民银行、中国银行保险监督管理委员会、中国证券监督管理委员会、国家外汇管理局关于规范金融机构资产管理业务的指导意见》第22条在规定“金融机构不得为其他金融机构的资产管理产品提供规避投资范围、杠杆约束等监管要求的通道服务”的同时，也在第29条明确按照“新老划断”原则，将过渡期设置为截止2020年底，确保平稳过渡。在过渡期内，对通道业务中存在的利用信托通道掩盖风险，规避资金投向、资产分类、拨备计提和资本占用等监管规定，或者通过信托通道将表内资产虚假出表等信托业务，如果不存在其他无效事由，一方以信托目的违法违规为由请求确认无效的，人民法院不予支持。至于委托人和受托人之间的权利义务关系，应当依据信托文件的约定加以确定。

94.【受托人的举证责任】资产管理产品的委托人以受托人未履行勤勉尽责、公平对待客户等义务损害其合法权益为由，请求受托人承担损害赔偿责任的，应当由受托人举证证明其已经履行了义务。受托人不能举证证明，委托人请求其承担相应赔偿责任的，人民法院依法予以支持。

95.【信托财产的诉讼保全】信托财产在信托存续期间独立于委托人、受托人、受益人各自的固有财产。委托人将其财产委托给受托人进行管理，在信托依法设立后，该信托财产即独立于委托人未设立信托的其他固有财产。受托人因承诺信托而取得的信托财产，以及通过对信托财产的管理、运用、处分等方式取得的财产，均独立于受托人的固有财产。受益人对信托财产享有的权利表现为信托受益权，信托财产并非受益人的责任财产。因此，当事人因其与委托人、受托人或者受益人之间的纠纷申请对存管银行或者信托公司专门账户中的信托资金采取保全措施的，除符合《信托法》第17条规定的情形外，人民法院不应当准许。已经采取保全措施的，存管银行或者信托公司能够提供证据证明该账户为信托账户的，应当立即解除保全措施。对信托公司管理的其他信托财产的保全，也应当根据前述规则办理。

当事人申请对受益人的受益权采取保全措施的，人民法院应当根据《信托法》第47条的规定进行审查，决定是否采取保全措施。决定采取保全措施的，应当将保全裁定送达受托人和受益人。

96.【信托公司固有财产的诉讼保全】除信托公司作为被告外，原告申请对信托公司固有资金账户的资金采取保全措施的，人民法院不应准许。信托公司作为被告，确有必要对其固有财产采取诉讼保全措施的，必须强化善意执行理念，防范发生金融风险。要严格遵守相应的适用条件与法定程序，坚决杜绝超标的执行。在采取具体保全措施时，要尽量寻求依法平等保护各方利益的平衡点，优先采取方便执行且对信托公司正常经营影响最小的执行措施，能采取“活封”“活扣”措施的，尽量不进行“死封”“死扣”。在条件允许的情况下，可以为信托公司预留必要的流动资金和往来账户，最大限度降低对信托公司正常经营活动的不利影响。信托公司申请解除财产保全符合法律、司法解释规定情形的，应当在法定期限内及时解除保全措施。

八、关于财产保险合同纠纷案件的审理

会议认为，妥善审理财产保险合同纠纷案件，对于充分发挥保险的风险管理和保障功能，依法保护各方当事人合法权益，实现保险业持续健康发展和服务实体经济，具有重大意义。

97.【未依约支付保险费的合同效力】当事人在财产保险合同中约定以投保人支付保险费作为合同生效条件，但对该生效条件是否为全额支付保险费约定不明，已经支付了部分保险费的投保人主张保险合同已经生效的，人民法院依法予以支持。

98.【仲裁协议对保险人的效力】被保险人和第三者在保险事故发生前达成的仲裁协议，对行使保险代位求偿权的保险人是否具有约束力，实务中存在争议。保险代位求偿权是一种法定债权转让，保险人在向被保险人赔偿保险金后，有权行使被保险人对第三者请求赔偿的权利。被保险人和第三者在保险事故发生前达成的仲裁协议，对保险人具有约束力。考虑到涉外民商事案件的处理常常涉及国际条约、国际惯例的适用，相关问题具有特殊性，故具有涉外因素的民商事纠纷案件中该问题的处理，不纳入本条规范的范围。

99.【直接索赔的诉讼时效】商业责任保险的被保险人给第三者造成损害，被保险人对第三者应当承担的赔偿责任确定后，保险人应当根据被保险人的请求，直接向第三者赔偿保险金。被保险人怠于提出请求的，第三者有权依据《保险法》第 65 条第 2 款的规定，就其应获赔偿部分直接向保险人请求赔偿保险金。保险人拒绝赔偿的，第三者请求保险人直接赔偿保险金的诉讼时效期间的起算时间如何认定，实务中存在争议。根据诉讼时效制度的基本原理，第三者请求保险人直接赔偿保险金的诉讼时效期间，自其知道或者应当知道向保险人的保险金赔偿请求权行使条件成就之日起计算。

九、关于票据纠纷案件的审理

会议认为，人民法院在审理票据纠纷案件时，应当注意区分票据的种类和功

能，正确理解票据行为无因性的立法目的，在维护票据流通性功能的同时，依法认定票据行为的效力，依法确认当事人之间的权利义务关系以及保护合法持票人的权益，防范和化解票据融资市场风险，维护票据市场的交易安全。

100.【合谋伪造贴现申请材料的后果】贴现行的负责人或者有权从事该业务的工作人员与贴现申请人合谋，伪造贴现申请人与其前手之间具有真实的商品交易关系的合同、增值税专用发票等材料申请贴现，贴现行主张其享有票据权利的，人民法院不予支持。对贴现行因支付资金而产生的损失，按照基础关系处理。

101.【民间贴现行为的效力】票据贴现属于国家特许经营业务，合法持票人向不具有法定贴现资质的当事人进行"贴现"的，该行为应当认定无效，贴现款和票据应当相互返还。当事人不能返还票据的，原合法持票人可以拒绝返还贴现款。人民法院在民商事案件审理过程中，发现不具有法定资质的当事人以"贴现"为业的，因该行为涉嫌犯罪，应当将有关材料移送公安机关。民商事案件的审理必须以相关刑事案件的审理结果为依据的，应当中止诉讼，待刑事案件审结后，再恢复案件的审理。案件的基本事实无须以相关刑事案件的审理结果为依据的，人民法院应当继续审理。

根据票据行为无因性原理，在合法持票人向不具有贴现资质的主体进行"贴现"，该"贴现"人给付贴现款后直接将票据交付其后手，其后手支付对价并记载自己为被背书人后，又基于真实的交易关系和债权债务关系将票据进行背书转让的情形下，应当认定最后持票人为合法持票人。

102.【转贴现协议】转贴现是通过票据贴现持有票据的商业银行为了融通资金，在票据到期日之前将票据权利转让给其他商业银行，由转贴现行在收取一定的利息后，将转贴现款支付给持票人的票据转让行为。转贴现行提示付款被拒付后，依据转贴现协议的约定，请求未在票据上背书的转贴现申请人按照合同法律关系返还转贴现款并赔偿损失的，案由应当确定为合同纠纷。转贴现合同法律关系有效成立的，对于原告的诉讼请求，人民法院依法予以支持。当事人虚构转贴现事实，或者当事人之间不存在真实的转贴现合同法律关系的，人民法院应当向当事人释明按照真实交易关系提出诉讼请求，并按照真实交易关系和当事人约定本意依法确定当事人的责任。

103.【票据清单交易、封包交易案件中的票据权利】审判实践中，以票据贴现为手段的多链条融资模式引发的案件应当引起重视。这种交易俗称票据清单交易、封包交易，是指商业银行之间就案涉票据订立转贴现或者回购协议，附以票据清单，或者将票据封包作为质押，双方约定按照票据清单中列明的基本信息进行票据转贴现或者回购，但往往并不进行票据交付和背书。实务中，双方还往往再订立一份代保管协议，约定由原票据持有人代对方继续持有票据，从而实现合法、合规的形式要求。

出资银行仅以参与交易的单个或者部分银行为被告提起诉讼行使票据追索权，被告能够举证证明票据交易存在诸如不符合正常转贴现交易顺序的倒打款、未进行背书转让、票据未实际交付等相关证据，并据此主张相关金融机构之间并无转贴现的真实意思表示，抗辩出资银行不享有票据权利的，人民法院依法予以支持。

出资银行在取得商业承兑汇票后又将票据转贴现给其他商业银行，持票人向其前手主张票据权利的，人民法院依法予以支持。

104.【票据清单交易、封包交易案件的处理原则】在村镇银行、农信社等作为直贴行，农信社、农商行、城商行、股份制银行等多家金融机构共同开展以商业承兑汇票为基础的票据清单交易、封包交易引发的纠纷案件中，在商业承兑汇票的出票人等实际用资人不能归还票款的情况下，为实现纠纷的一次性解决，出资银行以实际用资人和参与交易的其他金融机构为共同被告，请求实际用资人归还本息、参与交易的其他金融机构承担与其过错相适应的赔偿责任的，人民法院依法予以支持。

出资银行仅以整个交易链条的部分当事人为被告提起诉讼的，人民法院应当向其释明，其应当申请追加参与交易的其他当事人作为共同被告。出资银行拒绝追加实际用资人为被告的，人民法院应当驳回其诉讼请求；出资银行拒绝追加参与交易的其他金融机构为被告的，人民法院在确定其他金融机构的过错责任范围时，应当将未参加诉讼的当事人应当承担的相应份额作为考量因素，相应减轻本案当事人的责任。在确定参与交易的其他金融机构的过错责任范围时，可以参照其收取的“通道费”“过桥费”等费用的比例以及案件的其他情况综合加以确定。

105.【票据清单交易、封包交易案件中的民刑交叉问题】人民法院在案件审理过程中，如果发现公安机关已经就实际用资人、直贴行、出资银行的工作人员涉嫌骗取票据承兑罪、伪造印章罪等立案侦查，一方当事人根据《最高人民法院关于在审理经济纠纷案件中涉及经济犯罪嫌疑若干问题的规定》第 11 条的规定申请将案件移送公安机关的，因该节事实对于查明出资银行是否为正当持票人，以及参与交易的其他金融机构的抗辩理由能否成立存在重要关联，人民法院应当将有关材料移送公安机关。民商事案件的审理必须以相关刑事案件的审理结果为依据的，应当中止诉讼，待刑事案件审结后，再恢复案件的审理。案件的基本事实无须以相关刑事案件的审理结果为依据的，人民法院应当继续案件的审理。

参与交易的其他商业银行以公安机关已经对其工作人员涉嫌受贿、伪造印章等犯罪立案侦查为由请求将案件移送公安机关的，因该节事实并不影响相关当事人民事责任的承担，人民法院应当根据《最高人民法院关于在审理经济纠纷案件中涉及经济犯罪嫌疑若干问题的规定》第10条的规定继续审理。

106.【恶意申请公示催告的救济】公示催告程序本为对合法持票人进行失票救济所设，但实践中却沦为部分票据出卖方在未获得票款情形下，通过伪报票据丧失事实申请公示催告、阻止合法持票人行使票据权利的工具。对此，民事诉讼法司法解释已经作出了相应规定。适用时，应当区别付款人是否已经付款等情形，作出不同认定：

（1）在除权判决作出后，付款人尚未付款的情况下，最后合法持票人可以根据《民事诉讼法》第223条的规定，在法定期限内请求撤销除权判决，待票据恢复效力后再依法行使票据权利。最后合法持票人也可以基于基础法律关系向其直接前手退票并请求其直接前手另行给付基础法律关系项下的对价。

（2）除权判决作出后，付款人已经付款的，因恶意申请公示催告并持除权判决获得票款的行为损害了最后合法持票人的权利，最后合法持票人请求申请人承担侵权损害赔偿责任的，人民法院依法予以支持。

十、关于破产纠纷案件的审理

会议认为，审理好破产案件对于推动高质量发展、深化供给侧结构性改革、营造稳定公平透明可预期的营商环境，具有十分重要的意义。要继续深入推进破产审判工作的市场化、法治化、专业化、信息化，充分发挥破产审判公平清理债权债务、促进优胜劣汰、优化资源配置、维护市场经济秩序等重要功能。一是要继续加大对破产保护理念的宣传和落实，及时发挥破产重整制度的积极拯救功能，通过平衡债权人、债务人、出资人、员工等利害关系人的利益，实现社会整体价值最大化；注重发挥和解程序简便快速清理债权债务关系的功能，鼓励当事人通过和解程序或者达成自行和解的方式实现各方利益共赢；积极推进清算程序中的企业整体处置方式，有效维护企业营运价值和职工就业。二是要推进不符合国家产业政策、丧失经营价值的企业主体尽快从市场退出，通过依法简化破产清算程序流程加快对“僵尸企业”的清理。三是要注重提升破产制度实施的经济效益，降低破产程序运行的时间和成本，有效维护企业营运价值，最大程度发挥各类要素和资源潜力，减少企业破产给社会经济造成的损害。四是要积极稳妥进行实践探索，加强理论研究，分步骤、有重点地推进建立自然人破产制度，进一步推动健全市场主体退出制度。

107.【继续推动破产案件的及时受理】充分发挥破产重整案件信息网的线上预约登记功能，提高破产案件的受理效率。当事人提出破产申请的，人民法院不得以非法定理由拒绝接收破产申请材料。如果可能影响社会稳定的，要加强府院协调，制定相应预案，但不应当以“影响社会稳定”之名，行消极不作为之实。破产申请材料不完备的，立案部门应当告知当事人在指定期限内补充材料，待材料齐备后以“破申”作为案件类型代字编制案号登记立案，并及时将案件移送破产审判部门进行破产审查。

注重发挥破产和解制度简便快速清理债权债务关系的功能，债务人根据《企业破产法》第 95 条的规定，直接提出和解申请，或者在破产申请受理后宣告破产前申请和解的，人民法院应当依法受理并及时作出是否批准的裁定。

108.【破产申请的不予受理和撤回】人民法院裁定受理破产申请前，提出破产申请的债权人的债权因清偿或者其他原因消灭的，因申请人不再具备申请资格，人民法院应当裁定不予受理。但该裁定不影响其他符合条件的主体再次提出破产申请。破产申请受理后，管理人以上述清偿符合《企业破产法》第 31 条、第 32 条为由请求撤销的，人民法院查实后应当予以支持。

人民法院裁定受理破产申请系对债务人具有破产原因的初步认可，破产申请受理后，申请人请求撤回破产申请的，人民法院不予准许。除非存在《企业破产法》第 12 条第 2 款规定的情形，人民法院不得裁定驳回破产申请。

109.【受理后债务人财产保全措施的处理】要切实落实破产案件受理后相关保全措施应予解除、相关执行措施应当中止、债务人财产应当及时交付管理人等规定，充分运用信息化技术手段，通过信息共享与整合，维护债务人财产的完整性。相关人民法院拒不解除保全措施或者拒不中止执行的，破产受理人民法院可以请求该法院的上级人民法院依法予以纠正。对债务人财产采取保全措施或者执行措施的人民法院未依法及时解除保全措施、移交处置权，或者中止执行程序并移交有关财产的，上级人民法院应当依法予以纠正。相关人员违反上述规定造成严重后果的，破产受理人民法院可以向人民法院纪检监察部门移送其违法审判责任线索。

人民法院审理企业破产案件时，有关债务人财产被其他具有强制执行权力的国家行政机关，包括税务机关、公安机关、海关等采取保全措施或者执行程序的，人民法院应当积极与上述机关进行协调和沟通，取得有关机关的配合，参照上述具体操作规程，解除有关保全措施，中止有关执行程序，以便保障破产程序顺利进行。

110. 【受理后有关债务人诉讼的处理】人民法院受理破产申请后，已经开始而尚未终结的有关债务人的民事诉讼，在管理人接管债务人财产和诉讼事务后继续进行。债权人已经对债务人提起的给付之诉，破产申请受理后，人民法院应当继续审理，但是在判定相关当事人实体权利义务时，应当注意与企业破产法及其司法解释的规定相协调。

上述裁判作出并生效前，债权人可以同时向管理人申报债权，但其作为债权尚未确定的债权人，原则上不得行使表决权，除非人民法院临时确定其债权额。上述裁判生效后，债权人应当根据裁判认定的债权数额在破产程序中依法统一受偿，其对债务人享有的债权利息应当按照《企业破产法》第 46 条第 2 款的规定停止计算。

人民法院受理破产申请后，债权人新提起的要求债务人清偿的民事诉讼，人民法院不予受理，同时告知债权人应当向管理人申报债权。债权人申报债权后，对管理人编制的债权表记载有异议的，可以根据《企业破产法》第 58 条的规定提起债权确认之诉。

111. 【债务人自行管理的条件】重整期间，债务人同时符合下列条件的，经申请，人民法院可以批准债务人在管理人的监督下自行管理财产和营业事务：

（1）债务人的内部治理机制仍正常运转；

（2）债务人自行管理有利于债务人继续经营；

（3）债务人不存在隐匿、转移财产的行为；

（4）债务人不存在其他严重损害债权人利益的行为。

债务人提出重整申请时可以一并提出自行管理的申请。经人民法院批准由债务人自行管理财产和营业事务的，企业破产法规定的管理人职权中有关财产管理和营业经营的职权应当由债务人行使。

管理人应当对债务人的自行管理行为进行监督。管理人发现债务人存在严重损害债权人利益的行为或者有其他不适宜自行管理情形的，可以申请人民法院作出终止债务人自行管理的决定。人民法院决定终止的，应当通知管理人接管债务人财产和营业事务。债务人有上述行为而管理人未申请人民法院作出终止决定的，债权人等利害关系人可以向人民法院提出申请。

112.【重整中担保物权的恢复行使】重整程序中，要依法平衡保护担保物权人的合法权益和企业重整价值。重整申请受理后，管理人或者自行管理的债务人应当及时确定设定有担保物权的债务人财产是否为重整所必需。如果认为担保物不是重整所必需，管理人或者自行管理的债务人应当及时对担保物进行拍卖或者变卖，拍卖或者变卖担保物所得价款在支付拍卖、变卖费用后优先清偿担保物权人的债权。

在担保物权暂停行使期间，担保物权人根据《企业破产法》第 75 条的规定向人民法院请求恢复行使担保物权的，人民法院应当自收到恢复行使担保物权申请之日起三十日内作出裁定。经审查，担保物权人的申请不符合第 75 条的规定，或者虽然符合该条规定但管理人或者自行管理的债务人有证据证明担保物是重整所必需，并且提供与减少价值相应担保或者补偿的，人民法院应当裁定不予批准恢复行使担保物权。担保物权人不服该裁定的，可以自收到裁定书之日起十日内，向作出裁定的人民法院申请复议。人民法院裁定批准行使担保物权的，管理人或者自行管理的债务人应当自收到裁定书之日起十五日内启动对担保物的拍卖或者变卖，拍卖或者变卖担保物所得价款在支付拍卖、变卖费用后优先清偿担保物权人的债权。

113.【重整计划监督期间的管理人报酬及诉讼管辖】要依法确保重整计划的执行和有效监督。重整计划的执行期间和监督期间原则上应当一致。二者不一致的，人民法院在确定和调整重整程序中的管理人报酬方案时，应当根据重整期间和重整计划监督期间管理人工作量的不同予以区别对待。其中，重整期间的管理人报酬应当根据管理人对重整发挥的实际作用等因素予以确定和支付；重整计划监督期间管理人报酬的支付比例和支付时间，应当根据管理人监督职责的履行情况，与债权人按照重整计划实际受偿比例和受偿时间相匹配。

重整计划执行期间，因重整程序终止后新发生的事实或者事件引发的有关债务人的民事诉讼，不适用《企业破产法》第 21 条有关集中管辖的规定。除重整计划有明确约定外，上述纠纷引发的诉讼，不再由管理人代表债务人进行。

114.【重整程序与破产清算程序的衔接】重整期间或者重整计划执行期间，债务人因法定事由被宣告破产的，人民法院不再另立新的案号，原重整程序的管理人原则上应当继续履行破产清算程序中的职责。原重整程序的管理人不能继续履行职责或者不适宜继续担任管理人的，人民法院应当依法重新指定管理人。

重整程序转破产清算案件中的管理人报酬，应当综合管理人为重整工作和清算工作分别发挥的实际作用等因素合理确定。重整期间因法定事由转入破产清算程序的，应当按照破产清算案件确定管理人报酬。重整计划执行期间因法定事由转入破产清算程序的，后续破产清算阶段的管理人报酬应当根据管理人实际工作量予以确定，不能简单根据债务人最终清偿的财产价值总额计算。

重整程序因人民法院裁定批准重整计划草案而终止的，重整案件可作结案处理。重整计划执行完毕后，人民法院可以根据管理人等利害关系人申请，作出重整程序终结的裁定。

115.【庭外重组协议效力在重整程序中的延伸】继续完善庭外重组与庭内重整的衔接机制，降低制度性成本，提高破产制度效率。人民法院受理重整申请前，债务人和部分债权人已经达成的有关协议与重整程序中制作的重整计划草案内容一致的，有关债权人对该协议的同意视为对该重整计划草案表决的同意。但重整计划草案对协议内容进行了修改并对有关债权人有不利影响，或者与有关债权人重大利益相关的，受到影响的债权人有权按照企业破产法的规定对重整计划草案重新进行表决。

116.【审计、评估等中介机构的确定及责任】要合理区分人民法院和管理人在委托审计、评估等财产管理工作中的职责。破产程序中确实需要聘请中介机构对债务人财产进行审计、评估的，根据《企业破产法》第28条的规定，经人民法院许可后，管理人可以自行公开聘请，但是应当对其聘请的中介机构的相关行为进行监督。上述中介机构因不当履行职责给债务人、债权人或者第三人造成损害的，应当承担赔偿责任。管理人在聘用过程中存在过错的，应当在其过错范围内承担相应的补充赔偿责任。

117.【公司解散清算与破产清算的衔接】要依法区分公司解散清算与破产清算的不同功能和不同适用条件。债务人同时符合破产清算条件和强制清算条件的，应当及时适用破产清算程序实现对债权人利益的公平保护。债权人对符合破产清算条件的债务人提起公司强制清算申请，经人民法院释明，债权人仍然坚持申请对债务人强制清算的，人民法院应当裁定不予受理。

118.【无法清算案件的审理与责任承担】人民法院在审理债务人相关人员下落不明或者财产状况不清的破产案件时，应当充分贯彻债权人利益保护原则，避免债务人通过破产程序不当损害债权人利益，同时也要避免不当突破股东有限责任原则。

人民法院在适用《最高人民法院关于债权人对人员下落不明或者财产状况不清的债务人申请破产清算案件如何处理的批复》第3款的规定，判定债务人相关人员承担责任时，应当依照企业破产法的相关规定来确定相关主体的义务内容和责任范围，不得根据公司法司法解释（二）第18条第2款的规定来判定相关主体的责任。

上述批复第3款规定的“债务人的有关人员不履行法定义务，人民法院可依据有关法律规定追究其相应法律责任”，系指债务人的法定代表人、财务管理人员和其他经营管理人员不履行《企业破产法》第15条规定的配合清算义务，人民法院可以根据《企业破产法》第126条、第127条追究其相应法律责任，或者参照《民事诉讼法》第111条的规定，依法拘留，构成犯罪的，依法追究刑事责任；债务人的法定代表人或者实际控制人不配合清算的，人民法院可以依据《出境入境管理法》第12条的规定，对其作出不准出境的决定，以确保破产程序顺利进行。

上述批复第3款规定的“其行为导致无法清算或者造成损失”，系指债务人的有关人员不配合清算的行为导致债务人财产状况不明，或者依法负有清算责任的人未依照《企业破产法》第7条第3款的规定及时履行破产申请义务，导致债务人主要财产、账册、重要文件等灭失，致使管理人无法执行清算职务，给债权人利益造成损害。“有关权利人起诉请求其承担相应民事责任”，系指管理人请求上述主体承担相应损害赔偿责任并将因此获得的赔偿归入债务人财产。管理人未主张上述赔偿，个别债权人可以代表全体债权人提起上述诉讼。

上述破产清算案件被裁定终结后，相关主体以债务人主要财产、账册、重要文件等重新出现为由，申请对破产清算程序启动审判监督的，人民法院不予受理，但符合《企业破产法》第123条规定的，债权人可以请求人民法院追加分配。

十一、关于案外人救济案件的审理

案外人救济案件包括案外人申请再审、案外人执行异议之诉和第三人撤销之诉三种类型。修改后的民事诉讼法在保留案外人执行异议之诉及案外人申请再审的基础上，新设立第三人撤销之诉制度，在为案外人权利保障提供更多救济渠道的同时，因彼此之间错综复杂的关系也容易导致认识上的偏差，有必要厘清其相互之间的关系，以便正确适用不同程序，依法充分保护各方主体合法权益。

119. 【案外人执行异议之诉的审理】案外人执行异议之诉以排除对特定标的物的执行为目的，从程序上而言，案外人依据《民事诉讼法》第 227 条提出执行异议被驳回的，即可向执行人民法院提起执行异议之诉。人民法院对执行异议之诉的审理，一般应当就案外人对执行标的物是否享有权利、享有什么样的权利、权利是否足以排除强制执行进行判断。至于是否作出具体的确权判项，视案外人的诉讼请求而定。案外人未提出确权或者给付诉讼请求的，不作出确权判项，仅在裁判理由中进行分析判断并作出是否排除执行的判项即可。但案外人既提出确权、给付请求，又提出排除执行请求的，人民法院对该请求是否支持、是否排除执行，均应当在具体判项中予以明确。执行异议之诉不以否定作为执行依据的生效裁判为目的，案外人如认为裁判确有错误的，只能通过申请再审或者提起第三人撤销之诉的方式进行救济。

120. 【债权人能否提起第三人撤销之诉】第三人撤销之诉中的第三人仅局限于《民事诉讼法》第 56 条规定的有独立请求权及无独立请求权的第三人，而且一般不包括债权人。但是，设立第三人撤销之诉的目的在于，救济第三人享有的因不能归责于本人的事由未参加诉讼但因生效裁判文书内容错误受到损害的民事权益，因此，债权人在下列情况下可以提起第三人撤销之诉：

（1）该债权是法律明确给予特殊保护的债权，如《合同法》第 286 条规定的建设工程价款优先受偿权，《海商法》第 22 条规定的船舶优先权；

（2）因债务人与他人的权利义务被生效裁判文书确定，导致债权人本来可以对《合同法》第 74 条和《企业破产法》第 31 条规定的债务人的行为享有撤销权而不能行使的；

（3）债权人有证据证明，裁判文书主文确定的债权内容部分或者全部虚假的。

债权人提起第三人撤销之诉还要符合法律和司法解释规定的其他条件。对于除此之外的其他债权，债权人原则上不得提起第三人撤销之诉。

121. 【必要共同诉讼漏列的当事人申请再审】民事诉讼法司法解释对必要共同诉讼漏列的当事人申请再审规定了两种不同的程序，二者在管辖法院及申请再审期限的起算点上存在明显差别，人民法院在审理相关案件时应予注意：

（1）该当事人在执行程序中以案外人身份提出异议，异议被驳回的，根据民事诉讼法司法解释第423条的规定，其可以在驳回异议裁定送达之日起6个月内向原审人民法院申请再审；

（2）该当事人未在执行程序中以案外人身份提出异议的，根据民事诉讼法司法解释第422条的规定，其可以根据《民事诉讼法》第200条第8项的规定，自知道或者应当知道生效裁判之日起6个月内向上一级人民法院申请再审。当事人一方人数众多或者当事人双方为公民的案件，也可以向原审人民法院申请再审。

122.【程序启动后案外人不享有程序选择权】案外人申请再审与第三人撤销之诉功能上近似，如果案外人既有申请再审的权利，又符合第三人撤销之诉的条件，对于案外人是否可以行使选择权，民事诉讼法司法解释采取了限制的司法态度，即依据民事诉讼法司法解释第303条的规定，按照启动程序的先后，案外人只能选择相应的救济程序：案外人先启动执行异议程序的，对执行异议裁定不服，认为原裁判内容错误损害其合法权益的，只能向作出原裁判的人民法院申请再审，而不能提起第三人撤销之诉；案外人先启动了第三人撤销之诉，即便在执行程序中又提出执行异议，也只能继续进行第三人撤销之诉，而不能依《民事诉讼法》第227条申请再审。

123.【案外人依据另案生效裁判对非金钱债权的执行提起执行异议之诉】审判实践中，案外人有时依据另案生效裁判所认定的与执行标的物有关的权利提起执行异议之诉，请求排除对标的物的执行。此时，鉴于作为执行依据的生效裁判与作为案外人提出执行异议依据的生效裁判，均涉及对同一标的物权属或给付的认定，性质上属于两个生效裁判所认定的权利之间可能产生的冲突，人民法院在审理执行异议之诉时，需区别不同情况作出判断：如果作为执行依据的生效裁判是确权裁判，不论作为执行异议依据的裁判是确权裁判还是给付裁判，一般不应据此排除执行，但人民法院应当告知案外人对作为执行依据的确权裁判申请再审；如果作为执行依据的生效裁判是给付标的物的裁判，而作为提出异议之诉依据的裁判是确权裁判，一般应据此排除执行，此时人民法院应告知其对该确权裁判申请再审；如果两个裁判均属给付标的物的裁判，人民法院需依法判断哪个裁判所认定的给付权利具有优先性，进而判断是否可以排除执行。

124.【案外人依据另案生效裁判对金钱债权的执行提起执行异议之诉】作为

执行依据的生效裁判并未涉及执行标的物，只是执行中为实现金钱债权对特定标的物采取了执行措施。对此种情形，《最高人民法院关于人民法院办理执行异议和复议案件若干问题的规定》第26条规定了解决案外人执行异议的规则，在审理执行异议之诉时可以参考适用。依据该条规定，作为案外人提起执行异议之诉依据的裁判将执行标的物确权给案外人，可以排除执行；作为案外人提起执行异议之诉依据的裁判，未将执行标的物确权给案外人，而是基于不以转移所有权为目的的有效合同（如租赁、借用、保管合同），判令向案外人返还执行标的物的，其性质属于物权请求权，亦可以排除执行；基于以转移所有权为目的有效合同（如买卖合同），判令向案外人交付标的物的，其性质属于债权请求权，不能排除执行。

应予注意的是，在金钱债权执行中，如果案外人提出执行异议之诉依据的生效裁判认定以转移所有权为目的的合同（如买卖合同）无效或应当解除，进而判令向案外人返还执行标的物的，此时案外人享有的是物权性质的返还请求权，本可排除金钱债权的执行，但在双务合同无效的情况下，双方互负返还义务，在案外人未返还价款的情况下，如果允许其排除金钱债权的执行，将会使申请执行人既执行不到被执行人名下的财产，又执行不到本应返还给被执行人的价款，显然有失公允。为平衡各方当事人的利益，只有在案外人已经返还价款的情况下，才能排除普通债权人的执行。反之，案外人未返还价款的，不能排除执行。

125.【案外人系商品房消费者】实践中，商品房消费者向房地产开发企业购买商品房，往往没有及时办理房地产过户手续。房地产开发企业因欠债而被强制执行，人民法院在对尚登记在房地产开发企业名下但已出卖给消费者的商品房采取执行措施时，商品房消费者往往会提出执行异议，以排除强制执行。对此，《最高人民法院关于人民法院办理执行异议和复议案件若干问题的规定》第29条规定，符合下列情形的，应当支持商品房消费者的诉讼请求：一是在人民法院查封之前已签订合法有效的书面买卖合同；二是所购商品房系用于居住且买受人名下无其他用于居住的房屋；三是已支付的价款超过合同约定总价款的百分之五十。人民法院在审理执行异议之诉案件时，可参照适用此条款。

问题是，对于其中“所购商品房系用于居住且买受人名下无其他用于居住的房屋”如何理解，审判实践中掌握的标准不一。“买受人名下无其他用于居住的房屋”，可以理解为在案涉房屋同一设区的市或者县级市范围内商品房消费者名下没有用于居住的房屋。商品房消费者名下虽然已有1套房屋，但购买的房屋在面积上仍然属于满足基本居住需要的，可以理解为符合该规定的精神。

对于其中“已支付的价款超过合同约定总价款的百分之五十”如何理解，审判实践中掌握的标准也不一致。如果商品房消费者支付的价款接近于百分之五十，且已按照合同约定将剩余价款支付给申请执行人或者按照人民法院的要求交付执行的，可以理解为符合该规定的精神。

126.【商品房消费者的权利与抵押权的关系】根据《最高人民法院关于建设工程价款优先受偿权问题的批复》第 1 条、第 2 条的规定，交付全部或者大部分款项的商品房消费者的权利优先于抵押权人的抵押权，故抵押权人申请执行登记在房地产开发企业名下但已销售给消费者的商品房，消费者提出执行异议的，人民法院依法予以支持。但应当特别注意的是，此情况是针对实践中存在的商品房预售不规范现象为保护消费者生存权而作出的例外规定，必须严格把握条件，避免扩大范围，以免动摇抵押权具有优先性的基本原则。因此，这里的商品房消费者应当仅限于符合本纪要第 125 条规定的商品房消费者。买受人不是本纪要第 125 条规定的商品房消费者，而是一般的房屋买卖合同的买受人，不适用上述处理规则。

127.【案外人系商品房消费者之外的一般买受人】金钱债权执行中，商品房消费者之外的一般买受人对登记在被执行人名下的不动产提出异议，请求排除执行的，《最高人民法院关于人民法院办理执行异议和复议案件若干问题的规定》第 28 条规定，符合下列情形的依法予以支持：一是在人民法院查封之前已签订合法有效的书面买卖合同；二是在人民法院查封之前已合法占有该不动产；三是已支付全部价款，或者已按照合同约定支付部分价款且将剩余价款按照人民法院的要求交付执行；四是非因买受人自身原因未办理过户登记。人民法院在审理执行异议之诉案件时，可参照适用此条款。

实践中，对于该规定的前 3 个条件，理解并无分歧。对于其中的第 4 个条件，理解不一致。一般而言，买受人只要有向房屋登记机构递交过户登记材料，或向出卖人提出了办理过户登记的请求等积极行为的，可以认为符合该条件。买受人无上述积极行为，其未办理过户登记有合理的客观理由的，亦可认定符合该条件。

十二、关于民刑交叉案件的程序处理

会议认为，近年来，在民间借贷、P2P 等融资活动中，与涉嫌诈骗、合同诈骗、票据诈骗、集资诈骗、非法吸收公众存款等犯罪有关的民商事案件的数量有所增加，出现了一些新情况和新问题。在审理案件时，应当依照《最高人民法院关于在审理经济纠纷案件中涉及经济犯罪嫌疑若干问题的规定》《最高人民法院关于审理非法集资刑事案件具体应用法律若干问题的解释》《最高人民法院最高人民检察院公安部关于办理非法集资刑事案件适用法律若干问题的意见》以及民间借贷司法解释等规定，处理好民刑交叉案件之间的程序关系。

128.【分别审理】同一当事人因不同事实分别发生民商事纠纷和涉嫌刑事犯罪，民商事案件与刑事案件应当分别审理，主要有下列情形：

（1）主合同的债务人涉嫌刑事犯罪或者刑事裁判认定其构成犯罪，债权人请求担保人承担民事责任的；

（2）行为人以法人、非法人组织或者他人名义订立合同的行为涉嫌刑事犯罪或者刑事裁判认定其构成犯罪，合同相对人请求该法人、非法人组织或者他人承担民事责任的；

（3）法人或者非法人组织的法定代表人、负责人或者其他工作人员的职务行为涉嫌刑事犯罪或者刑事裁判认定其构成犯罪，受害人请求该法人或者非法人组织承担民事责任的；

（4）侵权行为人涉嫌刑事犯罪或者刑事裁判认定其构成犯罪，被保险人、受益人或者其他赔偿权利人请求保险人支付保险金的；

（5）受害人请求涉嫌刑事犯罪的行为人之外的其他主体承担民事责任的。

审判实践中出现的问题是，在上述情形下，有的人民法院仍然以民商事案件涉嫌刑事犯罪为由不予受理，已经受理的，裁定驳回起诉。对此，应予纠正。

129.【涉众型经济犯罪与民商事案件的程序处理】2014 年颁布实施的《最高人民法院最高人民检察院公安部关于办理非法集资刑事案件适用法律若干问题的意见》和 2019 年 1 月颁布实施的《最高人民法院最高人民检察院公安部关于办理非法集资刑事案件若干问题的意见》规定的涉嫌集资诈骗、非法吸收公众存款等涉众型经济犯罪，所涉人数众多、当事人分布地域广、标的额特别巨大、影响范围广，严重影响社会稳定，对于受害人就同一事实提起的以犯罪嫌疑人或者刑事被告人为被告的民事诉讼，人民法院应当裁定不予受理，并将有关材料移送侦查机关、检察机关或者正在审理该刑事案件的人民法院。受害人的民事权利保护应当通过刑事追赃、退赔的方式解决。正在审理民商事案件的人民法院发现有上述涉众型经济犯罪线索的，应当及时将犯罪线索和有关材料移送侦查机关。侦查机关作出立案决定前，人民法院应当中止审理；作出立案决定后，应当裁定驳回起诉；侦查机关未及时立案的，人民法院必要时可以将案件报请党委政法委协调处理。除上述情形人民法院不予受理外，要防止通过刑事手段干预民商事审判，搞地方保护，影响营商环境。

当事人因租赁、买卖、金融借款等与上述涉众型经济犯罪无关的民事纠纷，请求上述主体承担民事责任的，人民法院应予受理。

130.【民刑交叉案件中民商事案件中止审理的条件】人民法院在审理民商事案件时，如果民商事案件必须以相关刑事案件的审理结果为依据，而刑事案件尚未审结的，应当根据《民事诉讼法》第 150 条第 5 项的规定裁定中止诉讼。待刑事案件审结后，再恢复民商事案件的审理。如果民商事案件不是必须以相关的刑事案件的审理结果为依据，则民商事案件应当继续审理。

后　记

本书深受罗伯特·福斯（Robert Force）教授的《海商海事法》课程笔记《海事绿皮手册》（*Handbook of Maritime and Admiralty*）的启发，按要素的逻辑编撰兼顾实务热点问题。写作期间，感谢刘佳莉、郭鹤楠及毕青等知名信托及证券公司一线专家的帮助，感谢康欣博士的点拨和交流，也感谢中国法制出版社编辑老师专业和耐心地修订和沟通。

关于信托和资管产品的裁判观点和业内共识繁杂不一，仍在不断发展。我和魏律师通常是白天研究案件，晚上撰写修改文章。虽已尽全力，仍难免学力不逮和精力不足，书中可能有错漏偏颇，主要是我的责任，欢迎读者斧正并与我们交流。

2023年6月18日